ADA MAY

José Bento
ESPÍRITO

A TERRA DA PROMESSA

© 2016 by Ada May

Instituto Lachâtre
Caixa Postal 164 – cep 12.914-970 – Bragança Paulista – SP
Telefone: (11) 4063-5354
Página na internet: www.lachatre.org.br
Email: editora@lachatre.org.br

1ª edição – Agosto de 2016
3.000 exemplares

Programação Visual da Capa
Fernando Campos

Imagem da Capa
Foto da Praça XV de Novembro, Rio de Janeiro, 1910

A reprodução parcial ou total desta obra, por qualquer meio, somente será permitida com a autorização por escrito da Editora
(Lei no 9.610 de 19.02.1998)

CIP-Brasil. Catalogação na fonte

A terra da promessa / Ada May (José Bento, espírito), 1ª edição, Bragança Paulista, SP: Lachâtre, 2016.

368 p.

1.Espiritismo 2.Magnetismo animal 3.História do espiritismo 3.Albert de Rochas 4.Bezerra de Menezes 5.Romance espírita I.Título. II. Bibliografia

CDD 133.9   CDU 133.7

Impresso no Brasil
Presita en Brazilo

Razão sem luz pode se transformar em simples cálculo. Instrução e ciência são portas de acesso à educação e sabedoria. Quem apenas conhece, nem sempre sabe.

Emmanuel

Conhecer não é saber. Sábias palavras que lembram que o espírito imortal deve aprender a revestir de luz tudo o que aprende.

Somente quando a sabedoria do amor puder revestir nossas palavras e atos é que poderemos humildemente dizer:

– Graças, Senhor, porque agora sei.

Irmão Antonio

SUMÁRIO

Primeira parte – França (1895)

1. Charles, o aprendiz, p. 11
2. Louise, a órfã, p. 23
3. O magnetizador, p. 33
4. A médium, p. 47
5. A médium estrangeira, p. 63
6. O hospício judiciário, p. 81
7. O manicômio, p. 103
8. A terapêutica do dr. Lundgreen, p. 117
9. O psicopata, p. 129
10. O espetáculo mediúnico, p. 145
11. O acidente, p. 163
12. A fuga, p. 181
13. Em busca de respostas, p. 193

Segunda parte – Brasil (1896)

1. No Outeiro da Glória, p. 205
2. A clínica, p. 219
3. O sábio, p. 229
4. A missão, p. 241
5. A confirmação, p. 255
6. O trabalho, p. 271
7. A sina do sábio, p. 285
8. O cientista francês, p. 299
9. No sopro do tempo, p. 315
10. O retorno, p. 335

Posfácio – A história dentro da História, p. 357

Bibliografia, p. 357

PRIMEIRA PARTE

FRANÇA

1895

1
CHARLES, O APRENDIZ

Grenoble, França

— Charles Lantier! — chamou o funcionário da secretaria, um homem pequeno e macilento, com cara de poucos amigos e voz de gralha. Charles, que segundos antes ressonava sentado numa desconfortável cadeira há mais de quarenta minutos, levantou-se num pulo, como uma rã jogada numa panela quente.

— Assine na linha que corresponde ao seu nome, no final do documento... — exigiu o secretário.

"Escola de Medicina de Grenoble" — orgulhoso, Charles leu no diploma que o reconhecia como médico formado naquela renomada instituição. Engolindo a emoção, Charles esforçou-se para grafar com mão firme sua elegante assinatura, que alinhou à outra, cujo irreconhecível garrancho correspondia ao eminente diretor, dr. Gustave Bordier.

— A propósito, o dr. Bordier mandou avisar que está a sua espera em seu gabinete — informou o secretário, exalando má vontade.

— Um pedido do diretor é uma ordem! — brincou Charles, falando como se ainda vestisse a pele do estudante.

O jovem seguiu pelo comprido corredor, ladeado por uma sequência de portas de carvalho maciço, até parar diante do temido gabinete e bater:

— Pode entrar! — gritou uma conhecida voz de barítono.

— Charles, que bom que chegou! Sente-se aí! Precisamos conversar! — instruiu o diretor, entre as baforadas de fumaça branca que arrancava de um elegante cachimbo, feito de madeira esculpida e ornamentado com uma piteira de madrepérola.

— Antes de mais nada, quero congratulá-lo por seu excepcional desempenho acadêmico! Em nome do corpo docente de nossa venerável escola, faço questão de parabenizá-lo! – disse o diretor, estendendo a mão sobre a mesa que os separava.

– Muito obrigado, doutor – tímido, porém, satisfeito, Charles agradeceu o cumprimento.

– Lembrei que, em certa ocasião, o professor Charbonnet comentou que você é muito interessado no estudo do magnetismo. E, se não me falha a memória, também mencionou o fato de que pretende se especializar no tratamento das doenças mentais. Essas informações estão corretas? – perguntou o diretor, que tinha um caráter prático, nada afeito aos rapapés sociais.

– Sim, doutor.

– Como você se graduou com grande excelência, saiba que poderá contar com nossas recomendações para ser admitido em qualquer instituição em que pretenda ingressar.

– Fico muito grato, doutor... – começou a dizer o médico recém-formado.

– O que é absolutamente desnecessário! – cortou o diretor. – A recomendação é o reconhecimento natural para qualquer aluno que obtenha um excelente desempenho em sua graduação. Absolutamente, não se trata de um privilégio. É uma norma.

Desconcertado com a acidez do comentário, Charles abaixou o olhar, subitamente interessado na aparência dos próprios sapatos.

– No entanto, se você estiver disposto a correr atrás dos objetivos de que falamos ainda há pouco, tenho algo que talvez seja do seu interesse. Suponho que já tenha ouvido falar do coronel Albert de Rochas...

– O pesquisador? Claro! Lembro de ter lido um artigo dele, aliás, muito interessante, que foi publicado nos *Annales de Sciences Psychiques*. Acho que o título era algo como "Fantasmas dos vivos" e fiquei muito impressionado com suas colocações...

– Excelente! Caro Charles, garanto que a sorte está do seu lado, porque justamente agora esse eminente pesquisador, que por coincidência também é meu amigo pessoal, está precisando de alguém habilidoso e perspicaz, que compartilhe de seus interesses no estudo do magnetismo animal, para auxiliá-lo numa nova série de experiências que pretende realizar. Que acha de iniciar sua carreira profissional trabalhando com uma verdadeira autoridade no assunto? – perguntou o diretor, usando o tom de voz característico daquele que não admite uma recusa como resposta.

— Fico honrado por ter pensado em mim para essa incumbência, doutor! É claro que aceito!

— Excelente! Passe na secretaria para pegar o endereço do dr. de Rochas e marcar uma data para sua entrevista. O consultório dele fica na cidade de Voiron e espero que isso não seja um inconveniente intransponível. Por enquanto, desejo-lhe boa sorte em sua carreira de médico, quiçá, de pesquisador! — completou o diretor, envolvendo seu jovem pupilo numa nuvem de fumaça recém-expelida e infringindo à sua pobre mão um aperto mastodôntico para firmar um acordo entre cavalheiros.

Voiron, França

"Duas horas em ponto"... — pensou Charles ao consultar seu relógio de bolso, parado em frente à porta do consultório em Voiron, para encontrar-se pela primeira vez com o conde e também coronel do exército francês, Albert de Rochas.[1] Somente ao erguer a mão trêmula para tocar a campainha foi que Charles percebeu como estava ansioso com sua primeira entrevista.

"Força, meu camarada, que a sorte está lançada!" — pensou.

De súbito, Charles ouviu o chilrear de um pássaro insistente e, apesar de não conseguir avistá-lo, intuiu que estivesse escondido entre as ramagens exuberantes do gigantesco *flamboyant* que sombreava a calçada.

"Será um melro? Talvez seja um pintassilgo?" —, pensou Charles, virando a cabeça lentamente, primeiro à esquerda, depois à direita, à procura da ave.

Desde há muito tempo, e Charles não saberia precisar a razão, que o canto de um pássaro solitário tinha o poder de perturbar seu equilíbrio emocional. Bastava que ouvisse um trinado ao longe para que começasse a sentir uma desagradável sensação de insegurança, que de imediato colocava sua mente de sobreaviso, como à espera de que algo ruim acontecesse.

De repente, a porta se abriu, arrancando-o à força de seu devaneio.

— Em que posso ajudá-lo, *monsieur*? — perguntou a jovem criada do coronel, num tom cordialmente profissional.

— Boa tarde. Sou Charles Lantier e tenho um encontro marcado com o coronel de Rochas. Como já são duas horas da tarde, imagino que ele esteja à minha espera...

— Sim, por certo. Pode deixar sua valise aqui mesmo no vestíbulo. Por favor, me acompanhe.

A moça franzina conduziu o visitante pelo interior do que parecia ser uma imensa construção, que fora dividida ao meio por um largo corredor que servia para separar dois blocos independentes. O corredor terminava num *hall* fechado por três portas de carvalho maciço.

— A ala privada da mansão está a nossa direita e à esquerda estão as salas destinadas ao consultório do doutor... – informou a criada.

— E essa terceira porta? – perguntou Charles, subitamente curioso.

— Dá para o jardim que fica nos fundos da propriedade e também para a ala dos criados.

Charles continuou no encalço da moça, que abriu a porta da esquerda que levaria aos consultórios. Seguiram por outro comprido corredor, onde a penumbra e o silêncio tumular serviam para intensificar o nervosismo que sentia o médico aprendiz.

Por fim, a criada parou diante da última porta e bateu suavemente.

— Pode entrar... – um homem respondeu numa voz suave, porém, rouca.

Timidamente Charles entrou na sala e sentiu a porta sendo fechada silenciosamente atrás de si. Foi acolhido pela figura simpática de um homem magro, de porte aristocrático e aparência saudável apesar da idade algo avançada, denunciada apenas pela ausência de cor no farto bigode pontudo e respectivo cavanhaque.

"Quantos anos terá o conde? Decerto que algo em torno dos sessenta..." – pensou Charles enquanto apertava a mão firme que lhe fora estendida.

— Na verdade são cinquenta e sete... – o magnetizador respondeu em voz alta, como se a conversa tivesse começado antes mesmo que seu interlocutor pudesse abrir a boca. – E você, quantos anos têm?

— Vinte e cinco, coronel.

— Excelente! Nada como uma mente jovem e sem vícios para melhor absorver a ciência!

— Seja muito bem-vindo, dr. Charles! Saiba que você foi muito bem recomendado! O dr. Bordier disse verdadeiras maravilhas a seu respeito. À propósito, às vezes, eu consigo receber as ondas magnéticas emitidas pelo pensamento alheio, principalmente se o emissor estiver muito concentrado, portanto, aconselho-o a descontrair sua mente o máximo possível...

– Isso é mesmo incrível! Obrigado por me conceder essa entrevista... – disse Charles, envergonhado por demonstrar tão nitidamente sua ansiedade.

– Sente-se, meu caro. Como o dr. Bordier deve ter explicado, ao longo dos últimos anos, venho realizando uma série de estudos sobre os efeitos da magnetização em indivíduos sensíveis. Tenho investigado a existência do fenômeno que denominei 'fantasmas dos vivos', cujas conclusões resumi num artigo que publiquei recentemente. Considero que esse fantasma seja uma espécie de 'corpo magnético', um 'corpo energético'[2] que de alguma forma estará incondicionalmente ligado ao corpo material do indivíduo enquanto ele estiver vivo.

"Através de experimentações anteriores verifiquei que indivíduos reconhecidamente sensíveis, também chamados 'médiuns' ou 'sensitivos', podem constatar a existência do 'duplo magnético'. Está acompanhando meu raciocínio?"

– Perfeitamente, senhor. Aliás, tive a sorte de ler seu excelente artigo. É verdade que o doutor desenvolveu suas excepcionais técnicas de magnetização quando ainda era discípulo do barão du Potet?[3]

– Ah, sem dúvida! Um profissional admirável! Trabalhamos e estudamos juntos em Paris! Foi assim que pude aprofundar o estudo da magnetização animal, até chegar à avançada técnica de que faço uso atualmente para levar meus *sujets*[4] aos diferentes estágios de sensibilização. Nessa nova série de experimentos que pretendo realizar, se possível com sua ajuda, quero analisar um fenômeno inédito, que chamei de 'regressão da memória'...

– Se não me engano, li alguma coisa sobre isso também... – comentou Charles, distraidamente.

– É provável que tenha lido a esse respeito nos '*Annales de Sciences Psychiques*' onde foi publicado o diário de Laurent, meu *sujet* nesse estudo específico. Minhas primeiras experiências relativas à regressão da memória datam de 1893. Foi praticamente ao acaso que constatei esse fenômeno quando trabalhei com Laurent, um jovem de vinte anos, sensível e inteligente, que fazia licenciatura em letras. Laurent demonstrou ser um *sujet* dos mais preciosos, porque não somente era sensível ao agente magnético, como também e sobretudo porque, dotado de uma viva curiosidade científica e de um grande espírito de análise, empenhava-se bastante em aperceber-se por si próprio dos fenômenos físicos e psíquicos produzidos por esse agente. Por isso fiz questão de que seu diário fosse publicado sem mudar uma palavra sequer, limitando-me a dar em notas de rodapé algumas explicações adicionais.[5]

"Laurent detalhou com suas próprias palavras as experiências que fizemos, onde os principais postulados da magnetização são facilmente identificados. Ele narrou como sentiu de forma inquestionável a insensibilidade dos membros e da própria pele, a constatação do estado de *rapport*, onde o condicionamento à vontade do magnetizador é absoluto."

– Como assim, doutor? – disse Charles.

– Quando o *sujet* atinge esse estágio do transe, o magnetizador lhe impõe um alto grau de sugestão, que condiciona seus sentidos a identificar como verdadeira qualquer informação que o magnetizador lhe dê. Por exemplo, se eu mencionar o perfume de violetas, o *sujet* sentirá uma nuvem desse perfume envolvendo o ambiente; se eu disser que tenho um martelo aqui, ele pegará o instrumento imaginário em suas mãos e assim permanecerá até receber alguma outra ordem.

– É possível sugerir ao *sujet* que ele é um animal ou mesmo um objeto inanimado? – perguntou Charles.

– Claro! Se o magnetizador disser ao *sujet* hipnotizado que ele é um abajur, ele poderá ficar imóvel num canto da sala por várias horas seguidas, deduzo que até que o magnetizador o libere dessa sugestão estúpida.

– Isso é realmente fascinante, doutor. Se me permitir, gostaria de observar estes fenômenos com meus próprios olhos... – disse Charles, desta vez pensando em voz alta.

– Sim, ver é muito mais impactante do que ouvir falar a respeito. Sem dúvida é para isso que você está aqui! Garanto que saciarei sua curiosidade em breve – respondeu o pesquisador.

Então, o coronel fez uma pausa na conversação para puxar um cordão de seda que ficava dependurado rente à parede, mas ao alcance de sua mão.

– Porém, ocorreu um fato realmente notável numa das sessões que tive com Laurent... – provocou o cientista, como um pescador atirando sua isca na água.

"Numa ocasião em que estava no estágio de hipnose plena, ele teve uma espontânea regressão de memória..."

– Como assim, doutor? – perguntou o ávido aluno, qual peixe já dependurado no anzol.

– Lembro que estávamos conversando sobre amenidades, quando, de repente, ele começou a dar respostas vagas, algo infantis; em seguida, passou a agir como se não me conhecesse, como se não soubesse onde estava e tampouco o que fazia...

"Movido por uma intuição qualquer, perguntei quantos anos tinha, ao que Laurent imediatamente respondeu: 'Tenho nove anos, senhor'. Admirado com o inusitado da situação, segui fazendo perguntas que pudessem confirmar se as respostas seguintes estariam de acordo com a idade mencionada por Laurent.

"Ele foi categórico ao afirmar que estava cursando a terceira série da escola primária. Então, tive a ideia de fazê-lo escrever suas próximas respostas. Propus algumas perguntas bastante óbvias, as quais ele respondeu escrevendo com uma caligrafia bastante infantil. Depois alinhei algumas contas de fácil resolução e verifiquei que ele conseguia resolver as operações matemáticas mais simples, mas se atrapalhava com números maiores. Animado com o fenômeno inédito, sugeri um ditado, onde verifiquei que seu vocabulário era bastante restrito e que ele cometia erros ortográficos banais. Posteriormente, lamentei que Laurent não tivesse encontrado nenhum caderno da época em que era um estudante do curso primário para que pudéssemos comparar sua caligrafia de garoto de nove anos com a do nosso ditado..."

– É uma coisa estupenda, coronel!

– Sem dúvida que sim. Laurent afirmou em suas anotações posteriores que a ocorrência foi tão incrível que ele próprio duvidou de que tivesse realmente acontecido... Justamente por isso é que pretendo retomar esse tipo de experimentação assim que eu tiver um *sujet* cuja sensibilidade esteja à altura deste ambicioso projeto de pesquisa.

"Mas, por enquanto, fico feliz com sua recomendação! É sempre bom ter alguém de confiança a nosso serviço."

Charles, interpretando esse último comentário do coronel como uma maneira educada para encerrar a entrevista, fez menção de se levantar.

– Sente-se aí, caro amigo, que ainda não terminamos nossos assuntos. Façamos apenas uma pequena pausa para o chá.

Nesse exato instante, como se fosse uma combinação teatral, a criada empurrou a porta entreaberta e entrou sem fazer ruído, pousando sua bandeja sobre a mesinha encostada a um canto no consultório.

Depois de servir o chá vespertino nas belíssimas xícaras de porcelana da companhia da Índias, a criada saiu tão silenciosamente quanto entrara.

– Antes de começarmos quaisquer novas experimentações, preciso determinar qual será seu nível de submissão quando você for exposto aos meus eflúvios magnéticos – explicou o pesquisador.

– O doutor quer verificar se eu também posso ser hipnotizado durante uma sessão? – Charles alarmou-se.

– Por certo que isso seria improvável, porém, não necessariamente impossível de acontecer. Preciso me precaver porque não seria adequado descobrir em meio à sessão que tenho dois *sujets* ativos, em vez de um *sujet* e um assistente, participando do experimento...

"O fato é que, no que diz respeito à suscetibilidade, alguns indivíduos são muito mais sensíveis que outros à magnetização. Há os que são mais suscetíveis à sugestão verbal; outros, à aplicação direta dos eflúvios magnéticos. Também existem aqueles que resistem por um tempo maior, porém, que acabam cedendo; e, ainda, os casos mais raros, dos indivíduos que resistem a qualquer método de hipnotismo. Me envaideço um pouco ao afirmar que me encaixo nesta última categoria, já que nem mesmo o grande barão du Potet, meu mestre, foi capaz de submeter-me à sua vontade.

"No entanto, minha experiência tem demonstrado que, por princípio, e principalmente quando submetidos aos meus passes magnéticos, a maioria dos indivíduos é capaz de alcançar os estágios iniciais de relaxamento, o que faculta o desprendimento parcial de seu 'fantasma'.[6]

"Para realizar o experimento que tenho em mente, necessitarei de um *sujet* que consiga atingir os estágios mais profundos do transe. As experiências que fiz já demonstraram que somente cerca de quinze por cento dos sensitivos é capaz de atingir esse estado de entrega absoluta."

Enquanto explicava didaticamente seu processo de trabalho, o coronel se levantou de sua poltrona e puxou uma grossa cortina de veludo verde-oliva para frente da janela, o que diminuiu sensivelmente a luminosidade no ambiente. Uma súbita sensação de pânico começou a invadir a mente de Charles, ao perceber que estava a um passo de se tornar a próxima cobaia do famoso magnetizador.

— Por favor, Charles, ponha-se numa posição confortável, descruze as pernas e solte os ombros... Coloque seus antebraços apoiados na poltrona...

Em seguida, o magnetizador acendeu uma pequena lamparina a óleo, que aproximou bem devagar do rosto do jovem.

— Agora, quero que você observe atentamente o lume dessa chama... — instruiu o magnetizador, baixando a voz para o tom de um cálido sussurro.

Porém, em vez de obedecer à voz cordial e persuasiva do magnetizador que desejava envolvê-lo no transe hipnótico, Charles fechou os olhos e cerrou os punhos com força, enquanto imaginava um meio de fugir à sua influenciação. Começou a pensar desesperadamente em algo que protegesse sua mente, tornando-a blindada à vontade do agente invasor.

"Veja uma porta. Ela é feita de carvalho maciço. Que foi retirado de alguma floresta ancestral, perdida na antiga Gália. Concentre-se na porta! Por quem terá sido esculpida? Terá protegido a nobre Sainte-Chapelle da invasão dos bárbaros infiéis? Não invente histórias! CONCENTRE-SE NESSA PORTA! SÓLIDA! MACIÇA! INTRANSPONÍVEL!"

— Charles? Está me ouvindo?

Só então, o jovem sentiu a mão do doutor tocando ligeiramente seu ombro direito.

— Sim, dr. de Rochas. Ouço-o perfeitamente.

— Pois bem, abra os olhos. Agora, quero que olhe no fundo dos meus e diga o que vê?

— Íris escuras, quase negras, mergulhadas num fundo branco leitoso e encimadas por grossas sobrancelhas grisalhas... — Charles respondeu de pronto. Por um minuto eterno nada aconteceu, além daquela angustiante troca de olhares. Encarando-se como dois hábeis combatentes, a medir forças titânicas, antes que um deles reúna coragem suficiente para desferir o golpe de misericórdia.

Por fim, o doutor deu-se por vencido, desistindo daquele inútil duelo de vontades. De Rochas andou à volta da grande mesa, até se reacomodar em sua confortável poltrona de espaldar alto. Cofiou o cavanhaque grisalho por um longo minuto antes de voltar a falar:

— Com certeza essa foi uma reação surpreendente! Agora, diga-me, no que pensou enquanto eu tentava hipnotizá-lo?

— Numa porta de madeira... — ele disse.

– Excelente! Usou um magnífico estratagema: construir uma porta para blindar a mente! Aposto meu diploma de engenheiro que imaginou algo realmente maciço! Carvalho, talvez? Eu mesmo não teria pensado em algo melhor.... Ah! Você poderia ter usado um muro, pois não? Um muro feito de pedra também teria sido uma ótima escolha!

Então, o coronel e seu pupilo riram juntos, como confrades templários compartilhando uma piada muito particular.

– Meus cumprimentos! Reconheço que você tem uma vontade bastante firme! Pude sentir a energia sendo represada sob sua pele e imagino que tenha as características necessárias para vir a ser um excelente magnetizador num futuro próximo.

– É o que mais desejo, coronel. Mas como realizarei tal façanha?

– Isso é fácil. Seja meu assistente! Com certeza tenho muita coisa interessante a lhe ensinar. Caso esteja disponível, podemos começar amanhã mesmo...

Agora, sim, o coronel dava por encerrada aquela entrevista. Puxou novamente o cordão de seda para chamar a criada, que, no minuto seguinte, surgiu no vão da porta entreaberta.

– Juliette, faça a gentileza de acompanhar o dr. Charles aos aposentos que destinamos aos hóspedes. Ele nos fará companhia por algum tempo.

Pego de surpresa por um convite que era praticamente uma intimação, o jovem médico ficou sem saber o que fazer.

– Caro Charles, nem pense em recusar o meu convite. Esta casa é tão grande quanto um hotel, mas está quase sempre vazia. Garanto que temos uma tradição familiar que se orgulha de fazer com que nossos hóspedes se sintam acolhidos e bem-vindos!

– Novamente agradeço, coronel.

– É engraçado, nunca pensei que teria um discípulo... – de Rochas comentou em voz alta, enquanto o jovem médico deixava a sala.

Pela segunda vez naquele mesmo dia, Charles seguiu os passos ligeiros da criada por um verdadeiro labirinto de corredores, desta vez passando pela porta que ficava ao lado direito no corredor principal e que conduzia à ala íntima da casa.

– Tomei a liberdade de trazer sua valise para o quarto de hóspedes. O jantar, como de hábito, será servido às sete em ponto. Amanhã bem cedo, o

A Terra da Promessa | 21

senhor poderá acompanhar o cocheiro para buscar sua bagagem – instruiu Juliette. – Fique à vontade! – desejou a jovem e fechou a porta atrás de si.

NOTAS

[1] O conde *Eugène-Auguste Albert de Rochas d'Aiglun* (1837-1914) formou-se engenheiro pela Escola Politécnica de Paris, em 1856, e teve uma destacada carreira militar, chegando ao posto de coronel, que abandonou precocemente para dedicar-se inteiramente ao ensino, à pesquisa científica dos fenômenos magnéticos e à redação de diversas obras que tornaram públicas suas inúmeras descobertas. Profundo conhecedor das ciências psíquicas em sua época, dedicou-se à experimentação, tendo contribuído decisivamente para fazer a classificação do magnetismo animal entre as ciências puramente físicas. No campo do magnetismo, estudou a polaridade, contribuiu para a atual classificação das fases do estado sonambúlico, observou sistematicamente os fenômenos espíritas, pesquisou a exteriorização da sensibilidade e mostrou o mecanismo do desdobramento físico. Por meio de passes longitudinais, aplicados em sensitivos, conseguiu provocar a regressão da memória, revelando ao mundo científico o fenômeno das vidas sucessivas, sendo que sua obra mais importante é, indiscutivelmente, *As vidas sucessivas*. Foi com este trabalho que de Rochas praticamente lançou os fundamentos da técnica da regressão de memória. Pesquisou pessoalmente dezoito pessoas, entre 1903 e 1910, levantando não apenas a questão das vivências passadas, mas numerosos aspectos complementares e subsidiários que ainda permanecem à espera de mais amplas e profundas pesquisas. Sem ter sido espírita, o que, para muitos, empresta ao seu trabalho o tom adequado de imparcialidade, contribuiu poderosamente para conferir *status* científico à reencarnação, por pressupor, necessariamente, existência, preexistência e sobrevivência do ser à morte corporal.

Coronel Albert de Rochas d'Aiglun

[2] Os nomes 'corpo astral', 'corpo energético', 'corpo fluídico', 'corpo etérico' e 'períspirito' servem para designar, algumas vezes com pequenas variações de significado, o duplo intermediário, que liga o espírito ao corpo carnal.

[3] O barão *Jules Denis du Potet Sennevoy* (1796 – 1881) foi um influente magnetizador francês. Notabilizou-se como fundador dos jornais *Le Propagateur du Magnétisme animal* e *Journal du Magnétisme*, o último, sendo o maior veiculador do tema magnetismo animal na França. Criou uma escola livre de mesmerismo em Paris no ano de 1826. E atuou como médico homeopata prático na cidade de Londres, onde tratou, com sucesso, garotas com problemas epiléticos no North London Hospital, onde seus experimentos tornaram-se referência entre os estudiosos do assunto. Canuto de Abreu, em sua obra *O livro dos espíritos e sua tradição histórica e lendária*, informa que Allan Kardec integrava o grupo de pesquisadores formado pelo barão du Potet na Sociedade Mesmeriana La Chaîne Magnétique.

Barão du Potet

No ano de 1827, juntamente com o dr. Chaplain, du Potet inicia a publicação do jornal *Le Propagateur du Magnétisme Animal*, que continuou a ser publicado até o ano de 1845. Também em 1845 ele inicia a publicação do *Journal du Magnétisme*, que seguirá até 1861. Mais tarde, a publicação será retomada por Hector Durville.

[4] '*Sujet*', que em francês significa 'sujeito', era o termo usado pelo magnetizador para designar o sensitivo ou médium que gerava um determinado fenômeno.

[5] Trecho retirado da obra *As vidas sucessivas*, de Albert de Rochas.

[6] '*Fantasma*', neste caso, é o modo como o magnetizador se refere ao períspirito do *sujet*.

2
LOUISE, A ÓRFÃ

Lyon, França

– Tia Margot, até que enfim! Pensei que a senhora não chegaria nunca mais!

– Calma, Louise! Deixe-me descansar o esqueleto por um instante antes de ouvir suas lamúrias... – respondeu a velha, jogando o corpo encurvado sobre um tosco banco de madeira que servia de único assento na rústica cozinha. – Por que diabos está tão nervosa?

– Aquele homem horrível esteve aqui esta tarde para fazer uma nova cobrança e desta vez parecia nervoso de verdade. Eu disse que a senhora não estava em casa, mas de nada adiantou. Ele continuou xingando e esbravejando como um pirata boca-suja! E, quando cansou a língua de tanto gritar palavrões à nossa porta, disse que este é seu último aviso: se não pagarmos os aluguéis atrasados até a próxima segunda-feira, ele voltará somente para jogar nossas tralhas no meio da rua!

A mulher de aparência cansada usou um lenço de cambraia, que também já tivera melhores dias, para enxugar o suor que corria por sua testa enrugada.

– Tente ver o lado bom das coisas, isso significa que ainda temos cinco dias para dar um jeito de pagar ao sujeito antes que o pior aconteça... – respondeu a tia, fitando a sobrinha com um olhar enviesado, mas repleto de significado.

– *Tata*,[1] eu lhe imploro! Não venha com essa história outra vez!

A velha senhora precisou dar apenas dois passos na minúscula cozinha para alcançar a sobrinha e agarrá-la num abraço desajeitado, que continha algo de insalubre e constrangedor.

– Não entendo porque você faz tanto barulho por isso! Se a pessoa tem um dom, que mal há em querer ganhar uns trocados com ele? A sua falecida mãe também tinha e, antes dela, sua avó. É uma pena que isso tenha sido herdado do lado feminino da família... – resmungou para si mesma. – Se fosse o meu irmão a possuí-lo, garanto que ele teria dado um jeito de lucrar um bom dinheiro!

– Decerto que sim, porque meu pai era um lobo do mar! Além disso, não concordo que seja um dom. É mais parecido com algum gênero de maldição, isso sim!

A mulher tapou a boca da sobrinha com uma das mãos, rugosa e cheia de calos, enquanto usava a outra para mantê-la fortemente agarrada junto a si, numa sutil variação de seu abraço predador.

– Nunca repita isso, ouviu?! É claro que é um dom! Dado por Deus, entendeu? Você é uma menina desobediente e mal-agradecida! Essa teimosia ainda nos levará à ruína!

"Uma criatura ingrata que se recusa a ajudar uma pobre velha! Mesmo depois de tudo que fiz por você! Quando sua mãe morreu, quem foi que a recebeu nos braços como se fosse uma filha? E quando seu pobre pai caiu da amurada daquele maldito navio e subiu aos céus antes da hora, quem foi que continuou aqui, trabalhando de sol a sol para sustentá-la?! Quero ver o que acontecerá com você quando eu cair dura e preta, morta de tanto trabalhar! Do que você irá viver?"

– *Tata*, farei como temos feito desde sempre, continuarei trabalhando duro... – respondeu a sobrinha, numa tentativa sutil de lembrar à tia velha e cansada que ela também ajudava com as despesas, trabalhando duro todos os dias.

– Ah, *Ma filleule!*[2] Queria que o seu destino fosse melhor do que o meu. Que tivesse uma vida melhor do que a que eu tive! Ou prefere acabar com sua mocidade e formosura, lavando roupa de sol a sol como uma desgraçada, em troca de uma miséria, até o fim de seus dias?

Louise conhecia de cor e salteado o rosário de lamúrias de tia Margot, que há anos vivia repetindo a mesma cantilena, mas, no fundo, sabia que ela não era má pessoa e que a amava como a filha que nunca tivera. No entanto, como a ingratidão não pertence à sua natureza, ser acusada de tamanha injustiça fazia seu jovem coração sofrer.

– Veja, *Tata*! – disse ela, correndo para a beirada do fogão à lenha que ficava a um canto. – Fiz sua sopa favorita! Decerto que trabalhou muito e deve estar com fome, vou servir um prato cheio para a senhora...

A velha Margot deu-se por vencida ao reconhecer o modo meigo que a sobrinha tinha para fazê-la calar-se. Também o cheiro inebriante da deliciosa sopa serviu como incentivo suficiente para encerrar aquela discussão inútil. Pelo menos nesta ocasião, Louise pôde terminar de jantar em paz, a quietude da noite sendo quebrada apenas pelo desagradável ruído que a velha fazia ao sorver as colheradas de sopa quente.

Naquela mesma noite, enquanto fitava a lua amarela e brilhante se erguendo contra o negro firmamento, Louise pensava na mãe que perdera quando era apenas uma menininha. As lembranças que mantinha eram vagas e incertas, mais relacionadas a sensações e cheiros do que a fatos reais, de que pudesse ter consciência. Sentia o perfume da alfazema, que sabia ser o predileto de Madeleine; uma onda de calor e segurança que com certeza pertencera ao aconchego de seu regaço; cachos de cabelos vermelhos e macios roçando de leve em seu rosto; o som de uma voz suave e cristalina que costumava povoar seus sonhos...

Se as lembranças eram poucas, as histórias eram muitas. Talvez porque seu pai tivesse sido um incorrigível contador de casos, que tinha verdadeiro orgulho do esmerado entusiasmo que imprimia às próprias histórias; talvez pela preocupação com que tentava conservar viva na imaginação da filha a memória da mãe precocemente falecida. Ou ainda, talvez fosse a forma que ele encontrara para manter acesa a chama do amor que um dia os unira e que tão cedo se apagara.

Por causa dessas histórias, Louise soube desde sempre que sua mãe era dotada de um dom especial e suas façanhas, graças à verve teatral de seu histriônico pai, haveriam de alimentar a imaginação dos moradores da pequena aldeia em que viviam durante muitos anos após sua súbita partida. Madeleine e antes dela sua mãe possuíam o que seu pai chamava de 'inexplicável carisma'.

Nas cálidas noites primaveris, ao redor da fogueira acesa no centro da vila, aquele capitão do mar sempre acabava por dominar a conversa com sua presença folgazã. Antes de começar sua história, ele tratava de lembrar aos presentes:

– Aposto que, se tivessem nascido há dois séculos, essas piedosas mulheres teriam acabado seus dias assando seus esqueletos na fogueira da inquisição!

Sua sogra, a mãe de Madeleine, era chamada por todos de 'avó Agatha', porque beirava os oitenta anos e era a única parteira da vila, tendo trazido ao mundo praticamente todos que ainda viviam ali. Também era dona de um tipo raro de 'intuição', sendo capaz de detectar doenças depois de um rápido exame. Também conhecia as plantas e as ervas como ninguém e as manipulava para fazer beberagens com que tratava seus pacientes. Durante muito tempo e até sua morte, o curandeirismo de avó Agatha foi o único tipo de atendimento medicinal que aquele povo paupérrimo conheceu. Sua filha, Madeleine, também herdara o raro talento que parecia germinar no lado feminino daquela família, sendo agraciada com o dom da vidência e da premonição.

Mesmo passado tanto tempo depois de sua morte, sozinha à janela a comtemplar a noite enluarada, Louise ainda podia ouvir a voz rouca e grave do pai, falando pela boca de suas próprias memórias:

"Madeleine era linda e suave como uma ninfa correndo pelos campos. Sua risada alegre e vivaz enchia de prazer o meu coração sempre que lhe contava uma nova história. Mas o que havia de mais bonito em seu semblante, muito além da moldura dos longos cabelos ruivos e encaracolados, era certa aura de mistério. O modo como, de repente, ela virava a cabeça para o lado, como se ouvisse algo soprado pelo vento; ou como, sempre de repente, ela esfregava os olhos e apontava para o vazio, assustada com uma aparição que ninguém mais podia ver.

"Em várias ocasiões Madeleine descreveu os fantasmas de pessoas já falecidas e quem presenciava o fenômeno acabava sentindo muito medo.... Às vezes, chamavam-na de mentirosa porque não acreditavam nela ou simplesmente caçoavam porque achavam que ela fosse uma lunática. Mas a verdade é que ela sempre demonstrou muita confiança quando narrava tais 'avistamentos' e, em várias oportunidades, me safei de terríveis enrascadas, graças às previsões que ela recebeu através de seus sonhos malucos.

"Lembro da vez em que Madeleine me avisou para que não fosse ao encontro marcado com certo comerciante italiano porque tinha sonhado que eu seria emboscado, assaltado e morto por bandidos que se faziam passar por negociantes. Alertado por esse estranho sonho, mandei que um empregado fosse em meu lugar e fiquei escondido num arvoredo próximo, à distância suficiente para observar sem ser visto. De repente, um grupo de bandoleiros apareceu na estrada e cercou nossa carroça, gritando e brandindo suas armas. Eles ficaram muito decepcionados quando não me encontraram lá dentro e tampouco minhas mercadorias. Tenho plena convicção de que naquele dia o sonho de Madeleine salvou minha vida de um final trágico."

— Pena que papai não tenha conseguido retribuir o favor, salvando sua vida quando foi preciso... — resmungou em voz alta a revoltada Louise, falando com a lua, sua única confidente.

"A verdade é que Madeleine nunca impôs seu dom a ninguém. Jamais se gabou de pressentir o futuro ou foi indiscreta contando coisas às pessoas, mesmo quando já as sabia com antecipação. Por ironia do ingrato destino, na única vez em que ela não seguiu seu próprio bom-senso, a tragédia se abateu sobre a nossa casa.

"Minha adorada esposa tinha uma amiga de infância chamada Anabelle, pessoa a quem ela amava como à uma irmã, mas cujo caráter duvidoso nunca esteve à altura de sua amizade. Lembro como se fosse hoje da maldita ocasião em que Madeleine recebeu uma carta de Anabelle, onde ela contava estar enamorada de um nobre que vivia no único *château* da região. O problema com esse romance, como mais tarde Madeleine infelizmente descobriu, é que o tal nobre era um conde casado. Os amantes costumavam se encontrar numa propriedade rural que o conde mantinha nos arredores de nosso vilarejo.

"Certa noite, Madeleine foi tão atormentada por um pesadelo que tive que despertá-la, coisa que eu nunca fazia, pelo medo de desarranjar sua harmonia interior. Entre lágrimas de desespero, ela contou que havia sonhado que Anabelle fora atacada por uma cobra peçonhenta que lhe dera uma picada mortal. Tentando acalmá-la, pedi que voltasse a dormir e que, no dia seguinte, ainda bem cedo, iríamos juntos procurar por Anabelle para alertá-la do perigo que a rondava.

"Porém, Madeleine ficou tão aterrorizada com a realidade de seu pesadelo que, antes mesmo que o dia raiasse, decidiu ir até a casa de campo do conde onde agora sua amiga vivia para avisá-la sobre o mau presságio de seu último sonho. Quando lá chegou, Madeleine descobriu que não havia ninguém em casa, mas como era uma boa amiga e a porta estava destrancada, ela decidiu esperar por Anabelle.

"No entanto, quis o destino que o perigo que rondava a amiga se materializasse bem à sua frente, na figura da esposa ultrajada do conde, que finalmente havia descoberto a traição do marido e viera atrás dele, decidida a vingar-se. Por infelicidade, a condessa virulenta chegara na calada da noite para surpreender o casal. Escondeu-se na casa que os amantes compartilhavam e aguardou, munida de uma sinistra paciência. Furtivamente a condessa acalentou sua fúria até o desafortunado instante em que Madeleine entrou na sala.

"Assim que viu a bela desconhecida, a condessa supôs que estivesse diante de sua desprezada rival e, antes mesmo que Madeleine pudesse dizer qualquer coisa, a mulher ensandecida sacou do punhal que trazia sob as vestes e a atacou, perfurando seu ventre vezes sem conta. Em seguida, a assassina fugiu da cena de seu crime dantesco.

"Foi somente várias horas depois que Anabelle finalmente voltou para casa e encontrou Madeleine perdida para sempre, afogada numa poça de sangue."

Aqueles eram ecos de uma tragédia passada há muito tempo, mas que ainda latejava no coração de Louise. A fatalidade que levara a mãe de seus braços infantis só tinha acontecido porque Madeleine tentou ajudar uma pessoa em perigo, mas, por fim, ela pagou a boa ação com a própria vida. Louise nunca conseguiu compreender porque Deus havia permitido que essa tragédia acontecesse. Atormentava-se com um incessante questionamento, a que ninguém conseguia responder satisfatoriamente. Sobretudo, tentava compreender por que pessoas boas tinham que morrer justamente por serem boas, enquanto as más continuavam livres para viver em paz até o último de seus dias.

Afinal, a condessa traída nunca fora punida por seu crime infame. Ela alegara que Madeleine tinha invadido uma propriedade privada e que a agredira em legítima defesa, unicamente por supor que se tratava de uma assaltante. No vilarejo, todos sabiam que o argumento era uma mentira deslavada, mas qual deles, miseráveis camponeses, poderia contradizer uma condessa? Não houve julgamento algum pelo crime, ficando o dito pelo não dito como veredito para a morte estúpida e desnecessária de Madeleine. Porém, no coração da pequena Louise fora plantada a certeza de que fazer o bem sem olhar a quem, nem sempre compensa na terra das mulheres de boa vontade.

— Não se esqueça, Louise! A senhora Chevalier nos chamou para jantar hoje à noite e eu dei minha palavra de que estaríamos lá.

Louise deu um suspiro como resposta porque não desejava ter uma nova discussão com a tia, mas na verdade não estava nem um pouco entusiasmada com o convite. A jovem de dezesseis anos era vizinha da família Chevalier desde que podia se lembrar, mas os tratava com a mesma fria cordialidade que reservava ao restante da vizinhança, talvez porque fossem uma família grande e barulhenta, composta por um casal com nove filhos com idades variadas, num avesso da realidade a que se habituara vivendo apenas na companhia de uma tia ranzinza.

Na hora combinada, Louise e tia Margot caminharam até a casa dos Chevalier, na realidade a próxima porta na mesma rua. O jantar transcorreu como o esperado, com três crianças pequenas correndo em volta da mesa, quase sempre perseguidas por um irmão ou irmã mais velho, que exigia um silêncio impossível. Claro que o bebê Chevalier foi abandonado em seu colo, sob a desculpa de que tivesse simpatizado com ela. Louise ninou-o a noite inteira até que ele finalmente adormeceu e, só depois de colocá-lo no berço, foi que seus braços dormentes puderam descansar.

Assim que o jantar terminou, Louise começou a contar os minutos para que o relógio soasse a hora mínima indicada pela boa educação para que pudessem voltar para casa. Quando já se preparava para pegar seu chapéu e partir ela, ouviu alguém que batia à porta. Um homem desconhecido foi recebido pelo dono da casa e levado até a sala onde estavam todos.

– Que bom que chegou, monsieur Deplessis! Agora podemos começar nossa reunião! – disse a dona da casa com evidente satisfação. Sob seu comando, todos os presentes ocuparam seus lugares ao redor da grande mesa, com exceção das crianças menores que já tinham sido colocadas para dormir.

Intrigada, Louise percorreu os rostos dos adultos procurando por respostas até que a senhora Chevalier decidiu esclarecer o que viria a seguir:

– Monsieur Deplessis é um investigador psíquico, uma espécie de especialista em encontrar jovens que sejam dotados de dons mediúnicos. Como temos vários jovens por aqui, tive a ideia de convidá-lo para fazer uma experiência em nosso círculo.

"*Voilà!*" –, de súbito, Louise compreendeu que fora ardilosamente atraída para uma bem urdida armadilha, planejada por sua tia Margot e posta em ação por sua melhor amiga, justamente a matriarca da família Chevalier.

– Muito bem, meus caros, vamos nos concentrar em captar os sinais emitidos pelo espírito dos que já partiram desta dimensão. Alguém queira fazer a gentileza de diminuir a luz do ambiente para favorecer a nossa concentração – pediu o homem, tentando sugerir alguma técnica.

– Peço que pensem no nome de alguém da família que tenha morrido recentemente... Será que existe alguém nessas condições que possamos evocar?

– Podemos chamar pelo tio Jules, que morreu no fim do ano passado? – perguntou monsieur Chevalier.

– Por certo que sim! – afirmou Deplessis, entusiasmado.

Pela meia hora seguinte nada aconteceu, não se ouviu nenhum ruído, exceto o cricrilar dos grilos e o coaxar dos sapos quebrando o silêncio da noite enluarada, até que subitamente a pesada mesa de madeira maciça começou a tremer. Em seguida, vários ruídos de pancadas foram ouvidos por todos, sem que se pudesse determinar exatamente de onde estariam vindo. Todos se entreolharam, alarmados pelo inusitado fenômeno, até que o investigador espiritual perguntou à mesa se haveria condições de se obter respostas às perguntas feitas pelos presentes e uma nova série de pancadas ressoou por seu tampo. Com o objetivo de estabelecer um código que facilitasse a comunicação, o investigador combinou com a presença invisível que uma batida significaria um 'sim' e duas, um 'não'.

O estranho som que parecia surgir no meio da mesa bateu uma única vez, significando que 'sim', a presença invisível inacreditavelmente concordava em responder. Nesse instante, a senhora Chevalier animou-se com as novas perspectivas da excêntrica experiência e tomou a iniciativa de perguntar à mesa:

– Quem está se comunicando através de batidas na mesa é nosso querido tio Jules? –, ao que a mesa de imediato bateu apenas uma vez e seus familiares se entusiasmaram e comemoraram com ruidoso estardalhaço, como se estivessem participando de uma nova espécie de jogo muito divertido.

Uma vez tendo se estabelecido esse importante contato inicial, o investigador resolveu passar para a etapa seguinte de seu experimento supranormal, que visava descobrir qual das pessoas presentes à reunião era o médium responsável por provocar as manifestações.

– Agora, apontarei para cada um dos presentes e pedirei que o espírito manifestante, *monsieur* Jules Chevalier, faça a gentileza de dizer se a pessoa apontada é o médium ou não. Vamos prosseguir... – disse o investigador, resoluto.

Dessa vez um silêncio sepulcral invadiu o ambiente, quando Deplessis passou a apontar o dedo indicador à cada um dos presentes, que, em muda expectativa, segurava o ar nos pulmões e só voltava a respirar normalmente quando ecoavam sobre a mesa as duas batidas curtas e secas que indicavam um 'não'. Havia nove pessoas em volta da mesa: o casal Chevalier e quatro de seus filhos mais velhos, Anne e Juliette, Antoine e Jacques. Todos eles receberam duas batidas. A seguir, foi a vez do próprio investigador e da tia Margot, e novamente ouviram-se duas batidas para cada um.

Obviamente, só havia restado Louise, mas assim mesmo houve uma verdadeira comoção entre os presentes quando o investigador apontou para a jovem e a mesa bateu somente uma vez.

– *Monsieur* Jules Chevalier, por favor, repita a batida se a médium for *mademoiselle* Louise Garnet... – pediu o investigador em voz alta, determinado a obter uma resposta definitiva à questão, ao que apenas uma única batida repercutiu em alto e bom som ecoando pela superfície da mesa.

– Vocês estão todos loucos! – reagiu Louise, indignada, ao que a mesa respondeu balançando e tremendo enquanto os copos sobre a pia começaram a voar para todas as direções como se fossem arremessados por um duende enlouquecido.

– Saiam! Saiam, todos! Vamos lá para fora, esperar a raiva do titio passar! Ele sempre teve um mau gênio...– ordenou a dona da casa, abrindo a porta e empurrando cada um dos filhos para fora, sob a luz da noite enluarada.

Somente Louise permaneceu onde estava, fitando cheia de resoluta incredulidade a saraivada de copos e pratos que voavam pela sala, até que a tia Margot colocou suas mãos grosseiras sobre ela e arrancou-a de lá antes que algo a atingisse.

Assim que Louise deixou a sala, o fenômeno cessou completamente.

"Como por encanto..." – pensaram todos.

NOTAS:

[1] '*Tata*' quer dizer 'titia' em francês.

[2] '*Ma filleule*', quer dizer 'minha afilhada' em francês.

3
O MAGNETIZADOR

Voiron, França

Ao primeiro cantar do galo, Charles pulou em sua cama, o coração batendo aos trancos dentro do peito:

– Maldita ave madrugadora! – esbravejou em voz alta. Em seguida, abriu a janela do quarto de par em par e, só então, constatou que o dia sequer raiara.

Sabia que não conseguiria dormir novamente e, se, depois de rolar na cama por horas a fio, finalmente conseguisse pegar no sono, era quase certo que acabaria perdendo a hora em seu primeiro dia como assistente do dr. de Rochas. Por conta do incidente, concluiu que era melhor começar logo o dia, ainda que lá fora fosse noite. Levantou-se, vestiu-se e passou a arrumar diligentemente suas poucas roupas e pertences no armário. Também arrumou seus livros e papéis na refinada escrivaninha que ficava à esquerda da cama, numa porção reservada do quarto, numa diminuta imitação de escritório.

Assim que terminou a arrumação, Charles olhou em torno, sentindo-se satisfeito com o resultado. Decerto que nunca recebera acomodações tão luxuosas ao longo de sua vida de estudante. Enfim, como um hábil confeiteiro que colocasse cerejas num refinado e trabalhoso bolo, Charles passou a encadear na única prateleira disponível seu pequeno acervo itinerante, que há anos carregava consigo onde quer que fosse.

Foi com indisfarçável orgulho que o recém-formado médico encarou o raríssimo exemplar de *Mesmerismo ou sistema das interações, teoria e aplicação do magnetismo animal como a medicina geral para a preservação da saúde do homem*. O livro, publicado em 1814, era uma compilação do dr. *Karl Christian Wolfart*, cujo ambicioso objetivo fora reunir numa única obra todos os fatos, retificações e esclarecimentos que o iminente magnetizador e pesquisador *Franz Anton Mesmer*[1] havia coletado sobre a teoria e prática da magnetização, ao longo de uma vida inteira.

O livro viera parar em suas mãos por um feliz acaso do destino, quando estivera fazendo um curso sobre mesmerismo na Alemanha. Fora numa antiquíssima biblioteca em Berlim, debaixo do olhar abertamente hostil do zeloso bibliotecário alemão, que Charles havia emprestado a famosa obra, para consultá-lo em seu trabalho de conclusão do curso. Porém, quando chegou a hora de partir, o estudante rebelde e ambicioso percebeu que não conseguiria devolvê-lo. Somente agora sua consciência culpada despertava para a gravidade da falta cometida, mas, à época, a causa do próprio estudo parecera uma justificativa mais do que justa.

"Sujeitinho egoísta..." – pensou, prometendo a si mesmo que o doaria ao acervo da biblioteca de Grenoble, para que a grande obra pudesse voltar a cumprir seu papel de educar as próximas gerações de médicos e pesquisadores.

Ao seu lado, estava perfilado outro exemplar estupendo, este de autoria do marquês de Puységur,[2] *Mémoires pour servir à l'histoire et à l'établissement du magnétisme animal – Memórias para servir à história e à criação do magnetismo animal –*, um autêntico exemplar da raríssima primeira edição de 1784, que ele tivera a sorte de encontrar esquecido numa prateleira de um sebo em Paris. E logo adiante, o seu preferido, *L'art de magnétiser – A arte de magnetizar –* escrito por Charles Lafontaine.[3]

O médico novato fechou os olhos e, por um instante, viu-se de volta à infância, mais precisamente aos sete anos de idade, no dia mais importante de sua vida, aquele em que um inusitado evento decidiria todo o seu futuro!

Ainda podia sentir o aroma adocicado do algodão-doce no ar e ouvir o burburinho do povo se reunindo na praça, onde teria lugar o grande último evento naquele verão que já ia terminando. Seria justamente a única apresentação do inimitável "Charles Lafontaine, o homem capaz de dominar todas as criaturas sob a Terra!", segundo anunciava o folheto que percorrera a cidade como um rastilho de pólvora.

O garoto tinha atormentado seu pobre pai a semana inteira, exigindo que fossem assistir ao imperdível espetáculo do grande magnetizador que aconteceria no domingo vindouro. Comportara-se como um verdadeiro monge e fizera calo nos dedos de tanto ajudar a criada a polir a velha prataria da família, sempre de olho no prêmio que viria no fim de semana.

Quando finalmente chegou o dia, Charles mal podia conter a ansiedade diante da grande tenda de lona pardacenta que fora armada ao centro da praça. Por isso, o menino impaciente agarrou o pai pela mão e o puxou multidão adentro até encontrar a porta de entrada na tenda. Sentaram-se logo nas primeiras cadeiras, posicionados bem à frente do tablado e, quando Lafontaine finalmente subiu ao palco improvisado, seu coração de menino quase parou de bater dentro do peito.

O magnetizador era um homem alto, de grande presença, e somente a barba branca que lhe chegava ao peito poderia denunciar a idade algo avançada. Todo o restante em sua figura denotava força e energia, a começar pelo olhar poderoso e, no dizer do mestre de cerimônias que o apresentou à plateia extasiada, aterrorizantemente magnético. Decerto que era um personagem exótico, vestido com um costume negro e cartola, que o fazia parecer ainda mais altivo. Do ponto de vista do menino embevecido, parecia que aquela figura austera emanava uma aura de enérgica magia.

Novamente o mestre de cerimônias anunciou que o grande magnetizador começaria demonstrando seu poder de hipnotizar animais. Lafontaine ficara famoso em toda a Europa por conta de magnetizações desse tipo e Charles ouvira maravilhado seu pai contar suas incríveis façanhas. Como da passagem do grande magnetizador por Londres em 1840, quando ele estampara as manchetes de vários jornais e revistas, que noticiaram com estardalhaço sua aventura em colocar sob seu domínio magnético nada menos que o rei das selvas, o leão do jardim zoológico.

Assim que o magnetizador terminou de cumprimentar a plateia, os ajudantes trouxeram para o palco uma jaula de tamanho mediano, coberta por uma capa de tecido escuro. Então, Lafontaine parou diante da jaula e, com um único puxão, retirou-a para que todos pudessem ver o animal que ela escondia; um macaco-prego, agitado e mal-humorado, agarrava-se às grades de ferro como um degredado encarcerado num navio.

A plateia prendeu a respiração quando o magnetizador elevou os braços diante da criatura selvagem, aguardando o que faria aquela portentosa figura, cuja concentração parecia excepcional. Na imaginação do pequeno Charles seria nessa hora que um verdadeiro dardejar de raios multicoloridos de energia partiriam dos dedos do magnetizador em direção ao pobre animal, que cairia imediatamente fulminado como um pato alvejado por um caçador.

No entanto, em vez de estardalhaço, o que houve foi uma onda de calma absoluta, quando o macaco, antes agitado e arisco, quedou-se rijo, porém, desperto e atento; os olhinhos negros e brilhantes presos ao de seu mestre, à espera de uma ordem qualquer.

De repente, sem que o magnetizador dissesse uma única palavra, o mico passou a imitá-lo, repetindo qualquer gesto que ele fizesse. Lafontaine erguia o braço direito e imediatamente o macaco também o fazia, em seguida o esquerdo, seguido de resposta idêntica; ele levava a mão ao nariz, depois coçava a cabeça com uma mão ao mesmo tempo que tapava o olho com a outra, e em tudo era seguido pelo bicho, debaixo do riso da plateia deliciada pela servidão do pobre animalzinho à inexorável vontade de seu mestre.

Depois de vários minutos de exibição invulgar, subitamente, o magnetizador estalou os dedos da mão direita e o macaco parou no meio de um gesto. Pareceu despertar de seu transe magnético e voltou a guinchar em alto e bom som, como se reclamasse da dominação involuntária que sofrera. A plateia excitada aplaudia em pé, enquanto o pequeno Charles pulava em sua cadeira como se fosse o próprio mico de circo.

Assim que o público sossegou por um instante, o mestre de cerimônias voltou ao palco para perguntar se havia alguém na plateia com coragem suficiente para ser hipnotizado pelo grande mestre Lafontaine. Vários indivíduos levantaram o braço, inclusive o destemido Charles, que foi imediatamente contido por seu zeloso pai. Enquanto o apresentador do espetáculo falava pelos cotovelos, Lafontaine caminhava na beirada do palco, observando atentamente tudo e todos. Em seguida, o magnetizador fez um gesto para um rapaz magro, de aparência um tanto doentia, convocando-o para subir ao tablado.

Dessa vez, o próprio Lafontaine dirigiu-se ao público para anunciar seu próximo experimento, que tratava de provocar uma 'insensibilidade mesmérica' naquele voluntário. Na sequência, o magnetizador pediu ao jovem que sentasse num tamborete e que olhasse fixamente para o objeto que ele segurava em sua mão. Charles observava cada movimento com grande atenção e viu quando o magnetizador levantou o braço diante do rapaz e, segurando entre os dedos um pequeno relógio de bolso com a tampa fechada, posicionou-o um pouco acima da altura da cabeça do rapaz. Charles reparou que a incômoda posição obrigava o coitado a fazer um grande esforço de concentração, deixando-o praticamente vesgo a fim de obedecer à ordem do magnetizador.

Nessa época, Charles ainda não sabia, mas estava testemunhando a prática de uma técnica muito utilizada pelos hipnotizadores para levar um *sujet* ao transe imediato. O segredo era causar um desequilíbrio através do desconforto provocado pela posição incômoda, aliada à fixação do olhar num objeto brilhante, o que obrigaria o cérebro a concentrar ali toda sua atenção.

Passados uns três minutos de contemplação e silêncio absoluto na plateia, Lafontaine falou novamente com o *sujet*, usando um tom de voz sereno e apaziguador que lembrava o de uma ama-seca embalando seu bebê:

– Peço que esvazie sua mente, tente não pensar em nada. Apenas olhe fixamente para o metal brilhante da tampa do meu relógio. Agora, você fará exatamente o que eu mandar...

– Estique o braço direito – ordenou o mestre imperiosamente.

De imediato o obediente rapaz estendeu o braço direito à frente do corpo. Nisso, um assistente de palco surgiu com uma grossa vela acesa, que Lafontaine passou a usar para pingar abundantes gotas de cera derretida na parte interior do braço do jovem, exatamente naquela região onde a carne parece mais tenra e desprotegida.

Como sempre acontece quando alguém sofre, a multidão extasiada soltou um murmúrio de admiração ao constatar que o rapaz não demonstrava a menor reação à tortura com a cera derretida.

– Fique de pé. Agora, você é duro como ferro – ordenou a voz do hipnotizador e o rapaz imediatamente se levantou, depois empertigou-se como um soldado fazendo a 'posição de sentido' diante de seu general.

Dessa vez, dois assistentes subiram ao palco e tomaram seus lugares, um de cada lado do rapaz. Lafontaine posicionou rapidamente a mão na nuca do jovem e, ao seu comando, os assistentes o viraram como se ele fosse uma tábua, colocando-o na posição horizontal. Em seguida, apoiaram sua cabeça sobre o assento de uma cadeira, os pés sobre outra e assim o largaram. O jovem permaneceu rigidamente equilibrado, como se fosse uma tora de madeira suportada por dois apoios nas extremidades.

A plateia rompeu em aplausos e algazarra, feliz com o ineditismo do fenômeno e talvez torcendo secretamente para que aquela barulheira pudesse quebrar o encanto, fazendo com que o rapaz se espatifasse no chão. Porém, foi justamente nesse momento que o destino selaria o futuro do menino Charles para sempre: o próprio Lafontaine, o maior hipnotizador de todos os tempos, fez um gesto em sua direção, convocando-o a subir ao palco! O menino, incrédulo, ignorando o puxão que o pai dera em seu braço, prontamente obedeceu ao mestre hipnotizador.

– Não acha que temos aqui um ótimo assento? Você pode fazer a gentileza de testar sua resistência? – perguntou Lafontaine, ao que o garoto respondeu com um abano afirmativo de cabeça. Sem precisar de uma nova deixa, o assistente de palco trouxe um pequeno banquinho para que Charles pudesse alcançar o corpo do *sujet* que faria o papel de uma cadeira improvisada.

Assim que o menino conseguiu sentar sobre a barriga do rapazote, que nesse instante parecia feita de ferro, a plateia ficou alucinada com a proeza, derretendo-se em aplausos, gritos e assobios.

Dessa vez, o próprio Lafontaine retirou Charles de seu assento humano, pegou sua mão e levou-o consigo para que, juntos, pudessem agradecer à calorosa recepção dos espectadores. Na lembrança de Charles permaneceria inalterada a sensação de verdadeira adoração que emanava daquela plateia. Era como se todos estivessem enfeitiçados pelo magnetizador, como se Lafontaine detivesse um poder real diante do olhar extasiado daquelas pessoas. Diante da adoração daqueles milhares de olhos, estava alguém poderosamente único. Um ser realmente especial.

Então, novamente os assistentes entraram no palco, seguraram o rapazote e o colocaram de pé. Lafontaine sussurrou em seu ouvido: "*Acorde*", e o encantamento se desfez. O pobre rapaz parecia muito confuso quando candidamente perguntou ao mestre:

– Já podemos começar? – como resposta, recebeu uma gargalhada generalizada vindo da multidão que lhes assistira até ali e, antes que ele fizesse qualquer outra pergunta sem sentido, os assistentes do magnetizador o levaram para fora do palco.

– Gostei da sua coragem, garoto! Fechamos o espetáculo com chave de ouro! Você tem futuro! –, elogiou Lafontaine, olhando direto nos olhos de Charles.

O garoto sorriu satisfeito, sentindo uma simpatia imediata por aquele gigante barbudo e dominador. Era como se fossem dois grandes amigos, reencontrando-se depois de uma prolongada ausência.

Na realidade, Charles jamais se reencontraria com Lafontaine, entretanto, a sensação de que compartilhara uma aventura memorável na companhia de um bom amigo jamais o abandonaria. Tampouco a sensação gloriosa de exercer tamanho poder sobre uma plateia extasiada!

Alguém bateu a porta, puxando Charles da nuvem de suas memórias preferidas.
— Vou deixar aqui fora a bandeja com seu desjejum, *monsieur* Lantier. O doutor estará à sua espera em seu consultório às nove em ponto... — avisou a criada, se afastando em seguida.

"Nada de café da manhã compartilhado com os hóspedes. Será que o eminente conde de Rochas não gosta de se misturar à plebe?" – pensou o jovem médico, enquanto abria a porta para pegar a bandeja.

Pegou um brioche na bandeja quase ao mesmo tempo em que reparou ter esquecido sobre a mesa seu caderno de estudante do primeiro ano de medicina. Abriu-o ao acaso e leu uma anotação:

> Quando se coloca as mãos sobre um doente, diz-se atuar por imposição. A imposição das mãos era conhecida e empregada, muito antes de Mesmer, como poderoso meio curador. Praticada desde os primeiros tempos históricos pelos magos da Caldeia, o magnetismo se propagou das margens do Eufrates ao Egito e à Índia. Depois dos sacerdotes de Ísis, os sacerdotes do Deus dos judeus foram seus depositários e os cristãos o herdaram deles. Da Grécia passou a Roma, e de Roma, dizem, às Gálias. Sufocada na sombra espessa em que a cultivavam os adeptos na Idade Média, a ciência magnética renasceu com Paracelso, que a ensina com verdadeiro conhecimento de causa, e faz dela a base de uma nova escola médica. Meio século mais tarde, Van-Helmont consagra-lhe, em pura perda, quarenta anos de labores e de meditações, porque não é compreendido. Mesmer, finalmente, no século XVIII descobre o magnetismo que, depois de mais de três mil anos de exame e de controvérsia, conta hoje oitenta anos de existência.

Era uma citação do eminente magnetizador e médico, dr. *Joseph-Alphonse Teste*, que o estudante diligente fizera questão de copiar a partir da famosa obra *O magnetismo animal explicado*, que fora publicado em 1845. Na sequência, Charles havia escrito uma resenha sobre os estudos que vinha realizando à época. Olhou de relance para a bandeja e viu que ainda restavam três deliciosos brioches, então, encheu uma nova xícara com o chá fumegante, decidido a entreter-se com a leitura, enquanto dava cabo da comida:

"Estou empenhado em compreender a causa do magnetismo animal, mas confesso que, às vezes, ainda me sinto despreparado para perceber com clareza as diferenças entre hipnotismo e magnetismo. Os grandes nomes da ciência se engalfinham em definições e diferenciações, porém, a cada novo dia de estudo me convenço tratar-se mais de uma questão de forma do que de significação real."

– Aposto que você escreveu isso antes de terminar a leitura do *Magnetismo curador*, volumes I e II, do professor Alphonse Bouvier...[4] – disse consigo, mas falando em voz alta.

Como se a realidade pudesse efetivamente corrigir uma má impressão, o trecho que vinha a seguir era exatamente uma transcrição da famosa obra de Bouvier:

> Conservando esses dois nomes, que o uso consagrou, diremos que a única coisa que diferencia o hipnotismo do magnetismo é a maneira de regular o sonâmbulo e a natureza dos processos empregados para estabelecer esse adestramento. Entre o hipnotismo e o magnetismo não há nem a identidade que certas pessoas julgaram descobrir, suprimindo o antigo nome para substituí-lo pelo novo, nem o fosso profundo que muitas outras quiseram cavar; a todo o momento, quem se acredita magnetizador, hipnotiza; e quem julga simplesmente hipnotizar, magnetiza. Du Potet, Lafontaine e tantos outros, nas sessões públicas em que se aplicavam a dominar um homem ou um animal em alguns segundos, não eram mais magnetizadores, na verdadeira acepção da palavra: faziam obra de hipnotistas; e se Braid[5] teve a idéia de imitar artificialmente essas manobras mais teatrais do que curativas (o que fez originar a grande querela que

ainda hoje subsiste), é infelizmente porque um magnetizador, saindo do seu papel, deu o mau exemplo.

Hipnotizar é, portanto, segundo os próprios mestres, desequilibrar a força nervosa, dirigindo-a de maneira anormal ao cérebro, ou aproveitar-se de uma congestão cerebral já existente, em consequência de um estado patológico qualquer. Em outras palavras, hipnotizar é aproveitar uma falta de equilíbrio nervoso, ou produzi-la.

Eis aqui uma confissão que conservamos preciosamente, nós os magnetizadores, que, pelos processos que empregamos, só temos em mira uma coisa: o restabelecimento do equilíbrio nervoso. Quanto aos hipnotistas – são eles mesmos que no-lo dizem – por suas ações diretas e violentas sobre o encéfalo, provocam continuamente bruscos deslocamentos ou alternâncias na força nervosa, que engendram contraturas musculares, paralisias e catalepsias parciais ou totais, anestesia ou hiperestesia dos sentidos, afonia, afasia, mudez: privação ou exaltação do gosto, surdez ou exaltação do ouvido; depois, imitações automáticas e inconscientes, tanto em palavras como em gestos, ilusões sensoriais, transposições reais ou supostas, dos sentidos; a perda ou a exaltação da memória; as sugestões falazes e as alucinações contrárias à verdade ou à natureza, como as alterações provocadas da personalidade; as sugestões de atos imediatos ou a prazos mais ou menos remotos, os sonhos em ação; a exaltação das ideias e dos sentimentos, fenômenos estes certamente bem curiosos de estudar-se sob o ponto de vista fisiológico e psicológico, divertidos mesmo, quando dados em espetáculo, porém profundamente perigosos de manejar, pelo fato de possuírem uma tendência absoluta para deslocar o equilíbrio físico e moral, e a substituir numa certa medida o automatismo, o desdobramento e a inconsciência do eu consciente e sintético, que forma a personalidade humana, unidade de que só podem decorrer saúde e razão.

Desse ponto de vista, nunca é demais levantarmo-nos contra o abuso que se cometeu e que ainda se comete todos os dias pelos processos hipnóticos; esse abuso é um perigo e esse perigo Mesmer o pressentiu quando reagiu com todas as suas forças contra a divulgação dos processos para provocar o sono nervoso, cujo emprego julgava perigoso, ou pelo menos inútil.

Numa letra correta, mas não necessariamente bonita, Charles havia escrito uma anotação em destaque:
"Magnetizar, é exercer em toda a sua plenitude a faculdade natural que o homem possui de emitir radiações magnéticas, cujo objetivo primordial deve estar relacionado à cura de deu semelhante."
Justo abaixo desse trecho, o estudante anotara diligentemente os conselhos dos mestres magnetizadores que começara a estudar:
De Puységur:

> Se eu pudesse dar um conselho sobre a maneira de proceder, diria a todos os magnetizadores que o meio mais seguro de obterem boas experiências é nunca procurarem fazê-las; curar, eis o único objetivo que se deve ter.

François Deleuze:

> Sendo a faculdade de magnetizar ou a de beneficiar os seus semelhantes pela influência da vontade a mais bela e a mais preciosa que é dada ao homem, cumpre que encaremos o exercício do magnetismo como ato que exige o maior recolhimento e a maior pureza. É, pois, uma espécie de profanação magnetizar por divertimento, por curiosidade, pelo desejo de mostrar efeitos singulares.

Em seguida, Charles leu a anotação que tinha o peso de um aconselhamento:
"Esta unidade dos mestres em magnetismo, pronunciando-se contra toda provocação insólita dos fenômenos, não é somente baseada no respeito com que eles queriam envolver os seus atos, mas também porque consideravam essas perigosas provocações como profundamente nocivas às pessoas que servem de sonâmbulos nas experiências."
A mais absoluta verdade! Charles ainda se lembrava de muitas histórias, das inúmeras que lera nos jornais sensacionalistas e das que ouvira de fonte

mais íntegra, a boca de seus professores. O próprio Lafontaine reconhecia que seus animais morriam depois de serem submetidos a várias sessões de hipnotismo, que parecia extinguir ou desagregar suas forças vitais. Charles também se lembrava de ter conhecido um rapaz de Lyon, que fora usado como *sujet* em inúmeras sessões de hipnotismo espetaculoso e que, depois de algum tempo dessa prática, se inutilizara para qualquer outro trabalho. O pobre sujeito acabara se transformando num imprestável, porque, mesmo sem receber qualquer ordem nesse sentido, pegava no sono automaticamente caso algum objeto brilhante cruzasse seu campo visual.

Charles sabia que, apesar de formado, ainda havia um longo caminho a percorrer para completar sua formação como médico e, sobretudo, como magnetizador, porque, mais do que assimilar as diferentes técnicas e processos, cabia-lhe a responsabilidade de adquirir e praticar as virtudes que fariam dele um ser humano de qualidade. Generosidade, benevolência, paciência, humildade, empatia, enfim, mais do que qualquer outra técnica, seria essa a panaceia que o bom magnetizador deveria conquistar para se tornar apto a tratar a saúde de seus pacientes.

Depois de todos os estudos que fizera, Charles Lantier, jovem médico recém-formado, partiria para uma nova fase em sua vida, justamente onde precisava adquirir a prática profissional, porque um estudante só o deixa de ser realmente quando domina a prática além da teoria de sua profissão.

No entanto, Charles já detinha conhecimento e experiência suficientes para perceber que na história da magnetização dos últimos sessenta anos, as diferentes correntes de magnetizadores, as que consideravam os eflúvios magnéticos e as que se fixavam no transe hipnótico, tinham se digladiado o tempo todo.

Alguns insistiam em afirmar que era a vontade e também a superioridade intelectual e até mesmo moral do magnetizador que faziam com que o *sujet* se submetesse à sua vontade.

Nos últimos tempos, a briga entre os magnetizadores e seus oponentes céticos tinha aumentado muito. De um lado ficavam os magnetizadores e hipnotizadores que num fenômeno recente haviam se unido para combater a verdadeira horda de antagonistas que vinham conquistando há décadas.

Na França, na Inglaterra e também nos Estados Unidos era cada vez maior o número de contendas magistrais envolvendo essas duas correntes da sociedade, que diante de grandes plateias, tentavam confirmar seus respectivos pontos de vista.

Quanto maior o envolvimento apaixonado dos debatedores, mais se expandia a controvérsia e mais ninguém se entendia. Na verdade, havia uma corrente de médicos e cientistas fisiologistas, ditos mecanicistas, que relacionavam todos os fenômenos obtidos através da magnetização como fenômenos de natureza puramente física, ou seja, eram respostas do corpo humano a um amplo leque de diferentes estimulações.

Muito além do ceticismo puro e simples, havia também por parte desses médicos a preocupação com o fato de que muitos magnetizadores atendiam à população gratuitamente, o que a longo prazo poderia minar seus lucros e sua influência na sociedade.

Porém, em certas ocasiões, a campanha para desacreditar os magnetizadores/hipnotizadores acabou surtindo o efeito contrário, com a suspeita se transformando em confiança retumbante ao final de uma apresentação pública.

Uma grande história que Charles ouvira e da qual jamais esquecera fora sobre a apresentação de um famoso hipnotizador inglês, W. J. Vernon, ocorrida no *Instituto Literário de Greenwich* em janeiro de 1844.

Vernon havia se tornado bem conhecido pelo público por causa das muitas apresentações que fizera em Londres. No dia divulgado, o salão da instituição estava lotado com mais de mil pessoas, incluindo os 'magistrados, nobres e diferentes personalidades científicas'. Um *sujet* já em transe hipnótico foi levado ao palco e Vernon propôs-se a realizar vários testes e experimentos com ele.

No entanto, antes que Vernon pudesse sequer começar, violentas discussões, "confusão e tumulto indescritível" – no dizer dos noticiosos da época –, irrompeu da plateia em altos brados. Graves vozes dissonantes gritavam insultos e afirmavam que o hipnotismo era uma grande farsa que precisava ser definitivamente desmascarada. Em meio à multidão dividida, em que uns defendiam enquanto outros atacavam o hipnotismo, um indivíduo enfurecido pegou um pedaço de pau, correu para o palco e atingiu a mão da pobre vítima hipnotizada com um golpe tão poderoso que ressoou acima do rumor da turba reunida.

Para surpresa daqueles que negavam o fenômeno e regozijo dos que o defendiam, o sujeito hipnotizado não esboçou a menor reação, aparentemente nada sentindo do tremendo golpe que recebera, o que seria impossível num estado normal de consciência. Imediatamente, o cruel atacante do *sujet* foi agarrado pela polícia e os experimentos hipnóticos tiveram prosseguimento, dessa vez, com o completo respaldo da plateia.

Pelo que ficou comprovado, o assunto tinha o poder de inflamar paixões nos dois lados da questão. Entretanto, a longo prazo, histórias como essas acabaram sendo uma vantagem para hipnotistas e magnetizadores. Apelando para tais demonstrações, seus adversários ajudaram a estabelecer a validade histórica de testes como o descrito acima e que, a julgar pelas reações do público, muitas vezes evidenciaram em vez de negar a existência dos fenômenos magnéticos.

NOTAS:

[1] *Franz Anton Mesmer* (1734 – 1815) nasceu na Suábia (região da atual Alemanha) foi médico, linguista, advogado, músico e fundador da teoria do magnetismo animal, chamada de mesmerismo. Contribuiu para despertar a atenção do mundo acadêmico ocidental para o estudo e desenvolvimento dos fenômenos ditos paranormais. Foi um dos primeiros estudiosos a propor a dualidade do homem, que é, sobretudo, espírito, devendo ser tratado como um 'todo' em suas disfunções orgânicas e mentais. Pode ser considerado um precursor do estudo da medicina psicossomática.

Franz Anton Mesmer

Marquês de Puységur

[2] *Armand de Chastenet, o marquês de Puységur* (1751 – 1825) era oficial-general de artilharia no exército francês. Foi discípulo direto de *Franz Anton Mesmer*, autor de inúmeras obras, tornou-se um magnetizador reconhecido. Armand de Chastenet difere de Mesmer, porque declara ser apenas um vetor para seus pacientes, que seriam seus próprios médicos, Mesmer afirma que o tratamento ocorre a partir de uma ação puramente fisiológica atuada por um fluido magnético ou 'corrente'. Ele também questionou o fato da necessidade da crise, que Mesmer tinha defendido como condição básica para o tratamento através do magnetismo. A partir de 1784, em Soissons, Puységur começou a praticar a 'mesmerização', com o objetivo de realizar a cura dos males das pessoas de seu castelo. Posteriormente, foi considerado um dos grandes pesquisadores da história das ciências psicológicas.

[3] *Charles Leonard Lafontaine* (1803 – 1892) nasceu em Vendôme, Loir-et-Cher, França. Descendente de escritores, só foi realmente reconhecido após direcionar seus escritos ao tema do magnetismo animal. Depois de estudar as obras do marquês de Puységur e de François Deleuze, ele se fez magnetizar para conhecer a ação do mesmerismo no organismo e, após perceber as alterações em seu estado normal, resolveu dedicar-se seriamente a sua prática. Foi um grande divulgador do magnetismo através de suas demonstrações itinerantes. Permaneceu em Londres durante os anos de 1840 e 1841, onde, segundo os jornais e revistas da época, criou uma grande sensação ao magnetizar um leão no jardim zoológico da cidade. Suas demonstrações em Manchester acabaram chamando a atenção do cirurgião James Braid, que prosseguiu em seu estudo, desenvolvendo a técnica que chamou de hipnotismo.

Lafontaine

Bouvier

[4] *Alphonse Bouvier* (1851 – 1931) foi um influente estudioso e autor francês de obras sobre o magnetismo animal e sobre o hipnotismo. De 1871 a 1878, seguiu a carreira militar em Lyon, onde alcançou a patente de sargento. Assim que saiu do exército vai para Paris, para trabalhar como assistente de laboratório no Hospital da Salpêtrière. Foi lá que ele assistiu às experiências hipnóticas do dr. Charcot e tomou conhecimento do magnetismo. Mais tarde, ele se encontrará com o tenente-coronel Albert de Rochas, então, diretor da Escola Politécnica de Palaiseau, com quem irá realizar importantes experiências na área da regressão de memória. Em 1885 em Lyon, ele criará a Fundação Bouvier e a *La Société Fraternelle d'Etudes du Spiritisme*, iniciando suas palestras sobre o magnetismo no meio espírita. Alphonse Bouvier conheceu e trabalhou com vários pioneiros do espiritismo, como Léon Denis, Gabriel Delanne, Charles Richet e Maître Philippe. No Congresso Espírita de 1900, apresentou provas bem documentada referentes 'à questão da polaridade', e sobre a 'consideração e diferença entre o hipnotismo e magnetismo' e também sobre 'o papel dos espíritos na economia humana".

James Braid

[5] *James Braid* (1795 – 1860) era um médico cirurgião escocês e foi um dos pioneiros cientistas modernos a trabalhar com o estado hipnótico e com a sua indução. De fato, é considerado o iniciador da 'hipnose científica'. Em 1842, cunhou o termo 'hipnotismo' para se referir ao procedimento de indução ao estado hipnótico. Essa escolha deveu-se a acreditar, na ocasião, tratar-se de uma espécie de 'sono artificial', numa alusão a *Hipnos*, deus grego do sono. Reconhecido o equívoco, por ele mesmo, não foi possível corrigir a impropriedade do termo, pois já se achava consagrado.

4
A MÉDIUM

Lyon, França

— Não se esqueça de ficar pronta! *Monsieur* Deplessis virá nos buscar às três horas para sua primeira reunião na Sociedade Espírita de Lyon. Ah! Estou tão empolgada com essa reunião! – Tia Margot disse à sobrinha, que estava visivelmente aborrecida.

— Reunião! Vocês devem estar todos loucos! Agora, diga-me, por acaso acha que sou um mico de circo que se possa exibir por aí? Devo grunhir e fazer caretas para o público presente? – Louise respondeu, sentindo-se cada vez mais enraivecida com aquela situação.

— Não seja mal-educada! *Monsieur* Deplessis disse que será uma sessão fechada, apenas para os dirigentes da tal associação de espíritas. Mas veja a parte boa disso tudo, minha querida! Somente por estar presente na hora acertada, quer aconteça algo ou não durante a sessão, ele nos pagará vinte francos!

Em resposta, Louise deu um profundo suspirou. Sabia que não adiantava discutir com a tia quando havia dinheiro envolvido na questão. Qualquer contra-argumento, para ser considerado válido, teria que estar atrelado à alguma maneira de se ganhar ainda mais dinheiro, o que era francamente inviável naquelas circunstâncias. Vinte francos! A soma era uma verdadeira fortuna para ambas:

"Mesmo que eu tenha que vender minha pobre alma ao diabo para merecê-lo" –, pensou a garota órfã, tendo em mente as aulas do catecismo.

— Jamais evocarás os mortos, sob pena de arderes nas chamas do inferno por toda a eternidade! – ameaçava o padre Gustave em altos brados, emergindo de suas memórias infantis.

Não que Louise tivesse um medo real do inferno. Na verdade, imaginava que já vivera o suficiente dele ao longo de sua trajetória de dezesseis anos,

47

apesar de desconhecer os motivos para merecê-lo. Apenas não estava convencida de que os fantasmas dos mortos pudessem ser evocados e, caso o fossem, não achava que seria a pessoa certa para fazê-lo. Lembrava-se da experiência na casa da família Chevalier como uma coisa aterradora e não se sentia pronta para sorver uma nova taça daquele fel.

No entanto, nenhum desses argumentos seria capaz de dissuadir sua tia Margot, que tinha dobrões de ouro no lugar de um coração pulsante. Sentada diante do espelho, no quarto minúsculo que compartilhava com a tia, Louise fitou a bela jovem que a olhava de volta e pensou:

"Você me faz lembrar de alguém. Quem será?" – mas, enquanto penteia os longos cabelos cacheados, cujo vermelho escuro remete às folhas caídas no outono, ela imagina que sabe a resposta.

"Madeleine..." – ela murmura para si, tentando trazer das brumas da memória o retrato inexistente do rosto de sua mãe. Mas são os olhos que clamam por atenção naquele rosto de pele alva e imaculada, violetas e translúcidos como duas ametistas.

"Olhos de bruxa" – como diria sua avó Agatha, referindo-se às três gerações de sua família, cujos olhos de coloração invulgar também pareciam perpetuar a existência de algo tão peculiar quanto misterioso.

Foi assim que, às três horas em ponto, um distinto coche chegou para levá-las a um destino ainda desconhecido.

Depois de percorrer vários quarteirões, o veículo finalmente parou diante de uma construção de aparência majestosa. Tia e sobrinha se entreolharam, impressionadas com a mansão que fora construída no centro de uma espaçosa propriedade, localizada no bairro mais elegante da cidade.

– Não falei? – perguntou a tia, usando a ponta do cotovelo para cutucar a sobrinha.

Nessa altura dos acontecimentos, a jovem concluiu que, já que não podia alterar seu árido destino, o melhor a fazer seria se deixar levar pelo espírito de aventura. Um verdadeiro comichão de ansiedade percorreu seu corpo, tamanha era a curiosidade que sentia na iminência de adentrar o desconhecido mundo da riqueza material.

O tal investigador psíquico, *monsieur* Deplessis, estava parado à porta, aparentemente esperando por suas convidadas. Pela primeira vez Louise deu-se ao trabalho de observá-lo melhor e não gostou do que viu; um homem de meia-idade, baixinho, metido num terno de gosto duvidoso, em desacordo com a opulência daquele endereço:

"*Talvez esta não seja a sua casa...*" – pensou a jovem, afastando o olhar no instante em que percebeu que também estava sendo observada justamente pelo cavalheiro desconhecido, que permanecia ao lado do investigador, trajado com um refinado costume, acompanhado por polainas imaculadamente brancas, cartola e uma bengala com castão de ouro.

– Sejam bem-vindas! Esse é *monsieur* Charbonnet, que será nosso anfitrião nesta bela tarde.

Louise manteve-se muda na mesma proporção em que tia Margot falava, literalmente, pelos cotovelos. A jovem preferiu usar de toda atenção para reter na memória os detalhes da profusão de tapetes, quadros, objetos de arte, vasos com arranjos de belíssimas flores, que compunham uma abundância tão grande de informações que seu cérebro mal tinha tempo de absorvê-las, à medida em que ela seguia caminhando pela enorme sala da mansão.

Quando Louise deu por si, estava sendo convidada a sentar-se à volta de uma grande mesa de cedro na companhia de várias outras pessoas, cujos nomes e sobrenomes deviam ter sido declinados enquanto ela ainda se achava enlevada na contemplação dos diferentes cenários encantadores que percorrera até ali.

– ... *Monsieur* Charbonnet, além de presidente de nossa associação, também é professor de fisiologia na Escola de Medicina de Grenoble e grande estudioso dos fenômenos magnéticos – apresentou Deplessis.

Desde a infância, em muitas oportunidades, Louise se sentira assim. Como se fosse apenas uma espectadora dos eventos ocorridos a sua volta e, quando isso acontecia, magicamente, um cheiro poderia ser mais relevante que um nome; um som, muito mais impressionante que um rosto; e uma sensação, fosse boa ou ruim, forneceria mais detalhes que um fato.

– Agora que estamos todos aqui reunidos, podemos começar nossa sessão – disse *monsieur* Charbonnet, o cavalheiro que talvez fosse o dono da casa; ela também não tinha certeza disso.

– Por favor, queira diminuir essa luz... – pediu o anfitrião ao criado engomadinho que tomava conta do recinto. Ele saiu da sala e voltou trazendo um elegante candelabro dourado, cujos vários braços portavam velas acesas, deixando-o sobre um aparador. Em seguida, apagou a luz, fechou a porta e saiu sem fazer ruído.

A penumbra dominou o ambiente, adicionando uma nova dúvida à selva de inquirições em que a mente de Louise se enredava: *"Por que diabos a luz tem que ser diminuída toda vez que se deseja falar com as almas do além-túmulo?"*

Então, para sua mais completa surpresa, o professor quebrou o silêncio sepulcral recitando o 'Pai-Nosso' em voz alta, no que foi acompanhado pelo coro daquela meia dúzia de pessoas que compunha a assistência ao redor da mesa.

– Estamos prontos. Se alguma entidade quiser fazer a gentileza de se manifestar da forma que lhe for possível, que fique à vontade... – reiterou o professor, aparentemente falando a ninguém em particular.

Nessa hora, Louise abriu os olhos que fechara durante a prece e pôs-se a observar o ambiente à sua volta. Percebeu que haviam sido colocado alguns objetos por sobre a mesa: um pandeiro, um chocalho, uma harpa diminuta e algumas flores e fitas coloridas. Por um instante, ela fixou sua atenção no pequeno pandeiro, imaginando por que razão teria sido deixado ali? Será que os participantes da reunião eram músicos, dispostos a fazer algum tipo de número musical no decorrer da sessão?

Exatamente nesse instante, um torpor muito grande invadiu seu corpo, obrigando-a a fechar os olhos. Louise sentiu-se à beira do pânico, porque, contrariando as regras da boa educação, percebeu que estava prestes a cair no sono ali mesmo! Enquanto ela lutava contra o sono anormal que teimava em arrastá-la para as profundezas do reino de Morfeu, o pequeno pandeiro começou a tremular sobre a mesa. Primeiro, só um ligeiro movimento, seguido por uma arrancada mais forte, que o fez pular sobre a mesa e derrubar a delicada harpa.

Infelizmente, Louise caiu num sono profundo que a impediu de ouvir quando a diminuta harpa começou a tocar uma suave melodia. Em seguida, como se um bando de crianças endiabradas subitamente tivesse invadido a reunião, o pandeiro, o chocalho, as flores e as fitas coloridas elevaram-se no ar, movendo-se lentamente num redemoinho que crescia pouco a pouco. Num átimo, a nuvem de objetos obrigou sua assistência a olhar para cima, a fim de acompanhar sua impossível trajetória.

De repente, Louise remexeu-se na cadeira e soltou um profundo suspiro, como se vitimada por um imenso cansaço. Então, como se a corrente de energia que estivesse alimentando aquilo tudo fosse subitamente cortada, os objetos despencaram sobre a mesa de uma só vez. A jovem acordou com a estridente barulheira e, por um momento, sentiu-se completamente desorientada, sem saber onde estava e o que acontecia à sua volta. Deu com vários rostos assustados, olhando-a em aflitiva expectativa.

"Agora, sei como se sente o mico de circo que é pego tirando um cochilo no picadeiro..." – pensou a jovem, desolada.

Voiron, França

– Entre, Charles! –, o coronel respondeu quando o médico bateu à porta de seu gabinete.

– Estava a sua espera, meu caro! Tenho uma ótima novidade: *monsieur* Charbonnet, que é um colega pesquisador e, se não me falha a memória, também foi seu professor, encontrou um novo *sujet* para nossa pesquisa! É uma jovem de apenas dezesseis anos, mas muito promissora segundo sua abalizada opinião. Ele irá trazê-la aqui, ainda hoje, para que possamos testá-la. Não é realmente magnífico?

– Sem dúvida, coronel. Mas, enquanto eles não chegam, o que faremos?

– Conversaremos. Você já percebeu, meu caro Charles, quanto podemos aprender com alguém, ou mais precisamente *sobre* alguém, enquanto entabulamos uma simples e despretensiosa conversa?

Era uma pergunta retórica, mas Charles compreendeu instintivamente seu significado. Porém, se alguém teria que fornecer informações sobre si, que fosse o bom doutor, pensou o jovem médico, decidido a entrar no jogo com a iniciativa de fazer a primeira pergunta:

– Imagino que o coronel também tenha trabalhado com o dr. *Charcot*,[1] no *Hospital da Salpêtrière*[2] em Paris?

– Na verdade, não. É certo que frequentei sua famosa clínica e assisti a muitas de suas palestras, que por vezes, beiravam a espetáculos histriônicos de tão extravagantes. Aliás, nunca recebi nenhuma orientação específica dele e acho que ninguém nunca o viu fazer tal coisa...

"Que me lembre, seus pacientes, quase sempre mulheres com diagnóstico de histeria, eram trazidas já preparadas – entenda-se previamente hipnotizadas por seus assistentes – à presença do público presente às sessões. Dizem as más línguas que ele jamais hipnotizou pessoalmente suas pacientes e até mesmo que ele ignorava por completo as técnicas hipnóticas que seus assistentes utilizavam em suas famosas audiências públicas."

O jovem médico fitava perplexo seu novo mentor, sem conseguir pensar em nada particularmente inteligente para comentar aquela informação inédita.

– Aliás, quem me iniciou na técnica que uso e que tenho me empenhado em aprimorar foi o exímio médico e psiquiatra dr. Hector Durville.[3] Quis a sorte que esse renomado pesquisador quisesse compartilhar comigo seus importantíssimos estudos.

"Em 1887, ele fundou a Sociedade Magnética de França e, graças à sua notoriedade, aos êxitos que obteve, aos numerosos médicos com os quais trabalha e que controlam seus resultados, em 1893, conseguiu criar a Escola Prática de Magnetismo e Massagem, junto à Universidade de Paris, que atualmente é reconhecida como um estabelecimento superior de ensino livre. Juntamente com seus filhos Henri e Gaston, ele prosseguiu com a publicação do *Journal du Magnétisme*, originalmente fundado por nosso reverenciado barão du Potet, de quem foi discípulo."

– Seria uma honra conhecer uma tal personalidade! Será que o senhor poderia me apresentar a ele? – perguntou Charles, finalmente encontrando algo útil para dizer.

– Decerto que sim, se o destino conspirar para colocá-lo em nosso caminho. Atualmente, ele vive em Montmrency, que fica a cerca de seiscentos quilômetros de Grenoble, o que dá uma bela distância até aqui...

"Não faça essa cara de desânimo, caro jovem! Sempre haverá algum simpósio ou conferência para o qual todos nós seremos convidados e onde fatalmente acabaremos por encontrar o renomado pesquisador."

Charles apenas balançou a cabeça, resignando-se a acreditar que seria incluído pelo 'destino' nesse hipotético convite.

– Tive uma ideia para aplacar sua ansiedade. Tenho um outro amigo e colaborador, de quem você decerto já ouviu falar, dr. Alphonse Bouvier, que vive em Lyon, que fica bem mais perto daqui. Ele fundou o Instituto Bouvier, onde atende seus pacientes, mas também dá cursos e palestras. Prometo que iremos até lá na primeira oportunidade que surgir...

A sineta do gabinete tocou indicando que alguém estava à porta:

– Deve ser o dr. Charbonnet e nossa convidada! – disse o coronel, esfregando as mãos de satisfação.

"*Sim. Eis que chega a nova cobaia*" – pensou o jovem médico, ainda pouco confortável na pele do 'pesquisador', imaginando poder subscrever 'opressor de almas indefesas'. De súbito, incomodou-se com esse pensamento alienígena, talvez porque não correspondesse à postura mais adequada a um pesquisador profissional. Tratou de abanar freneticamente a cabeça para dissipá-lo.

No momento seguinte, seu antigo professor, *monsieur* Charbonnet, e sua jovem protegida adentraram a sala. Charles observou calado as mútuas apresentações, apenas abaixando a cabeça alguns centímetros quando chegou sua vez de cumprimentar a recém-chegada de Lyon.

– Muito prazer, *mademoiselle*.

Louise ouviu o murmúrio nada entusiasmado e também não viu 'prazer' algum na fisionomia indiferente do jovem médico, que foi apresentado como o novo assistente do coronel de Rochas.

Num instante, os três cavalheiros estavam reunidos a um canto, primeiro trocando amenidades, – "que bom revê-lo, caro amigo etc." – mas, em seguida, já estavam trocando sussurros inaudíveis. Fato que apenas serviu para aumentar a sensação de inadequação e desconforto que Louise sentia, tendo sido praticamente arrastada pela tia Margot naquela curta, porém, estafante viagem de Lyon até Voiron.

Somente Deus para saber quanto o abastado pesquisador tivera que pagar à velha senhora para convencê-la a arredar-se até ali. Também por Deus e, graças à insistência do dr. Charbonnet, ela fora acomodada na antessala, na companhia da criada, de um bule de chá e de uma generosa porção de brioches com geleia de damasco.

"*E tudo isso para fazer o quê, senhor Jesus?*" –, perguntava-se Louise, ficando cada vez mais apreensiva.

– Queremos que colabore conosco num pequeno experimento científico, que visa averiguar qual é seu grau de sensibilidade à aplicação dos fluidos magnéticos, *mademoiselle* Louise... – explicou o coronel, como se pudesse ouvir seus pensamentos. Porém, se um pato tivesse grasnado essa mesma explicação teria dado no mesmo para a jovem, que continuava sem entender patavina daquilo.

Nesse instante, seu olhar violeta cruzou com o do médico recém-formado e, – *"Que coisa mais incrível!"* –, pareceu-lhe ver a luz de uma certa compreensão brilhando por ali.

– *Mademoiselle*, queira fazer a gentileza de sentar-se nesta poltrona – indicou o coronel. Agora, peço-lhe que assuma uma posição confortável e me diga se houver algo no ambiente que possa incomodá-la para que possamos removê-la...

"Claro, monsieur de Rochas, será que os cavalheiros poderiam fazer a gentileza de retirar de suas nobres fuças esse ar de curiosa expectativa" – pensou ela, mas, como estava se esforçando para agir como uma dama, respondeu apenas:

– Obrigada, *monsieur*. Estou perfeitamente bem.

– Excelente! Assim, podemos continuar. Agora, feche os olhos e tente ficar tranquila. Limpe sua mente de qualquer pensamento, concentre-se apenas no som da minha voz. Agora, vou adormecê-la... – disse o coronel, assumindo a atitude do magnetizador.

Enquanto o dr. de Rochas dava instruções ao seu novo *sujet*, Charles a tudo observava com muita atenção. Estava sentado num lugar estratégico, na cadeira mais próxima à poltrona de Louise, e equilibrava numa prancheta o bloco de papel onde pretendia anotar cada palavra dita pelo magnetizador e cada sutil reação de seu *sujet*.

Na penumbra em que haviam deixado a sala – *"Não esqueça que eles sempre apagam ou diminuem a luz antes do espetáculo!"* – estava o professor Charbonnet, confortavelmente sentado numa macia poltrona de couro cor de cera de lacre.

Então, Louise sentiu que um doce torpor começou a invadir seu corpo, e a voz do homem foi ficando cada vez mais longe, como se ele estivesse se afastando dali. De repente, ela se viu sendo arrastada por um comprido corredor, cheio de portas lacradas...

Agora, de Rochas aplicava vigorosos passes longitudinais em seu *sujet*, rápida e sucessivamente.

"*Incontáveis vezes*" – registrou Charles em seu bloco, ao ser incapaz de contar exatamente quantos passes já haviam sido dados por causa da velocidade.

– Consegue ver seu fantasma? Diga-me como ele é... – pediu o mestre num quase sussurro.

– Vejo um fantasma azul à minha direita e um fantasma vermelho à minha esquerda, e os dois são cópias exatas de mim mesma! Agora, eles estão se reunindo num só fantasma... Que se prende ao meu corpo por um laço luminoso.

– Aonde está neste exato instante? – perguntou o magnetizador.

– Está pairando bem ali, à esquerda de *monsieur* Charbonnet – disse Louise, ao que o professor instintivamente olhou em torno, talvez na expectativa de vê-lo, tamanha era a confiança que havia em sua voz.

– Dr. Charles, por favor, anote esta hora: precisamente às 15h24, o *sujet* viu seu próprio fantasma pairando pela sala – instruiu o magnetizador, observando o relógio de parede.

– Vamos prosseguir – disse de Rochas, aplicando uma nova série de passes longitudinais, mas desta vez, seus gestos são delicados, carícias sutis que agitam o ar ao redor da jovem aparentemente adormecida.

– Agora, diga-me, onde você está?

– Na escola.

– Quantos anos tem?

– Acabo de fazer sete e estou aprendendo o alfabeto...

– Continue, recue um pouco mais...

De Rochas aplicou uma nova série de passes.

– Diga novamente, quantos anos você tem agora?

Então, Louise começou a esfregar os olhos com os punhos fechados e, quando finalmente respondeu, estava às lágrimas:

– Tenho três anos. Meu pai diz que sou sua menininha...

"*Novo acesso de choro*" – Charles anotou rapidamente em seu bloco.

– Por que choras? – perguntou o magnetizador.

– Minha mãe morreu.

Ao receber uma nova série de passes, desta vez enérgicos, Louise começou a se agitar em sua poltrona. Em seguida, enrodilhou-se sobre o próprio corpo, como um gato em sua cesta. Enquanto Charles anotava essa súbita mudança de comportamento, de Rochas perguntou:

– Onde você está agora?

– Num lugar escuro e molhado. Sinto-me nadando na escuridão. É esquisito porque não respiro, mas também não me afogo. Tem algo saindo da minha boca, parece um tubo, mas não sei onde poderá dar. Escuto um barulho estranho, parece um tambor batendo ao longe...

"*Isso é muito estranho! Será possível que o lugar escuro seja o útero de sua mãe?*" – pensou Charles, assombrado.

Com novos passes longitudinais, a voz do magnetizador novamente instruía sua pupila, como a sibila decifrando os anéis de fumaça que saíam das fendas das rochas sulfúricas em Delfos: "*– Recue mais para trás, um pouco mais para trás...*" – anotou o fiel assistente em seu bloco.

De súbito, Louise esticou o corpo inteiro e soltou um profundo suspiro:

– Livre! Estou livre e vago na penumbra. Nunca me senti tão leve e diáfana em toda minha vida...

Nova sequência de passes, novo torturado enrodilhar de Louise, seguido de um grito de dor lancinante, capaz de gelar o sangue nas veias. Charles deu um pulo em sua cadeira e seu primeiro gesto foi para ir ampará-la; porém, foi imperiosamente interrompido pelo dedo em riste do magnetizador, que apontava para o *sujet*. Só então, o assistente reparou que Louise havia sentado novamente e, agora, chupava sofregamente o polegar.

– Quantos anos tem e onde você está? – voltou a perguntar o magnetizador.

– Tenho quatro anos e minha ama me trouxe para brincar no jardim.

– Qual é seu nome?

– Maria Amélia Mattos Ferreira – respondeu o *sujet* com convicção, ao que os cavalheiros se entreolharam, com a respiração em suspenso.

Subitamente motivado, de Rochas aplicou uma nova rodada de passes em Louise e, em seguida, refez a pergunta:

– Quantos anos tem e onde está? – tornou ele, ao que o *sujet* respondeu sem titubear:

– Tenho dezessete anos e estou num navio que vai partir para o outro lado do mundo! Eu não quero ir, mas eles não me deixam ficar! Meu pai disse que, se o rei vai partir de Lisboa, sua corte terá que ir atrás, nem que seja ao inferno!

– Diga a data exata e quem é esse rei!? – exigiu de Rochas, enérgico.

– Vinte e sete de novembro de 1807. O rei é dom João VI – Charles arregalou os olhos cor-de-avelã, mal acreditando em seus ouvidos.

– Para onde o rei vai partir?

– Já disse, nosso destino é o inferno! Um inferno tropical, cheio de aborígenes e feras! Ai de mim, meu Deus! Preferia mil vezes ficar aqui e ajudar minha pátria a se defender do invasor francês! Esse rei covarde e bufão está para abandonar seu próprio povo indefeso à sanha do tirano estrangeiro! Fugirei dessa nau decrépita! Hei de encontrar um meio de escapar a esse miserável destino!

Sentindo o reflexo condicionado de uma vida inteira dedicada aos estudos, Charles teve que morder a língua, tamanho a vontade que sentia de matar a charada que se apresentava e dizer: *"Ela está falando da guerra! De quando Napoleão invadiu Portugal!"*

– Para onde o seu rei está fugindo? – insistiu o pesquisador.

– Para as distantes terras da colônia portuguesa no Brasil...

Após nova sequência de passes, repentinamente, o *sujet* recomeçou a chorar e a arfar de modo preocupante, como estivesse sofrendo de falta de ar.

– O que está acontecendo agora?

– Estou muito doente. Ouvi a freira Altamira, que cuida de mim, dizendo a uma outra que não devo passar desta noite...

– Foi a viagem que a deixou nesse estado? Conte o que aconteceu –, pediu o magnetizador.

– O inferno começou no instante em que partimos. Conforme meu pai dissera, toda a corte portuguesa estava seguindo seu rei. Contaram mais de mil cortesãos entre homens, mulheres e crianças na nau capitânia que levava D. João e a rainha Maria I. A fragata em que viajamos eu e meu pai estava igualmente apinhada de gente. Era a nau Afonso de Albuquerque, a mesma em que viajavam a princesa Carlota Joaquina e suas filhas.

"Não havia espaço para nada, não tivemos direito de levar nenhuma bagagem; viajamos somente com a roupa do corpo e tínhamos que dormir no tombadilho, ao relento e junto à tripulação, em sistema de revezamento, por causa da falta de espaço. A água era pouca e a comida escassa e ruim. O inferno certamente é um lugar melhor.

"Assim que deixamos o porto de Lisboa, fomos atacados por tempestades que se sucederam por dois dias sem trégua. Além de todo o desconforto, ainda havia o balanço incessante do mar, as trovoadas e aguaceiros sucessivos, o vendaval constante ferindo nossa carne desprotegida. O mar pernicioso expunha-nos ao perpétuo enjoo marítimo, uma coisa terrível que parece querer nos arrancar as entranhas e arrebentar as veias do corpo, durante dias seguidos, sem misericórdia.

"Naquele alvoroço de gente suja, acabou se criando entre nós uma verdadeira infestação de pulgas e piolhos! Oh, Senhor! Por causa dessas pragas o médico do navio ordenou que todas as mulheres raspassem o cabelo, provação a que nem mesmo a princesa foi poupada! Nossas lindas perucas, único mimo que nos fora permitido conservar, foram arremessadas ao mar! Depois, não bastasse toda a humilhação, ainda untaram nossas cabeças com banha de porco e nos cobriram com um pó mata-pragas qualquer. Ainda bem que a rainha já é louca, porque, se não o fosse, certamente teria ficado, por conta da maldita viagem que seu filho ordinário nos impôs goela abaixo.

"Vivemos mais de três meses nesse inferno e, quando já tínhamos recebido do marinheiro apontador que seguia viagem empoleirado no cesto da gávea, um maldito 'terra à vista', sofremos novamente com uma mórbida parada provocada pela falta de ventos, que por pouco não nos cozinhou a todos debaixo de um sol inclemente, que nos fez arder como brasas no oceano Atlântico.

"Por fim, chegamos ao nosso destino, o inferno oficial, chamado Brasil. Depois desse tempo em que comemos o pão que o diabo vomitou, peguei algum tipo de febre, talvez por causa da água podre que, por falta de qualquer outra, éramos obrigados a beber naquele maldito navio. Por causa de todas essas desventuras, não tive mais como recuperar as forças e morri..."
– subitamente Louise calou-se; tornando-se rija e imóvel como uma tábua.

Foi então que o mestre magnetizador decidiu que estava mais do que na hora de trazer de volta seu *sujet* e começou a aplicar uma nova sequência de passes de modo a liberá-la do transe magnético.

– Quando eu mandar, você irá acordar. Poderá reter essas memórias se assim o desejar ou simplesmente esquecê-las como quem abandona uma folha ao vento.

– Agora, acorde!

Por fim, Louise estava livre do transe magnético, mas visivelmente exaurida.

– Sente-se bem, *mademoiselle*? – perguntou gentilmente de Rochas.

Louise abriu e fechou os olhos repetidas vezes e, depois de esticar os braços, deu um longo bocejo. Agia como uma criança que tivesse acabado de acordar de uma longa noite de sono.

— Sim, *monsieur*. Parece que dormi por horas e, ainda por cima, sem sonhar com absolutamente nada! – respondeu, endireitando a longa saia em torno das pernas e novamente se empertigando.

— Bom, tem razão em sentir-se assim. Foi uma sessão bastante longa, porém, absolutamente produtiva! – respondeu o mestre magnetizador, virando-se e piscando um olho para seu assistente.

— Agora, que acham de tomarmos uma revigorante xícara de chá? – convidou de Rochas.

— Lamento muito contrariá-lo, *monsieur*, mas, se o professor Charbonnet não se importar, prefiro ir embora imediatamente. Apesar da sensação de ter dormido profundamente, ainda estou me sentindo exausta...

— Claro, *mademoiselle*. Estou a seu inteiro dispor – respondeu o amável professor, já ficando de pé.

Assim que o professor Charbonnet e sua protegida deixaram a sala, Charles começou a folhear avidamente seu bloco de anotações, com mil perguntas e questões brotando de sua mente em polvorosa:

— Coronel, ou muito me engano, ou algo realmente inédito acaba de surgir aqui...

— Sem dúvida, meu caro. Parece que nossa pá acaba de bater num baú. Com certeza, encontramos um verdadeiro tesouro com essa magnetização! Hoje, com a ajuda de Louise, fomos muito além do que consegui chegar com Laurent. Muitas hipóteses de trabalho se descortinam diante de nosso assombrado olhar! Assim que você tiver passado a limpo suas anotações e construído com elas um detalhado relatório, voltaremos a conversar sobre esta experiência instigante, mas, por hoje, acho que podemos encerrar nosso trabalho, aliás, memoravelmente frutífero! – disse o mestre, voltando a esfregar uma mão na outra, repetidas vezes, no gesto particular de satisfação que costumava usar quando as coisas funcionavam bem.

Só então, Charles olhou para o relógio e, surpreso, viu que já passava das cinco horas da tarde.

"É impressionante como o tempo passa rápido quando estamos nos divertindo!" – Charles anotou em seu bloco de assistente.

Ao final da triunfante sessão, parecia que toda dificuldade e inadequação haviam desaparecido da mente do jovem médico. Para o bem ou para o mal, a ponte que um dia havia separado o simples mortal do hábil pesquisador científico fora rápida e facilmente transposta.

NOTAS:

Jean Martin Charcot

[1] *Jean Martin Charcot* (1825 – 1893) nasceu em Paris. Formou-se médico, em 1853, e trabalhou no Hospital Central. Foi pesquisador e professor de anatomia patológica na Faculdade de Medicina. Juntamente com Guillaume Duchenne, o fundador da moderna neurologia, desenvolveu importantes pesquisas científicas. Suas maiores contribuições para o conhecimento das doenças do cérebro foram o estudo da afasia e a descoberta do aneurisma cerebral e das causas de hemorragia cerebral. Durante suas investigações, Charcot concluiu que a hipnose era um método que permitia tratar diversas perturbações psíquicas, em especial a histeria. Em 1862, Charcot ligou-se ao Hospital da Salpêtrière, onde criou sua famosa clínica, que se tornou um irresistível ponto de atração para inúmeros médicos europeus, entre eles, Sigmund Freud, Joseph Babinski, Pierre Janet, Albert Londe e Alfred Binet. A síndrome de Tourette, por exemplo, foi batizada por Charcot em homenagem a um de seus alunos, Georges Gilles de la Tourette, assim com o mal de Parkinson foi sugerido por este médico como homenagem a James Parkinson, seu descobridor.

[2] *Hospital da Salpêtrière* em Paris, França. Foi projetado por Louis Le Vau e construído no século XVII para ser uma fábrica de pólvora (seu nome deriva do francês '*salpêtre*'; em português, 'salitre', um ingrediente da pólvora), sendo que o prédio, foi, quinze anos depois, convertido em depósito de pobres, mendigos, desocupados e marginais diversos, que pudessem perturbar a ordem da cidade.

Hospital da Salpêtrière

A TERRA DA PROMESSA | 61

Eventualmente serviu de prisão para prostitutas e local para manter afastados da sociedade os doentes mentais, os criminosos insanos, epiléticos e os desvalidos em geral. O lugar também era famoso por sua grande população de ratos.

No período da Revolução Francesa, foi tomado pela multidão, que libertou as prostitutas e assassinou os doentes mentais. Desde a Revolução, o Salpêtrière passou a servir como asilo e hospital psiquiátrico para mulheres.

O quadro realizado pelo pintor *Tony Robert-Fleury* (à esquerda) retrata o dr. *Philippe Pinel*, considerado o pai da psiquiatria por ter descriminalizado a loucura ao separar doentes de criminosos, trabalhando no Salpêtrière, O médico e professor mais famoso do Hospital foi *Jean-Martin Charcot*, sendo que suas aulas ajudaram a elucidar a história natural e a fisiopatologia de muitas doenças, incluindo a neurossífilis, a epilepsia e o acidente vascular cerebral.

[3] Hector Durville (1849 – 1923) francês nascido em Mousseau, foi médico psiquiatra, experimentador e pesquisador do magnetismo animal. Durville descobriu o mesmerismo no outono de 1861, quando um de seus irmãos tornou-se vítima da epidemia de disenteria. Com seus filhos Gaston, Henri e André Durville, ele desempenhou um papel significativo na popularização de estudos sobre espiritualismo e magnetismo na França. No ano de 1870, foi criado o Editorial Durville com publicações dedicadas a fenômenos parapsicológicos que tivessem relevâncias no tema desdobramento astral. A editora de Hector & Henri Durville, em Paris, publicou uma grande variedade de livros e periódicos, alguns de sua autoria, como o *Fantasma dos Vivos*. Com seu filho Henri, dirigiu o Institut du Magnétisme et du Psychisme Expérimental, fundado em 1878.

Hector Durville

Continuou o *Journal du Magnétisme*, originalmente fundado pelo barão du Potet. Em 1887, fundou a Société Magnétique de France e, em 1893, a École Pratique de Magnétisme et de Massage. No ano de 1896, Durville fundou, ainda em Paris, a Universidade de Estudos Avançados, que oferecia as faculdades de Ciência Magnética, de Ciência Hermética e a de Ciências Espíritas, a última tendo como diretor Gabriel Delanne. Durville também publicou a *Revue du Psychisme expérimental* e a *Psychic Magazine*.

Capa da obra de H. Durville publicada por sua própria editora

5
A MÉDIUM ESTRANGEIRA

Voiron, França

– Outra noite insone e sua saúde irá sofrer, camarada – Charles murmurou para si, parado diante do espelho no banheiro do luxuoso quarto de hóspedes na casa do coronel de Rochas.

Devia ser bom poder viver assim, rodeado de luxos, sem ter grandes preocupações com o porvir, podendo trabalhar apenas no que bem lhe aprouvesse. Pesquisador. Decerto que era um título excelente, mas só realmente aplicável aos sortudos de modo geral, aos bem-nascidos, os herdeiros de grandes fortunas, aristocratas em geral ou para os aventureiros do mercado financeiro. Na vida real, o título de pesquisador parecia um sonho distante, o equivalente a ganhar na loteria ou dar aulas na Academia de Medicina, em Paris.

Primeiro, o jovem doutor teria que comer o 'pão que o diabo vomitou' em diferentes sanatórios, no dizer da hipotética senhorita portuguesa, a palaciana Maria Amélia de Mattos Ferreira.

"Exatamente em que tipo de baú enterrado, teremos batido nossas nobres pás de pesquisadores científicos?" – pensava Charles.

O coronel ainda não havia explicitado nenhuma de suas teorias, que, aliás, poderiam ser muitas. Charles correu de volta para o quarto, sacou de seu bloco de assistente de pesquisador e começou a anotar freneticamente:

"Possíveis hipóteses para explicar os fenômenos demonstrados pelo *sujet* em estudo, Louise Garnet:
1. Histeria, com evidente fragmentação da própria personalidade;
2. Surto provocado via hipnose de alienação da realidade;
3. Excessos de uma mente criativa com propensão a elaboração de histórias desapegadas da realidade;

4. Possível relato de uma vida anterior à que agora está em curso..."

Mal ele terminou de escrever esta última possibilidade, já saiu à procura de uma borracha em sua escrivaninha; como não encontrou nenhuma, riscou o último item várias vezes, possuído pela certeza de que aquilo era um verdadeiro absurdo. Em seguida, voltou ao toalete para pentear apressadamente o cabelo castanho-claro, que começava a ficar grande demais, na tentativa de melhorar a aparência amarrotada antes de seguir para o encontro matutino com o chefe. "O coronel deve ter alguma ascendência inglesa, porque nunca se atrasa" –, pensava enquanto ajeitava a gravata de seda cor de vinho num laçarote que seria considerado apenas razoável pelos padrões da moda vigente em Paris.

Charles bebeu de um só gole sua xícara de café e, minutos depois, estava batendo à porta do gabinete do coronel.

– Entre e sente-se, por gentileza. Por acaso, já ouviu falar de *Eusapia Palladino*?[1] – perguntou de Rochas à queima-roupa, assim que Charles entrou no gabinete.

– Está se referindo à médium italiana?

– A própria. Ela ficou famosa em toda Europa por provocar fenômenos que desafiam as leis da ciência. Nos últimos anos, ela tem sido testada por diferentes pesquisadores que buscam comprovações e explicações para esses mesmos fenômenos. São todos eminentes cientistas e professores, como *Schiaparelli*, da Itália, *Aksakoff*,[2] da Rússia, e o nosso conterrâneo *Charles Richet*.[3]

"Pois bem, graças ao meu caro amigo e pesquisador, Pierre Charbonnet, teremos a honra de sermos os próximos numa extensa lista a termos o privilégio de assisti-la e testar seu 'notável carisma'."

O assistente apenas fitou o mestre, pois que ficara absolutamente sem fala com a novidade. Tantos nomes famosos envolvidos num experimento absolutamente fascinante e ele – o pobretão, inexperiente e recém-formado médico, Charles Lantier – estaria nessa magistral companhia! Por certo aquilo era uma espécie de sonho e ele ainda devia estar ressonando na majestosa cama que emprestava na mansão do conde de Rochas.

– Quer que eu o belisque? É isso mesmo que deseja, caro amigo? – perguntou subitamente o bom coronel, cofiando a barba grisalha, pregando seus olhos nos olhos dele, cinza-escuro contra marrom-avelã, mente contra mente, mestre contra aprendiz.

"Invasão..." – foi o pensamento que cruzou a mente de Charles no mesmo instante.

– Por Deus! Como é que o senhor faz isso?

– Não se trata de nenhum poder mágico, meu caro. É apenas a velha e boa tática da telepatia. Agora, um conselho: quando você é surpreendido, seu rosto fica transparente e, nesse caso, posso ver as palavras passando uma a uma por sua mente como se fossem cartazes. É preciso que você aprenda a erguer um muro mental e a se manter bem escondido por detrás dele. Também não se preocupe demais, porque isso acabará acontecendo naturalmente. Com o passar do tempo e de seus consequentes tropeços, a vida o ensinará a desenvolver o cinismo que blinda a mente e protege o espírito de mostrar seus pensamentos com franqueza. O silêncio caiu entre eles como uma bigorna, mas Charles aproveitou o momento para absorver a sabedoria daquele aconselhamento.

– De volta ao nosso assunto, o professor Richet me enviou uma longa carta, onde deu notícias sobre a série de experiências que ele e outros professores fizeram em Milão com a notável médium napolitana para estudar esses fenômenos psíquicos. Ao término dessas dezessete sessões, sendo que ele assistiu pessoalmente a apenas cinco, Richet também assinou o relatório que confirmou a obtenção de inúmeros fenômenos supranormais. Esse relatório foi publicado no jornal *Italia del Popolo,* em 18 de novembro de 1892 e nos *Annales des Sciences Psychiques,* tendo sido assinado também por Alexandre Aksakof, Giovanni Schiaparelli, Carl du Prel e pelo eminente criminalista Cesare Lombroso, atual presidente da Faculdade de Medicina de Turim, entre outros cientistas.

– Nessa oportunidade, escrevi de volta dizendo que, caso a médium Eusapia Palladino viesse à França, eu teria muito interesse em também experimentá-la. Mais recentemente, o professor me escreveu com o objetivo de acertarmos essa visita, já que um grupo de pesquisadores pretende trazê-la à França.

– Quando eles virão? –, o assistente ansioso se apressou em perguntar.

– Hoje mesmo! Agora, ou melhor, daqui a pouco! Prepare-se: pegue o bloco e aponte seus lápis porque eles já estão chegando!

Naquela noite, os ilustres convidados do coronel de Rochas jantaram e conversaram animadamente por horas, graças aos vários cálices de xerez que haviam consumido. Já passava das onze horas e, madame Palladino cochilava sentada em sua poltrona, quando eles finalmente decidiram se recolher em seus respectivos aposentos. Porém, somente depois de acompanhar a dama italiana de aparência atarracada e modos um tanto rudes de volta ao seu quarto é que Charles finalmente pôde ir descansar.

Apesar da fadiga que sentia, Charles estava exultante pelos vários êxitos que presenciara numa noite que ficaria tatuada em sua memória enquanto vivesse. Sabendo que não seria capaz dormir depois dos fenômenos maravilhosos que presenciara, aproximou a luz de sua lamparina da mesa de cabeceira e pegou seu bloco de notas, disposto a conferi-las.

Observou com desagrado o efeito de sua produção literária: um apanhado de garranchos e abreviações de palavras quase irreconhecíveis. Decidiu que era melhor passar tudo a limpo para uma versão que fosse compreensível enquanto ainda tinha os fatos frescos na memória e poderia identificar aquela algazarra de palavras interrompidas.

Na verdade, ao se preocupar em não perder nenhum detalhe, Charles criara um grande emaranhado de palavras ininteligíveis, que precisava virar um relatório que pudesse ser mostrado ao coronel. Apesar do adiantado da hora, o competente assistente pôs mãos à obra:

Data da sessão: 05/maio/1895
Hora de início: 10:00
Pesquisadores: Albert De Rochas e Pierre Charbonnet. Assistente: Charles Lantier.
Sujet/médium: Eusapia Palladino.
Local: gabinete de trabalho na residência do coronel de Rochas.
Condições de controle: a sala da sessão, os pesquisadores e a própria médium foram exaustivamente vistoriados até extinguir qualquer possibilidade de fraude.
Explicitação dos acontecimentos: os três pesquisadores e a médium reúnem-se ao redor de uma mesa existente no gabinete. A médium teve a mão direita

retida pela mão do coronel de Rochas, enquanto que sua mão esquerda ficou presa pela mão do professor Charbonnet. Essa providência a impede de fazer quaisquer movimentos. Seus pés também foram amarrados por um cordel a prova de fraudes. A médium pede alguns minutos para se concentrar e em seguida o experimento tem início.

Resultados observados durante o experimento:

– Foram ouvidas inúmeras batidas, bastante fortes, pela sala, sem que se pudesse especificar exatamente de onde elas haviam partido;

– Verificamos a movimentação de vários objetos (um pesado cinzeiro de cristal, uma caixa de rapé, um par de óculos e uma pilha com três livros) sobre a mesa, sem que houvesse qualquer contato para movê-los;

– Testemunhamos a aparição de braços com suas respectivas mãos, com aparência humana, fazendo movimentos perfeitamente naturais, que aparentavam sair das laterais do corpo da médium;

– Testemunhamos a levitação da mesa em torno da qual estávamos reunidos cerca de dez centímetros do chão;

– Testemunhamos a levitação da cadeira (também cerca de dez centímetros) em que a médium estava sentada."

Charles releu o documento com atenção à procura de erros, mas felizmente não encontrou nenhum. É óbvio que uma mente cientificamente positivista e nada crédula leria aquele relatório com uma cética sobrancelha levantada, posto que, verdade seja dita, aqueles parágrafos pareciam uma série de alucinações absurdas alinhavadas por algum lunático numa folha de papel.

"Se eu mesmo não tivesse estado lá, vendo tudo com esses olhos que a terra há de comer, não conseguiria acreditar numa palavra do que está escrito aqui, apesar das distintas assinaturas que enriquecerão esse relatório" – pensou Charles enquanto guardava o documento em sua pasta de trabalho.

"Na próxima oportunidade, devemos providenciar para que todos os fenômenos sejam fotografados! Precisamos ter mais do que palavras ou testemunhos escritos, porque o indivíduo que não puder ver, decerto que também não acreditará. Sendo que até mesmo aquele que viu com os próprios olhos, depois de passado um certo tempo, poderá duvidar de sua própria capacidade de avaliação..." – escreveu o investigador assistente em seu bloco de papel, como um lembrete.

A verdade é que Charles ainda demoraria horas até conseguir conciliar o sono, porque sua mente racional estava sendo assombrada pela lembrança de certo cinzeiro que teimava em correr sem rumo pelo tampo da mesa de jacarandá, seguido pela própria que, geniosa e impaciente, contrariando as leis da física e ofuscando toda razão, teimava em se elevar do chão por mais que a segurassem.

Porém, muito pior do que contemplar objetos movidos pelo éter improvável, foi observar aqueles novos pares de braços e de mãos, aparentemente feitos de uma massa esbranquiçada que lembrava gesso, brotando do corpo da médium como se a matrona italiana fosse o próprio Ganesha,[5] surgindo num pesadelo particularmente real.

Lyon, França

O dia havia durado uma eternidade e a viagem de volta para casa fora particularmente penosa para Louise, que tivera que exercitar a virtude da paciência quase ao limiar da beatitude, para suportar ouvir os absurdos que a velha tia seguia tricotando em seus ouvidos ao longo de todo o percurso. Assim que chegou em casa, cansada e entristecida, Louise jogou-se na cama e começou a soluçar.

– Posso saber porque diabos você está chorando como uma bezerra desmamada? – perguntou a tia, com a sutileza que lhe era peculiar.

Louise não respondeu. Por sua vontade não falaria com a tia antes do próximo inverno, que, segundo afirmava o calendário, ainda estava bem longe. Sentia-se humilhada e confusa porque novamente fora usada pela velha Margot, que a trocara por algumas moedas, sendo que desta vez ela sequer sabia a que tipo de serviço se prestara.

Ao relembrar os acontecimentos daquela inusitada sessão de hipnotismo, magnetização ou o que fosse, Louise começou a sentir que uma estranha revolta e uma vultosa indignação seguia contaminando cada célula de seu corpo. Sentia vergonha por ter se prestado àquele papel; de ter sido colocada naquela condição em que, sonolenta e fragilizada, entregou-se ao mais extremo abandono de si mesma.

De certa forma, o modo como aqueles homens a tinham observado fora ainda pior do que bancar o mico no circo espírita, porque desta vez ela sentia que fora realmente invadida. Como se bucaneiros tivessem tomado de assalto sua nau capitânia e a tivessem ofendido de maneira ultrajante ao roubar suas memórias ancestrais, seu bem mais precioso. O único tesouro que trazia em si fora posto a descoberto e exposto de maneira sórdida à curiosidade alheia. Segredos tão íntimos que ela mesma já não se lembrava de tê-los. Até mesmo os segredos que pertenciam a uma outra vida...

"*Será que temos uma outra vida?*" – perguntou-se. "*Parece que sim...*" – a fé que morava nela respondeu.

"*– Poderá reter essas memórias se assim o desejar ou simplesmente esquecê-las como quem abandona uma folha ao vento... – havia dito o pesquisador.*"

"*Que presunção! Quem era ele para mandá-la esquecer-se de suas próprias memórias? Segredos que só pertenciam a ela! Ele e os outros é que eram os intrusos, os ladrões das memórias alheias! Eles é que deveriam ser obrigados a esquecê-las, a entregar o que haviam roubado de maneira tão dissimulada. Flibusteiros! Invasores do eu alheio! Seus bucaneiros fanfarrões!*" – ela praguejava em seu íntimo.

Então, como se toda a fúria represada ao longo do tempo finalmente rompesse a linha da rebentação, Louise começou a gritar:

– Nunca mais colocarei meus pés naquela casa! A senhora está me ouvindo? Nem por todo o ouro da França! Nem mesmo pelo ar que eu respiro! Pode esquecer! Jamais me arrastará para lá novamente ou para qualquer outro lugar, para vender um talento que não tenho! É uma promessa: se quiser, posso assiná-la com meu próprio sangue! – rugiu Louise e, para provar a gravidade de seu discurso, ela pegou o abridor de cartas que jazia sobre a mesinha de cabeceira e espetou o próprio pulso, fazendo uma gota vermelha aflorar sobre a pele clara.

– Sua bruxinha traidora. Pense bem antes de me contrariar, porque também posso te causar muitos problemas... Caso não queira me ajudar a sustentá-la, menina ingrata...

– Já dei minha última palavra. Não voltarei atrás.

Louise ardia de febre e de raiva.

Nos dias que se seguiram, a tia continuou com suas ameaças. Margot estava furiosa com a teimosia da sobrinha, porque contava ganhar um bom dinheiro com a série de sessões que prometera para o nobre pesquisador de Grenoble, dr. Charbonnet. Agora, aquela peste se recusava a ajudá-la a ganhar um dinheiro fácil e honesto, cuja mudança de mãos não faria mal a ninguém.

Apesar de todas as tentativas da tia para demovê-la, Louise não cedeu um milímetro e ainda por cima caiu doente. Agora, além de não ganhar dinheiro algum, Margot ainda teria que gastar o pouco que tinha comprando remédios para a sobrinha ingrata.

Estavam as duas parentas vivendo esse impasse filosófico quando o investigador, *monsieur* Deplessis, surgiu sem prévio aviso. Antes de deixar que ele entrasse em casa, Margot tratou de fechar a porta do quarto onde Louise amargava seus delírios febris, com medo de que a sobrinha ouvisse a conversa e sofresse um novo ataque histérico.

– Pelo que entendi, a jovem se recusa a colaborar. Realmente, é uma pena, sendo ela uma médium tão talentosa... E principalmente é uma pena porque eu já tinha várias sessões em vista, acertadas com pessoas idôneas, pertencentes ao meu vasto círculo social... – disse o autointitulado investigador psíquico, massageando a avantajada pança que teimava em cair por cima da cintura da calça.

A tia apenas gemeu em resposta, sentindo um grande pesar pelo dinheiro fácil que lhe escapava das mãos.

– Ela não quer doutor, essa ingrata. Teimou que não e que não... E ainda por cima caiu doente. Não sei como faremos para pagar o aluguel atrasado, nem o do próximo mês... – lamentou-se a tirana, bancando a vítima.

O homem continuou falando, mas era como se falasse consigo mesmo:

– Imaginei até um maravilhoso espetáculo público! A grande médium se apresenta diante da plateia extasiada e ordena que as mesas girem e que as cadeiras levantem! Já pensou se ela conseguisse produzir algumas formas luminosas? Seria um *grand final*!

O vil homenzinho sonhava de olhos abertos, completamente alheio as negativas que recebia da velha senhora postada à sua frente.

– Parece que o senhor não entendeu o problema! Louise disse que não quer ser médium de aluguel, que não vai fazer mais nada desse tipo em lugar algum, nem por todo o dinheiro do mundo...

Só então, Deplessis despertou de seu sonho megalomaníaco de sucesso e poder, a tempo de ver que a mulher estava falando sério:

"A situação é realmente grave. Gravíssima!" Subitamente, ele parece perceber que sua galinha dos ovos de ouro está a um passo de escapar pelos vãos de seus dedos. *"Isso não pode acontecer! Tenho que pensar rápido! Tenho que ser mais esperto do que essas duas..."*

– Vou lhe dizer o que está acontecendo aqui, madame... – disse o investigador, aproximando-se de Margot para alcançar seu cotovelo, a fim de conduzi-la gentilmente para mais perto da mesa, onde se aninhavam duas cadeiras solitárias.

– Vamos nos sentar aqui, porque esta conversa será longa...

– A senhora ainda não percebeu porque é uma pessoa muito boa e generosa e, lamento muito ter que ser eu a abrir seus olhos sobre isso, mas a verdade é que *mademoiselle* Louise é uma jovem muito mimada...

– O senhor acha? – perguntou a tia, surpresa com aquela inesperada afirmação.

– Claro que sim. E digo mais: seu carinho e excesso de zelo estão estragando essa jovem! Ela está muito mal-acostumada, porque sabe que sempre poderá contar com sua ajuda para sobreviver.

"Acho que, se a senhora não estivesse tão presente em sua vida, ela acabaria sentindo sua importância e a falta que realmente pode fazer. A senhora a vem protegendo e sustentando por todos estes anos, mas não está recebendo o reconhecimento que merece. Então, quem sabe se a deixasse passar por alguma dificuldade, isso não a faria perceber como a vida pode ser dura de verdade...

"E também fazê-la pensar na ajuda que poderia dar à senhora, no conforto que poderia proporcionar a vocês duas, se deixasse a teimosia de lado e aceitasse usar seus talentos para realizar um trabalho que é honesto e necessário... – o discurso da serpente barriguda fluía sem parar, hipnotizando sua presa sem dó nem piedade."

– Sim, é possível que um choque de realidade a fizesse ver como a vida pode ser dura para valer! O que o senhor sugere?

– Proponho que a deixe comigo, por algumas horas ou talvez um dia ou dois... – disse o safado, e completou rapidamente, tentando sufocar a imoralidade de tal proposta. – É claro que darei à senhora um vultoso adiantamento pelas sessões que ela irá realizar no futuro. Eu levarei Louise para um lugar seguro, onde ela terá tempo para repensar a vida, para perceber o quanto necessita da senhora e também do quanto precisa de sua colaboração. Assim que ela estiver convencida, eu a trarei de volta para a senhora. Que me diz?

– Acho que o senhor tem razão, *monsieur* Deplessis. Essa menina está muito mal-acostumada. Alguém precisa lhe mostrar como a vida é dura lá fora, nesse mundo de meu Deus! Mas como faremos para que Louise concorde em acompanhá-lo?

– Ela não terá que concordar com nada. Será como eu mandar... – e, em seguida, o homem começou a delinear seu plano criminoso:

– A senhora disse que deve o aluguel desta casa e, se não me falha a memória, o senhorio pretende colocá-las na rua, caso não seja ressarcido ainda neste mês...

A mulher apenas confirmou com a cabeça, subitamente intimidada.

– Excelente. Pois, amanhã bem cedo, a senhora fará suas malas e ficará pronta na porta de casa, à espera do coche que enviarei. O cocheiro irá conduzi-la diretamente a seu novo endereço: uma casinha de minha propriedade, que fica num bairro aqui perto – e, antes que Margot pudesse se opor, ele continuou falando como uma matraca: – A senhora não precisa se preocupar com absolutamente nada! Hoje mesmo irei procurar o seu senhorio, acertarei toda sua dívida e combinarei a entrega do imóvel para amanhã à tarde. Assim, depois que a senhora já tiver partido com seus pertences, eu e o senhorio nos encontraremos aqui. Louise verá que a senhora se foi e terá que vir comigo se a quiser rever, já que somente eu conheço seu paradeiro. Ela é uma garota perspicaz, por isso tenho certeza de que facilmente compreenderá a gravidade de sua situação e me seguirá sem causar maiores problemas.

– Também não lhe restará alternativa, não é verdade? – e, apenas por um fugaz instante, a velha tia pareceu vacilar.

– Não – e, assim dizendo, o tal homenzinho pegou a carteira do bolso de seu paletó amarfanhado, contou várias dezenas de francos e colocou a vultosa soma sobre a mesa, como se aquele fosse o argumento que daria cabo a quaisquer perguntas indesejáveis.

– Temos um acordo?

– *Oui, monsieur* Deplessis – respondeu a mulher, contando seu dinheiro, já completamente esquecida de qualquer dilema moral.

– *Au revoir*, madame.

Louise acordou de um pesadelo terrível em que sombras negras e fantasmagóricas a perseguiam, numa correria sem tréguas por trilhas desconhecidas. Estava com a camisola encharcada de suor e a face banhada em lágrimas de desespero. Por fim, olhou em torno e, sentindo-se absurdamente aliviada, agradeceu a Deus por estar de volta a seu costumeiro quarto. A correria ensandecida finalmente terminara num porto seguro.

No entanto, o destino parecia disposto a demonstrar o quanto Louise estava errada.

– Jesus! Que sonho pavoroso! – disse a garota, e esticou o braço para alcançar o relógio, constatando que já passava das oito da manhã. – Que lástima, dormi demais!

Louise foi à cozinha e preparou um rápido desjejum, porque o dia estava lindo e ela pretendia aproveitá-lo cuidando do jardim. Se é que os mirrados canteiros dispostos à frente da humilde casinha que Louise compartilhava com sua tia poderiam ser chamados assim.

Foi somente à hora do almoço que a jovem começou a estranhar a ausência de sua tia Margot, porque com bastante frequência a tia se levantava antes do raiar do dia e saía de casa antes mesmo de Louise se levantar para procurar por trabalho na vizinhança. Que poderia ser uma casa para limpar, uma roupa para lavar ou uma criança precisando de ama-seca. Quando havia um serviço já combinado, Louise a acompanhava, mas quando ela saía sozinha, era quase certo que voltaria na hora do almoço.

Porém, naquele dia Louise fez uma caprichada torta com o frango que restara do jantar e aguardou pela tia em vão, até que se cansou de esperar e almoçou sozinha. Chegou a dar uma volta pelas redondezas, quem sabe ela não estaria por ali? Mas ninguém a tinha visto naquele dia.

"Que coisa mais estranha!", pensou Louise, um pouco preocupada.

Até que lá pelo meio da tarde alguém bateu na porta e, para sua mais completa surpresa, era o senhorio, um homem rude e vulgar, cujos inquilinos muito apropriadamente haviam apelidado de *Taureau*:

– Vim exigir que vocês saiam da minha casa agora mesmo! Estou farto dos atrasos no aluguel e das promessas de pagamento não cumpridas. Não as quero mais como inquilinas! Fora daqui! – Louise não podia acreditar em seus ouvidos.

– O senhor terá que esperar minha tia chegar! Eu não posso sair assim, não tenho para onde ir e também não sei o que fazer... – implorou a jovem, à beira das lágrimas.

– Só vou esperar o tempo certo para que você pegue suas tralhas e saia daqui. Não me obrigue a jogá-la no olho da rua! – resmungou o troglodita.

Nesse instante, como se fosse um inocente golpe de boa sorte, em vez de uma combinação entre bandidos, o investigador Deplessis colocou a cabeça no vão da porta entreaberta:

– Desculpe, *mademoiselle* Louise, mas não pude deixar de ouvi-los. Parece que você não sabe onde está madame Margot? É uma pena, pois que vim unicamente para falar-lhe...

– Eu é que peço desculpas, *monsieur* Deplessis! Mas, infelizmente, não sei onde ela está! E, para piorar a situação, esse cavalheiro decidiu que hoje é o nosso último dia em sua casa! Sente-se. Se o senhor quiser esperar, imagino que ela já deva estar chegando. Enquanto isso, vou até o quarto arrumar nossas malas.

Louise, cabisbaixa e desamparada, foi para o único quarto da casa e ficou ainda mais desorientada quando descobriu que não havia mais nada de sua tia dentro dos armários, tampouco nas gavetas da cômoda ou onde quer que fosse. Suas coisas haviam sumido, inclusive o velho malão de couro que pertencera a seu pai e que só era usado nas mudanças!

– *Tata* foi embora! – arfou Louise diante daquela dramática constatação. – Ela me deixou para trás! Com as dívidas por pagar e o senhorio a gritar impropérios em meus ouvidos! O que terá feito com todo o dinheiro que ganhou me explorando? Por que não pagou o que devíamos ao intragável *Taureau*?

– Senhor Jesus e agora? O que será de mim? – Louise cobriu o rosto com as mãos e chorou lágrimas amargas, com soluços dolorosos que sacudiam seu corpo frágil de quase menina. Nesse instante, Louise reparou em seu reflexo no espelho e viu a enormidade da derrota que lhe estampava a face.

"Não é hora de chorar, filha querida! Agora é hora de lutar!" – ela ouviu a voz do valente comandante Garnet falando dentro de sua cabeça, ou talvez fosse apenas em seu coração. "Avante! Que mais uma batalha nos aguarda!" – diante deste chamamento, a jovem espanou as lágrimas do rosto como se afastasse um enxame de marimbondos e, de queixo orgulhosamente erguido, pôs-se a arrumar seus poucos pertences na única mala que sobrara.

Para seu tremendo alívio, quando voltou para a sala arrastando a mala atrás de si, apenas o investigador Deplessis a aguardava:

– Eu o dispensei. Que homem horrível, pois não? Pode ficar tranquila, *mademoiselle*, porque já paguei ao senhorio o aluguel em atraso. Mas tive que dar minha palavra de honra de que você irá desocupar o imóvel. Combinei que deixarei a chave debaixo do capacho diante da porta assim que sairmos.

– *Monsieur*, por favor, compreenda como essa situação é difícil para mim! Minha tia simplesmente foi embora! Agora que ela me abandonou, eu não tenho para onde ir! Agradeço por ter salvo minha pele com o senhorio, mas também não tenho como pagá-lo! Simplesmente, não sei o que vou fazer da minha vida! – Sua voz tremia e as lágrimas cristalinas marejavam na superfície de seus olhos cor de violeta.

– Não fique assim, Louise! Ânimo! Eu vou ajudá-la a resolver todos esses problemas! Fique certa de que com o tempo tudo se ajeitará! Eu conheço um ótimo pensionato para moças onde você poderá ficar até que encontremos uma solução melhor.

– O senhor não entendeu, eu não tenho sequer uma moeda para comprar um pão! – respondeu a jovem, visivelmente alarmada.

– Não se preocupe com isso. Eu pago e você me devolverá quando puder. Uma mão lava a outra... – essa última frase ecoou na sala por um breve instante.

– Agora vamos embora que já está ficando tarde!

– Mas, *monsieur* Deplessis, e a tia Margot? Se formos embora daqui, como irei reencontrá-la depois? – o medo e a dúvida fizeram sua voz tremer novamente.

– Simples: vamos deixar o endereço do pensionato com seus vizinhos, os Chevalier. Que lhe parece?

Louise foi obrigada a concordar com o falso salvador, já que não havia outra alternativa. Nunca pensou que tivesse que viver uma situação tão terrível: sua tia e única família havia partido sem deixar rastro nem bilhete e, no mesmo dia, seu senhorio fizera a gentileza de colocá-la porta afora. Como nunca lhe ocorrera a necessidade de guardar consigo um dinheiro para emergências, Louise estava completamente desprevenida quando esta realmente apareceu. Logo, não restava alternativa além de acompanhar a única pessoa que parecia disposta a ajudá-la. Ainda assim, ela decidiu tentar um último recurso e, quando foi à casa da vizinha deixar um bilhete para a tia fujona, pediu à senhora Chevalier:

– Será que eu posso esperar aqui por um ou dois dias? Alguma coisa urgente pode ter acontecido com ela... Talvez minha tia ainda apareça... – mas a vizinha respondeu secamente que não havia lugar na casa para receber hóspedes.

Diante da humilhante negativa, Louise entregou a vizinha o pedaço de papel em que Deplessis havia anotado o endereço do pensionato de moças onde ela estaria, caso sua tia voltasse para buscá-la.

Porém, assim que a jovem saiu, a velha megera amassou o bilhete e o jogou no lixo, pois fora instruída pelo investigador Deplessis a fazê-lo. Uma pontada de remorso cruzou sua mente, mas foi imediatamente aplacada pelo retinir das moedas que guardara no bolso de seu avental.

Louise engoliu o choro com todas as forças e voltou para sua ex-casa, onde Deplessis a esperava. Em seguida, levou sua pequena mala até a soleira da porta do humilde casebre que fora seu lar desde que conseguia se lembrar e, com o coração dilacerado, Louise partiu para um destino incerto na companhia de um estranho.

Eles subiram no coche que os aguardava à porta e, enquanto Louise observava pela janela aquela paisagem tão conhecida ir ficando para trás, veio-lhe à mente a frase que ficaria marcada como ferro em brasa em sua alma para sempre: *"Uma mão lava a outra"*.

Nessa mesma hora, do outro lado da cidade de Lyon, a velha Margot finalmente chegava ao seu destino, depois de dar mil voltas por lugares que ela sequer imaginava que existissem. Quando saltou do coche em que viajara, viu-se diante de um casebre ainda mais decrépito do que o antigo que havia compartilhado com a sobrinha por tantos anos.

– Tem certeza de que o lugar é este mesmo? – ela perguntou ao cocheiro mudo que a trouxera e recebeu apenas uma balançada de cabeça em confirmação.

– Ah, *ma filleule!* – Margot pensou na sobrinha que abandonara ao 'Deus-dará' e, por um momento, sentiu uma fisgada de remorso no estômago.

No entanto, apenas a lembrança do dinheiro que havia escondido no sapato serviu para apagar qualquer possibilidade de arrependimento.

– Louise há de cair em si. Então, faremos as pazes e viveremos juntas novamente – a velha tia disse em voz alta ao entrar em sua nova moradia. Em seguida, começou a arrastar com esforço a enorme mala que pertencera ao seu falecido irmão e que o truculento cocheiro sequer cogitara de levar para dentro.

Agora, as desafortunadas mulheres teriam que prosseguir sozinhas seus próprios descaminhos. Seus destinos estavam literalmente nas mãos de Deus.

NOTAS:

[1] *Eusapia Palladino*, (1854 – 1918) foi uma famosa médium italiana. Foi a primeira médium de efeitos físicos a ser submetida a experiências pelos cientistas da época, tais como Alexandre Aksakof, César Lombroso, Charles Richet, Enrico Morselli, Pierre Curie e outros.
As primeiras manifestações de sua mediunidade aconteceram aos quatorze anos e consistiram no movimento e levitação de objetos. Por volta de 1888, Eusapia tornou-se conhecida no mundo científico em virtude de uma carta do prof. Ércole Chiaia enviada ao criminalista César Lombroso, que relatava suas experiências com a médium e o convidava a investigá-la. Em 1891, Lombroso realizou com Eusapia uma nova série de sessões. Esses trabalhos foram seguidos pela comissão de Milão, integrada pelos professores Schiaparelli, diretor do Observatório de Milão, Gerosa, catedrático de física, Ermacora, dr. em filosofia, de Munique e o prof. Charles Richet, da Universidade de Paris. Além dessas sessões, muitas outras foram realizadas, com a presença de cientistas não só da Europa, como também da América.

Eusapia Palladino, a mais célebre médium italiana

Por fim, Lombroso se convenceu da veracidade dos fenômenos depois que o espírito de sua mãe se materializou em uma das sessões. O prof. Charles Richet, em 1894, realizou várias sessões experimentais em sua própria casa, obtendo levitações parciais e completas da mesa, além de outros fenômenos de efeitos físicos. *Sir* Oliver Lodge, prof. de filosofia natural do Colégio de Bedford, catedrático de física da Universidade de Liverpool, reitor da Universidade de Birmingham, e que foi, também, por longos anos, presidente da Associação Britânica de Cientistas, fez experiências com Eusapia, e apresentou um relatório à Sociedade de Pesquisas da Inglaterra, afirmando que: "O resultado de minha experiência é convencer-me de que certos fenômenos geralmente considerados 'anormais' pertencem à ordem natural e, como um corolário disto, que esses fenômenos devem ser investigados e verificados por pessoas e sociedades interessadas no conhecimento da natureza".
Apesar das diversas polêmicas que cercaram sua vida, das afirmações de que ela às vezes

fraudara os resultados das experiências e de que tentara ganhar dinheiro com sua mediunidade, Eusapia faleceu na pobreza, já que tinha por hábito distribuir o pouco que possuía com os pobres, num exercício explícito de caridade fraterna.

[2] *Alexandre Aksakof*, (1832 – 1903) foi um diplomata russo (conselheiro de Alexandre III), filósofo, jornalista, tradutor, editor e grande pesquisador dos fenômenos espíritas durante o século XIX. Foi professor da Academia de Leipzig e fundador, em 1874, da revista *Psychische Studien* (*Estudos Psíquicos*), na Alemanha. Em 1891, lançou em Moscou a revista de estudos psíquicos *Rebus*, a primeira do seu gênero na Rússia. Criou adeptos entre cientistas e filósofos de seu tempo e, através de experiências feitas com médiuns famosos (como Home), levou a Rússia a formar a primeira comissão de caráter puramente científico para o estudo dos fenômenos espíritas. Para essa comissão, Aksakof mandou vir da França e da Inglaterra os médiuns que participariam das experiências. Como resultado, por haver fugido das condições preestabelecidas, tal comissão chegou a conclusões questionáveis e emitiu como relatório conclusivo o livro *Dados para estabelecer um juízo sobre o espiritismo*, que afirmava a falsidade dos fenômenos observados. Aksakof contestou a comissão com outro livro, intitulado: *Um momento de preocupação científica*.

Alexandre Aksakof realiza experiência de levitação com a médium Eusapia Paladino

Sustentou uma longa polêmica e refutou as explicações materialistas do filósofo alemão Nicolai Hartmann, discípulo de Schopenhauer, que atribuía todos os fenômenos espíritas a manifestações do inconsciente ou a charlatanismos. Efetuou numerosas experiências e observações científicas com o concurso da médium italiana Eusapia Palladino, que serviram de fundamentação para sua obra mais importante: *Animismo e espiritismo*, assim como, ao estudar a mediunidade da médium inglesa conhecida como Elizabeth d'Espérance, testemunhou um evento sobre o qual escreveu a obra *Um caso de desmaterialização*.

[3] *Charles Robert Richet*, (1850 – 1935), francês, foi médico, fisiologista e professor da Universidade de Paris. Como cientista, descobriu a soroterapia e anafilaxia (causada por reação alérgica). Em 1913, foi laureado com o Prêmio Nobel de Medicina. Em 1905, então presidente da Sociedade de Investigações Psíquicas de Londres, propôs o nome de 'metapsíquica' ao conjunto de conhecimentos ditos supranormais, fenômenos que estudou juntamente com cientistas famosos, como Ernesto Bozzano, Alexander Aksakof, Gustave Geley, William Crookes e Gabriel Delanne. Também se interessou por aviação, tendo desenvolvido com Louis Breguet, em 1907, um giroplano. Foi autor de várias obras, tais como *O tratado de metapsíquica* e *A grande esperança*.

Charles Richet

[4] *Cesare Lombroso*, (1835 – 1909), italiano, foi psiquiatra, cirurgião, higienista, criminologista, antropólogo e cientista. Diplomou-se médico em 1858 pela Universidade de Pavia e, entre 1859 e 1865, foi médico voluntário no exército nacional. Entre 1863 e 1872, foi responsável pelos pacientes dos hospitais de Pavia, Pesaro e Reggaro Emilia. Em 1876, manteve o posto nas cátedras de medicina legal e higiene pública da Universidade de Turim, onde posteriormente se tornaria professor de psiquiatria, em 1896, e de antropologia, em 1906. Sua experiência psiquiátrica foi muito influente em sua associação da demência com a delinquência. Lombroso é creditado como sendo o criador da antropologia criminal e suas ideias inovadoras deram nascimento à Escola Positiva de Direito Penal, mais precisamente a que se refere ao positivismo evolucionista, que baseava sua interpretação em fatos e investigações científicas.

Cesare Lombroso

Em 1880, fundou juntamente com Ferri e Garofalo, o jornal *Archivio i psichiatria, antropologia criminale e scienza penale*, que se tornou o grande porta-voz do movimento positivista. Desenvolveu a teoria de que o criminoso é vítima principalmente de influências atávicas, isso é, uma regressão hereditária a estágios mais primitivos da evolução, justificando sua tese com base nos estudos científicos de Charles Darwin.

[5] *Ganesha, Ganexa, Ganesa, Ganesh ou Ganapati* é um dos mais conhecidos e venerados deuses do hinduísmo. Ele é o primeiro filho de Shiva e Parvati. Ganesha é considerado o mestre do intelecto e da sabedoria. É representado como uma divindade amarela ou vermelha, com uma grande barriga, quatro braços e a cabeça de elefante com uma única presa, montado em um rato.

Ganesha, divindade hindu

6
O HOSPÍCIO JUDICIÁRIO

Voiron, França

Naquele belo dia de primavera, Charles encontrou o coronel de Rochas logo pela manhã. Um pintassilgo cantou ao longe, perturbando o sossego do jovem médico, que, de súbito, se tornara inquieto, remexendo-se em sua cadeira:

— Posso fechar a janela, coronel? – pediu ele.

— Claro. É óbvio que o canto desse pássaro de alguma forma está lhe incomodando...

— Acho que seu canto me distrai... – Charles se justificou, tratando de ir fechar a janela. – Trouxe o relatório da sessão com Eusapia Palladino para que o senhor o analise.

— Excelente! Deixe-me vê-lo –, ao que o relatório imediatamente trocou de mãos.

Enquanto o coronel lia o relatório, Charles tratava de fazer seu inventário mental com as mil e uma dúvidas que assolavam seu espírito inquieto.

— Caro amigo, pare de ranger essas engrenagens mentais, porque o barulho que elas fazem está me desconcentrando. Diga logo, o que é? – pediu o mestre magnetizador.

— Desculpe, mas tem algo que não consigo compreender, tampouco pude construir alguma hipótese que justificasse tal fenômeno. Que pensa que eram aqueles braços e mãos sobressalentes que pareciam brotar do corpo da senhora napolitana?

De Rochas retirou o pincenê do nariz e dobrou o relatório, sinalizando que terminara sua leitura, em seguida, pigarreou para limpar a garganta antes de responder:

– Parafraseando o nobilíssimo professor Charles Richet, eu diria que aqueles estranhos apêndices que se projetavam do corpo da médium eram formações ectoplásmicas.

– Que seria a criação espontânea de alguma espécie de matéria? – perguntou Charles.

– Justamente. Richet chama 'ectoplasma' a essa substância que emana dos médiuns de efeitos físicos, que é usada para materializar pessoas ou objetos, como aqueles braços e mãos que aparentemente emergiram do corpo da médium. Acho que podemos dizer que se trata da materialização de algum tipo de fluido a partir de um fenômeno extrafísico...

– Que nada tem de sobrenatural?

– Não necessariamente... Gosto de pensar que a explicação para esse fenômeno deve ser puramente material; uma hipótese viável seria a de que o cérebro de determinadas pessoas teria a capacidade de criar uma 'ideoplastia', ou seja, materializar algo em que esteja pensando.

– É nisso que o senhor acredita? – interpôs o assistente.

– Sou um cientista. Eu não tenho que acreditar necessariamente em nada! Meu trabalho consiste em coletar dados, analisar situações e comportamentos e formular hipóteses que sejam cientificamente viáveis e passíveis de comprovação. Quem prova sua premissa não precisa da crença de ninguém.

– Que pensa da explicação mística, espiritualista, de que os agentes causadores desses fenômenos são os espíritos dos mortos que usam a médium como um carpinteiro usa uma ferramenta?

– Penso que é o tipo de premissa que carece de provas que a confirmem. No entanto, a verdade é que ainda não pesquisei esse assunto o suficiente, logo, não posso tecer conclusões. Isso seria um procedimento pouco científico, leviano e precipitado...

"Escorregadio como um esturjão" – emitiu Charles em pensamento.

– Para seu governo, também não gosto de ovas de peixe – respondeu o coronel, e piscou um olho, ao que Charles devolveu um sorriso maroto.

– Também informo que nesse exato instante em que buscamos respostas, Richet está usando esse tipo de experimento para tecer as premissas teóricas de uma nova ciência, por ele batizada de *Metapsíquica*, definindo-a como aquela que tem por objeto fenômenos mecânicos ou psicológicos, devido a fatores que pareçam inteligentes ou a poderes desconhecidos, latentes na inteligência humana.

– Ótimo. Nesse caso já podemos escolher entre o espiritismo ou a metapsíquica como possíveis explicações para os fenômenos que observamos – comentou Charles, com uma pontinha de ironia na voz.

– Ou podemos continuar a observar, coletar e analisar até termos condições de construir e desenvolver nossa própria teoria, meu caro – concluiu o coronel.

Charles apenas abanou a cabeça, em concordância, subitamente se dando conta de sua arrogante ignorância.

– À propósito, quando reiniciaremos nossas sessões com Louise? – disse o assistente, percebendo repentinamente que a pesquisa só iria adiante se tivesse um *sujet* talentoso.

– Infelizmente, tenho más notícias. Parece que teremos que encontrar um novo *sujet* – ao que Charles apenas ergueu uma sobrancelha, num sinal inquiridor.

– O professor Charbonnet enviou um portador com uma curta mensagem, somente para avisar que *mademoiselle* Louise não está mais disponível. Não me pergunte a razão, porque ele não entrou em detalhes.

– É uma perda irreparável! Pensei que tivéssemos encontrado algo importante nessa experiência com Louise! E agora teremos que recomeçar do início com alguma outra pessoa? – desabafou o jovem médico, que ficou indignado com a novidade.

– Acostume-se, caro Charles! Essas são as agruras do cotidiano do pesquisador. Temos que matar um leão a cada dia!

– Isso quando o leão não desaparece nas brumas da floresta, não é mesmo? – brincou o assistente, mas seu tom de voz era amargo.

– Exatamente. E, antes que me esqueça, hoje à tarde pretendo fazer minha visita mensal ao hospício judiciário, onde costumo prestar uma espécie de serviço voluntário, que também contribui para incrementar meu arcabouço de pesquisa. Você gostaria de vir?

– É claro, coronel. Estou às suas ordens.

Grenoble, França

Naquela mesma tarde, com o sol quente da primavera que fazia brotar os novos ramos nas árvores e suas belas flores na paisagem campestre, Charles e o coronel pegaram a estrada que os levaria ao hospício judiciário que ficava em Grenoble.

Depois de quase uma hora de viagem, a confortável caleça do conde de Rochas parou diante de uma construção comprida, toda feita de pedra bruta, cuja torre alta e estreita invadia a imensidão do céu azul, obrigando o visitante a olhar para cima. Segundo informou o coronel, tratava-se de uma antiga fortaleza medieval que fora adaptada para aquele novo uso. Na opinião de Charles, a insalubridade do lugar seria capaz de causar uma má impressão até mesmo no visitante mais otimista.

"Parece a masmorra de Edmond Dantès, o conde de Monte Cristo!" – pensou Charles, observando a feiúra e a decrepitude do lugar.

– Chegamos! – avisou desnecessariamente o cocheiro, abrindo a porta para que os cavalheiros saíssem.

– Imagino que está curioso em saber o que viemos fazer aqui, pois não? Acontece que meu amigo de longa data, André Claveau, teve o desprazer de ser nomeado para o cargo de diretor deste hospício judiciário. Assim que assumiu seu posto, ele solicitou minha ajuda para tratar dos casos mais difíceis, de pacientes que também são criminosos perigosos e que devem ser mantidos debaixo de uma vigilância constante. Desde então, tenho vindo até aqui regularmente, para checar como vai o 'tratamento' de cada um deles.

– Porém, sem sombra de dúvida, o caso mais difícil que enfrentei até agora foi o de August Gerárd. Seu diagnóstico é de psicopatia. Aliás, diga-me, de bate-pronto, qual é o perfil dessa moléstia?

– É um distúrbio mental grave em que o doente apresenta comportamentos antissociais e amorais, outrora chamado pelo dr. Pinel de 'mania sem delírio'. Normalmente, os psicopatas são incapazes de manifestar sentimentos de afeição, empatia pelo semelhante, arrependimento ou remorso, seja qual for o mal que tenham praticado. Também podem ser profundamente egocêntricos e narcisistas.

– Excelente! Vejo que já está pronto para conhecer meu psicopata preferido! – respondeu o coronel, brincando com coisa séria. E, apesar de retribuir o sorriso, Charles sentiu o estômago se contraindo, ante a terrificante ideia de conhecer seu primeiro psicopata condenado.

Para desagrado do coronel de Rochas, quem veio recebê-los à porta do hospício foi o carcereiro-chefe, porque o diretor havia sido requisitado em Lyon.

– Olá. Como tem passado? – perguntou de Rochas, ao que o mal-educado funcionário respondeu com uma cusparada no chão.

– Viemos ver como está o paciente August Gerárd. A esta hora, imagino que ele esteja no pátio interno, pois não? – perguntou o coronel ao funcionário.

– Não tá não, senhor. Semana passada esse coisa-ruim teve um tremendo de um ataque! Quase que a gente não deu conta de segurar esse bicho! Tive que prender ele na solitária pra ver se ele sossegava. Fiquei com medo de que ele atacasse alguém, se ficasse no alojamento junto com os outros.

– Leve-nos até ele, por gentileza.

Assim, o coronel e seu assistente seguiram o homem magricela e tosco. Primeiro, desceram por uma escada que levava ao subterrâneo, depois seguiram por um gigantesco emaranhado de corredores, que percorriam toda a labiríntica extensão da antiga fortaleza. Dos dois lados do corredor, havia pequenas celas fechadas por grossas portas de ferro enegrecido.

– É aqui – disse o carcereiro, estacando subitamente diante de uma porta fechada. – Esteja em casa! – falou e sorriu com ironia, expondo uma gengiva enegrecida e sem dentes.

O coronel foi o primeiro a entrar na pequena cela, escura e nauseabunda, onde havia um volume coberto por um lençol jogado sobre um catre. Charles seguiu em seu encalço, mas sua vontade era sair correndo dali o quanto antes.

– *Bonjour*, Gerárd. Como tem passado? – perguntou mansamente o bom doutor, que com apenas dois passos cruzou o cômodo diminuto para alcançar o corpo imóvel. Charles aguardou parado na soleira da cela, que o escaldado carcereiro fechara a chave pelo lado de fora antes de sair. O jovem não estava gostando nem um pouco da experiência de ser trancafiado num espaço mínimo, na companhia de um maluco perigoso.

"É o mesmo que estar trancado numa jaula com uma fera" – mas, assim que o pensamento rebelde escapou de sua mente, o magnetizador colocou

o dedo indicador sobre os lábios, exigindo silêncio, apesar de Charles não ter aberto a boca.

Depois de alguns minutos de um intimidante silêncio, o magnetizador começou a aplicar uma série de passes longitudinais no prisioneiro. Em seguida, o volume desacordado esticou-se todo, à maneira de um grande felino que despertasse de uma longa soneca. De repente, sentou-se num impulso, o que exigiu que Charles exercitasse vigorosamente seu autocontrole, para extinguir o grito que brotou em sua garganta.

– Vejo que agora acordou! Vamos começar outra vez. Boa tarde, Gerárd! Como tem passado?

O homem, alto e magro, com uma barba negra e comprida que não via uma boa navalha há muito tempo, olhou detidamente para a dupla; primeiro para o coronel, depois para seu acompanhante.

– Estou bem, doutor. Na verdade, nunca me senti tão bem em minha vida! Por isso, quero saber quando sairei desta pocilga? – apesar do discurso agressivo, sua voz estava lúcida e muito calma, como se o criminoso fosse um reles comerciante, barganhando seus produtos numa feira livre.

– Veremos, meu caro. Veremos... – disse de Rochas, puxando um banco de madeira que havia a um canto e sentando diante de seu paciente.

– O que tem feito para passar o tempo? Leu os livros que enviei?

– Não consegui, doutor, porque minha cabeça dói muito quando eu tento ler. Acho que nesta charneca não há luz suficiente para a leitura. Mas, me ocupei fazendo os desenhos que o senhor me pediu... – assim dizendo, Gerárd retirou um bloco de papel de baixo do travesseiro, que estendeu para o médico.

De Rochas puxou novamente seu banco, desta vez para mais perto de Charles, a fim de que ambos pudessem ver os tais desenhos. Logo na primeira página do bloco, havia uma belíssima paisagem rural, que surpreendia pelo detalhamento e pela leveza dos traços do artista.

– Se o senhor subir nesse banco e olhar por aquele buraco imundo verá essa paisagem aí. Eu faço assim: subo, olho detidamente para além dessas grades, depois desço e desenho o que ficou gravado em minha memória – comentou Gerárd, dando um sorriso torto que não se refletiu em seu olhar, que continuou tão gélido quanto o luzir de uma adaga.

– Tenho certeza de que está perfeitamente de acordo com a paisagem real. Seu talento para o desenho é famoso, Gerárd.

O coronel virou outra página e deu com um gato primorosamente desenhado e preenchido em tons de cinza e preto. Depois havia o desenho de um ameaçador cão de caça, seguido pelo de uma cobra em posição de ataque. Na próxima página, encontraram o irretocável retrato de uma bela moça, cuja aparência exótica, denunciada por uma profusão de véus, colares e anéis, lembrava uma cigana.

– Essa é Lavínia. Minha noiva... – disse o artista sem que ninguém tivesse perguntado nada.

O próximo desenho mostrava Lavínia com uma cobra enrolada ao pescoço, como se fosse um prosaico cachecol, o que fez Charles sentir um súbito arrepio na espinha.

Então, o coronel virou uma nova folha e deu com o desenho da face de Lavínia cortada ao meio, um dos olhos caindo das órbitas e a boca, antes tão bonita e voluptuosa, transformada numa fenda abissal, que terminava junto à curva de seu pescoço de cisne. Ao vê-la, Charles deu um salto para trás, a um passo de devolver o almoço, sendo que o coronel se limitou a dar um profundo suspiro.

– Pensei que tivéssemos combinado que você esqueceria isso, que deixaria essa tragédia para trás. Lavínia pertence ao passado e lá deve ficar.

Gerárd fitou, aparentemente chocado, a violência de seu próprio desenho. Seu rosto demonstrava surpresa, como se ele nunca tivesse visto nada parecido em toda sua vida.

– Lavinia! Onde ela está, coronel? O que fizeram a minha Lavínia? LAVÍNIA! – De súbito, em evidente desequilíbrio, Gerárd pôs-se a gritar como um alucinado.

O coronel correu para acudi-lo e Charles também, pronto para imobilizá-lo usando os próprios punhos, se preciso fosse. Porém, boquiaberto, ele observou o magnetizador conter o preso enraivecido, simplesmente colocando o dedo indicador em sua fronte e fazendo uma ligeira pressão. No mesmo instante, Gerárd caiu de borco sobre o leito e o coronel prosseguiu com sua panaceia, aplicando sobre o paciente uma nova série de passes longitudinais, que o mergulharam num sono profundo.

Charles ouviu passos no corredor e respirou aliviado ao perceber que os gritos do preso haviam trazido de volta o carcereiro magricela.

"*Graças à Deus! Não vejo a hora de sair deste buraco...*" – pensou o jovem.

– Precisa de ajuda com esse maluco? – perguntou o funcionário, enquanto Charles desmerecia sua boa vontade em pensamento, tentando imaginar que tipo de ajuda alguém com um porte físico tão descarnado poderia oferecer. Só então o jovem aprendiz reparou na enorme pistola que o homem macilento trazia afivelada à cinta.

– Não será necessário, meu camarada, mas obrigado mesmo assim. Faça a gentileza de abrir a porta, que nós estamos de saída.

Novamente o coronel e seu assistente percorreram o labirinto de corredores no encalço do carcereiro até ao pátio interno da fortaleza medieval.

– E o doido, capitão?

– Patente errada, camarada. É coronel de Rochas... – respondeu Charles, ofendido com tamanha falta de consideração.

– Esqueça, Charles, isso é irrelevante – respondeu o magnetizador. – Quanto a Gerárd, aconselho-o a mantê-lo exatamente onde está, pelo menos até que o diretor volte. E, caso ele sofra outra crise de violência, mande me avisar.

Porém, somente quando os dois homens já estavam confortavelmente acomodados na caleça que os levaria de volta para casa, Charles criou ânimo para conversar. Perguntou de supetão:

– Coronel, quem era Lavínia? Qual foi a tragédia que a atingiu?

– É uma história terrível. Mas, para contá-la, primeiro, preciso falar sobre Gerárd.

"Nessa época, cerca de dez anos atrás, ele era um jovem pintor, talentoso e muito promissor, que vivia e trabalhava num pequeno ateliê, localizado num bairro elegante de Paris.

"Graças às boas relações de sua família, Gerárd desfrutava da amizade da aristocracia parisiense, sendo constantemente convidado a frequentar os círculos mais requintados. Como era elegante, bem-educado e muito afável, num curto espaço de tempo conquistou uma invejável clientela, principalmente, entre as damas da sociedade. Foi para atender as exigências de suas clientes que Gerárd se especializou em pintar retratos.

"Ele já tinha fama e fortuna quando começou a apresentar um comportamento, digamos, atípico. Lembro como se fosse hoje, da ocasião em que eu estava de passagem por Paris e, num impulso, decidi aproveitar a oportunidade para visitar uma amiga que não via há tempos. Cometi a imprudência de ir à sua casa sem prévio aviso e, por conta dessa indelicadeza, acabei conhecendo o artista que estava pintando seu retrato, aliás, belíssimo.

"Nessa ocasião fizemos uma ligeira amizade e, quando Gerárd descobriu que eu era um estudioso da magnetização e do hipnotismo, fez-me uma estranha confidência. Gerárd contou que estava obcecado com as milhares de expressões diferentes que via no rosto das pessoas, principalmente, nas mulheres. Queria saber se era normal sentir aquela compulsão em desenhar um rosto à exaustão, mesmo tendo a certeza de que jamais poderia replicá-lo com a necessária perfeição.

"Lembro-me de ter respondido que todo artista ou profissional talentoso costuma ser um pouco obsessivo com seu trabalho. Acabei convidando-o para fazer uma sessão em meu consultório, quando pudesse vir à Voiron. Depois, nos despedimos amigavelmente e nunca mais o vi. Quer dizer, fora dos muros da prisão."

Charles, que por pouco não tinha pegado no sono por conta do balanço da caleça somado àquela história algo tediosa, levou um susto com aquele arremate dramático:

— Vejo que o coronel estava guardando o melhor para o final. Continue, por favor. Prometo que terá toda minha atenção!

O coronel sorriu com satisfação ao perceber que havia reconquistado seu público. Disse:

— Ainda lamento que ele não tenha vindo me procurar. Talvez, se tivéssemos nos encontrado antes, eu pudesse ter detectado os sinais do extremo desequilíbrio que assolava sua mente. Talvez a terrível tragédia que se seguiu poderia ter sido evitada.

"No entanto, como disse antes, só fui revê-lo depois de sua prisão, quando o mal já estava consumado. De acordo com as informações contidas no relatório policial e sua subsequente investigação, parece que o comportamento de Gerárd foi ficando cada vez mais estranho. Uma das testemunhas citadas no caso, a criada que trabalhava no ateliê, disse que nos últimos tempos Gerárd não conseguia finalizar nenhum dos retratos que iniciava, porque não resistia à compulsão de desenhar e redesenhar seus esboços até literalmente cair duro de tão cansado. Refazia cada desenho por dez, vinte, trinta vezes, até que finalmente desistia de fazê-lo, alegando que nenhum deles correspondia à realidade do rosto retratado.

"Por infelicidade do destino, foi no auge desse surto obsessivo-compulsivo que Gerárd encontrou Lavínia. Ela pertencia a uma família cigana que vivia no leste europeu e que havia chegado recentemente à cidade. Durante o dia, Lavínia trabalhava numa feira de variedades, uma espécie de circo a céu aberto. Numa pequena tenda, Lavínia se revezava com outras ciganas, lendo a sorte na palma da mão ou nas manchas da borra do café.

"Ainda segundo constava no inquérito, outra testemunha, uma amiga de Lavínia chamada Soraia, afirmou que a cigana conheceu Gerárd na feira, quando ele foi à tenda para fazer uma leitura da sorte. Nessa ocasião, ele pareceu encantado com a beleza da moça e Soraia se lembrava de ouvi-lo dizer claramente: "Você é exatamente o que procuro! Uma deusa com um rosto perfeito! Preciso fazer seu retrato!"

"Assim, em troca de uma vultosa recompensa, Lavínia assumiu o compromisso de ir ao encontro de Gerárd em seu ateliê a fim de posar para um retrato.

"Ainda segundo o relato da criada de Gerárd, a cigana frequentou o ateliê por mais de uma semana, enquanto seu patrão passou todos esses dias fazendo desenho após desenho, tentando reproduzir com perfeição o rosto da bela modelo. Porém, o artista não ficava satisfeito com nenhum dos desenhos que produzia e, depois de um tempo, começou a culpar a própria modelo por seu fracasso. A criada ouviu os gritos descontrolados de Gerárd, acusando Lavínia de não colaborar adequadamente. Depois, sem dar nenhuma explicação, o artista mandou que a criada tirasse os próximos dias de folga. Três dias depois, quando ela voltou ao trabalho, encontrou uma desordem indescritível no ateliê, como se o lugar tivesse sido atacado por vândalos. Os desenhos de Gerárd haviam sido picados em mil pedaços e lançados para todos os lados. A criada também contou que Lavínia nunca mais apareceu por lá.

"Por fim, ainda de acordo com o inquérito, um guarda de rua encontrou o corpo de uma mulher jovem jogado numa vala próxima ao ateliê. Seu rosto fora literalmente partido ao meio e estava tão desfigurado que impediu uma identificação imediata. Porém, suas roupas e adornos, característicos do povo cigano, denunciaram sua origem. A polícia intimou o chefe do acampamento cigano que havia nas redondezas a comparecer ao local. Foi assim que a pobre Lavínia, que tinha desaparecido de casa há exatos três dias, foi identificada."

— O laudo do perito que fez a necropsia do corpo apontou que a moça foi degolada, desfigurada e depois apunhalada com mais de trinta golpes. Era o retrato de uma verdadeira fúria assassina. Quando a história toda veio à tona, Gerárd foi preso como único suspeito, porque fora a última pessoa a estar com a vítima, além de não ter conseguido apontar nenhum álibi que comprovasse seu paradeiro nos últimos três dias. Depois de várias horas de interrogatório e muitas declarações contraditórias, ele acabou confessando o crime e foi condenado a cumprir uma pena de vinte anos. Porém, Gerárd alegou ter sido vítima de um surto psicótico, então, graças às suas excepcionais relações sociais junto às altas esferas, obteve o privilégio de cumprir sua pena no hospício judiciário em vez de seguir diretamente para uma penitenciária.

— Portanto, aquela história de noiva é pura invenção?

— Apenas delírios de uma mente perturbada.

— Mas por que será que Gerárd cometeu um crime tão abominável? — perguntou Charles, incrédulo.

— E haverá motivo capaz de justificar uma tal barbaridade? Somente para alguém irremediavelmente preso nas garras da loucura! — respondeu de Rochas.

— Claro. Por isso ele está detido naquele lugar horrível.

— Onde deverá permanecer para sempre, no que depender de meu diagnóstico — afirmou o experiente magnetizador.

— O senhor considera que Gerárd é um paciente irrecuperável, doutor?

— Você não viu aqueles desenhos terríveis? Para mim, está absolutamente claro que Gerárd jamais conseguirá controlar a agressividade que extrapola de sua personalidade, que é comprovadamente a de um psicopata. Sem falar em seu talento para dissimular seus reais sentimentos e intenções, aliás, esse é o traço mais curioso do perfil psicológico do psicopata, sua incrível capacidade de aparentar ser uma pessoa normal. Se você encontrasse com Gerárd na mesa de uma *brasserie* bebericando uma cerveja, jamais imaginaria a presença maligna do monstro que vive nele, bem escondido por detrás da boa aparência e dos modos aristocráticos... — então, o doutor fez uma pausa, como se pensasse na gravidade da informação que daria a seguir.

— Sem falar que há indícios graves que me levam a acreditar que Lavínia não foi sua única vítima. Já no hospício, fui chamado para ajudar a debelar uma de suas crises de violência. Depois de hipnotizá-lo, sugeri que fizesse algo que pudesse acalmá-lo definitivamente e ele pediu para desenhar. Então, Gerárd fez muitos desenhos, todos refletindo o altíssimo grau de agressividade e violência que dominam sua natureza interior. Entre os vários desenhos, havia os de duas mulheres bem jovens e também alguns de uma criança. Em todos eles, as pessoas foram degoladas, desfiguradas e estripadas. Eu mesmo entreguei os terríveis desenhos ao investigador de polícia do distrito de Paris para que ele pudesse iniciar imediatamente uma investigação. Entretanto, tratava-se de um indivíduo deveras incompetente e melífluo, que organizou uma investigação superficial que acabou encerrada por falta de vontade política. Ainda teve a cara de pau de justificar sua ineficiência alegando que os desenhos não provavam nada, já que naquele distrito não havia sido encontrado nenhum corpo que correspondesse aos desenhos feitos por Gerárd. Assim, ficou o dito pelo não dito.

"Logo, não há como saber se esses desenhos retratam crimes que de fato ocorreram ou se são apenas os devaneios de uma mente maníaca. Também não há como saber se ele seria capaz de matar novamente ou não..."

– Apesar disso, nada muda o fato de que Gerárd assassinou Lavínia com requintes de crueldade! É óbvio que não se pode pagar para ver! – disse o assistente do coronel, completando seu raciocínio.

– Em hipótese alguma! – concordou o professor.

"Como eu disse, mais nenhum corpo foi encontrado e neste país ainda não é crime fazer desenhos violentos e de mau gosto. Porém, tenho o pressentimento de que há uma possibilidade real de que esses desenhos sejam os retratos de suas outras vítimas."

– Pessoas que sofreram o mesmo triste fim de Lavínia, mas que não tiveram a sorte de serem encontradas e identificadas... – disse Charles, falando mais consigo mesmo do que com seu mestre.

Lyon, França

Infelizmente, o pensionado para moças que o investigador Deplessis recomendava às suas pupilas era na verdade um albergue de quinta categoria, como Louise percebeu assim que cruzou a porta.

Como a jovem logo viu, não havia quartos individuais, apenas um grande recinto repleto de camas do tipo beliche, onde se amontoavam mulheres de todas as idades. Até mesmo Louise, que estava acostumada à pobreza, ficou indignada com aquele tratamento, mas ao perguntar a Deplessis quanto tempo teria que permanecer naquele lugar detestável, o investigador limitou-se a dar de ombros. Mais tarde, afirmou que somente ela própria poderia resolver a questão.

Era a política do 'uma-mão-lava-a-outra' sendo finalmente colocada em ação.

– Se quiser ir daqui para um lugar melhor, terá que concordar em trabalhar para mim! – informou o patife.

Foi assim que, contrariando sua alma e seu coração, Louise viu-se presa na armadilha de ter que vender a única coisa que possuía que interessava ao seu captor: sua mediunidade. Quando a garota perguntava se ele havia conseguido localizar sua tia Margot, Deplessis inventava mil histórias. Jurava de pés juntos que alguém a tinha visto perto de Grenoble; noutra vez, afirmava que fora vista nos arredores de Rives. Demorou algum tempo para que Louise se convencesse de que ele não tinha o menor interesse ou intenção de encontrar sua tia e essa dura realidade caiu como o machado do carrasco sobre seu coração. Enquanto isso, a cada dia, ele a arrastava um pouco mais para longe dos lugares que Louise conhecia.

Ao tentar se recordar de como aquela tragédia começara, Louise percebeu que o tal investigador surgira subitamente em sua vida e, até onde ela conseguia se lembrar, não fora recomendado por ninguém que fosse de sua confiança. Se bem que, depois da traição da velha tia, Louise sentiu que havia perdido completamente a noção do que seria isso.

A verdade é que aquele homem vil, travestido de 'investigador psíquico', caíra como um cataclismo em sua vida e, desde aquele fatídico encontro na casa da família Chevalier, Louise não conseguira mais se livrar dele. Estava atada àquele homem desprezível até que conseguisse imaginar um modo de fugir a sua nefasta influência. Até que isso acontecesse, Louise viu-se numa condição de semiescravidão, onde tinha que trabalhar, expondo sua mediunidade, em troca de casa e comida, ou nem mesmo isso. A estadia no decrépito pensionato em Lyon durou menos de uma semana. Depois disso, Deplessis a arrastou para o campo e Louise acabou enredada por uma espécie de companhia itinerante de talentos mediúnicos.

Na realidade, o tal investigador era dono de um antigo circo de aberrações, com várias 'atrações', todas remetendo ao círculo do bizarro e do grotesco. Havia vários anões que faziam números de malabarismo e também de mágica. Porém, quando a moda dos hipnotizadores começou a correr a Europa, Deplessis percebeu que seu público cativo se esvaziava, justamente porque as pessoas estavam muito mais interessadas nas sessões públicas de hipnotismo e nas exibições de médiuns e afins. Porém, um trambiqueiro da categoria de Deplessis jamais perderia a chance de obter lucro fácil, por isso, logo deu um jeito de adaptar sua companhia aos novos tempos. Em certa ocasião, foi convidado a participar de uma reunião familiar em que o médium responsável pelos fenômenos, aliás bastante impressionantes, era um garoto de apenas treze anos. Nessa pequena reunião, Deplessis ouviu um dos pesquisadores afirmar com absoluta convicção que a mediunidade costumava ser mais forte e produtiva nos indivíduos jovens!

"*Magnifique!*", pensou. Foi assim que o falido dono de circo teve a grande ideia de adaptar seu espetáculo ao gosto do público daquele novo tempo científico, adicionando a presença de jovens médiuns à sua trupe. Assim, além de ser o tradicional mestre de cerimônias, incorporou ao seu repertório circense a figura do '*Grand Hypnotiseur*' e passou a atuar numa tenda reservada, onde vários jovens médiuns, arregimentados da mesma forma fraudulenta que Louise, se revezavam em sessões exaustivas.

O circo rodava pelas cidades nos arredores de Lyon. Num único mês, Deplessis e sua pequena trupe percorreram *Rives*, *Bourgoin-Jallieu*, e *Saint-Alban-de-Roche*. Em dois meses, haviam sido tantas outras cidades, que Louise não prestava mais atenção aos seus respectivos nomes.

As apresentações podiam ser a qualquer hora do dia e Louise ficava à inteira disposição de Deplessis, trabalhando incessantemente, enquanto houvesse público. Só tarde da noite, a garota era finalmente liberada para se recolher a uma das barracas improvisadas que serviam de abrigo à trupe, onde fazia a única refeição do dia. Quase não sobrava tempo para confraternização entre os vários médiuns, que eram todos praticamente crianças retiradas da proteção de seus lares, que também haviam sido iludidos com a promessa de que seriam capazes de ajudar a melhorar a vida de suas famílias. Claro que isso jamais acontecia, porque só mesmo por milagre esses jovens conseguiriam reencontrar seus familiares, deixados ao longo do caminho. Seriam explorados até os limites da exaustão física e mental e, caso ficassem doentes, o que era frequente por conta do abuso a que eram submetidos, Deplessis simplesmente os abandonaria ao Deus dará.

Assim, num arremedo de escrava branca, Louise vivia seus dias com a trupe mambembe percorrendo incessantemente as cidadezinhas nos arredores de Lyon. Muitas vezes, esses jovens explorados ficavam em condições tão deploráveis que não conseguiam realizar mais nenhum fenômeno mediúnico, então eram ameaçados com violência por Deplessis, que gritava insultos, prometendo que os deixaria na miséria e entregues à própria má sorte.

– Quero ver! Sem dinheiro, perdidos e sem ninguém para ajudar, como voltarão para casa? Aliás, que casa? – zombava o monstro, caçoando dos poucos que se atreviam a se rebelar contra os maus-tratos.

– Venham, vou lhes ensinar alguns truques de mágica para o caso de uma emergência! Se nada acontecer espontaneamente, vocês terão que improvisar! O público pagou e quer ver alguma coisa acontecendo! Tratem de satisfazê-los! Eu sempre posso dar no pé, já vocês terão que lidar com a sanha assassina da turba descontente em seus calcanhares.

Era como viver num pesadelo que nunca acabava, e logo a esperança de fugir àquele inferno começou a abandonar o coração de Louise.

Num fim de tarde, a trupe ergueu seu acampamento próximo a um riacho onde havia uma ponte. Louise esperou por um momento de distração do anão que estava encarregado da vigilância dos jovens e andou furtivamente até lá. Então, sentou-se na mureta da ponte e assim ficou por um longo tempo, em muda contemplação, observando o leito de pedras que formava o fundo do rio de águas cristalinas.

"Pular ou não pular, eis a questão..." – ela pensava sobretudo na possibilidade de paz que haveria lá embaixo, na acalentadora ausência de sofrimento, depois que seu corpo batesse nas pedras e encontrasse a morte. Ela ansiava pelo nada.

Sentada na mureta, Louise brincava de balançar perigosamente suas longas pernas no espaço vazio, sentindo latejar no peito a tentação de se jogar no rio e acabar de vez com sua desventura.

"Seja valente! Não há mal que sempre dure! Avante! Coragem!" – de súbito, ela ouviu a voz do saudoso capitão Garnet ressoando em sua mente.

Nesse instante de supremo desequilíbrio, Louise lembrou da presença folgazã e feliz de seu amado pai, um verdadeiro capitão do mar, sempre pronto para uma boa batalha! Então, ela soube que não seria capaz de lhe dar um tal desgosto. Podia estar exaurida em suas forças, sentindo-se triste e desamparada, mas não era uma covarde!

"Os Garnet nunca desistem! Seja forte e persevera!" – seu pai ordenava e Louise, que sempre fora uma boa filha; trataria de obedecê-lo uma vez mais.

"Tenho que descobrir um modo de me livrar desse inferno! Me inspira, paizinho! Me ajuda, Senhor Jesus!" – implorou a garota, o rosto banhado em lágrimas cristalinas.

– Louise! Que faz aí parada! Venha logo, antes que aquele nanico sem coração dê pela nossa falta! Ele é o capeta, você bem sabe!

Era Anne, que surgira à margem oposta da ponte e agora chamava pela amiga.

A pequena Anne Dejardin, de apenas doze anos, era a integrante mais jovem da invulgar trupe mediúnica e, como seus colegas de infortúnio, também fora entregue pela paupérrima família a Deplessis em troca de algumas moedas. Quando Louise se juntou ao clã, simpatizou imediatamente com Anne, imaginando como devia ser penoso para uma criança ter que suportar aquela vida absurda.

Foi assim que Louise caiu de amores pela menina e a tratava com o mesmo carinho e desvelo que dedicaria a uma irmã caçula, caso a tivesse. Uma irmã que fosse loira em vez de ruiva, com olhos grandes, verdes e sonhadores, como os de um gato de madame.

Talvez por causa das inúmeras dificuldades que compartilhavam diariamente, foi preciso apenas o espaço de alguns dias para que as meninas se tornassem amigas inseparáveis.

"Uma por todas e todas por uma!" – Louise ousava homenagear Alexandre Dumas, tomando para si o bordão preferido dos mosqueteiros do rei.

– Já estou indo! Só parei aqui um instante para descansar! – respondeu Louise, respirando fundo antes de abandonar a ponte e ir ao encontro da amiga.

Enquanto Louise vivia dias de puro martírio, a velha Margot Garnet se ajeitava como podia no casebre de Deplessis, localizado num distante subúrbio de Lyon, enquanto aguardava por notícias. Infelizmente para sua sobrinha, ela esperou por quatro dias inteiros, até finalmente compreender que fora enganada pelo sacripanta que sumira no ar como fumaça levando consigo sua única parente.

– *Mon Dieu*, para onde terá ido esse maldito? Que terá feito de *ma petite filleule?!* – ela indagava às paredes desnudas.

Em sua defesa podemos dizer que teve um autêntico acesso de fúria quando viu que fora passada para trás pelo maquiavélico Deplessis. Então, pegou um coche de aluguel e voltou à toda pressa até seu antigo bairro, somente para descobrir que sua velha casa fora ocupada por novo inquilino.

Nessa altura dos acontecimentos, Margot lembrou-se da família Chevalier e foi bater à sua porta:

– Ah, minha cara, eles foram embora juntos! – e certamente Margot notou que havia uma pontada de malícia nesse comentário.

– Até perguntei à Louise se ela não preferia esperar pela senhora hospedada aqui em casa, mas ela simplesmente rejeitou meu convite... – mentiu descaradamente a dona da casa, pintando um autêntico retrato da hipocrisia humana.

– Vou deixar consigo meu novo endereço, que peço que seja entregue a Louise, caso ela volte para cá... – implorou Margot, alimentando uma derradeira esperança.

No entanto, assim que a velha tia saiu pela porta, a vizinha amassou o papel que continha seu endereço, arremessando-o no lixo. "Que o diabo a carregue!" – desejou a megera, num arroubo de inexplicável maldade.

Enquanto deixava o bairro, Margot seguiu indagando, aqui e ali, pelo paradeiro da sobrinha. Primeiro para o taberneiro, depois para o padeiro e a florista, ainda esperando encontrar alguém que tivesse visto sua sobrinha por aqueles dias. Ninguém pôde informar nada além daquilo que ela já sabia: Louise partira na companhia de um estranho.

Derrotada, Margot voltou para a solidão de seu novo endereço, no outro lado da cidade. Agora, só lhe restava rezar por Louise, pedindo perdão à Deus pelo estrago que sua funesta cobiça causara em suas vidas.

Saint-Alban-de-Roche, França

Louise desejava com todas as suas forças fugir à sua amaldiçoada sina, mas havia um sério obstáculo em seu caminho. O problema é que, mal Louise entrava na tenda onde aconteciam as apresentações e um torpor insuportável a invadia, fazendo o mundo sumir num tempo impreciso em que ela perdia a noção de tudo e de todos. A médium ficava literalmente refém dos fenômenos que provocava, incapaz de qualquer reação, pensamento ou atitude racional. E, depois que a sessão terminava, a jovem ficava sem forças, literalmente exaurida por várias horas. Muito mais tarde, quando Louise tinha finalmente se recuperado, já estava na hora de fazer um novo espetáculo. Ela se transformara numa escrava dos fenômenos que provocava.

Era essa sua única vantagem, pois como alguma coisa sempre acontecia quando estava em transe, Louise nunca teve a preocupação adicional de ter que entreter uma exigente plateia com truques de mágica que nem sempre davam certo. O que muitas vezes acontecia com seus jovens companheiros, que não desfrutavam de uma mediunidade tão atuante. Já com Louise o resultado era garantido: as pequenas mesas de café que ficavam no centro do palco improvisado de sua tenda batiam e chacoalhavam, os vários objetos de cena volitavam pelo ar e, às vezes, o acordeon tocava sozinho, levando a plateia a bater palmas e a cantar antigas cantigas francesas que todos por ali conheciam de cor.

Foi assim até que, em dado momento, uma estranha substância começou a brotar de seus poros e a se acumular ao redor do corpo esguio da médium. Em seguida, essa massa esbranquiçada ia vagarosamente tomando uma forma concreta, como se um escultor invisível estivesse construindo sua obra com a surreal matéria colhida no éter.

Mais tarde, era Anne quem contava a Louise o que havia acontecido, porque ela nunca se lembrava de nada. Ao fim de cada nova apresentação, restava-lhe somente a sensação de um cansaço colossal, provocado por algo que consumira toda sua força.

— Você não vai acreditar, *petite amie*! Hoje apareceu um querubim! Um pequeno bebê rechonchudo com lindas asinhas translúcidas! A plateia foi ao delírio! – narrou a menina, saltitando ao redor da amiga como uma lebre.

De olho na oportunidade de mostrar ao mundo algo definitivamente assombroso, Deplessis mandou construir uma tenda ainda maior para acomodar ainda mais gente. Em seguida, tratou de afixar à sua frente um grande cartaz com um retrato da bela médium, maquiada como uma cigana para parecer mais velha, e usando um turbante de seda vermelha à moda turca. Abaixo do pôster, se liam os seguintes dizeres em letras garrafais:

"Venham ver o fantástico poder de Madame Louise".

O empresário Deplessis desejava implementar seus negócios e por isso consultara um experiente hipnotizador profissional que o instruiu a fazer uma pequena cabine, onde a médium deveria ficar sentada, separada do público apenas por uma cortina. Esse compartimento serviria para concentrar a energia geradora do 'ectoplasma', nome técnico que os entendidos davam à matéria-prima que a médium gerava para realizar seus fenômenos de efeitos físicos. Parece que a novidade surtiu o efeito desejado porque, depois que as novas providências foram adotadas, as figuras materializadas ficaram ainda maiores, mais sólidas e duradouras. Depois de uma noite com aparições particularmente interessantes, Anne informou à amiga:

– Hoje surgiu um duplo de você mesma. Era como se fossem duas Louises! Iguaizinhas! Sendo que sua cópia era tão perfeita que eu mesma não saberia apontar qual era a original. Então, a cópia deu uma volta completa em sua cabine, depois abriu a cortina para te mostrar ao público e, em seguida, ainda parada ao seu lado, começou a derreter como se fosse feita de cera! Como para mostrar a todos que você era a Louise verdadeira! A animação do povo foi tanta que a tenda quase veio abaixo! Monsieur Deplessis teve que mandar os anões fazerem um cordão de isolamento para que você pudesse sair do palco! – narrou a pequena Anne, exagerando na animação.

– Pois a mim, parece que passei a noite inteira retirando carvão do fundo de uma mina! É isso, Anne! Não sou mais um mico, agora, sou uma toupeira de circo! – respondeu Louise, brincando com a própria desgraça.

Enquanto Louise se exauria, Deplessis exultava, aumentando o preço do ingresso e contabilizando grandes lucros, dos quais a médium recebia umas poucas migalhas. Mesmo assim, a garota guardava cada centavo num esconderijo, na tentativa de realizar seu plano secreto. Louise queria juntar o suficiente para conseguir comprar uma passagem de trem para Lyon, voltar para seu antigo bairro e procurar pela tia desaparecida.

"Quem sabe ela não se arrependeu e voltou para deixar seu novo endereço com alguém?" – pensava Louise, alimentando uma tênue esperança em seu coração juvenil.

Enquanto isso não acontecia, novas cidades e seus respectivos palcos se sucediam no itinerário da trupe. Sem falar nas sessões reservadas, chamadas de 'particulares', que Deplessis agendava para atender a curiosidade das sociedades espíritas e dos pesquisadores científicos. Assim a vida de Louise prosseguia nessa tormenta implacável, numa roda-viva de compromissos sem fim.

O tempo ia passando pelo calendário e os sinais da riqueza de Deplessis cresciam a olhos vistos. Seus trajes estavam cada vez mais enfatiotados e até mesmo uma elegante bengala com castão de prata cravejada com diminutos rubis fora adicionada a sua indumentária. Estava claro que seu enriquecimento se dava às custas da saúde de sua médium favorita e, até mesmo os mais jovens, como Anne, podiam ver que o empresário ganancioso estava perigosamente perto de inutilizar sua preciosa galinha dos ovos de ouro.

Em vez de se rebelar, seu infeliz 'mico de circo' continuava sob suas ordens, justamente porque não lhe restava nenhuma outra alternativa. Assim que Louise era levada para a tenda e entrava em transe, já não havia qualquer possibilidade de controle ou de oposição.

O mundo era tomado por uma nuvem esbranquiçada, como que feita de teias de aranha, que iam cobrindo seu corpo de cima a baixo, tecendo sonhos e impressões que não eram seus e que desapareceriam de sua mente assim que o transe a deixasse. Depois, quando finalmente voltasse a si, viria a fadiga, seguida pelo descanso insuficiente num quarto de pensão insalubre, ou num outro paupérrimo acampamento improvisado. Sua vida era uma sucessão de agruras e sofrimentos como só o inferno deveria ser capaz de gerar aos pobres diabos que porventura o habitassem.

Numa noite de sábado, a tenda novamente estava cheia de gente que tinha pagado caro para ver madame Louise, que infelizmente ardia em febre, com calafrios e à beira de sofrer um colapso a qualquer momento.

A menina Anne, que se desvelava em cuidados à amiga, correu à tenda que servia de escritório ao monstruoso dono do circo para pedir que, por misericórdia, poupasse Louise do sacrifício de fazer uma nova apresentação.

– *Monsieur* Deplessis, por piedade, Louise está ardendo em febre! Ela não tem condições de se apresentar! Eu e meus colegas podemos substituí-

-la! Ou o senhor pode devolver o dinheiro e cancelar o espetáculo só por esta noite... – a corajosa menina teve a audácia de sugerir o impraticável.

– Isso está fora de cogitação! Ela é forte! Poderá descansar depois que o espetáculo terminar – essa foi a resposta do carrasco aos apelos desesperados da menina.

– Desse jeito, acabará por matá-la! – acusou a pequena, que tinha mais discernimento num único fio de cabelo louro do que o ambicioso empresário na cabeça inteira.

Ainda por vários dias, Louise seguiu trabalhando sem cessar, apesar da febre e da estafa que se abatera sobre seu corpo debilitado.

– É minha sina, Anne. Doutra vez, morrerei na flor da idade... – delirava Louise em ataques de febre, cada vez mais constantes. E, ouvindo-a, a garotinha apenas chorava, sem compreender nem tampouco conseguir esclarecer a que 'outra mocidade' a amiga se referia em seus delírios.

Finalmente a doença de Louise chegou a um nível de gravidade tão grande que Deplessis teve que se render à funesta evidência de que ela não tinha mais condições de trabalhar. Apesar de contrariado, ele a levou ao médico, que receitou uma enxurrada de remédios e fez a óbvia recomendação de que a doente precisava descansar por vários dias antes de se recuperar do estremo abatimento de seu organismo.

– Se *mademoiselle* Louise não descansar, poderá ser vítima de uma síncope completa. É melhor seguir as recomendações médicas se não quiser que ela adoeça de forma irreversível... – avisou o preocupado doutor, caprichando no assento lionês para dar melhor compreensão à gravidade do assunto.

A verdade é que Deplessis bem que tentou diminuir o ritmo de trabalho da médium, mas à medida que os outros jovens da companhia não rendiam adequadamente, maior era a tentação de colocar Louise para substituí-los.

Por fim, a doença de sua médium mais rentável obrigou-o a rever suas atitudes. Logo, o vil empresário tratou de mandar embora todos aqueles que não correspondiam às suas ambições pecuniárias. Por isso, de uma hora para outra, a companhia se reduziu à meia-dúzia de gatos pingados. Ficaram apenas os dois rapazes que também eram médiuns, mas muito melhores como mágicos ilusionistas; três dos anões, justamente os mais truculentos e que eram pau para toda obra; a pequena Anne, porque era muito competente na leitura das cartas do *Tarot de Marseille*, e Louise, a estrela principal da trupe mediúnica.

   Quanto à sina da jovem médium, era evidente que, dia a dia, alguma espécie de tragédia estava literalmente se materializando em seu caminho. E, apesar da louca roda-viva em que sua vida se transformara, Louise sabia muito bem disso.

7
O MANICÔMIO

Voiron, França

Uma montanha de papéis se acumulava sobre a mesa do jovem médico na escrivaninha que fora convertida em seu escritório particular.

— Preciso arrumar essa bagunça antes que ela me engula! — Charles ordenou a si mesmo e imediatamente começou a organizar a papelada.

Verdade seja dita, ao longo daqueles últimos seis meses, o jovem médico tinha trabalhado como um mouro. Fosse assessorando de Rochas em seus ininterruptos experimentos, fosse escrevendo os inúmeros relatórios que cada experimento gerava, o jovem médico não tinha descanso. Vivia sobrecarregado de trabalho, mas fazia-o cheio de enérgica satisfação, porque sabia que estava ganhando em alguns meses a experiência que haveria de lhe render frutos ao longo de uma vida inteira. Sem falar que o médico estava absolutamente seduzido pelo ideal da magnetização, com a missão de tratar seu semelhante de forma prática e efetiva, mas também muito respeitosa e afetuosa.

Entretanto, apesar da rotina estafante e cheia de novidades, Charles ainda lamentava a perda do *sujet* que atendia pelo nome de Louise. Justamente porque havia em seus depoimentos uma convicção que ele jamais encontrara.

— Paciência. Uma hora irá aparecer outro alguém — recomendava o coronel a seu pupilo, mas a paciência era uma virtude que Charles, como todo jovem, ainda demoraria muitos anos para conquistar.

De súbito, entre os milhares de papéis que se multiplicavam como samambaias naquela selva burocrática, Charles encontrou um recorte de jornal. Tratava-se da carta que o professor Chiaia, de Nápoles, havia publicado, em 1888, num jornal de Roma, endereçada ao professor Lombroso, dando detalhes de suas experiências e convidando o célebre alienista a fazer suas próprias investigações com a médium Eusapia Paladdino. Convite que só seria aceito em 1891, em Nápoles, onde as experiências com Eusapia acabariam por convencê-lo completamente.

"O coronel deve ter me dado o recorte junto com outros papéis e acabei por perdê-lo nesta anarquia!" – pensou o assistente, se sentindo culpado pelo descuido e já tratando de ler o que deveria ter sido lido há muito tempo.

Refiro-me ao caso de uma mulher inválida, da mais humilde camada social. Tem cerca de trinta anos e é muito ignorante; seu olhar nem é fascinante nem dotado daquele poder que os modernos criminalistas chamam de irresistível. Mas, quando ela quer, seja dia ou noite, pode divertir um grupo por uma hora ou mais, com os mais curiosos fenômenos. Tanto amarrada a uma cadeira, quanto segura pelas mãos pelos assistentes, atrai a si os móveis e objetos que a cercam, levanta-os, mantendo-os suspensos no ar, como o féretro de Maomé, e fá-los descer novamente com um movimento ondulatório, como se obedecessem à sua vontade. Aumenta ou diminui à vontade o seu peso. Ouvem-se arranhaduras e batidas nas paredes, no teto, no soalho, com muito ritmo e cadência. Em resposta a perguntas dos assistentes, algo como jatos de eletricidade emana de seu corpo e a envolve ou aos espectadores dessas cenas maravilhosas. Desenha sobre cartões que os outros seguram, aquilo que se deseja – figuras, assinaturas, números, sentenças – apenas estirando a mão na direção indicada.

Se se colocar num canto da sala uma bacia contendo uma camada fina de cal, no fim de algum tempo aí se encontra a impressão de uma pequena ou de uma grande mão, um rosto de frente ou de perfil, do qual se poderia tirar um molde. Assim têm sido conservados retratos tirados de vários ângulos e os que desejam podem assim fazer sérios estudos.

> Essa mulher ergue-se no ar, sejam quais forem as amarras que a sustentam. Parece equilibrar-se no ar como se sobre um colchão, contrariando todas as leis da gravidade. Toca instrumentos de música – órgãos, sinos, tamborins – como se eles tivessem sido tocados por suas mãos ou movidos pelo sopro de invisíveis gnomos... Essa mulher por vezes aumenta a sua estatura em mais de dez centímetros.

Anexada à carta havia uma cópia do relatório feito pela comissão de Milão, em 1892. Alguém, provavelmente o próprio coronel de Rochas, havia grifado o seguinte parágrafo:

> É impossível dizer o número de vezes que uma mão apareceu e foi tocada por um de nós. Basta dizer que a dúvida já não era possível. Realmente era uma mão viva que víamos e tocávamos, enquanto, ao mesmo tempo, o busto e os braços do médium estavam visíveis e suas mãos eram seguras pelos que se achavam a seu lado.

– Parece que a boa Eusapia já está famosa por sua performance de polvo, à moda indiana do deus *Ganesha*. Invejo a coragem desses camaradas italianos! Melhor faríamos se colocássemos nossas reservas de lado, assinássemos um documento igual a esse e o divulgássemos à opinião pública! – disse Charles, que, admirado com o destemor dos investigadores milaneses, confabulava com as paredes.

Toc, toc, toc – alguém bateu à porta, interrompendo seus devaneios.

– Entre, Linette! – ao que a tímida criada, magra como um graveto, colocou a cabeça através da fenda da porta entreaberta.

– O doutor pediu para avisá-lo que está a sua espera no gabinete. Também já está quase na hora do chá. Coloco duas xícaras, *monsieur*?

– Ah, sim, por gentileza. Fiquei tão entretido em me livrar dessa papelada que nem vi a hora passar. Obrigado, Juliette.

Assim, lá foi Charles novamente no encalço da criada, percorrendo o longo corredor que se habituara a frequentar. Conhecia de cor e salteado cada um daqueles rostos carrancudos que pertenciam aos ancestrais da família de Rochas. Eram todos de proeminentes personalidades, a maioria composta por militares de alta patente, seguidos por médicos, pesquisadores e cientistas, que haviam sido retratados em vida para figurar pela eternidade na galeria particular que adornava o prestigiado corredor, por onde já haviam passado alguns dos personagens mais importantes da ciência naquele fim de século.

"Agora, somos todos velhos camaradas..." – pensava Charles com ironia, sem conseguir tirar os olhos dos sábios que adornavam as quilométricas paredes. "Também não há nenhum retrato feminino" – ele observou.

Outra vez a criada bateu respeitosamente à porta do gabinete e aguardou a ordem para entrar.

– Caro Charles, que bom que chegou! Sente-se! Como Juliette bem sabe, gosto de ter companhia para o chá!

O assistente sentou no lugar costumeiro e recebeu uma xícara cheia até a boca com um aromático chá preto indiano, acompanhado por um pratinho contendo os famosos brioches de Juliette.

– Além disso, pedi para chamá-lo porque tenho um assunto importante para tratarmos! – avisou o doutor.

– Sou todo ouvidos... – brincou o médico.

– Como sabe, tenho amigos e conhecidos ocupando cargos importantes em diferentes instituições na França e também no estrangeiro.

– Bouvier, Durville, Richet, Aksakoff, Lombroso, para citar apenas os nomes de que me recordo no momento... – comentou o atento assistente do pesquisador.

– Isso mesmo! Pois bem, por conta desses contatos privilegiados é que fiquei sabendo que há uma vaga em aberto para o cargo de médico na área de sua predileção, a psiquiatria, na renomada clínica do dr. Lundgreen, em Lyon.

– O famoso médico austríaco? Que estudou com Charcot no Hospital da Salpêtrière à procura da cura da *Grande Hystérie*?

– O próprio. Agora a pergunta: você gostaria de preenchê-la? – perguntou o magnetizador, colocando enfaticamente o pincenê na ponta do nariz, como se o uso do acessório, de alguma forma misteriosa, o ajudasse a ouvir melhor.

– Eu? Mas o senhor acha que tenho a competência necessária para o cargo? – surpreendeu-se, o médico e assistente de magnetizador.

— Se não achasse, sequer o teria cogitado para o posto, meu caro! Veja bem, nesse agradável tempo que passamos juntos, já estudamos e praticamos todo o meu repertório! Você aprende rápido e tem um talento excepcional, logo, imagino que deva enfrentar novos desafios para completar sua educação e adquirir novas competências. Que lugar seria mais apropriado para adquirir experiência na área psiquiátrica do que um hospital especializado em doenças mentais?

— Dito assim, de forma tão contundente, parece óbvio que eu deva aceitar esse cargo... — arriscou o quase 'ex-assistente', se remexendo em sua poltrona.

— Desculpe, Charles! Não quis ser invasivo. Claro que a decisão é apenas sua! E, caso aceite, eu é que sairei perdendo, porque ficarei sem assistente e tenho certeza de que encontrar um substituto a sua altura não será nada fácil. Apenas não quero que nossa relação de franca amizade se transforme num empecilho para a evolução de sua carreira. Essa vaga é um importante passo em sua ascensão profissional, uma oportunidade única! Não sei se aparecerá outra de mesma magnitude tão cedo... Você não precisa responder agora. Pense a respeito e depois conversaremos...

Nesse instante, um pintassilgo cantou bem próximo à janela aberta e Charles levou um susto tão grande que por pouco não caiu da poltrona onde estava sentado.

— Por Deus, Charles! É apenas um pássaro! Que reação mais exacerbada! — censurou o pesquisador.

De súbito, de Rochas se levantou da poltrona em direção ao jovem e pegou-o pelo pulso, assumindo a atitude profissional do médico que examina seu paciente.

— Hum... — murmurou, conferindo a pulsação, — está muito acelerado... Decerto que foi por causa do susto que você levou com o canto do pássaro ainda há pouco — e, em seguida, ordenou:

— Deite-se ali no *recamier*. Já é hora de dar uma olhada nisso!

Por um instante, o jovem ficou sem reação, mas depois, percebendo que o coronel falava sério e que não parecia disposto a mudar de ideia, Charles caminhou para o divã, que ficava posicionado ao lado da janela no amplo gabinete. Então, obedientemente, ele se deitou e aguardou por um instante, mas, em seguida, pôs-se a reclamar:

— Por acaso, o doutor esqueceu do que aconteceu quando tentou me hipnotizar? — disse ele, ressabiado.

Na verdade, Charles tentava com toda a sutileza de que era capaz, lembrar ao magnetizador que ele não fora capaz de hipnotizá-lo noutra oportunidade. Porém, ante a sóbria autoridade do mestre, ele desistiu de insistir e escolheu ficar de boca fechada.

– Desta vez será diferente, caro amigo. Porque agora, somos bons camaradas e não concorrentes. Confiamos plenamente um no outro. Você sabe o quanto o estimo e que meu único objetivo nesta investigação psíquica é ajudá-lo a compreender melhor a origem deste seu peculiar desconforto, cujo fator desencadeante é o canto dos pássaros.

"Imagino que também seja do seu agrado descobrir qual foi o episódio em seu passado que originou este inexplicável incômodo...", explicou o magnetizador, falando com muita calma.

– Desejo apenas libertá-lo do estresse automático que o atinge, toda vez que você ouve o canto de um pássaro... E para isso preciso de sua total colaboração e confiança... O que me diz? – perguntou o magnetizador, cuja voz abaixara para o tom de um agradável e melodioso sussurro.

A verdade é que a magnetização já tivera início desde que a conversa entre os dois começara.

– Concordo... Coronel? Por que estou sentindo tanto sono?

– Durma, amigo. Entregue-se ao sono terapêutico que meus passes magnéticos irão proporcionar... – e, assim dizendo, o magnetizador passou a aplicar sobre o corpo estendido de Charles uma sequência completa de passes longitudinais.

– Agora, preste atenção, Charles. Está ouvindo o canto desses pássaros? Diga-me, sabe de onde vem esse ruído?

– Vem das gaiolas... – respondeu a voz de Charles, emergindo de seu transe hipnótico.

– Agora, me diga, quantos anos você tem?

– Tenho oito anos.

– Excelente. Quero que se lembre e que me conte o que aconteceu nessa época que o deixou traumatizado com o canto dos pássaros – ordenou o magnetizador.

– Meu pai é um ornitólogo famoso, um verdadeiro cientista que já descobriu mais de uma centena de novos espécimes. Além de estudar os pássaros, ele também é um excelente artista! Ele mantém os pobres bichinhos em cativeiro, presos em enormes gaiolas, para poder desenhá-los detalhadamente a bico de pena, e depois publicar seus estudos e gravuras em livros que serão divulgados pelo mundo afora.

"Já pensou o que é ter asas, mas nunca poder usá-las? Já imaginou como é ser capaz de voar por aí, olhar o mundo de cima, ir para onde quiser, mas ter que viver engaiolado por conta do capricho de alguém que se considera seu amo e senhor?

"Num bonito dia de verão, eu entrei no grande pátio que havia em nossa casa onde ficavam as enormes gaiolas e abri todas as portas, uma por uma. Num primeiro momento, nada aconteceu. As avezinhas estavam tão acostumadas ao cativeiro que nem perceberam que a liberdade estava bem diante de seus olhinhos negros. Então, enfiei os braços pelas portas abertas e agitei loucamente as mãos, a fim de espantá-las para fora. Num segundo uma revoada de penas multicoloridas elevou-se no ar, quando os pássaros bateram em retirada.

"Quando meu pai chegou e viu que as gaiolas estavam vazias, ficou maluco. Ele, que normalmente era calmo e tranquilo, transformou-se num cão raivoso, capaz de espumar e de morder.

"– Monstro! – ele gritava fora de si, andando entre as gaiolas vazias. – Decerto que irão morrer todos e a culpa por essa tragédia é sua! Assassino!

"Ele me chamava de assassino! Mas como isso seria possível? Se eu só queria que eles voassem para longe para que fossem livres e felizes!"

Ainda se sentindo na pele do menino de oito anos, Charles chorava, absolutamente desconsolado. De Rochas decidiu que eles já sabiam o suficiente para resolver o problema, por isso, aplicou em Charles uma nova sequência de passes e ordenou que voltasse do transe, mas que preservasse essas recordações em sua memória do tempo presente.

– Acorde! – ordenou o mestre.

À ordem do magnetizador Charles abriu os olhos e olhou em volta, como que tentando se relocar no tempo e no espaço.

– Rapaz! Sabe que não me lembrava de nada disso! Acho que preferi apagar tudo de minha mente consciente porque a reação exagerada de meu pai nesse episódio me marcou profundamente.

– Por quê? – quis saber de Rochas.

– Acho que foi porque depois que tudo isso aconteceu, ele nunca mais foi o mesmo comigo. Nossa relação ficou abalada para sempre. Havia em seu olhar uma censura implícita... havia aquela perpétua acusação de assassinato pairando entre nós... alegando que eu não era alguém de confiança.

– Vocês nunca falaram sobre isso?

– Ele jamais disse uma palavra sequer sobre o ocorrido. Algum tempo depois, ele voltou a encher suas gaiolas com novos espécimes de pássaros: melros, pintassilgos, bem-te-vis, beija-flores, pica-paus. Eu me mantive à distância para não perturbá-lo, mas como meu pai vivia para os pássaros, isso nos afastou irremediavelmente. Quando eu tinha doze anos, ele sofreu um infarto fulminante e caiu morto entre as gaiolas.

– É mesmo uma pena. Ah! Desculpe, o trocadilho infame! Não quis fazer graça com coisa séria! – pediu o coronel, um tantinho envergonhado pelo ato falho.

No entanto, Charles sorriu, porque finalmente sentiu que estava livre, como se outra vez tivesse aberto aquelas gaiolas, cheias de recordações ruins, e deixado todo aquele pesar voar para longe de seu espírito.

– Obrigado, doutor. Sinto-me muito melhor agora. Acho que de alguma forma eu havia transferido para os pobres passarinhos todo o desconforto e o sentimento de inadequação que adquiri naquele dia terrível. Lembrar disso tudo me faz mais forte para lidar com meus verdadeiros sentimentos.

– Fico feliz em ser útil – respondeu o mestre magnetizador, afagando-lhe o ombro, num gesto afetuoso.

Depois de passar a noite em claro, Charles adormecera com o dia nascendo, embalado pelo canto da cotovia que, como por milagre, não o incomodava mais. Quando deixou a cama naquele dia, Charles tinha uma resposta para dar ao coronel de Rochas.

– Pensei muito e acho que o senhor tem razão. Trabalhar no hospital irá me proporcionar uma experiência insubstituível. Mas lamento muito ter que ir embora tão cedo! Tenho certeza de que em nenhum outro lugar do mundo serei tão feliz como fui aqui.

– Não diga isso, meu bom rapaz! Senão, serei eu que não conseguirei deixá-lo partir! Pense nesta casa como um refúgio. Um porto seguro para onde você sempre poderá voltar.

O velho magnetizador teve que disfarçar a emoção que o envolvia, por isso, tirou o pincenê do nariz e pôs-se a limpá-lo como se aquilo fosse a coisa mais urgente do mundo.

– Não se esqueça de dar a devida importância à nossa saudável correspondência! Uma relação epistolar pode ser tão boa quanto a pessoal e, dependendo da pessoa, até melhor! Claro que não é o caso, mas será melhor receber notícias suas por carta do que não as ter. Prometo que o manterei informado sobre o andamento de todas as pesquisas importantes que fizermos por aqui e peço que me retribua a atenção.

– É uma promessa e uma ordem, coronel.

Os dois homens apertaram-se as mãos, então, viram que a emoção que os dominava precisava de mais calor, por isso, trocaram um demorado abraço.

No final daquela mesma semana, o médico Charles Lantier, devidamente recomendado por seu mestre intelectual, o coronel e conde Albert de Rochas, reuniu sua bagagem para ir diretamente à cidade de Lyon. Onde assumiria o cargo de médico assistente no principal hospital psiquiátrico da região, mais conhecido por sua refinada clientela como Clínica Médica e Psiquiátrica Dr. Lundgreen, e que pertencia ao médico alienista e barão austríaco Rudolf Lundgreen.

A bordo do trem que o levaria a seu novo destino, num vagão que de Rochas fizera questão que fosse de primeira classe, Charles olhou uma última vez para trás, a tempo de retribuir o aceno de despedida do bom coronel, que fizera questão de acompanhá-lo à estação. Em Lyon, um novo e desafiador futuro se desenhava a sua frente.

Lyon, França

Quando o trem chegou ao seu destino, Charles cochilava de cansaço, por conta da noite mal dormida. Na velha estação com ares medievais, um funcionário do hospital o aguardava, segurando um pequeno cartaz onde se lia o seu nome.

– *Monsieur* Lantier, faça a gentileza de me acompanhar – pediu o homem de aparência distinta, indicando uma caleça.

Um curto trajeto separava a estação do hospital, mas ainda assim Charles pôde encantar-se com a belíssima paisagem, enquanto corriam às margens do Ródano.

– O senhor já conhece a cidade? – perguntou o funcionário, percebendo que o evidente assombro no rosto do jovem médico indicava que não.

– Desculpe, mas acho que o senhor não me disse seu nome, *monsieur*...

– É Jacques Prieur, um seu criado. Perdoe a falta de apresentações, mas é que o barão não aprova que os empregados confraternizem com os hóspedes. Sem falar que por aqui não é comum alguém indagar o nome de um serviçal.

– Decerto que isso não vale para mim, já que não sou um hóspede do barão. Sou médico e fui contratado para trabalhar no hospital. E, respondendo sua pergunta, ainda não conheço a região. Como viu, acabo de chegar...

O lionês sorriu, satisfeito com a informação, e em seguida estendeu a mão direita, à moda romana, para receber o cumprimento que ficara devendo ao recém-chegado.

– Aposto que o senhor gostará muito daqui. A região é muito bonita e famosa por várias razões: sua história antiga, a arquitetura clássica, medieval e renascentista que nos deixou como herança anfiteatros romanos, castelos medievais, palácios e vilas renascentistas e igrejas belíssimas! Sem esquecer da comida, que é de excelente qualidade. Já no trabalho, nosso forte é a tecelagem!

"A história de nossa cidade remonta à época do império Romano! A prova ainda pode ser conferida nas diferentes ruínas distribuídas pela colina histórica, da época em que Lyon era a capital da Gália. Ficamos entre os rios Ródano e Saône, uma região de fácil acesso a todo o território francês. Por esse motivo, foi um dos principais centros financeiros da Europa desde o fim da Idade Média, atraindo banqueiros e artesãos de todos os tipos. Há séculos que Lyon concentra a produção de tecidos usados para revestir os móveis de castelos de toda a Europa. Não é de se estranhar que os nobres dos principais palácios de Paris, Madri ou Estocolmo busquem a cidade para restaurar poltronas Luís XV ou *bergères* do século 17, nos ateliês familiares espalhados pela *Vieux Lyon*."

– Vejo que o senhor é um grande conhecedor da história! – elogiou Charles, sentindo-se algo contagiado pelo entusiasmo de seu novo amigo, um homem cuja fisionomia exalava gentileza e simpatia.

– Somente a história de Lyon. Estou acostumado a acompanhar as madames pela região. Sabe, as parentas dos internos, que desejam matar o tédio entre uma visita e outra? Elas perguntam sobre tudo, então, tive que me acostumar a dizer o nome dos monumentos, das igrejas e das figuras históricas famosas que viveram nos antigos *palazzi italiani* renascentistas ou num dos inúmeros *châteaux* que existem por aí.

– De qualquer forma, não deixa de ter alguma utilidade. Se perder o emprego no hospital, poderá assumir imediatamente um posto de guia turístico da região! Faço questão de usar seus préstimos assim que tivermos uma folga!

– Será um prazer levá-lo por aí, *monsieur*. Desfrutar de companhia masculina, só para variar! – o comentário fez Charles sorrir e sentir uma simpatia imediata pelo afável lionês.

– Chegamos! Eis o *château* dos Lundgreen, que também abriga a sede da Clínica Médica e Psiquiátrica, dirigida pelo barão – avisou Jacques.

O médico observou a imponência do austero castelo, todo feito de pedras acinzentadas que, de acordo com o ilustrado Jacques, fora construído ao final do século 13 para servir de fortaleza a algum bendito rei estrangeiro, cujo nome escapara a sua memória.

Charles foi recebido no átrio por um sóbrio mordomo que o levou em silêncio até uma imponente sala de visitas, onde indicou uma poltrona para abandoná-lo em seguida, deixando-o com um ligeiro meneio de sua cabeça calva.

– Uns falam tanto, outros tão pouco... – murmurou Charles, falando com o retrato de algum ilustre fidalgo, num antigo quadro de corpo inteiro, com mais de dois metros de altura.

A própria sala parecia ter sido projetada para acomodar alguma extinta espécie de gigante. As paredes alcançavam um pé-direito de mais de cinco metros de altura e estavam preenchidas de alto abaixo com quadros imensos, que retratavam o fausto de pessoas e localidades de várias gerações da nobreza europeia.

As imensas janelas vestiam cascatas de seda adamascada, deixando entrever os bucólicos jardins franceses que rodeavam o *château* há séculos. No refinado salão decorado ao estilo clássico, móveis e poltronas de couro cor-de-caramelo brotavam aqui e ali, como cordatas ovelhas pastando numa pradaria.

Na parede ao lado de uma enorme lareira feita de pedra, cuja abertura lembrava a entrada de uma gruta, Charles encantou-se com um relógio de pedestal, todo entalhado em madeira maciça, onde se via logo abaixo do mostrador a data de sua fabricação:1675. O jovem médico deixou escapar um assovio de admiração.

— Esse relógio também é uma de minhas peças favoritas na famosa coleção Lundgreen. Meu trisavô era um hábil colecionador de antiguidades e você certamente encontrará itens muito interessantes distribuídos pelas dependências do castelo. Como vai, dr. Charles Lantier! Seja muito bem-vindo! — disse o anfitrião, que chegara mansamente, pegando de surpresa o desprevenido rapaz que estava de costas para a porta.

— Obrigado, barão Lundgreen, presumo... — disse Charles, se esforçando para empurrar o coração pela garganta abaixo e a encarar o homem alto, com cerca de sessenta anos e aparência altiva, para não dizer esnobe, já que ele estava se baseando apenas naquela primeira impressão.

— Vejo que conheceu o salão principal. Por favor, sente-se. Aqui é onde recebemos os visitantes, que normalmente são os parentes e responsáveis por nossos pacientes. Ao menos, no início, enquanto dura a disposição para vir...

— Como assim, doutor? Os familiares não costumam visitar seus doentes? — perguntou Charles, incrédulo.

Dr. Lundgreen deu uma risada alta e breve, fazendo um ruído que lembrava um latido:

— Claro que sim! No início eles vêm com frequência, porém, à medida que a doença avança sobre seus entes queridos, a maioria absoluta desiste de acompanhá-los de perto, contentando-se com o envio de um relatório mensal, devidamente assinado e protocolado pela junta médica. Mas, todos eles pagam as mensalidades pontualmente, presumo que para mais facilmente poderem esquecê-los.

Charles encarava o psiquiatra com evidente assombro, como se não soubesse o que dizer. Mas isso não pareceu intimidar o proprietário, que continuou falando tranquilamente.

— Nossa clínica é muito prestigiada justamente porque está na vanguarda de tudo que se refere ao tratamento das doenças mentais. Nossa seleta clientela inclui membros da nobreza e representantes da mais refinada sociedade europeia. Justamente pessoas muito ocupadas e que confiam de forma absoluta na capacidade de nossas equipes para cuidar adequadamente de seus parentes adoecidos.

"Mas é óbvio que o senhor não ignora o grande preconceito que cerca o indivíduo que é portador de uma moléstia mental, um quadro que, muitas vezes, evolui de forma irreversível. Logo, esse preconceito também alcança a família do doente. Então, é muito comum que no início a família ou o responsável pelo alienado queira visitá-lo com frequência para ter certeza de que o paciente está sendo bem tratado.

"No entanto, com o passar do tempo, a família se sente mais confortável para espaçar o tempo entre essas visitas. E, se o quadro do paciente não apresenta melhora ou mesmo se sofre algum agravamento, não é raro que a família o abandone aos nossos cuidados de forma definitiva. Essa é a realidade com que temos que lidar. Nossa paciente mais antiga é uma histérica, filha única de uma condessa veneziana, que está conosco há vinte e três anos. A última visita que ela recebeu foi há cinco anos atrás, se não me falha a memória, que, aliás, é ótima.

— Mas, certamente há pacientes que melhoram e voltam para casa. Nesses casos, como são recebidos por seus parentes? — arriscou-se a perguntar o jovem médico.

O dono da clínica deu uma súbita gargalhada, que por pouco não levou Charles a cair da poltrona novamente.

— Bem se vê que é um jovem otimista e inexperiente, *monsieur* Lantier! — replicou o psiquiatra, virando-se em sua própria poltrona para dar pancadinhas, supostamente amigáveis, às costas do funcionário recém-contratado. Em seguida, olhando Charles diretamente nos olhos, ele disse:

— Aprenda sua primeira e mais importante lição: a loucura é um poço sem fundo e aquele que mergulha em tais profundezas quase nunca se livra. Seu afogamento é apenas uma questão de tempo.

— Agora, que tal me acompanhar numa xícara? — interrompeu-se o barão, referindo-se à criada que acabara de entrar no salão empurrando um elegante carrinho de chá.

Logo após o chá, o mordomo mudo voltou ao salão, provavelmente com ordens para acompanhar o novo funcionário até a ala dedicada aos pacientes.

Conforme Charles descobriu, havia alas separadas, uma para os homens e outra para as mulheres. Em qualquer delas, a aparência era a mesma: imensos quartos com paredes nuas e camas simples dessas feitas de ferro, alinhadas em fileiras, lado a lado, por todo o cômodo. As janelas desnudas tinham vidros leitosos nas vidraças e eram guarnecidas com grades pelo lado de fora. Deixavam escapar apenas uma luminosidade difusa, que filtrava a luz clara e límpida do sol e dava ao ambiente uma aparência de sombria decrepitude.

Nas camas, aqui e ali, Charles divisou vultos enrolados em lençóis e cobertores, como se fossem casulos a agasalhar esquálidas crisálidas.

A atmosfera do ambiente era de completa impessoalidade. Charles não viu um único objeto particular sobre a coleção de mesinhas de cabeceira que permeava aquele mar de camas. Não havia nada, um porta-retratos, um perfume ou acessório, enfim, absolutamente nada que servisse para caracterizar seus ocupantes, que contasse algo sobre a personalidade dos pacientes que viviam naqueles cômodos insulados.

O médico sentiu um calafrio mortal soprar sobre sua alma, cujo único desejo era sair imediatamente daquele lugar frio e insipidamente aterrador.

"Bem-vindo à 'Terra-dos-que-não-são'..." – pensou Charles, tentando suplantar a compaixão com uma dose extra de profissionalismo. Depois, respirou fundo e seguiu em frente.

8
A TERAPÊUTICA DO DR. LUNDGREEN

Lyon, França

Charles sentiu um imenso alívio ao entrar em seus próprios aposentos na clínica do dr. Lundgreen. Encontrou um espaçoso apartamento, com quarto, sala e banheiro privativos, sendo que suas janelas tinham uma adorável vista para o jardim de inverno que ficava nos fundos da propriedade. Tudo decorado no mesmo estilo excessivo e luxuoso do salão principal.

— Graças a Deus, nada de cama de ferro e janelas embaçadas! — Charles exclamou, falando em voz alta para a suntuosa mobília francesa do século dezessete.

Depois de organizar seus pertences no amplo apartamento e de almoçar frugalmente, o novo funcionário foi ao encontro do alienista-chefe, doutor Rudolf Lundgreen, na ala reservada ao tratamento dos pacientes graves.

— Que bom que chegou, dr. Charles! Suas excelentes recomendações o apresentaram como um hábil hipnotizador. Pois, agora mesmo vou precisar de sua ajuda para hipnotizar um paciente... — ao que o médico-assistente tentou corrigi-lo, querendo dizer *magnetizador*, mas ele sequer teve tempo para lidar com os melindres da semântica, porque, no instante seguinte, dois enfermeiros entraram na sala apressadamente, conduzindo um paciente que estava preso por uma camisa-de-força. Seus olhos giravam nas órbitas e sua boca escancarada grunhia palavras incompreensíveis.

— Preciso que você hipnotize esse paciente até que seu corpo atinja o estágio da completa anestesia.

O médico assistente ia justamente pedir ao alienista que o colocasse a par da situação clínica do paciente. Porém, Charles julgou que o estado de agitação do doente era tão grande que exigia uma atitude imediata. Sem mais demora, ele pegou o relógio que trazia no bolso e esticou o braço na altura da própria cabeça, pondo-se a agitá-lo freneticamente. Ao cabo de um instante, o médico conseguiu chamar a atenção do pobre homem para o objeto que brilhava em sua mão.

– Olhe para o relógio! Consegue ver que horas são? Agora, pense que está na hora de descansar... Seus olhos estão cansados... Ficando cada vez mais pesados... Se quiser, poderá fechá-los... E descansar por um momento...

– Descansar... – balbuciou o doente, rendendo-se ao cansaço sugerido pelo magnetizador.

Charles já ia começar a sequência de passes longitudinais que levariam o paciente ao estado de inconsciência solicitado pelo médico-chefe, quando se lembrou demque ainda não sabia qual seria a finalidade do procedimento.

– Qual é o quadro do paciente, doutor? – pediu Charles, interrompendo o processo por um instante.

– Trata-se de um paciente histérico, mas a emergência é causada por um apêndice supurado que precisa ser extirpado imediatamente!

O médico-assistente levou um susto:

– Está dizendo que pretende operar um paciente hipnotizado?

– Correto! E você irá me ajudar com isso...

– O doutor só pode estar brincando! Não há como garantir que o processo hipnótico colocará o paciente no grau de inconsciência pelo tempo necessário para resistir à dor durante toda a operação! Que acontecerá se o paciente despertar em meio ao procedimento? – Charles perguntou, sentindo a indignação se agigantando em seu peito.

– Nesse caso, aplicaremos morfina... – replicou o alienista, visivelmente contrariado.

– Por misericórdia, dr. Lundgreen! O senhor ignora que o paciente poderá entrar em choque, caso saia do transe hipnótico enlouquecido de dor? Esqueça! Jamais tomarei parte numa experimentação tão desumana!

O barão permaneceu impassível.

– De que vale o talento se não há bravura para ombreá-lo? Meu jovem, essa sua forma de agir, intempestiva e irracional, presta um verdadeiro desserviço ao avanço da ciência médica.

– Pois se esse é o preço a pagar para que a ciência avance, prefiro me abster de empurrá-la adiante a fim de melhor preservar a paz de minha consciência! À propósito, pelo bem do paciente, recomendo que providencie uma inalação de clorofórmio antes do procedimento cirúrgico! – disse Charles, e saiu da sala sem sequer olhar para trás.

Enquanto seguia meio perdido pelas belas alamedas do castelo medieval, procurando pelo caminho de volta para seus aposentos, Charles manteve o queixo erguido, impávido. Mas, a cada passo dado, que ecoava retumbante no silêncio daquela catacumba, crescia em seu peito a certeza de que a clínica do dr. Lundgreen jamais seria o seu lugar no mundo.

Saint-Alban-de-Roche, França

Naquela manhã ensolarada de primavera, depois de passar semanas perdida nas brumas da febre e da doença, Louise finalmente sentiu que suas forças voltavam ao normal. Anne também reparou, porque subitamente passou a ver um halo de energia colorida como um arco-íris vibrando ao redor do corpo da amiga.

– Aleluia! Até que enfim sua saúde voltou!

Em seguida, baixando a voz para o tom de um sussurro, ela murmurou:

– Que o monstro de cartola não nos ouça!

Louise sorriu e, apesar de todo o sofrimento por que passara, ficou feliz por poder sorrir novamente.

– Veja, trouxe o meu baralho para distraí-la! Pronta ou não, vou ler o seu destino nas cartas!

– Você sabe que eu não acredito nisso... – começou a dizer a garota mais velha.

– É. Eu também não creio naqueles anjos feitos de algodão-doce que você tira do bolso para distrair o povaréu! Mesmo assim, *voilà*... – brincou a menina, fazendo um movimento rápido, em que as cartas do baralho surgiram do nada em sua mão, como num verdadeiro passe de mágica.

– Gostou? Foi Jean que me ensinou a fazer esse truque do leque de cartas, que treinei como uma louca até conseguir acertar somente para impressioná-la!

– Foi incrível! Para uma principiante... – brincou Louise.

Em seguida, Anne embaralhou habilmente as cartas do tarô de Marselha, depois abriu-as num leque, deixando seus exóticos desenhos voltados para baixo.

— Foi minha avó quem me ensinou a ler o destino nas cartas. Ela era *manouche*,[1] um antigo povo cigano. Agora, retire três cartas e as coloque bem aqui, na ordem em que as retirou, mas não vire nenhuma delas... — orientou a menina, apontando o centro da cama onde elas estavam sentadas.

Uma ruga de concentração vincou sua testa, enquanto ela mesma virava, uma de cada vez, as cartas que Louise escolhera do leque principal.

— Essa primeira que você tirou é a carta do tempo passado, a segunda é do tempo presente e a terceira é a que diz respeito ao seu futuro.

Louise prendeu os longos cabelos ruivos num coque improvisado na nuca, como se eles atrapalhassem sua contemplação das cartas do tarô, que, afinal de contas, eram a representação à moda cigana de sua vida.

— A carta que fala do seu passado é a Força — e Louise observou com dissimulada indiferença a figura de uma elegante personagem feminina, vestida à moda medieval, que segurava um leão pela bocarra aberta, dominando a fera com absoluta tranquilidade. — Esse símbolo aqui, disfarçado no chapéu da jovem dama, é chamada de *lemniscata*, que significa 'sabedoria'.

— Já a sua carta do tempo presente é a Torre — disse Anne, em seguida apontando para a figura de uma torre feita de grandes blocos de pedra. Era uma construção alta e imponente, mas seu desenho retratava uma verdadeira tragédia, em que a torre estava tomada pelas chamas de um grande incêndio. E seus ocupantes, desesperados com o avanço das labaredas incontroláveis que surgiam de suas entranhas, pulavam das alturas, fugindo do fogo para enfrentar a morte inescapável pela queda.

Louise olhou com atenção para aquela estranha carta, cuja imagem loquaz parecia ser capaz de representar com extrema correção a dura realidade de seus dias.

— E esta aqui é a carta que trata do meu futuro? — perguntou Louise, referindo-se a carta estampava com a figura de uma roda de carroça, onde vários animais monstruosos, que se pareciam com as gárgulas que adornavam o alto das torres na catedral de *Notre-Dame*, giravam à sua volta.

— Essa carta é a Roda da Fortuna, ou do Destino, se preferir — respondeu a menina.

Nesse momento, Anne pegou a carta entre as mãos e fechou os olhos, muito compenetrada. Depois começou a alisar suavemente as três cartas alinhadas sobre a cama, mas, de súbito, balançou a cabecinha loira e, quando olhou novamente, parecia que as estava vendo pela primeira vez na vida. Quando a menina voltou a falar, sua voz infantil tinha sumido, tendo sido substituída pela voz de outra pessoa, bem mais velha e circunspecta.

— Temos aqui nestas três cartas a representação de uma versão resumida de sua vida atual. O passado está representado pela força de seu espírito, que é antigo, corajoso e bondoso, dotado de grande energia. Você represou essa força por um longo tempo, até que ela não pode mais ser contida e começou a extravasar de seu ser, mesmo contra sua vontade...

— Está falando da minha mediunidade?

— Podemos dizer que sim. Já a carta que se refere ao tempo presente fala por si mesma, não lhe parece? A torre em chamas representa uma terrível situação, que precisa ser urgentemente abandonada. Mas nós prevemos que isso irá mudar em breve...

— Como você pode saber? — desdenhou Louise.

— É a carta relativa ao seu futuro que está nos sinalizando isso. Veja, a roda do destino, representa o movimento eterno da vida, onde ora se está por cima, ora por baixo. Essa roda continua girando perpetuamente e, neste exato instante, ela nos aponta um caminho...

— O que ela diz?

— Que você fará uma longa viagem.

Ao ouvir essa previsão, Louise julgou que fosse apenas um gracejo da amiga e começou a rir:

— Anne, sua tonta! Pare já com essa diabrite! Como se não fizéssemos outra coisa na vida além de viajar! Assim que Deplessis, o monstro de cartola como você diz, perceber que estou bem, nos arrastará de volta para a estrada. Isso é tão claro como o dia e eu não preciso de uma vidente de araque que preveja o óbvio!

— Você não entendeu. Desta vez será diferente. A previsão é que você fará uma longa viagem que a levará para o outro lado do oceano, para longe da França e de todos que você agora conhece...

— Até mesmo de você, *ma chère*? — perguntou Louise, algo aturdida.

— Isso ainda não há como saber. As peças estão sempre em movimento no grande tabuleiro da existência... Por vezes, existem decisões que não dependem apenas de nossa vontade...

De súbito, Anne parou de falar. Em seguida, levou a mão a testa, como se sentisse uma dorzinha latejando por ali.

– Já basta. Estou cansada... – avisou Anne, e Louise reparou que a voz da menina tinha voltado ao seu habitual timbre infantil.

– Sim. Chega dessa brincadeira de adivinhação. Recolha suas cartas de cigana e venha se deitar ao meu lado, minha *petite poupée*. Vamos aproveitar para tirar um cochilo enquanto o monstrengo de cartola não vem...

Lyon, França

Depois do traumático episódio envolvendo a cirurgia do paciente histérico, Charles Lantier teve que reunir toda sua autodisciplina e determinação para resistir ao impulso de fazer as malas e deixar a clínica do dr. Rudolf naquele mesmo dia.

No entanto, seria um novo incidente que iria despertar um sentimento ainda inédito em seu coração de médico. O fato de se reconhecer responsável pela saúde de alguém seria o motivo que o faria ficar, apesar de sua intuição exigir o contrário.

Charles estava trancado em seu quarto, deitado na cama de barriga para cima, ocupado apenas na prazerosa contemplação do belo afresco que um talentoso artista da renascença havia pintado no teto de gesso, onde ninfas banhavam-se num aprazível riacho. Pensava, porém, no que diria ao amigo e mentor, coronel de Rochas, que pudesse justificar o abandono de um excelente emprego logo no primeiro dia de trabalho. Foi arrancado de seus devaneios pelo barulho de um arrastado tropel vindo do corredor, que, de tão alto, podia ser ouvido mesmo com a porta fechada. Abriu-a num tranco e se deparou com uma cena covarde, onde três enfermeiros usavam de extrema violência para conter uma paciente em evidente surto psicótico. Imprensada contra a parede, a pobre mulher grunhia como um animal acuado, enquanto lutava como uma leoa, tentando se libertar dos agressores que seguravam firme seus braços e pernas, tentando arrastá-la dali.

– Alguém me diga o que está acontecendo? – disse o médico, usando um timbre de comando na voz.

— Esta paciente está descontrolada. Vamos levá-la para a sala de contenção... — respondeu um dos enfermeiros, com evidente má vontade em dar explicações ao médico novato.

— Vocês acabarão por machucá-la empregando tanta brutalidade! Essa violência é desnecessária! São três marmanjos contra uma mulher franzina!

— Acha mesmo, doutor? E qual seria seu método para domar esta fera? — gracejou o enfermeiro arrogante que parecia ser o chefe, soltando a moça muito à contragosto.

Em vez de perder tempo discutindo com o funcionário cruel, Charles usou o próprio corpo, alto e de porte atlético, para erguer uma barreira humana entre a mulher e seus agressores. Em seguida, o médico pegou o rosto da paciente entre as mãos e gentilmente o ergueu para poder alinhar seu olhar firme com o dela. Permaneceram assim, olhos nos olhos, por um longo momento, com a mente do magnetizador ocupada em vibrar sua intensa vontade de ajudá-la a reequilibrar-se.

— Acalma-te! — ele ordenou e, por fim, provocou um ruidoso estalar de dedos.

No instante seguinte, como num passe de mágica, a agitação da doente cessou e ela adormeceu imediatamente, sendo amparada pelo abraço solícito do médico. Surpresos, os enfermeiros a fitaram boquiabertos e imóveis, como se tivessem sido congelados em seus lugares diante de tão inesperada ocorrência.

— Ajudem-me a carregá-la até a sala... — disse o médico, omitindo de propósito o termo 'de contenção'.

Ainda de má vontade, mas convencidos pela competente atuação do médico novato, os enfermeiros carregaram a paciente através do labirinto de lúgubres corredores.

— É aqui, doutor — finalmente os três pararam diante de uma porta e o homem arrogante informou como se cuspisse as palavras.

— Por enquanto, deixem-nos a sós. Daqui a pouco, traga-me uma dose do tranquilizante mais natural que houver em sua enfermaria — instruiu o dr. Charles.

O enfermeiro-chefe se afastou resmungando baixinho, carregando a reboque seus mal-encarados auxiliares, que mais pareciam funcionários de uma penitenciária.

"Onde será que o dr. Lundgreen recruta esses cretinos? Na caserna?" — perguntou-se o médico, enquanto fitava sua nova paciente, que fora deixada sobre uma espécie de maca, aliás, o único móvel na pequena sala, cujas paredes haviam sido cobertas por um material acolchoado para que os pacientes não se machucassem caso sofressem uma crise mais violenta.

Em seguida, o magnetizador novamente estalou os dedos e a paciente despertou, como se acordasse de um sonho ou, melhor dizendo, de um pesadelo. No mesmo instante, a pobre mulher enrodilhou-se toda, como um bicho acuado tentando se proteger de um temível predador.

– Pode ficar tranquila. Eles já foram, estamos só nós aqui. Sou o doutor Charles Lantier, médico e também magnetizador – disse ele, com um elegante meneio de cabeça.

– Peço sua autorização para ajudá-la a reequilibrar sua saúde – ele continuou falando, enquanto tratava de aplicar uma série de passes longitudinais para acalmar sua nova paciente.

– Qual é o seu nome, *mademoiselle*? – perguntou ele, assim que a doente aceitou sua ajuda para se deitar numa posição mais confortável.

– Marcelle – ela disse, num fio de voz.

– Lindo nome! Muito bem, cara Marcelle, sou o novo médico-assistente desta clínica e gostaria de promover sua recuperação. O que você acha de ser minha paciente?

Perplexa com o ineditismo da pergunta, Marcelle reagiu com uma careta de espanto. A verdade é que desde que havia chegado ali, o que fazia mais tempo do que ela conseguia se lembrar, ninguém nunca havia dado qualquer satisfação sobre seu tratamento. Quanto mais pedir seu consentimento para o que quer que fosse. Devia ter alguma coisa errada com aquele rapaz.

– O que é um magnetizador? – ela lembrou de perguntar, exteriorizando seus receios.

– É alguém que usa a força magnética presente no fluido vital para reequilibrar a saúde das pessoas.

– O senhor quer dizer que sou desequilibrada? Isso é uma forma educada de me chamar de louca, não é?

– Toda doença, seja do corpo ou da mente, é gerada por um desequilíbrio qualquer. Um magnetizador pode ajudá-la a reorganizar suas forças, gerando um poderoso recurso contra o desequilíbrio, seja de ordem física ou mental.

– Será que o senhor consegue me ajudar a dormir? Faz muito tempo que eu não durmo uma noite inteira... – pediu Marcelle.

— Será um prazer ajudá-la, *mademoiselle*.

Assim dizendo, Charles novamente impôs suas mãos sobre o corpo de sua nova paciente, projetou suas ondas magnéticas e ordenou que dormisse.

— Tenha bons sonhos – desejou o magnetizador ao cobrir seu corpo esquálido com um cobertor. Depois saiu silenciosamente, fechando a porta atrás de si.

No corredor, Charles encontrou o enfermeiro-chefe que trazia numa pequena bandeja o medicamento que ele havia pedido.

— Não será necessário medicá-la agora. A paciente está dormindo tranquilamente. Deixe que durma, mas, se ela acordar agitada, mande me chamar imediatamente.

— Certo. Uma a menos para perturbar no turno da noite – ele respondeu e virou as costas para o médico, na habitual atitude insolente. – Aliás, se for de seu interesse saber, me chamo Bóris. Mas não conte comigo para mimar esses mentecaptos.

Charles imaginou como seria recompensador acertar um belo soco de direita no queixo de vidro daquele indivíduo desprezível. Então, respirou fundo e começou a contar mentalmente enquanto se afastava de sua presença o mais rápido possível. Só conseguiu relaxar depois de ter colocado mais de cinquenta passos de distância entre eles.

Logo após o jantar, que Charles havia pedido ao mordomo que fosse servido em seu quarto, alguém bateu a sua porta. Maldizendo a falta de privacidade que subsiste na rotina daquele que é obrigado a residir no próprio emprego, o médico pediu ao inconveniente visitante que entrasse.

— Desculpe a hora tardia, caro Charles, mas o dia de hoje foi exasperantemente longo! Eu contava encontrá-lo à hora do jantar, mas, infelizmente, vieram me informar sobre a indisposição que parece ter sido a causa de sua ausência. Confesso que fiquei preocupado, por isso, quis verificar pessoalmente se você está se sentindo melhor... – explicou o barão Rudolf Lundgreen, gentil como um monge franciscano.

— Não tive a intenção de preocupá-lo, dr. Lundgreen. Mas sou obrigado a concordar consigo, foi mesmo um dia longo e desgastante... – respondeu o jovem, sentindo-se desconcertado diante de tanta gentileza.

"Desmedida e também desnecessária..." – Charles opinou, mentalmente.

– Boris me contou a competência com que você lidou com uma de nossas pacientes histéricas hoje à tarde. Folgo em saber que a magnetização quando bem utilizada pode ter uma aplicação tão efetiva no tratamento da grande histeria. Quando frequentei a Saltpêtrière, na companhia do professor Charcot, fiz algumas experiências com o hipnotismo, mas nada que obtivesse um resultado tão rápido e eficiente. É excelente que tenhamos em nossa equipe um profissional gabaritado que possa realizar um tratamento contínuo com nossas pacientes. Também por isso, fiz questão de vir cumprimentá-lo, mesmo correndo o risco de ser considerado uma presença *non grata* ao invadir sua intimidade como um bárbaro! – arrematou o barão, estendendo a mão direita, comprida e ossuda, tentando encerrar a conversa com um comprimento.

– Obrigado, mas não é preciso que me cumprimente. Fiz apenas o meu trabalho... – disse Charles, apertando à contragosto a mão estendida. Mas, de súbito, o médico se lembrou de algo realmente importante e interrompeu seu anfitrião, que já estava de saída, para perguntar:

– À proposito, doutor, qual é o quadro da doença daquela paciente? Marcelle... Ainda não sei seu sobrenome...

O barão, que tinha muito orgulho de sua memória colossal, recitou prontamente:

– Trata-se de Marcele Roylott, uma jovem nervosa e sujeita a síncopes, morfinômana de doses bastante elevadas e tomada por um estado de caquexia alarmante, com complicação de albuminuria. Foi submetida a uma desmorfinização rápida. A ablactação estava sendo esperada há mais de vinte e quatro horas, sem ter apresentado nada de particular além das perturbações habituais como diarreia, vômitos biliosos e suores.

"Segundo os registros do enfermeiro-chefe no prontuário, a paciente surtou repentinamente e começou a se debater. A fim de evitar que ela se machucasse, ele decidiu interná-la na sala de contenção. Felizmente para todos, você os encontrou pelo caminho e, prestimosamente, magnetizou a paciente em surto, obtendo um excelente resultado em seu apaziguamento.

– Se o senhor me permitir, a partir de agora, eu gostaria de tratá-la pessoalmente – pediu o médico-assistente.

– Fique à vontade para assumir o caso. Aliás, tenho um experimento em andamento que pretendo fazer avançar ainda mais. Gostaria de saber se posso contar com sua cooperação...

– É claro, dr. Lundgreen.

– Pois bem, me procure amanhã, logo depois que fizer a ronda matutina de seus pacientes. Agora está tarde e nossa conversa certamente será longa. Boa noite, caro doutor.

– *Bonsoir, monsieur* – Charles se despediu e agradeceu a Deus por finalmente poder encerrar aquele dia interminável.

O jovem trancou a porta, sentindo que aquele convite do barão prometia ser uma nova inquietação para sua rotina de médico-assistente. A intuição de Charles apontava para o fato de que nada em que o dr. Lundgreen demonstrasse interesse parecia levar em conta as reais necessidades dos doentes que estavam sob sua responsabilidade.

Ao contrário do coronel de Rochas, faltava ao psiquiatra e seus enfermeiros aquele sentimento natural de empatia e amor pelo próximo, que deveria norteá-los no tratamento de seus pacientes.

Antes de cair num sono exausto e sem sonhos, Charles ainda teve tempo de lamentar que o dr. Lundgreen não tivesse compartilhado dos estudos difundidos pelos antigos magnetizadores na Universidade de Paris, além de frequentar os experimentos realizados na famosa clínica do dr. Charcot.

NOTAS:

'Manouche' (ou 'Sinti') é o termo que nomeia os membros de um dos três principais grupos do povo genericamente chamado de cigano. Os outros dois grupos são denominados 'rom' e 'caló'. Sua procedência geográfica é incerta. Acredita-se que haja alguma relação entre os ciganos sinti e a etnia sindi, presente no sudoeste do Paquistão. Esses povos chegaram à Alemanha na Idade Média, e de lá, alguns migraram para a França, onde ficaram conhecidos como *manouches*; outros se transferiram para países do Leste Europeu. Desde que se estabeleceram na Alemanha, foram alvo de discriminação. Exemplo disso é que, em 1899, a polícia alemã mantinha um registro central de ciganos nos mesmos moldes do que catalogava criminosos. Com o advento do nazismo, sintis e romas foram enquadrados como estrangeiros não-arianos, sujeitos, portanto, aos horrores da política racial do regime. Acima, temos um desenho alemão de 1887, retratando uma cigana.

Cigana em desenho de De Geetere, 1887

9
O PSICOPATA

Lyon, França

No dia seguinte, depois que Charles despertou e conseguiu reunir a coragem necessária para abrir a janela do quarto, encontrou uma bela manhã de primavera, com o sol inundando de luz o majestoso jardim. Perto da cerca viva de murta, Charles divisou uma silhueta masculina, que rapidamente identificou como Jacques Prieur, o zelador da clínica, que se ocupava em aparar com capricho um canteiro centenário.

– *Bonjour*, Jacques! – cumprimentou o jovem, elevando a voz para chamar a atenção do polivalente funcionário.

– *Bonjour*, dr. Charles! *Comment ça va, monsieur*? – tornou ele, sempre de bom humor.

– Muito bem, obrigado! Espero que não tenha esquecido do nosso passeio!

– De jeito nenhum. Estive pensando em levá-lo à uma cidadezinha aqui perto, Saint-Alban-de-Roche. É uma pequena vila medieval, sem atrativos extravagantes, porém, muito charmosa. Que acha?

– Ótima ideia! Iremos assim que eu tiver uma folga. Eu o avisarei, está bem?

– Às suas ordens, doutor. Tenha um bom dia!

– Para você também, Jacques! Bom trabalho.

Depois de vestir-se e de tomar o desjejum no quarto, Charles puxou o relógio que jazia dependurado no bolso de seu colete por uma grossa corrente de ouro. Sentia muito apreço pelo valioso objeto, que fora o único bem que restara da herança de seu pai, e constatou que estava atrasado para a visita matutina aos pacientes. Que nessa ocasião eram apenas dois: Marcelle, a histérica, e o idoso cujo apendicite fora extirpado recentemente pelo próprio dr. Lundgreen e sua equipe de açougueiros, que apenas por um milagre da natureza ainda estava vivo.

Nos dois casos, os pacientes aparentavam ter um quadro estável, guardadas as devidas proporções. O homem chamava-se Arturo d'Ambrose e fora um ilustre fidalgo da região, antes que a idade avançada se transformasse num problema de saúde irreparável.

A responsável por espalhar pela clínica as histórias pessoais dos pacientes era Margaret, a supervisora das enfermeiras, cuja língua ferina era afamada em toda Lyon. Também fora ela que contara a Charles que os sobrinhos do velho dom Arturo, que não possuía esposa nem filhos, trataram de interditá-lo assim que a senilidade o tornou incapaz de reger a própria fortuna e a vida.

Desde então, dom Arturo passou a viver sob a proteção do tribunal lionês, que decidiu que ele fosse internado na clínica, enquanto seus descendentes se digladiavam como os romanos contra os bárbaros, pelo privilégio de gerenciar a vultosa soma que herdariam quando o solitário tio finalmente arquejasse seu último suspiro.

– Bom dia, *monsieur*! Está se sentindo melhor? – perguntou o médico, tomando-lhe o pulso.

O velho deu uma tossida, seguida de um resmungo inteligível como resposta, depois virou o rosto para a parede.

– Ele não gosta muito de conversar... – disse a enfermeira, como uma mãe zelosa justificando a falta de educação do filho mal-humorado.

– Prossiga com a medicação como está no prontuário – disse ele à enfermeira. – Até mais tarde, dom Arturo – despediu-se o médico e afastou-se, sem esperar por um novo resmungo do decrépito paciente.

Enquanto caminhava pelos labirínticos corredores daquele imenso castelo, Charles aproveitava para desfrutar da beleza da arquitetura medieval, que Jacques e seu exército de ajudantes pelejavam para manter tão impecável quanto ao tempo em que ali residira o príncipe que o mandara edificar.

A enfermeira-chefe marchava logo atrás dos calcanhares do médico, sofrendo para alcançá-lo por causa do sobrepeso e das perninhas curtas com que a natureza a dotara. Depois da caminhada, eles finalmente alcançaram a distante sala de contenção, onde encontraram Marcelle ainda adormecida em seu catre.

Por um momento, Charles contemplou a face da pobre mulher, cuja aparência cansada e abatida denotava o estado de seu esgotamento físico e mental. Enquanto ele cogitava se devia acordá-la ou não, Marcelle despertou.

– *Bonjour*, mademoiselle! Como está se sentindo? Melhor, espero... – disse o médico, enquanto Marcelle esfregava os olhos, frágil e confusa, como uma criança que tivesse acordado no meio da noite.

– Lembra-se de mim? Charles, seu novo médico? – disse ele, estendendo a mão para cumprimentá-la.

– O senhor está equivocado. Não estou doente, tampouco preciso dessa internação. Desejo apenas voltar para minha casa o quanto antes... – ela respondeu num sussurro.

O jovem médico fixou o rosto da enfermeira, interrogando-a com um olhar fulminante. Margaret abaixou a vista e passou a alisar os lençóis, na insolente atitude de ignorar o médico e também sua paciente. Charles pegou o prontuário que pendia da prancheta dependurada ao pé da cama, porém, mesmo sem lê-lo, sabia de antemão qual seria a doença que preencheria a linha reservada ao diagnóstico: histeria.

"*Parfait*. Parece que todo mundo por aqui é histérico..." – ponderou o médico, enquanto anotava instruções para a nova medicação da paciente e devolvia a prancheta em seu lugar.

– Cara Marcelle, agora, vou deixá-la aos cuidados da enfermeira Margaret. Mas não se aflija, porque à tarde voltarei para vê-la. Por enquanto, peço que tome seu desjejum. Antes de mais nada, você precisa recuperar suas forças. Sem dúvida, essa é a condição básica para que você possa ir para casa.

Em seguida, ordenou à enfermeira:

– Quero que a paciente seja levada para um quarto arejado, de preferência, com vista para o jardim interno. Acomode-a perto da janela para que veja a vista e apanhe um pouco de sol.

Margaret pensou em dizer que tinha ordens expressas do dr. Lundgreen para manter a paciente onde estava, porém, uma nova espetada do olhar contundente do médico fez com que ela ficasse de boca fechada.

Menos de uma hora depois, Charles, que por enquanto tinha apenas esses dois pacientes sob sua responsabilidade, estava livre da primeira ronda médica do dia. Assim, o médico-assistente marchou, com a disposição de um condenado que segue para o cadafalso, ao consultório do alienista-chefe, onde era aguardado.

– Entre... – respondeu a voz do dr. Lundgreen, mal Charles encostou os nós dos dedos na porta entreaberta.

– Já teve a oportunidade de tratar um psicopata, dr. Charles? – perguntou o médico à queima-roupa, no instante em que Charles pisou na sala.

– Tratar, não tratei, doutor. Apenas observei um caso famoso quando visitei o hospício judiciário em Grenoble.

– Pois, aqui, você terá a excelente oportunidade de fazê-lo. Saberia me dizer qual é o quadro sintomático dessa psicopatia?

Charles foi pego de surpresa com a sabatina. Seu raciocínio, normalmente rápido, titubeou por um instante, mas em seguida reassumiu a memória do estudante, que precisa ter as informações na ponta da língua para responder prontamente:

– Sei que as principais características dessa doença são a falta de empatia pelo semelhante, o que gera um sentimento de inadequação social; uma exacerbada necessidade de exercer controle sobre as pessoas, muitas vezes acompanhada por um comportamento violento e destrutivo. Em muitos casos, os primeiros sintomas da doença podem aparecer ainda na infância; sendo, por exemplo, a tortura de pequenos animais um histórico comum entre os psicopatas.

– Também pode acontecer que, ao atingir a maturidade, esses indivíduos transfiram o foco de sua exacerbada agressividade para a tortura ou mesmo o assassinato de pessoas. Há casos em que o psicopata passa a escolher preferencialmente mulheres como vítimas em potencial, porque assim pode dar vazão a algum tipo de desvio sexual, extravasando-o por meio da realização de fantasias perversas. E já foi constatado que, ao menos aparentemente, esses indivíduos são incapazes de sentir remorsos pelos crimes que tenham praticado – continuou o médico assistente, pensando exclusivamente no caso do psicopata que conhecera em Grenoble.

– Excelente descrição, doutor – elogiou Lundgreen. – Pois bem, saiba que venho tratando de psicopatas há vários anos. Já tentei várias técnicas, mas a que obteve os melhores resultados até agora foi a hipnose. Depois de colocá-los sob minha influência e de ganhar sua confiança, utilizo um conjunto de técnicas hipnóticas que eu mesmo desenvolvi, com a finalidade de realizar nesses indivíduos problemáticos uma espécie de lavagem cerebral.

Ao ouvir tal desatino, Charles engasgou com a própria saliva, sofrendo um súbito acesso de tosse. O psiquiatra prontamente levantou-se da cadeira para ajudá-lo e passou a dar pancadinhas amistosas às suas costas, mal disfarçando um malicioso sorriso.

– Surpreso, dr. Charles? Achei que essa ideia certamente teria ocorrido a um especialista em hipnose de sua categoria, pupilo do famoso Albert de Rochas... – respondeu o alienista, algo irônico, enquanto servia um copo com água ao engasgado.

– Pois saiba que meu método compreende um sofisticado sistema de reprogramação cerebral, que se impõe ao doente através da utilização de estímulos magnéticos coercitivos e da repetição continuada de instruções verbais.

– O doutor não está falando sério... – murmurou Charles, recusando-se a acreditar no que ouvia.

– Falo seriíssimo! São justamente as mentes desequilibradas que apresentam o ambiente mais propício para serem reprogramadas por meio das instruções hipnóticas. Minha teoria é que os traços agressivos podem ser sistematicamente apagados, sendo substituídos por novos estímulos, que permitirão que, paulatinamente, novas respostas, mais positivas, sejam gravadas em suas mentes. Os impulsos violentos serão substituídos pela docilidade; a raiva pela mansuetude; a dissimulação pela franqueza, *et cetera*.

"Como disse, há anos venho trabalhando seriamente com esse tipo de experimento. Por coincidência, tenho agora mesmo um bem-sucedido caso de reprogramação mental para exemplificar o sucesso dessa pesquisa à um investigador mais incrédulo, exatamente como você..."

– O doutor está se referindo à um psicopata que tenha sido mentalmente reprogramado? Que comprovadamente tenha deixado de representar qualquer perigo para seu semelhante? – frisou Charles.

– É óbvio que sim! Trata-se de um indivíduo que foi mentalmente reconstruído e que está plenamente recuperado. Pronto para voltar ao convívio social!

– E o que acontece se um paciente reprogramado sofrer uma recaída e tiver uma crise de agressividade? – provocou Charles.

– Bem, vejamos... As medidas de contenção que devem ser adotadas dependerão da gravidade da crise. Caso seja impossível acalmar o doente usando os recursos da hipnose tradicional, sempre se pode recorrer ao método mais radical... – respondeu o médico, apontando na direção de uma grande banheira de louça que havia sido instalada num canto do imenso consultório. Na parede, sobre a banheira, Charles reparou que havia uma potente ducha.

– Para debelar a crise, o doente será colocado nessa banheira e receberá jatos da geladíssima água dos alpes, onde permanecerá até que o surto ceda ao tratamento de choque – completou o psiquiatra.

– Quer dizer que, em caso de crise, o único recurso disponível para aplacá-la será torturar o doente, submetendo-o ao afogamento sistemático numa banheira?!

– Pois saiba que esse tipo de tratamento é largamente utilizado no Hospital da *Salpêtrière*, nos pacientes em surto psicótico! Mas vejo que o nobre doutor não concorda com uma técnica que foi reconhecidamente aprovada pelo empirismo! Se tem uma ideia melhor, providenciarei para que vá até lá agora mesmo para discutir seu método revolucionário com os discípulos do mestre Charcot! – outra vez, Charles recebeu um comentário que exalava a ironia.

No entanto, o doutor Charles Lantier ficou tão revoltado com aquela conversa absurda que começou a andar em círculos pela sala, qual um leão enjaulado. Respirando profundamente, ele encheu e soltou seguidamente o ar dos pulmões a fim de obter a calma necessária para defender seu ponto de vista. E, só depois de conseguir conter a raiva que por muito pouco não o dominara, ele, enfim, respondeu:

– Assim, o doutor afirma que está correto submeter um doente a esse tipo de tratamento cruel e desumano, muito mais condizente com a tortura da Inquisição do que com qualquer modalidade terapêutica?! Que considera natural tratar esses doentes como se fossem cobaias de um sádico experimento científico?!

– Caro doutor, seu excesso de escrúpulos beira o melindre! Pensei que estivéssemos falando sobre uma suposta crise de loucura num psicopata! Não se esqueça de que me refiro a um hipotético criminoso, supostamente condenado, que jamais teve misericórdia por suas vítimas!

"Não acha que meu método, apesar de invasivo, seria considerado cientificamente aceitável, se fosse capaz de reprogramar a mente desse psicopata, com o objetivo de devolvê-lo ao convívio social, mesmo que ele seja obrigado a permanecer sob alguma espécie de supervisão? – respondeu o alienista-chefe, mantendo uma calma inabalável.

– Lamento ter que discordar, mas não creio que um doente mental que, além de psicopata também seja um assassino condenado, possa ser recuperado ou, se preferir, reprogramado com o uso da hipnose ou de qualquer outro método. Infelizmente, considero que a psicopatia é uma doença irreversível.

– Pois tenho aqui mesmo a prova de que isso é possível! – disse Lundgreen, finalmente perdendo a compostura e batendo com a mão aberta no tampo da mesa.

– August! – chamou o alienista, elevando a voz para o tom de um latido alto. – Venha até aqui, agora!

Quando o vulto alto e magro adentrou a sala, Charles sentiu um nó se formando em suas entranhas. O exemplo de experimento científico bem-sucedido, do paciente plenamente recuperado apresentado pelo psiquiatra megalomaníaco era ninguém menos do que August Gerárd, o psicopata e criminoso condenado que fora habilmente subtraído ao hospício judiciário graças à temerária influência do barão Lundgreen.

– Ei-lo aqui, meu exemplar de sucesso científico em carne e osso! Gerárd, cumprimente o doutor Charles! – mandou o alienista.

Se Gerárd reconheceu Charles, soube esconder seu espanto atrás da máscara impassível de sua inabalável fisionomia. Entretanto, por um segundo, Charles viu a sombra de um sorriso irônico perpassar seu rosto no instante em que apertou a mão que o homem estendeu à sua frente.

– Gostaria de interrogá-lo? – perguntou Lundgreen, com o ar zombeteiro do arrivista que anseia por um duelo.

– Penso que não será necessário, doutor – mas, então, Charles mudou de ideia e perguntou diretamente a Gerárd:

– Como fica sua situação junto à justiça que, se não me falha a memória, o condenou a cumprir pena de vinte anos no hospício judiciário de Grenoble? Uma pena sujeita a avaliações que tinham por objetivo mantê-lo preso pelo resto de sua vida?

Por um longo e desconfortável momento, Charles sustentou o olhar de reprovação do ambicioso psiquiatra, que odiava dar satisfações sobre seus atos a quem quer que fosse. Por fim, Lundgreen fez um aceno para seu protegido, dispensando-o, e só voltou a falar depois que ele deixou a sala.

– Gerárd está sob minha responsabilidade pessoal. Com base em meu diagnóstico de cura, que atesta que o paciente está recuperado e de posse de todas as suas faculdades físicas e mentais, o tribunal decidiu que ele permanecerá na clínica por tempo indeterminado, onde poderá viver e trabalhar normalmente, desde que obedeça às normas vigentes e se submeta à minha supervisão.

– Muito interessante, dr. Lundgreen. Espero que o senhor esteja rigorosamente correto em seu diagnóstico e que jamais venha a ter motivos para arrependimentos no futuro.

Desta vez, porém, o comentário de Charles conseguiu tirar o alienista de sua frieza habitual. Dissimulado, Lundgreen decidiu fumar para acalmar a mente e dispensou vários minutos no ritual de abastecer e acender seu cachimbo de estimação. Só depois de puxar e expelir duas grandes baforadas, foi que o alienista retomou a conversa, usando o mesmo tom monocórdico que costumava usar com seus pacientes mais melindrosos:

– Vejamos, caro doutor. Pelo que pude captar de sua reação adversa, parece que você não concorda nem um pouco com a premissa de minha terapêutica, tampouco com meus métodos. Sendo assim, imagino que também não queira se envolver com o escopo dessa pesquisa, já que temos pontos de vista tão divergentes...

O jovem médico não respondeu. Por um longo momento, ocupou-se em fitar a figura aristocrática que tinha diante de si. O dr. Lundgreen trajava com extrema elegância um costume de lã inglesa, que devia valer o equivalente a dois meses de seu salário, ataviado por uma gravata de seda escarlate, presa por um prendedor de ouro adornado com o brasão de sua nobre família. Ou seja, Lundgreen era a personificação da arrogância e Charles não precisava ler sua mente para saber que se tratava de alguém cuja brilhante inteligência fora cegada pelo orgulho e pela presunção de estar certo sobre tudo.

"Só se alcança o conhecimento pela humildade. Só sei que nada sei..." – Charles evocava as palavras de seu mestre, que em sua recente memória de estudante citava Sócrates, o pilar grego da ética.

– Saiba que compreendo perfeitamente – Charles ouviu o colega psiquiatra dizendo, enquanto voltava de seu transe analítico. – Quero crer que o fato de discordarmos em alguns pontos de vista não afetará o bom trabalho que você certamente fará em minha clínica. Agora, com sua licença, preciso voltar aos meus inúmeros afazeres...

Charles concordou com um cortês balançar de cabeça e, em seguida, deixou a sala.

Assim que o barão o dispensou, Gerárd voltou para o diminuto cômodo que vinha ocupando na clínica desde que chegara, não havia muito tempo. Mas, quando parava para pensar no assunto, Gerárd mal conseguia acreditar na própria sorte. De uma hora para outra, sua alma saíra do mais tenebroso inferno para renascer no paraíso possível, graças à convicção do barão Lundgreen em sua capacidade de 'curar' a psicopatia através da hipnose.

Na verdade, Gerárd sentia-se muito mais tranquilo e equilibrado desde que fora resgatado das garras da loucura pelas sessões de hipnotismo do obstinado psiquiatra. Quando chegou, ele sofria com o terror noturno e em seus sonhos era perseguido por criaturas monstruosas que desejavam arrancar seus olhos e tomar seu sangue. Por causa dessas crises, Bóris trancou Gerárd numa sala de contenção, que lembrava em tudo a solitária do hospício penitenciário, com exceção às grades.

Foi somente depois de várias sessões de hipnotismo com o dr. Lundgreen, que Gerárd conquistou alguma tranquilidade e, assim que passou a dormir normalmente, foi transferido para um quarto diminuto na área destinada aos criados. Agora, como vinha desfrutando de um período de calmaria que já durava vários dias, Gerárd recebeu autorização do barão para circular pelos corredores das dependências dos empregados e para tomar sol no aprazível pátio externo que ficava nos fundos do complexo medieval.

Finalmente, a doença parecia estar sobre controle e Gerárd sentia sua natural autoconfiança voltando lentamente, à medida que era submetido as sessões de hipnotismo em que o alienista ditava determinadas palavras de ordem, que ele repetia até atingir o estágio da exaustão mental. Segundo o doutor, tratava-se de receber estímulos para executar uma completa reprogramação mental em seu cérebro adoecido. Recomendação que ele obedecia sem questionar.

Essa foi a rotina de Gerárd na clínica do barão Lundgreen, até o dia em que recebeu autorização para executar pequenos trabalhos domésticos.

"É bom ocupar a mente com coisas produtivas. O trabalho é um excelente remédio!" – repetia o barão depois de cada sessão de hipnotismo, como se fosse um mantra.

Assim, a vida de Gerárd seguia tranquila como nunca fora até que o empregado que supervisionava seu trabalho mandou que ele fosse ao escritório do barão para limpá-lo, porque uma gripe provocara a ausência de vários funcionários e o trabalho já começava a se acumular pelas dependências da clínica.

Gerárd gostou da nova atribuição, justamente porque o autorizava a frequentar a ala social do castelo. No entanto, enquanto tirava o pó da mesa do barão, cheia de livros e incontáveis objetos, ele encontrou um bloco de papel em branco e não conseguiu conter o impulso de pegá-lo. Agindo por impulso, Gerárd subtraiu o bloco e também alguns lápis, que escondeu nos bolsos de seu guarda-pó.

Porém, naquela mesma noite, quando Gerárd ficou sozinho em seu quarto, o fantasma traiçoeiro da doença emergiu dos recônditos de sua mente confusa para voltar a aterrorizá-lo. De cima da mesa, o bloco de papel com suas folhas imaculadas gritava seu nome alucinadamente. Tomado pelo desalento e derramando lágrimas amargas, Gerárd percebeu que a compulsão voltava a dominar seu espírito alquebrado. Em vão, ele lutou contra a obsessiva vontade de replicar no papel as imagens terríveis que obscureciam seu raciocínio. Subitamente vencido, Gerárd pôs-se a trabalhar, tomado por um impulso frenético que fugia a qualquer controle. Quando finalmente teve que parar, porque liquidara com todas as folhas do bloco, o primeiro clarão da manhã iluminava sua janela.

Só então, ele reparou que o chão estava coberto pelas páginas que arrancara ao bloco à medida que fora desenhando, como uma criança brincando em desfolhar uma margarida.

"*Bem-me-quer, mal-me-quer...*" – infelizmente, seus desenhos refletiam lembranças tenebrosas, recordações de momentos terríveis que Gerárd havia feito um grande esforço para esquecer. Tudo em vão. Outra vez, emergindo de sua memória como corpos descarnados num rio lamacento, estavam os retratos da violência, da dor e da morte de suas vítimas inocentes.

Eram os odientos demônios retornando dos confins de seu subconsciente adoecido para fazer do inferno um lugar real.

A hipnose, panaceia salvadora do dr. Lundgreen, havia falhado. Desafortunadamente, sua compulsão para desenhar voltara.

"Será que a vontade de matar também voltará?" – pensava Gerárd, com a mente ardendo em chamas.

Mais tarde, já recolhido ao seu quarto, Charles continuou com a caminhada imaginária, em que dava voltas e mais voltas sem ir a lugar algum, na inútil tentativa de reduzir a ansiedade que atormentava sua alma.

Em sua busca por respostas, Charles revirou o caderno de anotações que vinha usando como diário e fiel companheiro desde que começara a trabalhar com o coronel de Rochas. Afinal, acabou encontrando o trecho que o estudante aplicado havia copiado de um grosso volume sobre psicopatias que o coronel tinha colocado à sua disposição. Dizia:

> O mau comportamento de um psicopata não é facilmente modificado pela vivência das experiências adversas, nem mesmo quando o indivíduo é submetido a punições. O psicopata apresenta uma baixa tolerância à frustração e um baixo limite para a descarga da agressividade, podendo resultar em comportamento violento. Existe ainda uma tendência a culpar os outros ou a fornecer racionalizações plausíveis para explicar o comportamento que o levou a entrar em conflito com a sociedade.

Baseado no que observara e também no que aprendera com o coronel de Rochas, o jovem médico estava convencido de que o dr. Lundgreen subestimava o perigo que Gerard representava para todos. Decidido a encontrar uma solução para o grave problema, Charles redigiu uma longa carta, em que contava ao coronel como o dr. Lundgreen se equivocara no diagnóstico e subsequente tratamento do psicopata August Gerárd. Pensava em buscar seu apoio como autoridade médica para intervir numa situação potencialmente perigosa, que ele julgava ser um barril de pólvora prestes a explodir.

Também relatou a situação nada convencional da terapêutica usada pelo alienista-chefe no tratamento de seus pacientes, citando os absurdos que presenciara, principalmente com o uso desmedido e indevido do hipnotismo e da violência com que os funcionários, nada indulgentes, tratavam dos pacientes.

Assim que terminou de escrever sua carta-denúncia, quedou-se triste e francamente desanimado. Sentia vontade de largar tudo e sair correndo daquele lugar maldito, mas, ao mesmo tempo, temia pela vida dos pobres pacientes, que estavam à mercê de tamanha incompetência. Queria contar ao mundo que havia uma fera à solta na clínica, mas, por azar, a besta usava uma pele de cordeiro e vivia sob a proteção do senhor do castelo.

Entretanto, novas surpresas desagradáveis estavam à espera do jovem médico no decorrer daquele longo dia. Durante a visita vespertina ao quarto de Marcelle, Charles observou que havia uma grande discrepância entre os remédios que estavam sendo dados à paciente e os que ela deveria receber para poder melhorar.

– Você é capaz de me dizer quando foi que seus sintomas começaram? – perguntou Charles à Marcelle.

– Creia-me, doutor, eu não estou nem nunca estive doente... Talvez um pouco nervosa, mas nada que pudesse justificar minha internação num hospício! Estou sendo vítima de uma conspiração! O senhor precisa acreditar em mim! Precisa me ajudar ou acabarei enlouquecendo de verdade!

– Tudo bem. Fique calma – pediu o médico, tentando evitar que a paciente se desiquilibrasse novamente. Em seguida, deu-lhe uma série de passes tranquilizantes em substituição aos remédios fortíssimos que estavam prescritos em seu prontuário. Charles saiu do quarto de Marcelle decidido a descobrir o que havia por trás daquela série de equívocos.

Assim, pôs-se a vasculhar os cômodos em busca da enfermeira-chefe. Encontrou-a na enfermaria principal, ocupada com a tarefa de separar remédios.

– Enfermeira Margaret, posso ter um instante de sua atenção?

– Claro, dr. Charles! Do que se trata?

– Marcelle. A paciente não está histérica ou sofrendo de surto psicótico. Chego até mesmo a duvidar de que sofra de alguma doença mental. Está apenas um pouco melancólica, talvez. Portanto, concluo que as prescrições em seu prontuário indicam uma medicação absolutamente equivocada para o caso. Preciso que você me diga exatamente o que há de errado por aqui e quem deve ser responsabilizado por isso... – e, mesmo não tendo sido intencional, suas últimas palavras soaram aos ouvidos da funcionária como uma flagrante ameaça.

Desde o princípio, a enfermeira tivera um pressentimento de que o relacionamento médico-paciente seria diferente com aquele médico recém-chegado. Era evidente que, entre todos os profissionais com quem ela havia trabalhado na clínica do dr. Lundgreen, ele era o único que realmente se importava com o destino de seus pacientes. Enquanto a enfermeira hesitava, Charles mergulhou o olhar em seus olhos cansados e usou toda a força de seu magnetismo pessoal para influenciar a mulher a dizer a verdade.

– Olhe, doutor, vou contar tudo o que sei, mas já adianto que não sou responsável pelo mau estado daquela criatura! – entregou a velha enfermeira, cuja consciência culpada tentava se livrar de qualquer parcela de responsabilidade.

– Por favor, fale... – pediu Charles.

– A verdade é que madame Marcelle não aparentava estar doente quando chegou à clínica. Lembro que nesse dia, vi essa mesma moça, só que mais bonita e bem-arrumada, vendendo saúde como se diz, sentada numa das poltronas do salão principal. À princípio, pensei que ela fosse uma visitante esperando para ver algum parente.

"Passei por ela e segui adiante até ao consultório do dr. Lundgreen, a fim de pegar a chave do dispensário de remédios. Não era minha intenção ser inconveniente, mas, como a porta estava entreaberta, acabei ouvindo um trecho da conversa entre o doutor e o cavalheiro que o acompanhava. Pelo que pude compreender da história, parece que a dama que aguardava no salão de visitas fizera um casamento arranjado por sua família com um membro da nobreza britânica, um tal duque de Roylott. Esse homem, aliás, um sujeito com cara de poucos amigos, trabalhava para o duque e recebera a incumbência de trazer a jovem recém-casada até a clínica. Em poucas palavras, ele explicou ao doutor que o duque não estava satisfeito com o comportamento de sua esposa, que era uma aristocrata mimada e cheia de personalidade, que não estava disposta a acatar de bom grado as ordens de seu marido. Disse que o duque esperava que ela fosse devidamente 'domesticada'. Juro por minha santa mãezinha que esse foi o termo que o homem usou.

"Resumo da ópera, o tal duque pretendia que Marcelle fosse apenas a joia mais exuberante de sua coroa e não admitia que ela contrariasse suas ordens. Portanto, ele esperava que, depois de ser submetida à devida 'domesticação', Marcelle ficasse curada de sua rebeldia, tornando-se a esposa exemplar que ele desejava.

"Confesso que fiquei surpresa quando ouvi o dr. Lundgreen concordando em aceitar aquela tarefa absurda e ainda garantindo ao capataz que seria capaz de transformar, ou melhor, de reprogramar o inaceitável comportamento da esposa do duque.

"Foi assim que a bela e azarada duquesa Marcelle Roylott, mesmo estando completamente sã, foi internada na clínica contra sua vontade. Nos dias que se seguiram, eu acompanhei seu 'tratamento', onde vi a pobrezinha ser submetida à várias sessões de hipnotismo, sem que o famigerado processo da reprogramação surtisse qualquer efeito positivo em sua personalidade. Muito ao contrário, como resultado dessa suposta reprogramação, ela foi ficando cada vez mais agressiva e desequilibrada. Com o propósito de acalmá-la, o dr. Lundgreen receitou um tratamento à base de aplicações maciças de morfina.

– Quer dizer que Marcelle não era viciada em morfina antes de vir para cá? – perguntou o médico, incrédulo.

– Não. Ela foi viciada pelo tratamento excêntrico que recebeu, aqui mesmo, na clínica Lundgreen... – concluiu a enfermeira-chefe, num fio de voz que indicava toda a tristeza que sentia em testemunhar um tamanho absurdo.

Mesmo a contragosto, Charles sentiu que o chão tremia por debaixo de seus pés. A indignação crescia em seu peito como um tornado girando tresloucadamente no horizonte.

"Apenas uma outra cobaia desse alienista ensandecido" – pensou Charles, defrontando-se com um dilema moral: precisava fazer algo para deter aquele monstro, mas ainda não tinha ideia de por onde deveria começar.

"Será que devo denunciá-lo à Sociedade de Medicina de Paris por erro médico e má conduta? Decerto que o dr. Lundgreen negará tudo. Será a palavra de um médico-assistente contra a de um barão, que, além de afamado e respeitado alienista, é proprietário da própria clínica. Quem, dentre todos na comunidade médica, onde o prestígio desse cientista louco é imenso, acatará minhas denúncias?"

— De Rochas — sem querer, o jovem disse o nome em voz alta, consciente de que seu mestre seria a única autoridade que jamais duvidaria de seu julgamento. Agora, mais do que nunca, Charles precisava da sabedoria de seu aconselhamento.

Foi o olhar assombrado da enfermeira-chefe que o trouxe de volta de seu devaneio.

— Enfermeira Margaret, quero alertá-la para o fato de que o próprio dr. Lundgreen colocou Marcelle como minha paciente, portanto, agora ela está sob minha inteira responsabilidade! Portanto, exijo que não aceite ordens que não sejam minhas! Devagar, nós iremos ajudá-la a limpar seu organismo dos efeitos nefastos da viciante morfina. E, no caso de ela sofrer uma nova crise, chame apenas por mim e a mais ninguém! Posso contar com seu apoio para salvá-la?

— Perfeitamente, dr. Charles.

Então, tomada por uma súbita emoção, Margaret segurou as mãos do jovem médico nas suas e murmurou:

— Graças a Deus, o senhor está aqui.

Naquela mesma noite, Charles escreveu uma nova carta endereçada ao coronel de Rochas, onde contava as desventuras de Marcelle e pedia conselho sobre como proceder. Depois, em vão tentou conciliar o sono, virando e revirando na cama vezes sem conta, até que acabou cedendo ao sono de puro cansaço.

10
O ESPETÁCULO MEDIÚNICO

Saint-Alban-de-Roche, França

Era fim de tarde na pequena cidade de Saint-Alban-de-Roche. Louise ocupava-se em pentear seus longos cachos cor de fogo diante do espelho, observando a própria boa aparência com verdadeiro pesar no coração. Porque agora que a vitalidade estava nitidamente de volta às suas faces, não seria mais possível esquivar-se de participar dos espetáculos mediúnicos promovidos pelo crápula agenciador de menores que atendia pelo nome de Deplessis.

Nesse instante, como se algum demônio travesso decidisse materializar o seu maior receio, o próprio Deplessis colocou a cabeça pela abertura da tenda que servia de residência temporária a Louise e sua fiel escudeira, Anne.

– Louvado seja Deus! Vejo que está de volta ao mundo dos vivos outra vez! Prepare-se, porque amanhã mesmo faremos um novo espetáculo! Tive umas ideias incríveis enquanto você se recuperava! – disse o agenciador todo entusiasmado, como se estivesse falando com uma funcionária que voltasse de uma viagem de férias.

A jovem pensou em contrariá-lo, mas por fim, vencida por um cansaço existencial, decidiu poupar a saliva. A verdade é que tudo sempre seria como Deplessis queria e nada que ela dissesse o faria mudar de ideia. Bastava-lhe a resignação. Foi então que, mesmo sem querer, Louise se lembrou da leitura das cartas do tarô que Anne fizera para ela. Principalmente, lembrou que a carta da Torre estava relacionada ao tempo presente.

"Sou a donzela confinada numa torre em chamas. Preciso encontrar um meio de escapar antes que ela desmorone sobre mim. Mas, depois da carta da Torre, vinha a carta da Roda do Destino... É preciso fazê-la girar... Mas, como?" – perguntava-se a jovem médium, enquanto Deplessis, ainda parado a seu lado, seguia falando pelos cotovelos, descrevendo os planos que fizera para a realização de um novo espetáculo, que seria muito mais impactante e grandioso que o anterior.

– *Monsieur* Deplessis, acho que Louise está mais abatida agora do que estava pela manhã! Veja como está pálida! Acho que é melhor deixarmos que ela descanse ou poderá sofrer uma recaída... – era a pequena Anne, aparecendo de repente, para soprar o aviso sinistro no ouvido de seu algoz, falando como a pitonisa que detivesse o poder de desvendar os maus presságios.

– Tem razão, criança. Vá descansar, cara Louise, que amanhã será um dia cheio! *Au revoir*!

Assim que Deplessis deixou a tenda, as meninas se abraçaram, amorosas e cúmplices como duas irmãs.

– *Merci*, querida amiga! Já nem sei sobre o que esse sujeito falava... Meu espírito divaga...

– Bem vi que sua cabeça ia longe do corpo! Só mesmo um imbecil sem cérebro como esse, que não vê um palmo adiante do próprio nariz, para não perceber! Trouxe um mimo para alegrá-la! – disse a menina e, num átimo, realizou o truque de mágica recém-aprendido, fazendo surgir na palma da mão uma diminuta dobradura com o formato de um pássaro.

– Que lindo! Vejo que tem passado muito tempo na companhia de Jean e aprendido a fazer muitos truques novos!

– Abra! Vamos, você precisa desmontar o passarinho para saber o segredo que ele guarda... – instruiu a menina. Louise seguiu suas ordens à risca e desfez o mimo. Surpresa, ela descobriu que se tratava de um folheto, onde estava escrito:

"Inauguração da Exposição Universal de Paris – 1889"

Por um longo momento Louise fitou a ilustração da imensa torre, que de tão grande fazia o entorno se parecer com a cidade de Lilliput.

– Anne querida, esse evento foi há seis anos atrás! Nessa época, você era apenas uma menininha! Lembro que meu pai, que estava em Paris nessa ocasião, voltou para casa cheio de novidades, contando que vira a torre Eiffel, um gigantesco monumento feito de ferro, que fora construído para servir de portal à Exposição Universal, em comemoração aos cem anos da Revolução Francesa.

— Não, Louise! Eu mal pude acreditar quando vi esse folheto jogado na lixeira da paróquia, decerto alguém andou aliviando as gavetas do padre de suas velharias. Pense direito! Isso é uma mensagem do destino! Essa torre gigante fica em Paris! É para lá que precisamos ir se quisermos encontrar uma vida nova!

— Quem sabe nossas andanças com Deplessis não acabarão nos levando à cidade de Paris? Precisamos ser otimistas...

Anne ficou acabrunhada porque não esperava ouvir uma resposta tão evasiva. Será que Louise não percebia que o destino as estava chamando para algum outro lugar, bem longe dali? E que, se elas desejavam a liberdade, teriam que lutar para obtê-la?

Louise percebeu o súbito abatimento que se apossou da amiga, mas como não sabia o que dizer para confortá-la, decidiu mudar o foco de sua atenção. Disse:

— Mocinha, queira por gentileza refazer o meu pequeno pássaro, porque desejo guardá-lo como lembrete de meu destino libertador!

— Isso é fácil! — animou-se a menina, pegando o folheto das mãos da amiga para tornar a dobrá-lo com extrema agilidade.

— Pronto! Guarde junto ao seu coração de fada o mágico pássaro de papel que vive no alto da torre Eiffel,[2] em Paris... — ela disse e entregou o pequeno mimo a Louise, que trazia lágrimas nos olhos quando carinhosamente o aninhou junto ao peito.

Lyon, França.

Enquanto Charles esperava ansiosamente por notícias do amigo, coronel de Rochas, foi surpreendido pela chegada de uma encomenda enviada pelo próprio.

Ao voltar para seu quarto depois de mais um dia de trabalho interminável, Charles encontrou sobre a escrivaninha um pequeno pacote selado com o brasão da família do coronel, abriu-o e encontrou dois livros acompanhados de um envelope lacrado. Surpreso, tratou de ler a carta imediatamente:

Caro amigo e pupilo,

Escrevo para avisá-lo que fui convidado pelo dr. Hector Durville para participar de um círculo de palestras sobre magnetização na Universidade de Paris, portanto, estarei ausente do consultório pelos próximos trinta ou quarenta dias.

Os livros que acompanham esta breve missiva são um pequeno lembrete para que você não se esqueça de manter a mente aberta e o espírito alerta. Para o seu estudo e aprimoramento, recomendo a leitura deste título em alemão, Studien über Hysterie. Trata-se de uma brilhante tese sobre a histeria, de autoria de uma dupla de pesquisadores que conheci na Salpêtrière de Charcot, são eles, Josef Breuer e Sigmund Freud.

Parece que foi a partir das conclusões sobre a histeria apresentadas nesse instigante estudo que tiveram início com as investigações de Breuer, que, por volta de 1880 a 1882, empreendeu uma nova espécie de tratamento com uma paciente, Bertha Pappenheim. Ocorreu a Breuer que os sintomas estranhos que a doente manifestava estavam relacionadas com a situação estafante pela qual ela havia passado, quando cuidara sozinha do pai doente. Breuer induziu-a, em estado de sonambulismo hipnótico, para procurar por tais conexões em sua memória e reviver as cenas patogênicas, sem inibir os sentimentos suscitados pelo processo.

Parece que, a princípio, Breuer não deu muita importância a sua descoberta, porém, passados cerca de dez anos, ao mencionar ocasionalmente essa experiência ao amigo Freud, deu a este a oportunidade de identificar ali um dos grandes achados da medicina psíquica. Foi assim que, juntos, eles elaboraram essa nova e revolucionária teoria sobre os mecanismos desencadeadores da histeria. À teoria elaborada para explicar os fenômenos foi proposto o nome de 'catarse', ou seja, uma purgação ou purificação da mente, que ao dissecar sua origem poderia fazer cessar os distúrbios que eram provocados em certas funções orgânicas da paciente.

Penso que deva prestar atenção nesses nomes, sobretudo em Freud, porque imagino que serão estudos como esses que irão revolucionar a terapêutica das doenças mentais num futuro próximo.

Para sua diversão, já que ninguém é de ferro, recomendo que leia o segundo título, A máquina do tempo, do inglês H.G.Wells,[3] um autor estreante cuja imaginação fenomenal dá vida a ideias muito criativas, aliás, também sobre o futuro da humanidade. Instigante e imperdível.

De resto, espero que esteja gostando do novo emprego e que o aprendizado esteja à altura de suas competências. Até breve.
Seu amigo e confrade,
Albert de Rochas

Ao terminar a leitura, Charles respirou fundo, tomado pelo desapontamento. Em seguida, deitou-se na cama inteiramente vestido, sentindo-se incapaz de realizar até mesmo os corriqueiros rituais da higiene pessoal.

"Ah! Meu amigo, você não poderia ter escolhido hora pior do que esta para viajar! Pelo visto, nossa correspondência se desencontrou! Sua encomenda me encontrou, antes que as minhas cartas chegassem até você!" – pensou Charles, constatando pelo tom despreocupado da carta que por certo o amigo ainda não tinha tomado conhecimento de seus problemas quando a escrevera. O jovem lamentava a má sorte, adicionando o peso que a súbita viagem do amigo e protetor adicionava à monumental carga de problemas que já se acumulava sobre suas costas.

"Pelo visto, nossa correspondência se desencontrou" – lamentou o médico, duvidando que o coronel pudesse ter simplesmente ignorado seu pedido de aconselhamento.

Obviamente, tal acréscimo resultaria noutra noite de insônia, povoada pelos gritos intermitentes que, vez por outra, chegavam aos seus ouvidos, vindos da área reservada aos pacientes mais perturbados.

Era de madrugada quando Gerárd, protegido pela penumbra dos corredores mal iluminados, avaliou que já seria seguro sair andando pelo castelo. Havia dias que ele arquitetava o plano de imiscuir-se na ala reservada aos pacientes. Numa outra ocasião, enquanto ele vagava escondido por essa parte da clínica, cujo acesso lhe fora veementemente proibido pelo dr. Lundgreen, Gerárd avistara uma moça. Ela estava sendo carregada por 'Bóris-brutamontes' e seu bando de capangas borra-botas. Fora apenas um lampejo, um rápido vislumbre daquela beleza diáfana, alva e descabelada, que os truculentos enfermeiros escoltavam sem a menor delicadeza para a ala reservada às mulheres.

Na ocasião, Gerárd usara de toda sua esperteza e discrição para não ser visto por ninguém, enquanto seguia o grupo pelos amplos corredores. Mais tarde, de volta à segurança de seu cubículo, ele teria se autocongratulado, satisfeito pela eficiência com que descobrira o quarto em que a pobre beldade fora trancafiada. E ficara mais feliz ainda ao descobrir que a moça fora deixada sozinha, em vez de ser levada para um dos quartos coletivos como era de praxe.

Sem saber, o arrogante Bóris tinha feito um arranjo que atendia perfeitamente aos seus interesses escusos. Por isso, assim que foi possível, Gerárd usou a calada da noite para sair furtivamente de seu cubículo, esgueirando-se com extrema cautela até o quarto onde Marcelle dormia profundamente.

A velha história se repetia e novamente a maldita obsessão por capturar a beleza efêmera movia o tigre para perto de sua presa. Desditosamente para Marcelle, a nova vítima do irrefreável desejo de Gerárd.

Ele precisava desenhar a dama que capturara sua doentia atenção e não sossegaria enquanto não o fizesse. Para retratá-la, arriscaria tudo que havia conquistado até ali. Nada mais importava, a não ser realizar a mágica de transportar seus traços perfeitos para uma folha de papel em branco.

Por isso, lá estava Gerárd, sentado num banco junto à cabeceira da cama de Marcelle, de bloco em punho, desenhando sofregamente, mesmo não tendo a menor intenção de fazer qualquer contato com sua musa inspiradora, quando, inadvertidamente, esbarrou numa caneca de metal que estava sobre o criado-mudo. Gerárd ainda tentou agarrá-la antes que batesse no chão, mas falhou. O barulho despertou Marcelle que percebeu que não estava sozinha.

Aparentemente paralisada pelo medo, Marcelle observava o intruso em silêncio, hipnotizada pelo olhar hostil de suas íris amarelas, como uma lebre diante de um lince. Demonstrando um tenebroso autocontrole, Gerárd pegou a caneca do chão, quase ao mesmo tempo em que colocou o dedo indicador sobre os lábios, exigindo que sua presa continuasse em silêncio.

As más línguas podiam chamá-lo de louco, mas a verdade é que Gerárd tinha uma inteligência invejável. Ele sabia muito bem que atacar a moça naquele momento seria o mesmo que correr de volta para as barras da prisão. Assim sendo, por mais que aquela pele alva clamasse por um toque, por mais que seus cabelos negros e macios o enredassem exigindo um afago, era preciso manter o foco e as emoções sobre controle.

"Calma, Gerárd. Não assuste essa coelhinha mais do que o necessário ou ela sairá pulando e gritando por aí... Nesse caso, infelizmente, será preciso fazê-la se calar..." – os pensamentos galopavam desenfreados em sua mente perturbada.

– Psssiu... – ele sussurrou, mantendo o gesto que exigia silêncio. Então, ciente de seu poder, Gerárd ergueu o desenho para que Marcelle pudesse contemplar sua inacabada obra-prima.

Intrigada, a moça fitou o desenho de si mesma, admirando-se com o talento do estranho invasor.

– Decerto que se trata de um talentoso artista! Diga-me, por acaso, você também é paciente? – perguntou Marcelle, imaginando que o homem fosse algum doente que tivesse escapado de seu alojamento na calada da noite.

Logo Gerárd percebeu que o equívoco da beldade vinha bem a calhar e balançou a cabeça afirmativamente. Ligeiro, Gerárd escondeu o desenho dentro de seu casaco e saiu do quarto sem dar um pio, fechando a porta atrás de si. Em seguida, pé-ante-pé, ele voltou ao seu cubículo e trancou a porta, torcendo para que a visitinha noturna a Marcelle tivesse passado desapercebida de todos.

Saint-Alban-de-Roche, França

"O dia está perfeito para um passeio!" – pensou Jacques Prieur enquanto cuidava dos cavalos naquela bela manhã. Assim que aprontou o coche, ele saiu rapidamente a fim de buscar o jovem doutor Charles para levá-lo até Saint-Alban-de-Roche, como tinha prometido que faria dias atrás.

– A estrada está boa porque não chove há dias! Por isso, nossa viagem será curta e sem muitos solavancos – avisou Jacques.

O condutor lionês bem que estranhou a sisudez de seu acompanhante, mas colocou seu mutismo na conta do cansaço. Mal sabia ele que mil preocupações ocupavam a mente de seu jovem amigo.

– Pelo andar da carruagem, chegaremos a Saint-Alban bem a tempo de almoçar! Conheço uma pequena estalagem, muito charmosa, cuja receita da casa é um *cassoulet* de se comer rezando!

Charles assentiu sem muito entusiasmo. Na verdade, estava sem um pingo de apetite, mas não queria chatear seu simpático cicerone.

– Não sei se o doutor sabe, mas Lyon também tem seus filhos ilustres... – comentou o lionês, puxando conversa. – Por exemplo, temos Allan Kardec,[4] o famoso escritor e codificador do espiritismo.

Charles ergueu uma sobrancelha inquisidora e Jacques sentiu-se motivado a prosseguir:

– Foi o mais perspicaz estudioso do fenômeno das mesas girantes na Europa! Imaginei que o senhor o conhecesse, já que ele também se destacou no estudo da magnetização.

– Esse nome não me é estranho... – considerou o médico, pensativo. – Sim, claro! Agora me lembro, é o escritor espírita! Nunca li nenhum de seus livros, mas pretendo fazê-lo no futuro... – respondeu Charles, lembrando-se do tesouro escondido no sono sonambúlico de Louise, onde a pá da pesquisa do coronel de Rochas havia batido em algo importante não havia muito tempo.

– Pois faço questão de lhe emprestar um exemplar! Tenho todos eles. Sou um grande admirador da obra desse filósofo.

– Muito obrigado, Jacques – ele respondeu apenas por educação, porque no instante seguinte já havia esquecido o assunto, novamente entretido em ruminar os problemas que lhe atormentavam a alma.

O lionês Jacques Prieur, que era um grande observador da natureza humana, percebeu a indisposição do jovem médico e calou-se pelo resto do percurso até Saint-Alban-de-Roche.

Foi lá pelo início da tarde que o delicioso almoço e a agradável conversa de Jacques começaram a surtir algum efeito positivo no desanimado humor de Charles.

– Veja, a cidade é pequena, mas tem uma praça aqui perto que é bastante agradável; há uma igreja que possuí um conjunto de magníficas obras de arte do período setecentista e, ao seu redor, também há uma animada feira dominical, com ciganas que leem a sorte dos incautos e artistas mambembes que fazem diferentes apresentações.

– Vamos até lá, caro Jacques! Aposto que uma caminhada fará bem à digestão, depois de tanta comida boa.

Assim que os dois saíram da estalagem, Charles deu de cara com um cartaz pregado num poste de iluminação. Por um longo momento, ele fitou o retrato da bela jovem reproduzida na ilustração, que usava um turbante de seda verde enrolado à moda turca. Logo abaixo do retrato, leu os seguintes dizeres em letras garrafais: Venham ver o fantástico poder de Madame Louise, que é capaz de materializar os anjos caídos do céu!

"Será essa madame Louise a mesma Louise que conheci no consultório do coronel de Rochas?" – perguntou-se o médico, reconhecendo uma grande semelhança entre a moça do anúncio e a outra, que ele conhecera como o *sujet* descoberto pelo professor Charbonnet.

Um menino usando um colorido chapéu de três pontas na cabeça, à moda dos bobos-da-corte medievais se aproximou de Charles assim que percebeu o seu interesse e convidou:

– Venha comigo, *monsieur*! São apenas duas moedas, uma para cada um dos senhores! Garanto que não se arrependerão! O espetáculo já vai começar! – mal terminou a frase, o menino começou a puxar Charles pela mão.

– Vamos, Jacques. Tenho um interesse particular nessa espécie de espetáculo. Quero ver com meus próprios olhos do que são feitos esses anjos.

Os cavalheiros seguiram o garoto pelo meio da feira até que ele parou diante de uma tenda onde outro menino, esse já um rapazote, vendia o bilhete, recebia o dinheiro e só depois liberava a entrada.

– Vocês estão com sorte. Esses são os meus últimos lugares. Hoje estamos com a casa lotada! – informou o rapazote todo animado.

Assim que entraram, Jacques Prieur deu uma boa olhada em volta e, após rápida avaliação, concluiu que a tenda devia abrigar umas trinta pessoas sentadas. Charles viu que os únicos dois lugares disponíveis estavam bem próximos ao palco e apressou-se em chegar até lá, antes que mais alguém os ocupasse. Ele achou que a proximidade vinha bem a calhar porque era sua intenção observar o espetáculo bem de perto, a fim de identificar quais seriam os truques que a suposta médium, madame Louise, usaria para ludibriar o público.

No minuto seguinte, um sujeito que se apresentou como 'Deplessis, o magnífico', trajando um espalhafatoso terno azul-pavão e uma ridícula cartola de mesma cor, mais adequados a um palhaço do que a um mestre de cerimônias, anunciou com voz retumbante:

– Venerável público, eis que nesta bela tarde, nesta agradável cidade, tenho a honra de apresentar-lhes a maior médium da França: madame Louise!

O público aplaudiu com animação quando uma cortina de lona pintada de vermelho começou a subir e a longilínea silhueta de madame Louise surgiu, recortada junto ao fundo do palco mal iluminado.

– Senhoras e senhores, madame Louise é famosa por ser capaz de produzir grandes fenômenos de materialização de espíritos! No entanto, a fim de preservar o bem-estar da médium, pedirei encarecidamente a todos que cumpram algumas recomendações... – o público escutava em silêncio, com toda sua atenção concentrada no cavalheiro esdrúxulo, iluminado apenas por um facho de luz que incidia sobre sua cartola brilhante.

– Primeiro, esclareço que manteremos a tenda na penumbra, como agora, porque o ectoplasma que sairá da médium para dar forma aos espíritos é um material diáfano e muito sensível à luz, mas garanto que mesmo assim será possível observar os fenômenos em detalhes. Segundo, informo que madame Louise ficará o tempo todo sentada na cadeira que está no centro do palco. Porém, já aconteceu de que aparecesse um duplo de seu corpo, portanto, de antemão, aviso-lhes que não se trata da médium, mas apenas de uma eventual cópia dela mesma – esse comentário provocou um murmúrio de espanto que correu pela plateia.

– Finalmente tenho uma última, porém, importantíssima recomendação: quaisquer que sejam os espíritos que aqui surjam materializados, sejam anjos, crianças ou qualquer forma humana ou não humana que apareça entre nós nesta tarde abençoada, peço-vos encarecidamente para que não sejam importunados ou tolhidos sob qualquer pretexto! Tratemos nossos visitantes espirituais com o devido respeito! Espero que tenham um maravilhoso espetáculo! *Voilà*!

Assim dizendo, Deplessis encerrou seu discurso cheio de recomendações com um gesto teatral e uma música suave encheu a tenda, enquanto as luzes eram sensivelmente reduzidas. Na verdade, naquela ocasião, Deplessis estava particularmente apreensivo porque colocaria em prática pela primeira vez as inovações que tinha imaginado para seu novo espetáculo e não havia como saber com antecedência quais seriam as consequências.

"Sucesso ou fracasso, nada mais importa! A sorte está lançada!" – pensou o negociante enquanto deixava o humilde tablado que servia de palco para sua estrela das artes mediúnicas.

De súbito, como se a diminuição das luzes fosse a deixa para que o espetáculo realmente começasse, madame Louise caminhou para o centro do palco e sentou-se numa cadeira de espaldar alto, que fora colocada bem à vista de todos. A pequena Anne, que a tudo observava pela fresta da cortina de lona que separava o palco dos bastidores, notou que Louise não contava mais com a proteção de sua antiga cabine de madeira. De imediato, uma estranha insegurança a assaltou: "Será seguro para Louise ficar exposta dessa maneira diante do público?" – a menina se perguntou, visivelmente contrariada.

Porém, já não havia tempo para quaisquer conjecturas, porque, no momento seguinte, três pequenos anões invadiram o palco numa alegre correria, dando cambalhotas e fazendo piruetas ao redor da jovem. Depois de uma breve atuação dos anões, madame Louise bateu palmas e a algazarra terminou no mesmo instante, com os alegres homenzinhos estendendo sobre a médium um véu de musselina, diáfana e transparente, que cobriu seu corpo da cabeça aos pés.

– Psssiuu!!! – os homenzinhos exigiram silêncio instantes antes de deixar o palco, num redemoinho de pequenos corpos, que pulavam e giravam em absoluta sincronia.

Então o público aguardou, obediente e atento, para ver qual seria a próxima surpresa, mesmerizando a médium, cuja figura misteriosa e estática, lembrava uma estátua grega congelada no tempo.

Charles Lantier observava a jovem médium e o ambiente em seu entorno com atenção profissional, com certeza à procura de fios que fossem praticamente invisíveis de tão finos, mas que pudessem sustentar, suspender ou abaixar figuras que poderiam estar fixadas no alto da tenda onde a escuridão era total.

No entanto, para sua surpresa, bem ao seu lado e na altura de sua cabeça, surgiu a forma de um rechonchudo querubim, cuja beleza o enfeitiçou de imediato. Então, a forma angelical o fitou bem dentro dos olhos e um arrepio correu por seu corpo inteiro, como se ele tivesse recebido uma descarga elétrica de baixa intensidade. Em seguida, o diminuto ser flutuou ao seu redor por um instante, sumindo no segundo seguinte, antes que Charles pudesse analisá-lo melhor. Um verdadeiro murmúrio de admiração percorreu a plateia embevecida, quando vários outros querubins começaram a surgir aqui e ali, simultaneamente, em várias partes da tenda.

O médico e magnetizador, agora convertido em agente desmistificador, só conseguia pensar em fios invisíveis e pequenas figuras lúdicas, feitas de gaze ou cera, quando um novo fenômeno começou a tomar forma no palco, bem diante de seu nariz.

Desta vez, a figura começou a se formar a partir de um diminuto fio de ectoplasma, que parecia escapar pela boca entreaberta da médium adormecida, como se fosse uma baba fina e constante. Pouco a pouco, como se a matéria de sonho que comporia a nova forma em construção aos poucos se reorganizasse, a baba foi se avolumando e engrossando, como se criasse vida própria à medida que surgia do imponderável.

"Por Deus, que tipo de truque será esse? Da onde ela tira essa matéria branca e viscosa que aparentemente se automanipula?" – pensava o arguto pesquisador, com o cérebro dando voltas confusas, procurando em seu privilegiado acervo mental uma teoria que pudesse justificar aquele fenômeno.

A plateia parecia estar segurando o ar nos pulmões e não se ouvia sequer um suspiro no instante em que uma estranha névoa esbranquiçada envolveu completamente o corpo da médium. Em seguida, a nuvem espiralada começou a se juntar ao rés do chão, ascendendo pouco a pouco, enquanto um corpo imaterial ia tomando forma.

No espaço de apenas dois minutos surgiu ao lado de Louise a figura de uma outra jovem, mais baixa e mais magra do que a própria, que também usava uma espécie de véu que lhe chegava à altura da cintura. Um murmúrio de surpresa e entusiasmo contagiou a plateia quando a aparição se dirigiu até a borda do palco. Charles reparou que não era possível ver seus pés porque eles estavam cobertos pela longa saia que compunha seu estranho traje. Seus movimentos eram lépidos, harmônicos e delicados, o que praticamente deu ao médico a certeza de que a figura não caminhava de forma natural e, se não fosse impossível, ele diria que ela apenas flutuava.

De repente, Anne sentiu um aperto no peito ao perceber que essa aparição, ao contrário do que sempre tinha ocorrido nos outros espetáculos, estava deixando a segurança do espaço junto à médium e deslizando na direção dos degraus que levavam à plateia. A pobre menina balançava a cabeça para lá e para cá, implorando em silêncio para que ela não descesse, mas a jovem feita de bruma a ignorou. Ouviu-se um *frisson* emergindo da plateia extasiada, à medida que a donzela prosseguia, como que flutuando entre as fileiras de cadeiras.

Verdadeiramente encantado, Jacques levou a mão à boca para conter uma exclamação de espanto, quando a donzela parou bem à sua frente e sorriu com simpatia. Já Charles empertigou-se todo para não perder nenhum detalhe. Incrédulo, ele observava a delgada formosura em busca de algum indício de fraude. Ela era pequena e magra, só um pouco maior do que uma criança de doze anos. Então, como se pudesse ler em sua alma a desconfiança que o envolvia, a donzela deteve sua marcha bem em frente a cadeira de Charles e ergueu o longo véu que lhe cobria a cabeça. Seus traços lembravam os da deusa Afrodite, tamanha eram sua perfeição e simetria. Uma cascata de cabelos negros e reluzentes continuava coberta pelo véu, preso no alto da cabeça por um diadema. Admirado, Charles observou atentamente os detalhes do belo traje que a donzela vestia e, apesar de não conhecer muito sobre moda feminina, supôs que se tratasse de um vestido à moda antiga; parecia ser feito de renda, num tom branco leitoso, e era fechado até o pescoço por botõezinhos que pareciam pérolas.

Agora, o médico fitava a aparição completamente embevecido, como se tivesse sido tragado pela aura de alegria e bem-estar que ela exalava. Mas, foi somente quando ela ergueu diante dele o perfumado buquê de camélias que trazia entre as mãos, que um raio de compreensão atravessou sua mente: "Por Deus, ela é uma noiva!"

Nesse instante, num gesto rápido, digno de um ilusionista, a donzela subtraiu o lenço que Charles usava no bolsinho dianteiro de seu paletó. Depois, aproximou-o delicadamente dos próprios lábios, soprou sobre ele um beijo casto e o depositou nas mãos do médico.

– O lenço ficou perfumado com a fragrância das flores do buquê! – surpreendeu-se o médico, falando em voz alta, mesmo sem querer.

A donzela seguiu adiante, ainda flutuando calmamente entre as fileiras, encantando as pessoas com sua etérea e bela presença, espargindo seu doce perfume de flores nos lenços que lhe ofereciam e nas mãos que se levantavam para tocar nas rendas de seu vestido branco. Foi assim até o momento em que a noiva parou diante de um sujeito franzino, que usava um chapéu coco enterrado na cabeça e um grosso cachecol enrolado ao pescoço, apesar do calor que fazia na tenda naquela tarde primaveril.

De súbito, o homenzinho esquisito pulou sobre a noiva, agarrando-a e pondo-se a gritar como um alucinado:

— Peguei! Eu peguei a impostora! É ela! Essa que trago presa em meus braços é a própria Louise, a médium charlatã! Aquela lá sentada deve ser uma boneca qualquer! Vejam!

No instante seguinte, o homem com ar aparvalhado estava segurando o nada porque a noiva desaparecera no momento em que fora atacada, mas ele continuava gritando que tinha pego Louise com seu abraço de urso traidor. Jacques Prieur, que era um homem corpulento e bastante alto, levantou-se de um salto e esticou-se todo, na tentativa de descobrir o que estava acontecendo. E viu o mesmo que todos ao redor viram, um sujeito agindo como louco, gritando palavras sem sentido enquanto abraçava sofregamente o próprio corpo.

— Esse sujeito está completamente fora de si! Vai ver que enlouqueceu de medo com a aparição do espírito da noiva... — Charles ouviu alguém comentar.

Porém, enquanto essa confusão ocorria em meio a plateia, algo muito mais grave se passava no palco. Quando o tal sujeito, que não era um espectador comum, mas sim um repórter disfarçado que trabalhava para um jornal sensacionalista de Lyon e que se orgulhava de desmascarar charlatães, agarrou a figura materializada, Louise sofreu um terrível abalo em sua sensibilidade mediúnica. Era como se toda a energia que fora paulatinamente exteriorizada pela médium voltasse de uma só vez para o centro energético de onde havia partido, causando uma espécie de curto-circuito magnético na fonte emissora. Era como se Louise tivesse recebido a descarga elétrica de um raio certeiro.

Assim que percebeu que havia algo de errado com a amiga, Anne saiu de seu esconderijo junto a cortina e correu para o centro do palco, chegando bem a tempo de evitar que a pobre médium tombasse ao chão. Apavorada, Anne constatou que o corpo de Louise se contorcia em espasmos frenéticos e começou a gritar, tomada pelo desespero:

— Alguém aí, por favor, ajude! Um médico! Louise está passando mal! Ela precisa de um médico!

Mal ouviu o chamado, Charles galgou os três degraus que o separavam do palco e alcançou Louise.

— Eu sou médico — avisou. Mas bastou um rápido exame para Charles verificar que Louise estava convulsionando. — Ela vai entrar em choque! É preciso tirá-la daqui agora mesmo!

— Venha comigo... — pediu Anne, passando pela abertura na cortina de lona que levava aos bastidores.

Ali mesmo, numa poltrona, Charles começou a magnetizar a médium, tentando reequilibrar seu sistema nervoso abalado pelo choque, procurando fazer cessar as convulsões antes que seu cérebro superexcitado entrasse em coma. Tratou de magnetizá-la da cabeça aos pés, aplicando-lhe várias séries de passes longitudinais. Trabalhou energicamente por vários minutos até que as convulsões foram se espaçando e, enfim, cessaram por completo.

– Já ministrei os primeiros-socorros. Agora, preciso levá-la imediatamente para um hospital a fim de continuar com o atendimento necessário – avisou o médico, falando com a menina de olhos enormes que o observava, torcendo as mãozinhas, à beira do pânico.

Nesse momento, Deplessis aproximou-se da dupla para despejar suas reclamações, à sua maneira arrogante:

– Nada disso! Eu não posso arcar com os custos de um hospital. Vamos levar Louise até sua tenda e deixá-la descansar. Aposto que logo, logo, ela estará nova em folha e pronta para outra!

– Por acaso o senhor também é médico para questionar o meu diagnóstico? A situação dessa moça é de extrema emergência! Ela precisa de uma internação imediata! – gritou o magnetizador, perdendo a paciência diante de tamanho descalabro.

– Menina, faça-me um favor. Está ali fora, na plateia, um cavalheiro chamado Jacques Prieur. Procure-o e avise que eu preciso que ele estacione nosso coche diante da entrada da tenda; depois que isso for feito, conduza-o até aqui, pois também precisarei de sua ajuda para carregar a jovem... – instruiu o médico, que olhava Deplessis direto nos olhos, a fim de transmitir a enérgica mensagem de que não admitiria interferências no cumprimento de seu dever.

Foram apenas uns poucos minutos de espera, mas que para Charles pareceram uma verdadeira eternidade, e Anne estava de volta trazendo Jacques Prieur a reboque.

– Jacques, precisamos levar Louise para a clínica. Ajude-me a carregá-la até a caleça! – pediu Charles ao companheiro.

Assim, os dois homens carregaram a jovem desacordada para o veículo debaixo do olhar de torturada desaprovação de Deplessis, que, apesar de contrariado, nada podia fazer para detê-los porque há muito perdera o controle da situação. Enquanto observava Louise ser levada por dois estranhos, Deplessis ponderava com seus botões calculistas que, apesar de a médium ser uma rendosa atração, poderia acabar ficando muito cara, depois de receber um dispendioso atendimento médico. Além do mais, era óbvio que, se aquele médico enxerido estava levando a moça contra sua vontade, ele mesmo teria que arcar com as custas de seu tratamento. Sem contar que havia a infeliz possibilidade de que Louise jamais se recuperasse do terrível choque que sofrera.

"Talvez seja melhor deixar que a vida siga seu rumo..." – Afinal de contas, certamente existiriam muitas outras jovens médiuns espalhadas pela França à espera de um eficiente descobridor de talentos psíquicos. Quem sabe, com um pouco de sorte, ele não encontraria alguém ainda mais habilidoso do que a própria Louise? Que, aliás, se demonstrara delicada demais para as agruras do trabalho mediúnico.

Enquanto Deplessis divagava, despedindo-se mentalmente de sua galinha dos ovos de ouro, Charles e Jacques se prepararam para partir. Foi nesse instante que uma menina loira e franzina, arrastando com muita dificuldade uma mochila que parecia maior do que a própria, surgiu ao lado do coche. Resoluta, ela encarou o médico e disse:

– Se Louise tem que ir com os senhores, eu também vou! – mas, em seguida, fitando-o com lágrimas nos olhos, ela meigamente pediu: – Por favor, *monsieur* doutor, não me separe de minha irmãzinha!

Por um momento, Charles ficou indeciso e inquiriu Jacques com o olhar, esperando um palpite:

– Patrão, se as meninas são irmãs, não há como levar uma e deixar a outra aqui sozinha! Teremos que levar as duas... – murmurou Jacques em resposta.

– Entre, criança. Já perdemos tempo demais! – sentenciou Charles, encerrando a questão. Afinal, o jovem médico não desejava ser o responsável pela separação daquela diminuta e desafortunada família.

NOTAS:

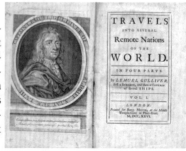

[1] Lilliput é uma ilha fictícia do romance *As viagens de Gulliver* (imagem ao lado), do escritor inglês Jonathan Swift (1667-1745). Swift apresentou-a como parte de um arquipélago como Blefuscu, algures no oceano Índico. O livro também relata que as duas ilhas são inimigas. Nessa ilha, Gulliver deparou-se com uma população de pessoas minúsculas (cerca de quinze centímetros), chamadas lilliputeanos, que o tomaram por gigante. Blefuscu e Lilliput

são sátiras, respectivamente, da França e da Inglaterra no começo do século XVIII. Enquanto que o povo de Lilliput agiu de forma traiçoeira contra Gulliver, o povo de Blefescu foi honesto e direto, mostrando a má vontade de Swift em relação a seus conterrâneos.

² *Torre Eiffel:* o governo da França planejou a Exposição Universal de 1889 para comemorar os cem anos da Revolução Francesa e anunciou uma competição de *design* arquitetônico para um monumento que seria construído no campo de Marte, no centro de Paris. O comitê do centenário escolheu o projeto do engenheiro *Gustave Eiffel* (1832-1923), de quem herdaria o nome, da torre com uma estrutura metálica que se tornaria a estrutura mais alta do mundo construída pelo homem à época. Com seus 324 metros de altura, possuía 7.300 toneladas. Como agradecimento, *Gustave Eiffel* recebeu da França a medalha da Legião de Honra.

Cartaz da Exposição Universal de Paris, 1889

³ *Herbert George Wells*, conhecido como H. G. Wells (1866 – 1946), foi um escritor britânico e membro da Sociedade Fabiana. Em 1883, tornou-se professor na Midhurst Grammar School, até ganhar uma bolsa na Escola Normal de Ciências, em Londres, para estudar biologia com o cientista e humanista Thomas. H. Huxley. Nos seus primeiros romances, descritos à época como 'científicos', inventou uma série de temas que foram mais tarde aprofundados por outros escritores de ficção científica, e que entraram para a cultura popular, em trabalhos como A *máquina do tempo*(1895), A *ilha do dr. Moureau* (1896), *O homem invisível* (1897) e A *guerra dos mundos* (1898). Visionário, chegou a discutir em obras do início do século XX questões que ainda são atuais, como a ameaça de guerra nuclear, o advento do Estado Mundial e a ética na manipulação de animais. Desde muito cedo em sua carreira, Wells sentiu que devia haver uma maneira melhor de organizar a sociedade e escreveu vários romances utópicos. É conhecido como o pai da ficção científica.

H. G. Wells

⁴ *Allan Kardec,* nasceu *Hippolyte Léon-Denizard Rivail*, em 03 de outubro de 1804 em Lyon, França, no seio de uma antiga família de magistrados e advogados. Educado na Escola de Pestalozzi, em Yverdon, Suíça, tornou-se um de seus discípulos mais eminentes. Foi membro de várias sociedades sábias, entre as quais a Academie Royale d'Arras. De 1835 a 1840, fundou em seu domicílio cursos gratuitos, onde ensinava química, física, anatomia comparada, astronomia etc. Foi renomado escritor de obras didáticas, voltadas à educação. Por volta de 1855, desde que duvidou das manifestações dos espíritos, entregou-se a observações perseverantes sobre esse fenômeno e se empenhou principalmente em deduzir-lhe as consequências filosóficas. Nele entreviu, o princípio de novas leis naturais;

as que regem as relações do mundo visível e do mundo invisível; reconheceu na ação deste último uma das forças da natureza, cujo conhecimento deveria lançar luz sobre uma multidão de problemas reputados insolúveis, e compreendeu sua importância do ponto de vista religioso. As suas principais obras espíritas são: *O livro dos espíritos*, para a parte filosófica, (1857); *O livro dos médiuns*, para a parte experimental e científica (1861); *O evangelho segundo o espiritismo*, para a parte moral (1864); *O céu e o inferno* (1865); *A gênese, os milagres e as predições* (1868); *A Revista Espírita*, jornal de estudos psicológicos. Allan Kardec fundou em Paris, a 1º de abril de 1858, a primeira Sociedade Espírita regularmente constituída, sob o nome de 'Sociedade Parisiense de Estudos Espíritas'. Casado com Amélie Gabrielle Boudet, não teve filhos. Trabalhador infatigável, desencarnou no dia 31 de março de 1869, em Paris, da maneira como sempre viveu: trabalhando. (Fonte: http://www.institutoandreluiz.org/allan_kardec.html)

11
O ACIDENTE

Lyon, França.

O sol estava se pondo no horizonte quando finalmente o coche cruzou os portões do castelo do barão Lundgreen. Charles pediu a colaboração de Margaret para acomodar as garotas num quarto isolado das demais pacientes e, em seguida, tratou pessoalmente de Louise até ter certeza de que seu quadro estava estabilizado e sob controle.

– Você, pequenina, fique aqui no quarto com sua irmã e não saia sozinha por nada deste mundo. A propósito, ainda não fomos apresentados. Qual é o seu nome?

– Anne. Uma criada ao seu inteiro dispor... – respondeu a garota, fazendo uma pequena mesura.

Do lado de fora do quarto, o médico explicou à enfermeira-chefe, *grosso modo*, o que tinha acontecido, e depois deu ordens expressas para que a menina não saísse do quarto sob qualquer pretexto:

– Quero que mantenha esta porta trancada e que leve a chave consigo! – ele exigiu, preferindo pecar pelo excesso de zelo.

A verdade é que, na hora do infeliz incidente, Charles tinha agido por impulso, mas, agora que estava de volta à clínica, começava a questionar se tomara a decisão correta ao levar duas garotas indefesas para um lugar que ele sabia ser potencialmente perigoso.

"Que outra coisa você poderia ter feito? Aquiete seu coração, homem! Deus há de nos proteger de sofrer novos reveses!" – Charles consolava a si mesmo, tentando se convencer de que conseguiria manter as meninas a salvo, mesmo com a presença de um predador em potencial rondando pelo castelo.

Mesmo a contragosto, Charles seguiu até o gabinete do psiquiatra-chefe, a fim de explicar o ocorrido e pedir autorização para manter as duas garotas na clínica até que Louise se recuperasse. Porém, em seu íntimo, ele guardava o desejo de que o dr. Lundgreen considerasse o fato um despropósito e ordenasse que os três fossem embora da clínica imediatamente. Nesse caso, Charles teria a desculpa perfeita para retornar à Voiron, para debaixo do teto de seu mecenas e protetor, coronel de Rochas, e ainda teria o mérito de levar de volta a *sujet* fujona. "Seu velhaco! Que atitude mais calculista!" – Charles ralhou consigo.

– Quer dizer que a irmã mais velha é uma sensitiva capaz de conjurar aparições? – perguntou o dr. Lundgreen, visivelmente impressionado com a história. Charles foi retirado de sua nuvem pelo comentário bastante interessado do alienista-chefe.

– Sim, senhor. Usando da atual terminologia científica, pode-se dizer que Louise é uma médium de efeitos físicos. Não sei se o senhor conhece a médium italiana Eusapia Palladino?

O psiquiatra balançou negativamente a cabeça precocemente calva.

– Ela esteve recentemente no consultório do coronel e nos mostrou alguns dos prodígios que é capaz de realizar. Já pelo que pude ver hoje, essa jovem médium também promove incríveis fenômenos de efeitos físicos, usando o que o prof. Richet chama de 'ectoplasma' como matéria-prima para construir seus sonhos...

– Isso sim é matéria de primeira qualidade para a pesquisa científica. Faço questão de participar de uma experiência dessa magnitude... – considerou o psiquiatra, cofiando o bigode.

– Teremos que aguardar, doutor, porque, neste momento, ainda não sei como será sua recuperação. Louise sofreu uma série de convulsões e espero sinceramente que seu cérebro não tenha sofrido nenhum dano, mas ainda é cedo para saber...

– Claro, compreendo, perfeitamente. Vamos torcer para que ela se recupere sem sequelas. Enquanto isso, tive uma inspiração para realizar uma nova modalidade de experimento hipnótico. Como você é um ativo pesquisador do assunto, imagino que tenha interesse em participar. Que tal me acompanhar?

De imediato, Charles compreendeu o oportunismo daquele pedido, já que fora feito na sequência do incidente com Louise. Como ele poderia se recusar a colaborar com a pessoa que o ajudara tão prontamente? Era óbvio que também o dr. Lundgreen compartilhava desse ponto-de vista universal. O jovem médico e pesquisador ainda não sabia, mas estava sendo convidado a escrever um capítulo novo em folha na velha cartilha do "uma mão lava a outra".

– Espero por você amanhã, às oito horas em ponto. Obrigado, dr. Charles. Até lá... – despediu-se o alienista-chefe, satisfeito com a barganha efetuada.

Em seguida, o médico voltou para a ala feminina da clínica, onde Louise e Anne compartilhavam um quarto.

"O ruim de se viver num lugar tão grande é que o anfitrião nunca poderá dar a desculpa da falta de acomodações para repelir um hóspede indesejado..." – pensava Charles, enquanto caminhava pelos corredores do imenso castelo medieval. Sem que ele percebesse, uma presença maligna o perseguia furtivamente, qual um tigre cevando uma presa em potencial.

Sem ser visto por ninguém, Gerárd seguiu Charles e, assim que ele entrou no quarto das irmãs, colou a orelha à porta, tentando ouvir algo para descobrir o que se passava:

– Anne, ela acordou? Disse alguma coisa? – perguntou o médico assim que entrou, fechando a porta atrás de si.

– Nada. Continua aí parada, como se estivesse morta... – murmurou a menina, e cobriu o rosto com o travesseiro porque não queria que ele a visse chorando.

Preocupado, Charles observou a aparência vegetativa de sua nova paciente, torcendo para que ela não tivesse mergulhado num estado de coma irreversível.

"Que cruel ironia do destino, reencontrar nosso *sujet* metido nessa enrascada! Pense, Charles, pense: o que faria o mestre de Rochas, se estivesse em seu lugar? Falaria com ela e não sozinho! Claro! Ela está aqui, apenas não consegue se comunicar!"

De posse dessa intuição, o médico começou a falar com a jovem, enquanto prosseguia dando passes e magnetizando seu corpo inerte.

– Sabe, Louise, foi o acaso que promoveu nosso reencontro! Jamais imaginei que poderia encontrá-la fazendo esse tipo de espetáculo. Até porque, me disseram que você não queria nem ouvir falar de experimentação mediúnica, quanto mais de participar de exibições públicas. Se tivesse ficado em nossa companhia, talvez... – ele mal começou a fazer a recriminação e imediatamente se arrependeu.

"Por Deus, Charles! Que tipo de terapeuta é você? Como espera ajudá-la fazendo essas inúteis reprimendas?" – pensou o magnetizador, escolhendo recomeçar a conversa com uma nova abordagem.

– Na verdade, fiquei encantado com aquela noiva. Era belíssima! O eminente pesquisador e professor Charles Richet batizou de 'ectoplasma' à substância que emana dos médiuns de efeitos físicos, e que segundo ele é a matéria-prima com que se formam essas imagens, como você fez com os querubins e a noiva. A explicação mais provável é a de que o cérebro de determinadas pessoas tenha a capacidade de criar uma *ideoplastia*, ou seja, de materializar algo em que esteja pensando.

– E onde entram os espíritos nessa teoria, doutor? – perguntou Anne num fio de voz. Ela estava deitada na cama ao lado, mas sua curiosidade fizera com que abandonasse a mudez de seu esconderijo, debaixo dos travesseiros.

– Espíritos? Veja, minha criança, essa é a parte do discurso que pertence ao mundo do espetáculo! É o uso de uma antiga visão de magia, enraizada no imaginário popular, que remete ao ideário de bruxas e demônios, e que usa a presença de espíritos para explicar ao público pagante acontecimentos que na realidade são fenômenos puramente materiais.

– Mas não foi assim que meu anjo guardião me explicou... – disse a menina, olhando para o chão.

– Ah, é? Será que você poderia fazer a gentileza de compartilhar comigo a explicação que seu anjo guardião deu para esse tipo de fenômeno?

– Claro! Aguarde só um instantinho, *monsieur* doutor! – disse a prestativa menina. Em seguida, assumiu a postura da ciganinha quando lia as cartas de seu tarô: sentou-se na cama toda aprumada, fechou seus olhos verdes de felino e passou a segurar a cabeça com as mãos numa atitude de concentração. Com muito custo, Charles conteve uma enorme vontade de dar risada.

Porém, quando a menina finalmente voltou a falar, a voz que saiu de sua boca não era a sua, tendo Charles que reconhecer que o timbre e a impostação pertenciam a outra pessoa, possivelmente um homem.

– Amigo, o sábio pode nomear o componente universal que compõe a matéria como achar melhor, porém, isso não muda o fato de que esse componente é retirado da médium para ser usado como matéria-prima por outros espíritos, que com ele moldarão o corpo temporário com que se revestirão para que possam se manifestar materialmente entre as pessoas encarnadas.

– Quer dizer que a noiva era um espírito?

– Sim, que hoje apareceu a todos usando a aparência que teve em sua última vida, que se passou na Viena do início do século. Ela se chamava Leopoldina e morreu repentinamente no dia de seu casamento, em 1806, vitimada por uma cardiopatia de que ela sequer sabia que sofria. Ela gosta de aparecer vestida de noiva porque esse foi o dia mais feliz em sua vida mais recente.

– E o que dizer dos querubins?

– Foi uma manifestação conjunta de espíritos escultores que amam a arte-sacra.

– O que mais teria aparecido se Louise não tivesse sido interrompida por aquele mentecapto? Uma réplica da deusa Ártemis? – perguntou Charles, sendo acidamente irônico.

– Não sei dizer, *monsieur*. Também não adianta perguntar mais nada porque ele já partiu. Meu anjo é muito sério e não gosta de gracejos... De qualquer forma, espero ter ajudado... – respondeu a menina, retomando a própria vozinha.

– Ajudou. Digamos que ele me deu muito em que pensar. Quanto a você, pequenina, acho melhor que vá dormir, porque teve um dia cheio. Precisa de algo?

– Não, *monsieur*. A enfermeira Margaret foi muito gentil e já cuidou de tudo para nós. Estou muito agradecida pelo que vocês fizeram por nós...

– Não precisa agradecer, pequenina. Boa noite.

– Boa noite, *monsieur* doutor.

– Trate-me por Charles, sem *monsieur*, nem doutor e muito menos os dois juntos. Diga apenas Charles... – ao que a menina respondeu com um sorriso meigo.

Mais tarde, já na cama, rolando entre os lençóis sem conseguir conciliar o sono, Charles matutava, tentando compreender os mistérios que envolviam os fenômenos que tinha presenciado naquela tarde. Seriam mesmo os espíritos de pessoas já falecidas que haviam se manifestado entre os vivos?

E por esse motivo a aparição simplesmente esvanecera no ar, no instante em que o homenzinho a retivera com seu traiçoeiro abraço de Judas? Na sua opinião ainda havia muitas perguntas sem resposta. Ou seria ele quem relutava em aceitar as respostas obtidas? Charles pensava nos mil motivos que encontrara para continuar pesquisando, enquanto a imagem de uma linda noiva segurando um ramalhete de flores brancas e perfumadas perseguia seus sonhos pela noite adentro.

Na manhã seguinte, depois de passar em revista seus poucos pacientes, às oito horas em ponto, como seu chefe exigira, o médico-assistente entrou no gabinete do dr. Lundgreen.

– Que bom que chegou, doutor. Estávamos à sua espera para começar. Queira anotar aqui, por favor: 'Experimento nº 25: controle de instinto' – disse o alienista, passando às mãos do assistente um caderno e um lápis.

– O *sujet* está hipnotizado. Nível: transe total – Lundgreen falava e olhava para trás para verificar se o assistente estava tomando as devidas notas.

Só então Charles percebeu que havia mais alguém na sala. Era um homem vestido com o pijama listrado de azul e branco, justamente o uniforme comum aos pacientes, sentado placidamente numa poltrona no canto mais próximo da janela. Quem o visse julgaria que estava apenas apreciando à vista, mas quando Charles passou a mão diante de seus olhos não houve a menor reação. O homem estava literalmente fora do ar.

– O experimento de hoje tem por objetivo determinar em que medida um indivíduo hipnotizado é capaz de vencer o instinto do nojo, um dos mais difíceis de ser ignorado justamente por estar diretamente relacionado ao instinto de sobrevivência na espécie humana.

O hipnotizador pegou uma pequena caixa que estava sobre a escrivaninha, abriu-a com cuidado e com o auxílio de uma longa pinça, retirou de seu interior um grande verme, gordo e amarelo, que colocou delicadamente sobre um prato de sobremesa.

Debaixo do olhar chocado do médico-assistente, o hipnotizador aproximou-se do paciente magnetizado e ordenou:

– Coma.

O pobre homem prontamente levou o verme a boca, mastigou e depois engoliu sem esboçar a menor reação. Charles foi obrigado a virar o rosto para o lado oposto a fim de conter a onda de náusea que o assaltou.

– Que tal lhe pareceu o petisco? – perguntou o hipnotizador para o seu *sujet*.

– É bom. Tem gosto de coco.

– Anote aí, Charles: "Depois de hipnotizado, o *sujet* ignorou completamente o instinto do nojo, sem que nenhuma sugestão adicional fosse necessária, além do comando inicial recebido."

Em seguida, o hipnotizador pegou outro verme da caixa, colocou no pratinho e o entregou ao homem, novamente exigindo que o comesse. Porém, assim que o *sujet* colocou o enorme verme amarelo na boca e começou a mastigá-lo com disposição, o hipnotizador segurou a caixa à sua frente e ordenou:

– Agora, acorde e veja! – Então, o paciente hipnotizado saiu do transe, viu os bichos nojentos que restavam se remexendo dentro da caixa, relacionou com o que estava comendo e teve um súbito acesso de nojo, já começando a cuspir o que tinha na boca e a passar mal.

– Bóris. Atenda este paciente! – chamou o alienista, elevando a voz. De súbito, o enfermeiro surgiu na sala, como se estivesse atrás da porta entreaberta o tempo todo, apenas esperando pelo chamado. Como um raio, o enfermeiro-chefe, seguido por mais dois ajudantes, retiraram o desesperado paciente da sala sem que ele recebesse qualquer informação sobre o que tinha acontecido.

– Que achou do experimento, dr. Charles? Pessoalmente, achei que foi óbvio demais, praticamente sem graça. A princípio, pensei em usar algo mais asqueroso, talvez um besouro gigante ou mesmo uma barata, mas depois percebi que seria muito mais complicado servir esse tipo de inseto num prato... – argumentou o hipnotizador, soltando a conhecida risada que parecia um latido.

– Penso que isso é um absurdo! Algo absolutamente desnecessário! Diga-me, doutor, onde está sua ética? – perguntou o médico-assistente, encolerizado com o comportamento do energúmeno que se considerava um cientista.

– A ética não pode ser um empecilho ao avanço da ciência! – respondeu o outro.

– Nesse caso, o senhor acha que é justo atormentar pessoas sob o pretexto de realizar experimentos supostamente científicos? Pois lhe afianço que isso não é ciência, doutor! É mera sandice! Assim como afirmo que não pode ser lícito usar pessoas como cobaias e aterrorizá-las sob qualquer pretexto!

– Pois a mim parece lícito, quando o objetivo se confunde com a premissa inicial, que é justamente responder à pergunta ancestral: o que mais aterroriza o ser humano?

– Pessoas como o senhor me aterrorizam, dr. Lundgreen...

Assim dizendo, Charles Lantier saiu da sala do psiquiatra pisando duro, envolto por uma incontida nuvem vermelha de raiva que nublava seu raciocínio. Sua única vontade era sair correndo daquele lugar abominável o mais rápido possível, e só parar quando estivesse bem longe, a salvo das personalidades desprezíveis e nocivas à saúde da humanidade que viviam naquela maldita clínica.

Charles rumou para o seu quarto e, sem pensar no que fazia, pegou a mala e começou a colocar suas coisas dentro dela. Já estava na fase de agarrar os livros e arremessá-los lá para dentro quando finalmente se lembrou da jovem Louise, paralisada em sua cama.

– Por Deus! Não será tão simples fugir das garras deste inferno! – murmurou Charles, frente à dura realidade que o aguardava.

Apesar do enorme desgosto que sofrera, aquele último desentendimento com o barão Lundgreen serviu para que Charles compreendesse que não havia a menor possibilidade de que o psiquiatra-chefe ouvisse a voz da razão. Agora, restava cuidar de Louise, rezando para que ela se recuperasse logo, porque só assim eles poderiam escapar daquele hospício.

Depois desse dia, duas longas semanas haviam se passado enquanto Charles se desdobrava para atender seus pacientes, tratando especialmente da recuperação de Louise. Ele também evitava que a pequena Anne perambulasse sozinha pela clínica e fugia ostensivamente de qualquer possibilidade de encontro com o barão Lundgreen.

Naquela tarde, o médico achara um tempinho para acompanhar a menina ao jardim de inverno, para que ela aproveitasse os últimos raios de sol do dia.

– Está vendo essas folhas jogadas aí no chão? – perguntou a menina.

– Estou. O que é que têm?

– Acho que elas se parecem conosco. Você é aquela folha maior, castanho-escura, com as pontinhas meio enferrujadas; aquela outra, um pouco menor e avermelhada, é a Louise, e eu sou aquela ali, pequenina e amarela. Estamos sós e perdidos... somos carregados por aí, ao sabor do vento... – Anne explicou num sussurro, olhando as folhas que giravam pelo chão, sacudidas por um leve redemoinho. No entanto, havia uma melancolia tão grande em sua voz, que Charles sentiu a necessidade de confortá-la de alguma forma.

– Será? Então, já sei como resolver isso – e, assim dizendo, Charles correu para resgatar as folhas que a menina apontara antes que o vento as levasse para longe.

– A partir de agora, esta será a família *Feuille*, a nossa pequena 'família-folha'! Muito prazer, Anne Feuille, a pequena folha amarela. Faça a gentileza de guardá-las bem aqui, junto ao seu coração! – disse ele, entregando as três folhas para a garotinha.

– E você, quem será?

– Charles Lantier Feuille, a seu inteiro dispor – disse ele, fazendo uma mesura, e Anne, com os olhos rasos d'água, o envolveu num demorado abraço.

– Venha, Anne Feuille. Vamos ver como está nossa irmã!

Os dois saíram correndo pelo pátio que levava ao corredor principal, alguns segundos depois que Gerárd se recolheu ao seu esconderijo nas sombras. Num minuto, os dois estavam parados diante da porta do quarto que Louise ocupava:

– Psiu! – pediu Charles. – Não queremos incomodar nossa irmã... – disse o médico, abrindo a porta bem devagar.

– Vocês jamais me incomodariam! – respondeu a jovem, a cabeleira ruivo-escura caindo em cascata sobre os ombros, fitando-os com a vivacidade refletida na face brejeira, finalmente desperta do sono perpétuo.

– Louise, querida! Graças à Deus, você acordou! – disse a menina, e saiu correndo, já pronta para saltar sobre a amiga.

– Cuidado, Anne Feuille! Não vá amarrotá-la outra vez, agora que ela retornou da terra de Morfeu! – repreendeu o médico, pegando a menina no ar, bem a tempo de evitar um novo acidente. Charles pousou-a sobre a cama e Anne agarrou-se à amiga como um carente filhote de urso.

A enfermeira-chefe que, por obra do acaso, estava no quarto naquela hora feliz, não conseguiu conter as lágrimas diante do comovente reencontro das supostas irmãs.

— O senhor conseguiu, doutor! Seu tratamento magnético a curou. Parabéns! – elogiou Margaret.

— Quem cura é Deus, madame. Eu sou apenas mais um de seus instrumentos e ajudo como posso... – respondeu o médico, modestamente.

— Olhe, Louise – disse a menina, colocando sobre a cama as três folhas que guardara no bolso do vestido. – Esta maior representa o Charles, essa do meio é você e a pequena sou eu. Te apresento a família Feuille. A partir de agora, nós somos irmãos. Foi o Charles quem falou!

— Uma família?! Bom, se você diz, eu acredito... – e Louise endereçou a Charles um sorriso cheio de ternura, agradecendo com o olhar tamanha demonstração de carinho fraterno.

— Uma família tem que ficar unida, não é? Louise, agora, não teremos mais que acompanhar o monstro de cartola, não é? – perguntou Anne, subitamente aflita com aquela lembrança.

— Ela está falando de monsieur Deplessis... – Louise esclareceu.

— Não, *mon cher*! Eu prometo que ele jamais as levará de volta para aquele circo de horrores. Eu não permitirei.

Um sopro de esperança pareceu invadir o quarto e as meninas não conseguiram se lembrar da última vez em que tinham ficado tão felizes com uma notícia.

Agora que Louise estava consciente, ao menos em teoria Charles estava pronto para deixar a clínica. Porém, havia um outro problema que ele precisava resolver antes de poder partir com a consciência tranquila. A questão era o que fazer com Marcelle? Graças ao seu tratamento magnético e a proibição do acesso de Bóris e equipe à paciente, Marcelle tinha recuperado a saúde. Porém, restara a dificuldade de fazê-la compreender porque ele não podia exigir que o barão Lundgreen a mandasse de volta para casa.

— Basta que o doutor ateste que eu não estou louca! Que, muito pelo contrário, estou gozando de excelente saúde e de posse de minhas faculdades mentais! – ela repetiu pela milésima vez à Charles, mal ele cruzou a porta do quarto.

— Madame, precisamos ter uma conversa franca.

O médico queria encontrar uma solução para o impasse, por isso, puxou uma cadeira para perto da poltrona de Marcelle, disposto a ter uma conversa séria.

– Diga-me, quando a senhora chegou aqui, não desfrutava de excelente saúde, física e mental? – Marcelle abanou a cabeça afirmativamente. – Pois bem, reflita com calma e depois me responda: como imagina ter chegado ao estado deplorável em que estava quando eu a encontrei? E quem acha que foi o responsável por isso?

A jovem dama pareceu confusa por um momento, mas depois começou a pensar em voz alta:

– Quando cheguei aqui estava muito bem, mas, mesmo assim, o dr. Lundgreen fez um diagnóstico de estafa mental e me aconselhou a passar uma temporada na clínica, somente para descansar. Depois, não sei dizer por qual motivo, fui piorando a olhos vistos e, quanto mais remédio eles me davam, pior eu ficava, até chegar ao estado lamentável em que o senhor me encontrou.

– Nesse caso, voltemos às perguntas anteriores: quem foi que a diagnosticou com uma doença aparentemente inexistente? Quem foi que receitou seu tratamento? Quem foi que realizou as sessões de hipnotismo que desequilibraram seu raciocínio? E, finalmente, quem foi que mandou que o nefasto tratamento continuasse, mesmo quando causava um efeito devastador sobre sua saúde?

– O dr. Lundgreen... – Marcelle respondeu, abaixando o olhar para o rés do chão.

– Neste caso, madame, como espera que eu exija que esse médico assine um atestado de alta médica que vai diametralmente contra o diagnóstico e o respectivo tratamento que foi prescrito para a senhora justamente por ele?

Por um longo momento, Marcelle continuou muda, apenas fitando o vazio da parede, à frente de sua poltrona.

– Ou será que a senhora ainda acredita que podemos contar com a ajuda de seu marido, o duque de Roylott, para tirá-la daqui?

Ao ouvir o nome do marido, a pobre mulher cobriu o rosto com as mãos e começou a chorar. Parecia que finalmente Marcelle havia compreendido a gravidade de sua situação.

– Por favor, madame, acalme-se... Não é minha intenção causar-lhe maiores preocupações. Apenas desejo que compreenda como sua situação é delicada e também a minha! Precisamos ter cuidado! Eu tenho um plano para tirá-la deste lugar, mas preciso de sua ajuda para levá-lo adiante.

— Farei o que o senhor achar melhor, doutor.

— Pois bem: quero que escreva uma carta, em que contará exatamente o que lhe aconteceu. Depois, preciso saber se existe alguém que seja de sua absoluta confiança que possa nos ajudar e que não tenha qualquer relação com seu marido.

— Minha madrinha, a condessa de Toulouse, é a única pessoa em que posso confiar. Ela nunca aprovou esse meu casamento forçado com o duque. Tenho certeza de que ela ficará muito contrariada quando souber o que esses crápulas me fizeram passar. Com certeza, ela há de me ajudar!

— Excelente! Já temos a quem recorrer. Eu mesmo providenciarei para que sua carta seja entregue nas mãos da condessa. Não conte a ninguém, mas pretendo deixar a clínica em poucos dias e não vou abandoná-la. Sairemos juntos deste lugar maldito.

— Muito obrigada, dr. Charles. Que Deus nos ajude...

Depois dessa conversa, Charles decidiu voltar imediatamente para seu quarto, porque ele também estava convencido da necessidade de escrever uma longa carta.

Dessa forma, como se movido por uma espécie de sexto sentido ou terrível intuição, Charles sentiu que precisava extravasar toda a angústia que atormentava sua alma. Por isso, escreveu uma nova carta endereçada a seu mentor intelectual, o nobre coronel Albert de Rochas, onde contava os recentes capítulos do drama particular que vinha redigindo nos últimos tempos.

O jovem, mesmo correndo o risco de se tornar enfadonho, narrou em detalhes as circunstâncias de seu reencontro com Louise, o 'sujet-fujão'. De como a pobrezinha fora enganada e explorada por um facínora chamado Deplessis, "nunca esqueça esse nome", Charles escrevera. De como esse mesmo crápula escravizava seus médiuns, todos eles muito jovens e até mesmo crianças, como a pequena Anne.

Contou também como a capacidade mediúnica de Louise se ampliara, agora, abarcando também os fenômenos de efeitos físicos, produzindo aparições que sobrepujavam em muitos quilates qualquer joia que madame Eusapia Palladino tivesse produzido enquanto esteve no consultório do coronel.

Charles se sentia como se tivesse aberto a caixa de Pandora e, depois de começar a falar dos males que o afligiam, ele não conseguia mais parar. Por isso, falou novamente sobre o sinistro reencontro com Gerárd e da maneira irresponsável com que o barão o tutelava. "Ele precisa ser denunciado o quanto antes!" – frisara Charles.

Por último, ele narrou em detalhes o caso de Marcelle Roylott e também mencionou seus planos para ajudá-la a escapar da clínica-masmorra em que vivia como prisioneira.

Depois de todo aquele palavrório, era justamente o último parágrafo que continha a verdadeira razão de ser daquela carta, onde Charles pedia autorização para reassumir seu cargo de assistente no consultório do coronel. Sobretudo, avisava que pretendia voltar o quanto antes para a mansão em Grenoble e que levaria consigo as duas jovens, Louise e Anne, porque não podia deixá-las naquele antro de loucos e potenciais assassinos.

Finalmente, quando terminou sua longuíssima missiva, Charles estava exausto e sem forças, mas, estranhamente, também se sentia aliviado, como se tivesse tirado uma montanha de angústia e ansiedade de cima de seu coração aflito.

"Será que o coronel já contratou outro assistente? Será que ele aceitará a presença das meninas na mansão, mesmo que seja por pouco tempo?" – Estas eram as perguntas que Charles se fazia enquanto lacrava e selava a carta que pretendia enviar o quanto antes para Voiron, rezando para que Linette, a eficiente criada do coronel, tivesse recebido instruções para despachar sua volumosa correspondência para seu endereço temporário em Paris.

À noite, uma terrível tempestade despencou sobre o castelo. Os criados saíram correndo para fechar suas inumeráveis portas e janelas e, em seguida, todos se recolheram, como se fossem feitos de açúcar. Logo, os quilométricos corredores estavam desertos, imersos na escuridão que era quebrada apenas pelos relâmpagos, cujos clarões prateados incendiavam os magníficos vitrais que ornamentavam suas janelas gigantescas.

Era a atmosfera perfeita para que a fera entocada saísse de seu esconderijo para perambular solitário, protegido pelo negror da noite. Gerárd saiu furtivamente de seu cubículo na direção da ala proibida e esgueirou-se pelos corredores até parar diante da porta do quarto ocupado pelas meninas. Como o predador que era, tratou de colar o ouvido à porta, tentando escutar algo. Silêncio. Atento, Gerárd aguardava com a mão na maçaneta, pronto para girá-la, no instante em que ouviu a voz de Anne dizendo:

— Charles, por favor, não vá embora! Pelo menos enquanto a tempestade estiver uivando lá fora! — E também ouviu quando o médico respondeu:

— *Oui, mon cher.* — Então, pelos ruídos que ouviu, Gerárd podia supor, com grande chance de acerto, que o médico tinha arrastado uma poltrona para mais perto da janela para observar a chuva que caía e, talvez, aproveitar para tirar um cochilo.

Estava claro para o predador que aquela não seria uma boa oportunidade para desenhar as novas inquilinas, portanto, Gerárd dobrou o corredor à esquerda e continuou andando, com o ouvido rente à parede, tentando antecipar os passos de alguém que por acaso viesse naquela mesma direção. Uma nova sequência de portas o aguardava um pouco à frente e ele sabia muito bem quem era a ocupante do próximo quarto. Outra vez, ele parou diante da porta e escutou. Silêncio absoluto. Virou a maçaneta e seu coração bateu mais forte quando percebeu que a porta estava destrancada.

"*Excellent!*" — Pé ante pé, Gerárd se aproximou da cama onde Marcelle dormia profundamente. Tirou de dentro do casaco o bloco novinho em folha que roubara do escritório e um lápis bem apontado e começou a desenhar sua nova musa.

O artista trabalhou em silêncio por um bom quarto de hora e fez um belíssimo desenho da mulher adormecida. Mas, em seguida, o predador que havia nele começou a observar o objeto de seu desejo, imaginando que aquela pele alva implorava por um toque e que sua boca rubra, entreaberta, ansiava por um beijo. Aos olhos do tigre esfaimado, Marcelle surgia como uma corsa frágil e desprotegida, pronta para o abate.

Assim, como sempre, terminado o primeiro desenho, voltava a surgir dentro dele aquela compulsão avassaladora, exigindo que se começasse outro em seguida, e depois outro e mais outro... Por isso, depois de algum tempo, ocorreu a Gerárd que havia chegado a hora de sua nova modelo mudar de pose. Com todo o cuidado do mundo, ele tentou puxar o braço que ela mantinha debaixo do travesseiro, porém, mal foi tocada pela mão invasora, Marcelle acordou.

— *Désolé*, madame. Meu nome é Gerárd... — a pobre mulher abriu desmesuradamente seus olhos de corsa apavorada e o predador experiente soube que, se ela começasse a gritar, não mais pararia.

Não havia tempo a perder, era imprescindível agir rápido para contê-la, por isso, Gerárd saltou sobre ela, cobrindo-lhe a boca com a mão enorme enquanto, com a outra, exigiu silêncio. Marcelle estava aterrorizada, mas de súbito reconheceu o paciente que gostava de fazer desenhos e se acalmou um pouco. Gerárd percebeu essa nova disposição e começou a afrouxar a mão, muito lentamente, até soltá-la por completo.

— Estava desenhando outra vez? Se precisava de uma modelo, você bem que podia ter me pedido, em vez de entrar escondido e quase me matar de susto! — disse Marcelle, tentando usar um tom de voz que soasse natural, apesar do flagrante medo que sentia.

Subitamente aliviado com aquela mudança de atitude, Gerárd começou a recolher os desenhos que fizera e que estavam espalhados pela cama para mostrá-los a sua nova musa. Porém, num derradeiro instante, seu olhar cruzou com o dela e o predador imediatamente percebeu qual era sua real intenção: Marcelle tentava ganhar tempo a fim de alcançar o cordão da campainha que servia para chamar a enfermeira e que ficava dependurado ao lado da cama.

Quando seus olhares tornaram a se encontrar, Gerárd teve a certeza de que ela pretendia traí-lo. Num movimento instintivo e possuído pelo sangue frio que lhe era peculiar, Gerárd pegou o travesseiro que jazia sobre a cama e pulou sobre o corpo de sua vítima, pressionando com toda força a arma improvisada sobre o rosto de Marcelle. Ela lutou com bravura, mas todo seu esforço seria inútil diante da violência de um agressor feroz e muitas vezes mais forte. Ao cabo de alguns minutos, seu corpo frágil parou de se retorcer debaixo do dele e um rigor antinatural tomou conta de suas belas feições. A duquesa Marcelle de Roylott estava morta.

O monstro que havia em Gerárd contemplou a imobilidade que se apossara de sua musa e identificou naquela dantesca cena a presença da beleza idealizada por ele, aquela que não poderia gritar ou fugir de sua maligna vontade. Em êxtase, ele voltou a empunhar seus instrumentos de trabalho, lápis e papel, e pôs-se a desenhar freneticamente, tomado pela enlouquecida obsessão que o reconduzia aos infernos mais profundos da mente humana.

Enquanto a derradeira tragédia se abatia sobre Marcelle, a enfermeira-chefe percorria os longos corredores do castelo, fazendo a última ronda de verificação de seus pacientes antes de se recolher. Entretanto, ao chegar diante do quarto de Marcelle, seu olhar treinado percebeu a porta minimamente entreaberta. Movida pela intuição que provavelmente salvou sua vida, Margaret decidiu olhar pela fresta em vez de abrir a porta num rompante.

Nesse instante, a enfermeira foi obrigada a cobrir a boca com as mãos, a fim de conter o grito de horror que brotou em sua garganta diante de uma cena macabra: na cama, Gerárd dormia profundamente, abraçado ao corpo inerte de Marcelle, que o fitava com um esgar de pânico indescritível na face congelada pela morte violenta.

Por sorte, a enfermeira-chefe era uma profissional bem treinada pelos muitos anos de trabalho para lidar com situações de emergência, muito embora aquela fosse a pior de todas as que já enfrentara ao longo de sua vida. Por isso, Margaret respirou fundo e, usando de toda cautela para não incomodar a besta-fera que dormia enroscada a sua presa, saiu do quarto em busca de ajuda.

"Meu Deus, que catástrofe! O mais provável é que Gerárd tenha tentado se aproveitar de Marcelle, que certamente o repeliu com rigor! Um maníaco desse nível não suporta ser rejeitado. É ele quem sujeita os outros à sua vontade, seja por bem ou por mal. Agora, Bóris e seus brutamontes terão que se virar para agarrar esse facínora..." – pensava Margaret enquanto seguia pelos corredores escuros, que a luz de sua lamparina ia debelando à medida que seu passo largo avançava.

– Que maçada! – exclamou Bóris, depois de ser prematuramente acordado pela enfermeira-chefe e tomar conhecimento daquela situação de perigo iminente.

– Volte para o seu quarto, tranque a porta e fique por lá! Espero não ter que perseguir esse maluco pelos corredores da clínica, mas sempre há essa possibilidade – orientou o enfermeiro. – O dr. Lundgreen vai ter um ataque de fúria quando souber o que aconteceu e aposto meu salário que quem estiver por perto é que levará a culpa, ou seja, eu... – sendo que este segundo comentário soou mais como um desabafo para si mesmo.

Em seguida, Bóris chamou sua tropa de choque, armou-os com porretes e correntes e saiu à caça do predador assassino. Entretanto, para seu grande alívio, quando a tropa chegou ao quarto que Marcelle ocupava, Gerárd não estava mais lá. Por isso, ele ordenou:

– André e Victor! Tratem de ir agora mesmo até o quarto de Gerárd para ver se ele foi para lá. Se estiver, tranquem a porta por fora e fiquem montando guarda até eu chegar, mas, se ele não estiver, venham me avisar imediatamente. E tomem cuidado! Esse maluco é muito perigoso!

Torcendo para que Gerárd tivesse voltado para seu cubículo, Bóris matutava sobre o que faria a seguir. Sabia que tinha que remover o corpo de Marcelle antes que mais alguém o visse, porém, não imaginava para onde o levaria, porque a clínica não dispunha de um necrotério. De repente, seu rosto se iluminou com o vislumbre de uma ideia que, naquela hora sombria, parecia brilhante. Resoluto, ele avisou aos outros dois gorilas que havia conservado em sua companhia:

– Por enquanto, vamos levar o cadáver para o gabinete do dr. Lundgreen e colocá-lo na banheira de tratamento. O resto, depois ele resolve...

Assim foi feito. Sorrateiramente, os homens carregaram o corpo de Marcelle pela escuridão daquele labirinto de corredores até alcançar o gabinete do barão e o baixaram à enorme banheira de louça, onde muitos outros pacientes já haviam vivido horas aterrorizantes, debaixo de uma cascata de água gelada.

– Patrão? – chamou Victor, um dos homens que tinha ido procurar por Gerárd em seu quarto. – O imbecil estava lá, dormindo como uma bigorna. Tranquei a porta como você mandou e deixei o André guardando a entrada, apenas por segurança.

– Ótimo trabalho, camarada! Por enquanto, você pode ir descansar. Vamos vigiar aquele maluco em turnos de três horas. Alguém avisará quando for sua vez.

O homem fez uma espécie de continência militar e deixou a sala. Aliviado, Bóris pensou que a primeira parte do problema estava resolvido, mas que ainda faltava fazer o mais difícil: contar ao barão a lambança que o seu protegido fora capaz de fazer no espaço sagrado de seus domínios seculares.

12
A FUGA

Lyon, França

O barão Lundgreen ouviu com grande má vontade a narrativa do fim trágico que a duquesa Marcelle de Roylott sofrera nas monstruosas garras de seu protegido, Gerárd. Ele só conseguia pensar que, por uma irônica e maquiavélica manobra do destino, um respeitado barão e renomado cientista repentinamente abrigava debaixo do aristocrático teto de seu castelo um cadáver apodrecendo numa banheira e um perigoso psicopata, preso em cárcere privado. Enquanto maquinava uma saída prática para um episódio que considerava desonradamente pueril, Rudolf Lundgreen vestiu seu roupão de seda e passou a dar voltas pelo quarto, caminhando e praguejando em voz baixa. Por fim, explodiu:

— Bóris, seu incompetente! Gerárd estava sob sua responsabilidade direta! Dei ordens muito claras de que ele não podia ter acesso às dependências dos pacientes! Como você e seu bando de idiotas foi capaz de deixar que essa abominação acontecesse?

Enquanto, Bóris tentava desaparecer do recinto, comprimindo-se no diâmetro de sua insignificância, o barão mudou de discurso. Lembrou dos acontecimentos pregressos e passou a sentir pena de si mesmo. Resmungava:

— Que lástima! Tantas horas de trabalho inútil, desperdiçadas com esse psicopata imbecil! Você tem ideia da gravidade do problema que esse evento infeliz irá me causar? Se procurei o prefeito pessoalmente para exigir que o diretor do manicômio permitisse que Gerárd permanecesse na clínica sob minha responsabilidade? Se dei minha palavra de honra de que seria capaz de reabilitá-lo! E como é que esse crápula me retribui a boa intenção? Assassinando uma duquesa, justamente a esposa de um de meus melhores clientes!

"Agora, seu ignorante, diga-me, o que posso fazer para remediar uma situação tão grave? Amanhã, serei obrigado a comunicar o ocorrido à polícia e serei diretamente responsabilizado pelo crime que Gerárd cometeu graças a minha hospitalidade! A não ser que... – a mente em brasa do psiquiatra trabalhava freneticamente em busca de respostas e qualquer coisa que servisse para tirar de seus ombros a culpa pelo assassinato da duquesa Marcelle de Roylott serviria.

– Talvez eu não seja, propriamente, o responsável pela tragédia! Vejamos, você disse que colocou o corpo da paciente na banheira que fica no meu gabinete, certo? – o enfermeiro embasbacado respondeu apenas balançando a cabeça, num sinal afirmativo.

– Excelente! Pois preste atenção no que você fará a seguir: vá até o meu gabinete e prepare o corpo da paciente como se ela fosse receber o tratamento para 'surto-histérico' da maneira tradicional. Amarre as mãos do cadáver à banheira como faz usualmente com os pacientes, depois ligue a ducha na potência máxima e deixe que a água gelada escorra sobre o corpo por um bom tempo. Depois, feche a água e deixe-a ficar exatamente onde está, até segunda ordem.

Bóris tornou a balançar a cabeça, assentindo.

– Foi realmente providencial para nossa causa que o verme assassino não a tenha esganado com as próprias mãos... – resmungou o psiquiatra, pensando em voz alta.

– Não entendi, barão! O que o senhor quis dizer com isso...

– Se Gerárd tivesse usado as mãos para estrangular a infeliz, teria deixado marcas profundas e facilmente identificáveis dessa agressão em seu pescoço, mas, como ele a sufocou utilizando o travesseiro como arma, a causa da morte não se reflete ostensivamente sobre o cadáver. Agora, espere aí um instante, que ainda não expliquei tudo!

– Amanhã bem cedo, ligarei para o distrito policial e darei queixa do assassinato. Quando o comissário de polícia chegar, já terei assinado o atestado de óbito, que alegará que a paciente morreu afogada. Você e mais dois de seus ajudantes, que podem ser os mesmos que estão na guarda de Gerárd, deverão testemunhar que a paciente foi submetida à um tratamento banal, mas que foi realizado de forma absolutamente desastrada por seu médico.

Desta vez, Bóris começou a balançar a cabeça vagarosamente, para lá e para cá, indicando que ainda não havia compreendido onde o patrão pretendia chegar inventando aquela nova história.

– Ouça-me, Bóris. Por acaso, você sabe quem é o médico responsável pelo tratamento da duquesa Marcelle de Roylott? – Sem esperar pela resposta, ele prosseguiu: – É justamente o dr. Charles Lantier, nosso prestimoso médico-assistente, que está trabalhando na clínica em regime de experiência. Mas, infelizmente, os fatos apurados demonstram que sua incompetência acabou provocando a morte da pobre paciente histérica.

Finalmente, uma luz de compreensão brilhou nos olhos do funcionário, iluminando sua expressão bovina.

– Repito a instrução para que não restem dúvidas: você e seus homens deverão contar a mesmíssima história. Conforme a orientação habitual, quando a paciente entrou em surto histérico de difícil contenção, vocês a levaram até o gabinete, a prepararam e lá a deixaram, apenas na companhia do dr. Charles Lantier, que os dispensou.

– Deve ficar absolutamente claro para a polícia que foi o médico responsável pelo caso quem deixou a paciente desacompanhada, que estava presa à banheira e debaixo da cascata de água gelada que saía da forte ducha. Foi nessa circunstância que ela entrou em pânico e, como não foi socorrida, acabou se afogando! Pronto, fim de história e caso resolvido!

– E o que faremos com Gerárd, doutor? – perguntou Bóris, sentindo uma nítida dificuldade em acompanhar o tresloucado raciocínio do barão.

– Nem se atreva a dizer o nome desse pulha na minha frente! Amanhã mesmo você o levará de volta para o hospício judiciário, lugar de onde ele nunca deveria ter saído. Não se esqueça de fazer uma limpeza completa em seu quarto e queimar numa fogueira qualquer evidência que venha a encontrar por lá. Ao trabalho, Bóris! Agora, deixe-me em paz! Não pense que é fácil ser tão brilhante. Na verdade, estou exausto. Saia.

Num primeiro momento, Margaret até considerou a possibilidade de seguir as ordens de Bóris. Porém, no instante seguinte, ela imaginou que o enfermeiro-chefe poderia inventar qualquer coisa para tentar envolvê-la naquela confusão, a fim de livrar a própria pele da sanha do dr. Lundgreen. Afinal de contas, qual era a única pessoa que também podia ser responsabilizada pela presença de Gerárd na ala dos pacientes? A enfermeira-chefe, claro!

Foi pensando nisso que, apesar do medo que sentia de cruzar com o psicopata caso ele ainda estivesse perambulando pelo castelo, Margaret decidiu ir pessoalmente ao quarto do barão para dar a sua versão da tragédia.

Porém, lá chegando, ela ouviu vozes masculinas e concluiu que, infelizmente, Bóris havia chegado primeiro. Pensou em ir embora, mas depois considerou que era melhor ouvir a conversa e ficar a par dos acontecimentos para poder se defender de possíveis calúnias, por isso, colou o ouvido à porta fechada e ficou escutando. No entanto, a conversa que Margaret ouviu quase fez com que seus velhos joelhos se dobrassem diante de tamanha indignidade.

"Esses canalhas vão jogar a culpa do crime sobre as costas do coitado do dr. Charles que, aliás, foi a única pessoa nesse lugar amaldiçoado que se preocupou de verdade com a pobre Marcelle!" – De súbito, uma fúria fria como a da tempestade que ainda uivava lá fora tomou conta da alma daquela lutadora. Alguém precisava fazer alguma coisa para impedir que aquela inolvidável injustiça se concretizasse.

Por fim, a tempestade batera num dique chamado Margaret, que não deixaria que as águas podres da desonra levassem de roldão a única alma boa que encontrara em sua vida. A fim de não ser vista por ninguém, a enfermeira apagou o lume de sua lamparina e seguiu tateando pelos corredores que ela conhecia de cor, amparada apenas pela luz gerada por um relâmpago ocasional, até que chegou diante do quarto de Charles e bateu.

– Dr. Charles, o senhor precisa partir imediatamente! – ela anunciou, cheia de aflição verdadeira, mal ele entreabriu a porta.

– Senhora, por favor, acalme-se! Entre e diga o que está acontecendo! – pediu o médico que tinha acabado de voltar para o próprio quarto.

Sem perda de tempo, a enfermeira disparou as más notícias como um arcabuz, depois sentou-se numa poltrona, como se suas forças tivessem se exaurido.

– Pobre Marcelle! Esses malditos canalhas a mataram e agora querem me empurrar a culpa pela goela abaixo! De nada adiantou eu ter ficado! Nada pude fazer para ajudá-la e, ainda por cima, isso...

— Não foi culpa sua, meu filho. Você foi o único que tentou... — respondeu a velha combatente cansada de guerra que, de súbito, sentia os anos de trabalho árduo e grande amargura arqueando-lhe as costas.

— Agora, trate de arrumar seus pertences! Eu o ajudarei a escapar sem ser visto. Tenho certeza de que, se deixar para depois, será tarde demais! Amanhã, você terá que enfrentar a palavra de um barão, que é praticamente o patrão da cidade inteira, e garanto que não terá a menor chance de obter justiça! Se o dr. Lundgreen já encontrou alguém para pagar o pato, a troco de que o inspetor de polícia irá correr o risco de se indispor com o barão? Será a palavra de todos os funcionários da clínica contra a sua, e o que você poderá alegar em sua defesa? Que todos eles estão mentindo? Como você poderá acusar Gerárd pelo assassinato de Marcelle, se o testemunho desses tratantes simplesmente irá riscá-lo da cena do crime? Se os desenhos que o incriminam foram destruídos por Bóris? Na história que eles contarão ao inspetor amanhã, todos os indícios apontam para um único culpado: você.

— Mas tenho o seu testemunho, não é? Também tenho amigos importantes em Voiron que certamente virão em meu socorro... — então, nesse instante, Charles lembrou que o coronel de Rochas ainda estava em Paris e que não poderia contar com sua ajuda naquele momento.

O médico-assistente respirou fundo, em parte contaminado pelo cansaço existencial de sua companheira, em parte pela convicção de que ela estava absolutamente certa em suas suposições. Seria a palavra de um barão e seus capangas contra a de um médico inexperiente e uma enfermeira. O fracasso parecia tão certo quanto o nascer do dia seguinte.

Naquele momento de extrema tensão, pareceu a Charles que não restava outra alternativa a não ser fugir como um bandido, apesar de sua flagrante inocência. Teria que sair dali como um criminoso, escondido na calada da noite, porque a palavra de homens desprezíveis é que seriam aceitas num tribunal de injustiça, em que os títulos e a riqueza de um indivíduo sobrepujavam com larga vantagem o caráter de outro.

Foi com surpresa que Margaret viu o médico retirar uma mala praticamente pronta de sob a cama e acabar de preenchê-la com o restante de seus pertences em poucos minutos.

— Se tenho que partir, então que seja logo! Porém, antes preciso passar no quarto das meninas! Não posso deixá-las assim, sem ao menos dar uma explicação... – mas, só então, Charles percebeu que essa parte do plano seria a mais difícil de ser feita.

– O que está dizendo? Isso tudo é um grande absurdo! Você não pode estar falando sério... – disse Louise, esfregando os olhos cor de violeta, ainda tonta de sono, assim que Charles terminou de narrar a terrível tragédia que subitamente modificara a vida de todos eles.

– Bem que eu gostaria, *ma chère*, que isso tudo fosse apenas um pesadelo ou uma brincadeira de mau gosto. Entretanto, é a mais pura verdade! Infelizmente e, ao menos por um tempo, terei que deixá-las. Mas, depois, se tudo der certo, prometo falar com o coronel de Rochas, que certamente irá ajudá-las a mudar de vida... – obviamente Charles se referia ao modo como as meninas vinham ganhando seu sustento nos últimos tempos.

Enquanto Louise tentava lidar com a nova fenda que se abria bem debaixo de seus pés, Charles foi interrompido por um choro convulso. Era Anne, que estava acordada há tempos, mas que se mantivera imóvel em sua cama a fim de que os adultos pensassem que ela ainda dormia e continuassem conversando normalmente.

– Você não pode partir sem a gente, irmão! Esqueceu do que me prometeu? Somos a família Feuille e temos que ficar juntos!

A lembrança daquela promessa queimava como fogo em brasa na alma atribulada de Charles. Enquanto isso, Louise se mantinha em absoluto silêncio, ciente de que os adultos nem sempre cumpriam suas promessas.

– Mas você disse... – e nesse instante a menina correu para abraçá-lo, como se ele fosse a última tábua disponível, boiando acima das águas turvas de um súbito naufrágio. Sem saber o que devia fazer a seguir, Charles sofria, agarrado pelo abraço desesperado da irmãzinha que soluçava em desespero.

– Acalmem-se, meninas! O barão Lundgreen não poderá simplesmente jogá-las na rua, porque tem um nome a zelar. Eu serei a primeira a denunciá-lo às autoridades, caso ele ameace agir de forma tão infame! – disse a enfermeira-chefe, a título de consolo.

– Ele também poderá procurar por *monsieur* Deplessis e nos devolver à sua caridosa tutela ou, quem sabe, ele mesmo não iniciará algum tipo de pesquisa mediúnica que exigirá a nossa colaboração em troca de sua amável hospitalidade! Certamente que não será a primeira vez que passamos por isso... – disse Louise, incapaz de conter a amargura que a dominava, quando novamente sentia-se traída pelo destino.

No entanto, suas últimas palavras trouxeram à mente de Charles a lembrança da conversa que tivera com o alucinado dr. Lundgreen, quando pedira abrigo para Louise e Anne: "Isso sim é material de primeira qualidade para a pesquisa científica. Farei questão de participar de uma experiência dessa magnitude..."

Um arrepio de horror percorreu o corpo de Charles só de tentar imaginar a que tipo de experimentação, nada científica, mas certamente degradante, o barão seria capaz de impor às suas novas cobaias. Como se isso não bastasse para lhe perturbar o espírito, Louise ainda lembrou de perguntar:

– E o psicopata, Gerárd, que foi feito dele?

– Amanhã, Bóris deverá levá-lo de volta ao hospício judiciário. Por enquanto, ele está trancado em seu cubículo, sob a vigilância dos capangas de Bóris – contou Margaret.

Aquela informação, somada ao choro contínuo da pequena Anne, foi a gota d'água na sensibilidade do jovem médico. Afinal, como ele poderia partir deixando para trás duas meninas que ficariam na dependência da sorte para sobreviver num lugar habitado por um psicopata, funcionários ensandecidos e um cientista lunático desprovido de qualquer escrúpulo? Num futuro próximo, Charles não poderia enfrentar o próprio reflexo no espelho se, agora, praticasse uma tal covardia.

– Louise, Anne! Peguem suas coisas! A família Feuille vai partir agora mesmo. Que Deus nos ajude!

Os três se abraçaram e Margaret limpou na manga do uniforme as lágrimas inconvenientes que teimavam em correr por seu rosto. Em seguida, tratou de guiar seus protegidos pelo labirinto formado pelo emaranhado de corredores que desembocavam numa área restrita do gigantesco castelo, que estava fechada e sem uso havia muito tempo. Ali, eles estariam a salvo por algum tempo.

Assim que chegaram ao átrio abandonado, Charles pediu à enfermeira Margaret que procurasse pelo único amigo que fizera naquelas paragens, porque ele certamente os ajudaria na fuga tresloucada que pretendiam empreender no meio da noite. A tempestade quase cessara, tendo sido substituída por uma névoa de chuvisco grosso, que parecia feito sob medida para ocultar quem porventura precisasse desaparecer de vista. Não demorou muito para que Margaret voltasse, acompanhada por Jacques Prieur e seu coche. Na hora da derradeira despedida, a enfermeira-chefe deu um longo e afetuoso abraço em cada membro da pequena família Feuille, desejando que tivessem sorte em sua nova jornada.

– Muito obrigada, madame. Não sei qual teria sido a natureza de meu destino, não fosse a sua corajosa ajuda! Jamais a esquecerei! – Charles se despediu, muito comovido.

– Para onde vamos, doutor? – perguntou Jacques, já colocando o coche no caminho de pedras que servia de acesso ao castelo.

– Nós precisamos ir para bem longe, o mais rápido possível... Que tal o cais do porto, onde podemos procurar por um vapor que esteja prestes a zarpar?

– Neste caso, temos que ir até à estação ferroviária, onde vocês deverão pegar o primeiro trem que passar com destino à Marselha...

– Mas por que Marselha? Não podemos pegar um navio aqui mesmo no porto de Lyon? – Charles retrucou, visivelmente contrariado.

– Infelizmente, isso não será possível, doutor. Vocês terão que procurar o porto em Marselha porque aqui em Lyon não há transporte de passageiros, apenas de mercadorias... – respondeu o prestativo Prieur.

– Ainda por cima, isso! Neste caso, toque para a estação!

Num trote rápido, o condutor levou o trio para a estação ferroviária, que não ficava muito longe dali. No guichê de compra das passagens, Charles descobriu que, apesar das adversidades, a sorte não os tinha abandonado por completo porque o trem que seguia para Marselha passaria por ali em poucos minutos. Quando o apito da locomotiva a vapor encheu os ares, Charles e as meninas se prepararam para a despedida:

– Adeus, Jacques Prieur, certamente o cavalheiro mais valoroso de toda Lyon! – elogiou Charles, a voz embargada pela emoção.

– Quero que fique com isso! Quem sabe não servirá para enriquecer seus estudos durante a longa viagem! –, disse o cavalheiro lionês, colocando um livro nas mãos do médico. – Boa sorte, doutor! Que Deus os guie e ampare! *Au revoir, mademoiselles! Bon voyage!*

Durante todo o trajeto até Marselha, o médico manteve-se em estado de alerta, atento à menor movimentação no vagão de passageiros em que viajavam, temeroso de que a qualquer momento surgisse alguma autoridade que os impedisse de partir.

Um novo dia já havia raiado quando o trio finalmente desembarcou na estação em Marselha, onde pegaram um coche e seguiram imediatamente para o porto. Lá chegando, Charles apressou-se em pedir informações aos poucos marinheiros que se aventuravam pelo cais numa manhã de clima tão ruim. Não demorou para que ele descobrisse que havia um navio prestes a zarpar, mas que, diante de uma gorda soma, poderia receber mais três passageiros.

— Vai ter que servir... — acatou o médico, convencido pela flagrante falta de alternativas.

Assim, a diminuta família Feuille seguiu andando apressadamente pelo cais do porto na direção que o marinheiro indicara até alcançar a ponte de um enorme navio à vapor.

— Para onde vai esse navio, *monsieur*? —, perguntou Charles, assim que subiu a bordo.

— Vamos para o Brasil! — respondeu o velho marinheiro que subira ao convés para receber seus últimos passageiros.

Ao ouvir seu destino, um arrepio de puro terror enregelou a alma de Louise, porém, agora era tarde demais para voltar atrás. De novo, o sinistro destino a colocava na direção daquela terra distante e hostil.

No entanto, naquele derradeiro instante de despedida da pátria que sempre a maltratara, Louise sentia-se tão desamparada que mesmo um lugar estranho numa terra longínqua parecia ser um destino melhor do que seguir na direção do abismo em que sua vida se transformara.

No dia seguinte, Louise procurou por Charles na cabine e não o encontrou. Saiu andando pelo convés e logo adiante o avistou, escorado na amurada do navio, em tácita contemplação do oceano acinzentado.

O médico não havia pregado os olhos a noite toda e desta vez sua insônia se devia às mil dúvidas que assomavam sua mente, desde que pudera parar e refletir. Será que fizera a escolha certa? Fugir daquela maneira atabalhoada não seria o mesmo que assinar uma declaração de culpa? Será que o dr. Lundgreen seria maquiavélico a ponto de levar adiante aquela torpe acusação de assassinato por incompetência?

Mal ele respondia a essas questões, mil outras surgiam em seu lugar: "Mas, se eu tivesse ficado, quem além de Margaret me defenderia? E agora, o que farei com duas meninas sob minha responsabilidade? Terei agido corretamente, arrastando-as em minha desventura? Como será nossa vida nesse país distante, cujos hábitos nos são absolutamente desconhecidos?"

– Se continuar assim, acabará enlouquecendo antes de conseguir encontrar quaisquer respostas... – a voz suave de Louise soprou em seu ouvido, arrancando-o de sua nuvem de preocupações.

– Tudo aconteceu de forma tão rápida que ainda não pude elaborar como será essa nova realidade...

– Já passei por isso antes. Acredite-me, sei exatamente como você está se sentindo. Mas acho que você tem uma vantagem... – Charles tirou os olhos do oceano para contemplá-la. – Ao menos, você não está sozinho.

– Também andei pensando sobre isso...

– Não tenho a menor dúvida – ela disse e sorriu.

– Penso que será mais conveniente que nos apresentemos como membros da mesma família, a fim de evitarmos a curiosidade alheia. Se agirmos como irmãos, os estranhos provavelmente nos farão menos perguntas. Que acha?

– Tem todo o meu apoio, irmão. Aliás, preciso agradecer-lhe pela decisão de nos trazer com você. Já andava cansada de viver sob a tutela de gente sem escrúpulos. Você é um verdadeiro anjo da guarda!

Charles balançou a cabeça e sorriu. Na verdade, não estava acostumado a ser o benfeitor de ninguém, além do que sempre fora filho único, portanto nunca pensara na possibilidade de ter irmãos. Porém, de repente, o destino lhe presenteara com duas irmãs mais novas. Realmente, a vida não cessava de surpreender. Já Louise, só conseguia pensar na terceira carta no jogo de adivinhação de Anne. A carta que se referia ao futuro tinha sido a 'Roda da Fortuna'; agora, ela tinha a nítida impressão de que, se fechasse os olhos, poderia ouvir o ranger da roda de sua vida fazendo um lento movimento.

Sem falar na previsão da voz adulta que saíra de sua boca: "Você fará uma longa viagem..."

Assim que o navio começou a se afastar do cais da cidade de Marselha, o coração de Louise ficou pequeno dentro do peito, ao perceber que muito provavelmente ela jamais reencontraria sua tia Margot.

– *Adieu, tata* Margot! – ela se despediu, falando ao vento, com seus olhos cor de violeta rasos d'água.

Quem os visse assim todos juntos, sentados em suas cadeiras de lona no convés do navio, julgaria que eram mesmo três irmãos viajando sem a companhia dos pais. *"Talvez sejam órfãos..."* – pensaria um observador mais atento à vida alheia.

"Já estamos no oceano há vários dias e nada de terra à vista. Pelo visto, esta será uma longa viagem" – avaliava Louise enquanto penteava os longos cachos loiros que ondulavam em cascata pelas costas da pequena Anne. De súbito, um estranho pensamento a assaltou: "Por Deus, e se houver um surto de piolhos neste navio!" – movida por essa estranha impressão, Louise imediatamente passou a trançar sua cabeleira, que, em seguida, prendeu no alto da cabeça da menina, num formoso coque.

– Está calor, não? – Justificou a jovem, aproveitando o ímpeto para prender as próprias madeixas avermelhadas.

– Você também reparou? A medida que deixamos o continente europeu o clima vai esquentando cada vez mais! Ouvi dizer que lá nos trópicos, o calor rivaliza com o do inferno de Dante! – disse o médico, sem perceber como esse tipo de comentário servia para assustar ainda mais suas jovens companheiras de viagem.

– Charles, você já descobriu em qual cidade do Brasil esse navio irá aportar? – perguntou Anne, de repente.

– Sim, *mademoseille*. Mais alguns dias e chegaremos ao Rio de Janeiro.[1] *"Fleuve de Janvier"*. – Charles explicou o significado do nome em francês e as garotas acharam que o nome era sonoro, apesar de incongruente.

Afinal de contas, que sentido havia em chamar uma cidade de 'rio' e ainda por cima adicionar um mês do calendário. Será que nos tempos das grandes navegações portuguesas, um grumete encarapitado em sua cesta, no alto da gávea de uma caravela, gritou:

– Terra à vista, capitão! Vejo muitas terras circundadas por um rio enorme! – Ao que o comandante olhou no calendário e sentenciou: – É janeiro, portanto, chamarei a terra descoberta de Rio de Janeiro – Anne achou que essa história parecia bastante improvável, mas não conseguiu pensar em algo melhor para justificar um nome tão estranho.

NOTAS:

Entrada da baía de Guanabara, 1885, em foto de Marc Ferrez, acervo Instituto Moreira Sales

[1] Rio de Janeiro – A baía de Guanabara, que banha a cidade do Rio de Janeiro, foi descoberta pelos portugueses em 1 de janeiro de 1502, por ocasião da expedição de 1501 à costa do Brasil, capitaneada por Gaspar de Lemos. A baía foi, na ocasião, cartografada pelos navegadores portugueses com a toponímia 'Rio de Janeiro'. Embora se afirme ter sido essa toponímia incorretamente escolhida, supondo-se aqueles navegadores terem acreditado tratar-se da foz de um grande rio, na realidade, à época, não havia qualquer distinção de nomenclatura entre rios, sacos e baías, motivo pelo qual o corpo d'água foi corretamente designado como rio.

13
EM BUSCA DE RESPOSTAS

Oceano Atlântico, alto-mar.

Certo dia, uma incrível ventania alcançou o navio e, embora o tempo continuasse ensolarado e sem nuvens, o oceano agitado pelo vento criava ondas encapeladas que faziam a embarcação balançar em demasia. Como resultado, Anne foi tomada por uma violenta crise de enjoo, que a deixou prostrada em sua cabine. Charles não saiu um instante de sua cabeceira, tratando-a com um remédio paliativo que trouxera em sua valise e magnetizando-a de hora em hora até que seus enjoos se acalmassem.

Naquela tarde, Charles aproveitou um período de calmaria, quando as ondas haviam cessado de jogar, para caminhar um pouco pelo convés.

Porém, toda vez que ficava sozinho, uma nova avalanche de dúvidas o assaltava e, à medida que a viagem seguia para o fim, Charles vivia uma nova fase de inquietação, imaginando como seria o futuro de sua pequena família no Brasil. Nos últimos dias, um pensamento terrível surgira em sua mente, a torturá-lo, como se fosse uma ideia fixa:

"Se logo de início, eu tivesse denunciado o barão Lundgreen à Sociedade de Medicina de Paris, talvez o facínora do Gerárd tivesse sido detido e mandado de volta ao hospício, quiçá ao presídio, em vez de receber a oportunidade de matar novamente..." – Sendo que parte dessa tortura mental consistia em considerar que o fato de não ter denunciado o psiquiatra por sua incompetência não o teria transformado numa espécie de cúmplice por omissão no assassinato de Marcelle.

"Será que minha inação resultou numa morte que poderia ter sido evitada?" – pensava o médico.

— Tenho quase certeza de que não é assim que a banda toca... – comentou Louise, surgindo de repente ao seu lado.

— Por acaso, estava eu pensando tão alto que a senhorita foi capaz de ouvir minhas ideias escapando pelo buraco de minhas orelhas?

— Pode-se dizer que sim. Como sabe, possuo algum carisma e parece que ultimamente ganhei a capacidade de ouvir o pensamento das pessoas que me são caras, no caso Anne e também você, mas somente quando estão muito concentrados em algo, como agora.

— Neste caso, diga-me, madame Louise, exatamente sobre o que eu pensava? – ele perguntou, com um sorriso maroto nos lábios.

— Bobagens, é claro. Você não pode ser responsabilizado pelo que aconteceu àquela pobre dama. Aquele monstro é o culpado e, se ele teve alguma ajuda, partiu daquele médico maldito, que deve ser tão louco quanto o próprio para achar que poderia curar um caso grave de loucura assassina apenas com sessões de hipnotismo e alguma camaradagem. Gerárd, além de louco, é um assassino contumaz, que jamais deveria ter sido solto de sua jaula.

— Tem razão quanto a Gerárd. Essa era a opinião do coronel de Rochas e também a minha. Se errei, foi por não ter acreditado nisso com todo o meu coração. Deixei-me intimidar pela falsa autoridade de um aristocrata poderoso que se autoproclamava cientista.

— Você não tem bola de cristal, não é? Nem tinha o baralho da Anne ao seu dispor para alertá-lo dos perigos que corria... – brincou ela. Charles olhou-a sem compreender direito o comentário porque ainda não tivera a oportunidade de ver a pequena bruxa em ação.

— Diga-me, Charles, você acha que o germe da loucura já nasce com a pessoa? Ou ela é adquirida pouco a pouco, diante dos revezes que uma vida difícil pode impor?

O médico refletiu por um longo momento antes de responder. Então, de olhos postos no oceano, ele disse:

— Penso que as duas hipóteses podem ser válidas. Um indivíduo pode ter um problema físico que fatalmente refletirá em seu estado mental, por exemplo, alguma espécie de malformação ou doença nervosa. Mas imagino que uma pessoa que seja submetida a grandes provações, principalmente na fase da primeira infância, também possa vir a desenvolver algum tipo de disfunção mental que poderá resultar num comportamento antissocial ou mesmo violento.

"Mas, há uma outra categoria de indivíduos que não se enquadram nessa tese. Gerárd, por exemplo, aparentemente tinha uma ótima saúde e teve uma infância normal, numa família bem constituída. Estudou nas melhores escolas e nunca houve nada que o desmerecesse, muito pelo contrário, ele se tornou um artista talentoso e festejado pela sociedade."

Louise balançou a cabeça para indicar que compreendia e Charles prosseguiu:

– Então, como esse indivíduo, cujo histórico de vida é aparentemente normal, de repente, começa a executar crimes abomináveis, alguns com requintes de crueldade, e depois é capaz de fingir que não fez nada demais? Será que ele é realmente doente ou se deixou dominar pelos maus instintos? Será que ele nasceu para ser um predador de sua própria espécie? – o médico não pretendia ir tão longe em suas elucubrações, mas precisava desabafar, colocar para fora a série de perguntas que martirizavam sua mente, que trabalhava sem parar em busca de respostas.

– Pois eu acho que Gerárd tem um espírito ruim. Meu pai diria que ele é um espírito de porco, desses que gostam de chafurdar fundo na lama, neste caso, no sangue dos inocentes. Eu não sei se acredito em demônios, mas, ao mesmo tempo, é quase como se ele fosse capaz de incorporar alguma espécie de entidade maligna, que tem prazer em fazer o mal ao próximo – concluiu a jovem.

O médico continuou de olhos postos no oceano, sentindo-se muito ignorante e impotente diante de tantas questões sem resposta. E pensar que havia tanto por fazer, se quisesse trabalhar para encontrá-las. O estudioso que havia nele conseguia compreender a doença de nascença, conseguia admitir o adoecimento da mente diante das adversidades da vida, mas sentia-se infinitamente incapaz de compreender uma doença da alma. Que teria que ser preexistente? Por que o indivíduo já nasceria com essa predisposição à maldade?

Se é que haveria alma ou ,como Louise dissera, espírito de porco, referindo-se a algo maligno, perverso. Talvez um demônio disfarçado em carne e osso? Acaso, existiriam anjos e demônios? Existiriam espíritos? E poderiam esses espíritos ser bons ou maus? Ou, como pensava Charles Darwin,[1] tudo se resumiria a uma simples questão evolutiva? Alguns indivíduos teriam mentes evoluídas e outros nem tanto? Almas evoluídas ou atrasadas? Mas de que tipo de evolução se estaria falando, afinal? Evolução física ou moral? Evolução espiritual? E certamente se estaria de volta ao início e a mesma pergunta se impunha, fossem bons ou maus, existiriam espíritos?

– São tantas perguntas sem resposta... – queixou-se o jovem médico, o dedicado assistente de cientista e devotado magnetizador, sentindo-se perdido num verdadeiro mar de ignorância.

Louise concordou com um aceno da cabeça ruiva, também se sentindo perdida num oceano de dúvidas. Afinal, que tipo de aberração da natureza era ela? A quem pertenciam as imagens efêmeras que brotavam de seu corpo, tecidas com a matéria dos sonhos e que desapareciam ao sopro do menor sobressalto? Seriam de espíritos? Charles é que estava certo: haviam perguntas demais.

– Acho que o desejo da pequena Anne Dejardin jamais se realizará. Tenho um pressentimento de que não retornarei à França. Jamais irei a Paris e tampouco verei a torre Eiffel.

– Dejardin? – ao ouvir aquele sobrenome, Charles piscou várias vezes seguidas, se sentindo confuso. Estaria Louise falando sobre outra pessoa? – Pensei que o sobrenome de sua família fosse Garnet...

– Eu sou Garnet, mas o sobrenome da pequena Anne é Dejardin.

– Quer dizer que vocês não são irmãs?

– De sangue, não. Mas, agora, graças a você, somos todos irmãos do coração... – disse a jovem, subitamente constrangida, com os olhos cor de violeta pregados no além-mar.

Atônito, Charles abriu a boca para dizer algo, mas, em vez de falar, ele acabou dando uma grande gargalhada. Aliás, a primeira, desde a trágica e tempestuosa noite que tinha se abatido sobre seu destino. Então, o riso aliviado de Louise se juntou ao dele e os dois riram desbragadamente, como se tivessem ouvido a melhor piada de todos os tempos.

Na manhã seguinte, o capitão do navio mandou avisar aos passageiros que a longa viagem da França ao Brasil estava chegando a sua etapa final.

A fim de passar o tempo, Charles resolveu começar a arrumação de seus pertences, que jaziam espalhados pela cabine numa desmazelada confusão e acabou encontrando o livro que o amigo lionês Jacques Prieur lhe dera na partida. O médico leu o título estampado na capa da bonita edição em couro marrom: *O que é o espiritismo*, de autoria de Allan Kardec, e sentiu uma pontada de remorso por tê-lo ignorado por tanto tempo.

Naquele mesmo dia, Charles ocupou sua cadeira de lona no convés, decidido a liquidar com a leitura do livro antes que a viagem terminasse. Afinal, se o pragmático Jacques o presenteara com aquele volume em particular, devia ser porque o considerava uma leitura importante. E, para sua própria surpresa, depois que começou a lê-lo, não conseguiu mais largá-lo antes de chegar ao final.

> O espiritismo é, ao mesmo tempo, uma ciência de observação e uma doutrina filosófica. Como ciência prática, ele consiste nas relações que se estabelecem entre nós e os espíritos; como filosofia, compreende todas as consequências morais que dimanam dessas mesmas relações.

Charles gostou especialmente do formato da obra em que o autor dialogava com alguém que se dizia cético com relação ao espiritismo. Nesse caso, Allan Kardec se propôs a responder algumas de suas muitas perguntas:

> *Cético – Não estará provado que, fora do espiritismo, esses mesmos fenômenos podem produzir-se? E disso não podemos concluir que eles não têm a origem que os espíritas lhes atribuem?*
>
> A. K. – Por ser uma coisa suscetível de imitação, segue-se que ela não exista? Isto é privilégio de todas as coisas que apresentam a possibilidade de engendrar falsificações. Acreditaram alguns prestidigitadores que o nome de espiritismo, por causa da sua popularidade e das controvérsias de que era objeto, podia servir a explorações, e para atrair a multidão simularam, mais ou menos grosseiramente, alguns fenômenos de mediunidade, como já tinham simulado a clarividência sonambúlica; e todos os gaiatos os aplaudiram, bradando: "Eis aí o que é o espiritismo!" Quando se mostrou em cena a engenhosa

aparição dos espectros, não se proclamou que naquilo recebia o espiritismo um golpe mortal?

Antes de pronunciar tão positiva sentença, deve-se refletir que as asserções de um escamoteador não são palavras de um evangelho, e certificar se há identidade real entre a imitação e a coisa imitada. Ninguém compra um brilhante sem primeiro estar convencido de não ser uma pedra-dágua. Um estudo, mesmo pouco acurado, tê-los-ia certificado de serem completamente outras as condições em que se dão os fenômenos espíritas; eles, além disso, ficariam sabendo que os espíritas não se ocupam de fazer aparecer espectros nem de ler a *buena-dicha*. Só a malevolência e uma rematada má-fé puderam confundir o espiritismo com a magia e a feitiçaria, quando aquele repudia o fim, as práticas, as fórmulas e as palavras místicas destas. Alguns chegaram mesmo a comparar as reuniões espíritas às assembleias do *sabbat*, nas quais se espera o soar da meia-noite para que os fantasmas apareçam.

Cético – Convenho que, entre os detratores do espiritismo, há muita gente inconsciente, como esses que acabais de citar, mas, ao lado deles, não se encontrarão também homens de real valor, cujas opiniões têm certo peso?

A. K. – Não o contesto. A isso respondo que o espiritismo também conta em suas fileiras muitos homens de não menos real valor; digo-vos, mais, que a imensa maioria dos espíritas se compõe de homens inteligentes e de estudos; só a má-fé pode dizer que seus adeptos são recrutados entre as mulheres simples e as massas ignorantes. Um fato peremptório responde, além disso, a essa objeção; é que, apesar de todo o saber, de todo o poder oficial, ninguém consegue deter o espiritismo na sua marcha; e, entretanto, não há um só dos seus contrários, seja ele o mais obscuro folhetinista, que se não tenha lisonjeado com a ideia de dar-lhe um golpe mortal; sem querê-lo, todos, sem exceção, concorreram para a sua vulgarização. Uma ideia que resiste a tantos assaltos, que avança impávida através da chuva de dardos que lhe atiram, não provará a sua força máscula e a segurança das bases em que se firma? Não será esse fenômeno digno da atenção dos pensadores? Também, já hoje, muitos deles avançam que deve haver nisso alguma coisa de real, que talvez seja um desses grandes movimentos irresistíveis que, de tempos a tempos, abalam as sociedades para transformá-las. Isto se tem dado sempre com todas as ideias novas, chamadas a revolucionar o mundo; forçosamente elas encontram obstáculos, porque lutam contra os interesses, os prejuízos, os abusos que elas vêm destruir; porém, como estão nos desígnios de Deus, para que se cumpra a lei do progresso da humanidade, chegada a hora, nada as poderá deter; é a prova de serem a expressão da verdade. Essa impotência dos adversários do espiritismo prova primeiramente, como já disse, que lhes faltam boas razões; pois que as que lhe opõem não são convincentes; ela dimana ainda de outra causa, que inutiliza todas as suas combinações. Admiram-se de ver o desenvolvimento dessa doutrina, apesar de tudo o que fazem para contê-la, e não podem achar o motivo por não o buscarem onde ele realmente está. Uns creem encontrá-lo no grande poder do diabo, que assim se apresenta mais forte que eles, e, mesmo, mais forte que Deus; outros, no aumento da alucinação humana.

O erro de todos está em crerem que a fonte do espiritismo é uma só, e que se baseia na opinião de um só homem; daí a ideia de que poderão arruiná-lo, refutando essa opinião; eles procuram na Terra uma coisa que só achariam no Espaço; essa fonte do espiritismo não se acha num ponto, mas em toda parte, porque não há lugar em que os Espíritos se não possam manifestar, em todos os países, nos palácios e nas choupanas. A verdadeira causa está, pois, na própria natureza do espiritismo, cuja força não provém de uma só fonte, mas permite a cada qual receber diretamente comunicações dos Espíritos e por elas certificar-se da veracidade do fato. Como persuadir a milhões de indivíduos que tudo isso não é mais que comédia, charlatanismo, escamoteação, prestidigitação, quando, sem o concurso de estranhos, são eles próprios que obtêm tais resultados? É possível fazê-los crer que eles se mistifiquem a si mesmos, que a si mesmos procurem enganar fazendo o papel de charlatães e escamoteadores? Essa universalidade das manifestações dos Espíritos, que surgem em todos os pontos do globo para desmentir os detratores e confirmar os princípios da doutrina, é uma força que não podem explicar aqueles que desconhecem o mundo invisível, assim como os que desconhecem as leis dos fenômenos elétricos não compreendem a rapidez com que se transmite um despacho telegráfico; é de encontro a essa força que todas as negações se vêm quebrar, porque elas se equiparam às asserções de quem pretendesse afirmar, aos que sentem a ação dos raios solares, que o Sol não existe. Fazendo abstração das qualidades da doutrina, que agrada muito mais que as que se lhe opõem, vede nisso a causa dos insucessos dos que tentam deter-lhe a marcha; para que triunfassem, era-lhes mister impedir que os Espíritos se manifestassem. Eis o motivo por que os espíritas ligam tão pouca importância às manobras dos seus adversários; eles têm por si a experiência e o peso dos fatos.

Finda a esclarecedora leitura, o médico concluiu que o livro constituía um complexo compêndio, com respostas para as mil e uma perguntas que povoavam sua mente febril. No entanto, sua premissa básica, *'os espíritos existem'*, precisava ser aceita como ponto de partida. Porém, o cientista que vivia no dr. Charles Lantier continuava a se debater contra essa ideia.

"Será possível?" – teimava Charles diante das respostas que encontrara. Apesar do estudo, ainda lhe faltava a convicção necessária para acreditar nelas.

Nos dias que se seguiram, ele releu o livro diversas vezes. Na verdade, já não fazia uma leitura, mas um estudo completo, com direito a dissertação própria que ocupava um caderno inteiro, coberto de apontamentos. Charles decidiu que, assim que chegasse ao Brasil, iria em busca das várias obras escritas pelo filósofo lionês e que também encontraria seus partidários para com eles debater suas ideias. Enquanto isso, o novo continente se avizinhava pouco a pouco, cortês e febril, com o calor dos trópicos a lhes cozinhar os ânimos.

NOTAS:

[1] *Charles Robert Darwin*, (1809 – 1882) foi um naturalista britânico que alcançou fama ao convencer a comunidade científica da ocorrência da evolução e propor uma teoria para explicar como ela se dá por meio da seleção natural e sexual. Esta teoria culminou no que é, agora,

considerado o paradigma central para explicação de diversos fenômenos na biologia. Sua viagem de cinco anos a bordo do brigue *HMS Beagle* e escritos posteriores trouxeram-lhe reconhecimento como geólogo e fama como escritor. Suas observações da natureza levaram-no ao estudo da diversificação das espécies e, em 1838, ao desenvolvimento da teoria da Seleção Natural. Em seu livro de 1859, *A origem das espécies*, ele introduziu a ideia de evolução a partir de um ancestral comum, por meio de seleção natural. Esta se tornou a explicação científica dominante para a diversidade de espécies na natureza. Escreveu também *A descendência do homem e seleção em relação ao sexo*, em 1871 e *A expressão da emoção em homens e animais*, em 1872.

Charles Darwin

SEGUNDA PARTE

BRASIL

1896

1
NO OUTEIRO DA GLÓRIA

Rio de Janeiro, Brasil.
Julho de 1896.

– Olhe, Charles! Que pássaro é aquele encarapitado no alto daquela árvore? E como ele consegue ficar lá em cima, com aquele enorme bico amarelo puxando ele para baixo? –, perguntou Anne, apontando para um exótico tucano, que os encarava com seus olhinhos negros debruados de pele azul-anil, na atitude de recíproca curiosidade.

Porém, antes que Charles pudesse responder, alguma outra novidade chamara a atenção da menina, que saíra correndo pela íngreme ladeira de pedra como uma lebre esbaforida. A bem da verdade, seu deslumbramento era natural, já que tudo ao seu redor parecia ser diferente do mundo que ela conhecia, a começar pela vegetação exuberante, com suas árvores, altas e folhudas, povoadas por nuvens de pássaros barulhentos e coloridos, até as pessoas cuja cor da pele ostentava uma abrangente palheta de tonalidades, que começava no branco pálido para terminar no preto retinto; falando uma língua sonora e musical que soava incompreensível aos seus ouvidos estrangeiros, que nenhum significado reconhecia naquelas palavras pronunciadas com nuances de diferentes entonações.

Nessa parte da cidade, o Rio de Janeiro era um aglomerado de pequenas e grandes edificações, dispostas lado a lado em ruas estreitas e sinuosas. No bairro da Glória, elas brotavam pelo chão como ervas-daninhas, cobrindo as ladeiras íngremes que subiam e desciam por morros e colinas, até finalmente desembocar na praia. O mar era presença constante naquela paisagem deslumbrante e desempenhava um papel importante na vida de seus concidadãos.

— Espere, Anne! Desse jeito você vai acabar se perdendo por aí! – implorava Louise, tentando seguir os passos da irmã ladeira acima, desbravando os caminhos desconhecidos do lugar onde eles iriam morar.

— Será mais fácil essa peste cair e rachar a cabeça em duas metades ocas! – implicou Charles, receando que a menina espevitada escorregasse e rolasse ladeira abaixo, até acabar com a cara enfiada na areia da praia.

Mas nada do que seus irmãos dissessem parecia demovê-la da ideia compulsiva de continuar subindo morro acima. Contrariado, Charles tentava seguir a irmãzinha, mas, em pensamento, resmungava a cada passo dado: "Por Deus, essa menina tem a determinação de um cabrito-montanhês!"

— Venham! Mais rápido, seus molengas! Vocês nem imaginam o que achei aqui em cima! – gritou a menina depois de fazer uma curva abrupta para a direita, ficando completamente fora de suas vistas.

Louise e Charles aceleraram o passo mais ainda e, mesmo com o risco de acabar pisando em suas próprias línguas, acabaram por alcançar a pestinha. Sem fôlego, contemplaram embasbacados a visão da belíssima igreja, toda feita de pedra, que os aguardava no alto do outeiro da Glória.

— Não é lindo de morrer?! – disse Anne, e disparou em direção à amurada que cercava o pátio externo da igreja setecentista. – Vejam que vista mais deslumbrante! – completou a menina, referindo-se ao encontro do mar e da praia guarnecidos pela mata, que brotava qual um Éden, contornando a baía de Guanabara.

— Tem razão, querida! Eu estou quase morta, mas a vista compensa! É mesmo uma lindeza! – elogiou Louise, sinceramente admirada com a beleza do lugar.

Boquiaberto, Charles contemplou a praia do Flamengo lá embaixo e seus arredores, que ficavam resguardados do oceano aberto pelo recortado contorno dos morros vizinhos que compunham o restante da paisagem. O médico aspirou uma rajada de ar marinho e seu coração bateu mais forte, de súbito, sentindo-se arrebatado pelo deslumbramento daquela vista. Naquele instante, algo em seu íntimo, lhe deu a certeza de que ele e sua pequena família finalmente haviam encontrado seu lugar no mundo.

No entanto, enquanto Charles se deliciava com a claridade dourada dos trópicos e o doce aroma que vinha do mar, Anne estava correndo novamente, dessa vez, em direção às escadarias que levavam até a praia lá embaixo.

No minuto seguinte, ele teve que abandonar as considerações filosóficas de lado para sair no encalço da tresloucada cabrita.

Quando ele finalmente a alcançou, a menina já estava com os pés enfiados nas águas quentes do Atlântico, rindo a valer, como se as ondas lhe fizessem cócegas.

– Aí está você, sua marota! Venha, querida! Que ainda precisamos procurar por nossa nova casa, que deve ficar por ali, nalgum lugar daquela ruazinha atrás da igreja da Glória.

Assim, iluminados pela luz avermelhada do céu poente, lá foram eles em direção ao seu lar brasileiro.

A família passou o dia seguinte ocupada com a organização da casa recém-alugada; eles limparam todas as dependências e rearranjaram a mobília de lugar. A casinha era bem simples, mas também arejada e aconchegante e, além do mais, escondia no quintal dos fundos uma bela surpresa: um enorme terreiro onde um plantador diligente havia cultivado um variado pomar. Charles passou o dia inteiro mapeando essa área verde, completamente encantado com a estonteante biodiversidade que encontrara naquele fértil pedaço de chão, de onde brotavam goiabeiras, bananeiras, laranjeiras, pitangueiras, caquizeiros, amoreiras e até mesmo um abacateiro que de tão grande já estava levantando a cerca que dividia o terreno com seu vizinho. Charles passou horas desenhando cada uma daquelas árvores e também seus frutos quando os havia, decidido a descobrir seus nomes e a que tipo de família vegetal pertenciam, se eram comestíveis, ornamentais ou medicinais etc. Enfim, era o vício do cientista que vivia nele, sempre pronto a desbravar, pesquisar e catalogar cada porção do mundo que se punha debaixo de seu nariz.

Enquanto isso, as garotas se ocupavam com a arrumação do novo lar e a organização dos pertences de cada um, colocando cada coisa em seu lugar. Como na casa só havia dois quartos, Louise decidiu que dividiria o maior com Anne e deixaria o outro com Charles.

– Eu também quero um quarto só para mim... – lamuriou-se Anne, ao que a irmã rebateu o muxoxo lembrando-a de seu atávico medo de dormir sozinha.

– Tem razão. Será muito melhor se ficarmos juntinhas uma da outra – conformou-se a menina, lascando um beijo estalado na bochecha de Louise.

No dia seguinte, Charles acordou bem cedo, despertado pela algazarra que os pássaros faziam nas árvores do pomar.

"Ainda bem que o coronel de Rochas me curou daquela fobia, do contrário, certamente não conseguiria viver no Brasil, esse verdadeiro paraíso das espécies emplumadas!" – refletiu o médico enquanto se arrumava para sair.

Charles fitou o próprio reflexo no espelho, aprovando o novo visual que adotara para usar em terras brasileiras. Ainda durante a viagem de navio, ele havia deixado a barba crescer com a intenção de parecer alguns anos mais velho, para melhor convencer no papel de chefe de sua pequena família. Agora, o médico estava preocupado em aparentar respeito e credibilidade profissional a fim de encontrar um trabalho que pudesse sustentar a todos eles. Isso porque o dinheiro de suas reservas, conseguido à custa de anos de economias, havia sido quase todo gasto com as despesas da viagem, sendo que seus últimos francos, aqui convertidos em réis, tinham sido usados no aluguel da casinha na Glória.

Agora que sua carteira estava irremediavelmente vazia, Charles precisava encontrar um trabalho com urgência, caso contrário, não poderia sequer comprar mantimentos para encher a despensa.

Foi com isso tudo em mente que ele se levantou ao cantar do galo naquela bela manhã de inverno, se arrumou e saiu andando pela cidade desconhecida, à procura do hospital mais próximo. Depois de muito caminhar e também de fazer muita mímica para tentar fazer com que as pessoas compreendessem onde ele precisava ir, acabou sendo direcionado para a Santa Casa de Misericórdia.

À porta do majestoso edifício em estilo neoclássico, Charles parou para admirar sua bela arquitetura. A fachada principal possuía altas colunas de granito que delimitavam portas e janelas em seus dois andares. Ao centro, havia uma grande escadaria e um frontão de granito todo trabalhado com esculturas talhadas em baixo-relevo, que deviam representar os baluartes da Santa Casa: a medicina e a igreja católica. O jovem médico dispendeu uns bons minutos contemplando aquele frontão, verdadeira obra-de-arte, onde se viam, do lado esquerdo, os elementos emblemáticos da cúria papal e, do lado direito, os símbolos que o artista usou para traduzir a medicina. Havia um crânio humano, livros, ervas medicinais e, sabiamente, um ícone para representar o tempo, contra o qual os médicos lutam cotidianamente na difícil tarefa de salvar vidas. Entretanto, o que mais chamou sua atenção foi a figura feminina esculpida ao centro do frontão, numa evidente idealização do arquétipo da própria 'Misericórdia Divina'.

Foi o sol inclemente cutucando sua cabeça como uma lança de fogo que o fez sair do torpor artístico e procurar pelo refrigério da sombra no interior do vistoso prédio.

"Esse calor todo às nove horas de uma manhã de inverno. Não quero nem pensar no inferno que será quando o verão chegar..." – pensava o pobre estrangeiro, limpando com um lenço o suor que teimava em lhe escorrer pela testa.

Na recepção do hospital, Charles Lantier foi solenemente ignorado pelo funcionário que atendia no balcão. Na tentativa de encontrar quem quisesse orientá-lo, o médico saiu andando às tontas pelo hospital afora sem que nenhum cristão tentasse impedi-lo. Acabou entrando por um corredor quilométrico, cujas paredes altíssimas estavam recobertas em sua parte inferior por um belíssimo afresco pintado à mão sobre azulejos portugueses. Charles considerou que as imensas janelas posicionadas na parte superior das paredes serviam para arejar o interior do edifício, criando uma circulação de ar que ajudaria a combater a natural insalubridade do ambiente hospitalar.

Se a arquitetura era funcional, bonita e alinhada à dos melhores hospitais franceses, certamente o mesmo não poderia ser dito sobre o atendimento dado às pessoas que esperavam por ali. O próprio corredor estava tomado por uma fila sem fim de gente necessitada, em sua maioria mulheres, idosos e crianças de todas as idades.

Charles abordou os poucos funcionários que passavam rapidamente por ali, mas nenhum deles sequer se dignou a parar para ouvi-lo; faziam um sinal qualquer, indicando que não entendiam o que ele estava dizendo e seguiam em frente. Pela primeira vez desde que havia chegado ao Brasil, ele sentia no lombo o verdadeiro peso que o desconhecimento do idioma local podia ter sobre um indivíduo recém-chegado de outro país.

"Isso é preconceito contra o estrangeiro" – sinalizou sua mente.

Sentindo-se derrotado antes mesmo de ter tido a oportunidade de iniciar a batalha, Charles já se preparava para voltar sobre os próprios passos em direção à saída, quando, de repente, ouviu alguém às suas costas cumprimentando-o num francês corretíssimo:

– *Bonjour, monsieur.* Posso ajudá-lo? – disse um rapaz negro, de boa aparência, fitando-o com um sorriso radiante que ia de orelha a orelha. – Sou Juca Timbó, a seu inteiro dispor – ele se apresentou, fazendo uma singela mesura com seu chapéu de palha.

– Muito prazer, *monsieur* Timbó. Sou Charles Lantier, médico. Tentei falar com vários funcionários, mas parece que ninguém por aqui entende a minha língua. Exceto você, é claro...

– O doutor está com sorte. Me diga o que precisa que terei muito prazer em ajudar com a tradução...

– Como disse, sou médico e estou à procura de um emprego. Tenho documentos originais, certificados de formação e referências para apresentar ao encarregado das contratações...

– Venha comigo, *monsieur* Lantier – pediu Juca e saiu andando em direção à recepção, aliás, onde Charles estivera momentos antes.

O médico francês ouviu sem compreender patavina daquele diálogo, enquanto o rapaz falava e gesticulava com um funcionário na secretaria do hospital, que, em resposta, balançava a cabeça lentamente, sinalizando de antemão que não podia ajudar.

– Sinto muito, *monsieur*. O secretário disse que, mesmo que o senhor fosse o melhor médico da França, ele não poderia contratá-lo enquanto o senhor não dominar o nosso idioma. São normas da Santa Casa. Ele me perguntou como o senhor iria se comunicar com seus pacientes? E argumentou que não há uma viva alma que fale francês em todo este hospital, justamente porque ele é voltado ao atendimento público dos mais necessitados. E ainda sugeriu que o senhor tente uma colocação numa clínica particular, onde a clientela mais refinada certamente será capaz de entendê-lo.

– Agradeça-lhe o conselho, por favor. De qualquer forma, muito obrigado pela ajuda *monsieur* Timbó. E, se é assim, vou procurar em outro estabelecimento... – respondeu o médico, estendendo a mão para se despedir do generoso desconhecido que tão prontamente o ajudara.

Então, de repente, o homenzinho pareceu vacilar sobre as próprias pernas, franziu os olhos como se estivesse sentindo uma dor súbita e teria caído ali mesmo, se Charles não o tivesse segurado a tempo.

Por sorte, alguém acabara de se levantar num dos bancos que serviam aos doentes que aguardavam em perpétua espera. Charles ajudou Juca a sentar-se, passando a examiná-lo em seguida.

– Você está com febre e, pelo seu aspecto, imagino que o nível de sua pressão deva estar abaixo do normal. Você precisa ser medicado imediatamente!

– Eu sei, doutor. Já não estava me sentindo bem desde ontem, por isso vim procurar ajuda no hospital. Mas o senhor viu o tamanho da fila! Estou aqui desde a madrugada e até agora não apareceu um cristão para olhar na minha cara. Posso até morrer aqui sentado que ninguém vai notar. O senhor sabe, o hospital está cheio e os pretos são sempre os últimos em qualquer fila... – desabafou Timbó, desanimado.

"Eis aí uma outra face do preconceito, o racial". – Sem dúvida Charles sabia que ele falava a verdade porque desde a hora que chegara não tinha visto nenhum doente ser retirado daquele bendito corredor. Mesmo assim, Charles saiu à procura de algum funcionário, médico ou enfermeiro, que pudesse ajudá-lo a atender o pobre homem. Desistiu depois de andar a esmo pelo hospital sem encontrar viva alma, voltando o mais rápido possível para junto de seu novo paciente, com medo de que ele perdesse os sentidos enquanto esperava pelo atendimento que não vinha.

– Juca, será que você consegue andar? – perguntou o médico, ao que o rapaz respondeu apenas balançando a cabeça afirmativamente. – Pode se apoiar em mim. É melhor irmos para minha casa porque lá tenho alguns remédios e com a ajuda de meus instrumentos poderei examiná-lo melhor. Vamos lá, coragem meu camarada!

Sozinho, Charles carregou o jovem para fora da Santa Casa e, mesmo quando eles passaram diante da recepção, ninguém se importou com o que estava acontecendo. Já do lado de fora da vistosa edificação, o médico usou seus últimos trocados para alugar um tílburi que os levasse de volta para casa.

Assim que chegaram, Louise e Anne ficaram apavoradas ao ver que o irmão trouxera um completo estranho para casa.

– Quem é ele? – perguntou Louise num cochicho, enquanto Charles acomodava seu primeiro paciente brasileiro em sua própria cama.

– Mais tarde eu explico... – respondeu o médico e gentilmente despachou as duas garotas para fora do quarto.

Na verdade, foi bem mais tarde, depois de ter meticulosamente examinado e medicado seu paciente, que Charles deixou a cabeceira de Juca para satisfazer na medida do possível a curiosidade de suas irmãs.

– De nada adianta me alvejarem com milhares de perguntas – ele foi logo avisando. – Nada sei sobre o rapaz, além de que é uma boa pessoa! Ele foi o único que se dispôs a me ajudar e logo em seguida tive a oportunidade de retribuir a gentileza.

– Não estou entendendo mais nada! Você não foi ao hospital para procurar uma colocação? Espero que você tenha ficado com o emprego e que eles tenham te dado algum trabalho extra para trazer para casa... – disse Louise, confusa com a história toda, mas seu comentário fez com que Charles risse de seu otimismo.

– Nada disso. Não peguei o emprego, mas, pelo visto, arrumei meu primeiro paciente!

– Será que ele tem dinheiro para pagar? – foi a vez de Anne perguntar num fio de voz.

– Duvido muito. Lembre-se de que encontrei o rapaz num hospital público, que, ao menos em tese, deveria prestar socorro aos mais pobres. Ah! Se vocês tivessem visto o descaso com que são tratados os pacientes necessitados naquele hospital, certamente teriam ficado revoltadas! Aliás, como eu estou! Esse pobre coitado praticamente desmaiou em meus braços dentro da Santa Casa e ninguém se importou com isso. Que outra coisa eu poderia fazer além de trazê-lo para cá, a fim de tratá-lo adequadamente? – perguntou retoricamente o médico e nenhuma das irmãs se atreveu a dizer nada, porque a resposta era óbvia.

– Fiz uma sopa com umas batatas que encontrei na dispensa; está rala, mas é melhor do que a barriga roncando de fome. Vamos almoçar enquanto está quentinha! – avisou Louise, preferindo usar a tática de mudar de assunto.

À noitinha, Charles ficou satisfeito ao verificar a temperatura de seu paciente e descobrir que a febre cedera ao tratamento.

– Como está se sentindo, meu caro Juca Timbó?

O sorriso largo novamente iluminou sua face lustrosa quando ele respondeu:

— Agora estou muito melhor, doutor! Não sei o que o senhor fez, mas certamente funcionou! Que mal eu tenho, doutor? — perguntou Juca, tentando disfarçar a própria preocupação.

— Você estava febril e desidratado, ou seja, faltava água em seu organismo. Aquele mal súbito que você sofreu lá no hospital foi provocado por uma queda abrupta da pressão arterial. Isso tudo com relação ao que houve hoje, mas, falando da sua saúde como um todo, penso que esteja sofrendo de um quadro sério de estafa. Diga-me, você tem trabalhado pesado nos últimos tempos?

Pensativo, o moço coçou lentamente a carapinha, antes de responder:

— Acho que o doutor além de médico também é adivinho. Na verdade, tenho trabalhado como um escravo nos últimos tempos! E nada de trabalho intelectual, feito no conforto do escritório de madame, não senhor! Foi trabalho duro, de cavar alqueires do chão seco dessa terra maldita com a enxada! Fiquei com as mãos cobertas de bolhas, mas precisava trabalhar para não morrer de fome. Estou nessa lida infeliz desde que madame partiu... — então, de súbito, sua voz se embargou e Juca parou de falar, visivelmente emocionado.

— Desculpe a curiosidade, *monsieur* Timbó, mas gostaria de conhecer sua história. A começar pelo fato de como você aprendeu a falar tão bem o meu idioma...

— Fui criado na casa de madame Imbercours, uma dama francesa, casada com um rico comerciante holandês. Sou filho de mãe escrava e pai desconhecido, mas, graças à minha boa estrela, nasci depois da lei do *Ventre Livre*, promulgada pelo imperador Pedro II, que decretou que, a partir de 28 de setembro do ano de 1871, todos os filhos nascidos de escravos estariam livres da escravidão.

Charles calculou mentalmente e ficou abismado ao constatar que apenas vinte e cinco anos antes, o Brasil ainda utilizava mão-de-obra escrava como mola propulsora de sua sociedade.

— Minha mãe morreu de tifo quando eu ainda era criança, então, a madame, que não teve filhos seus, se afeiçoou a minha pessoa. Ela me educou para ser seu secretário pessoal, por isso, tive aulas com um professor particular que me ensinou a ler e escrever em português. Depois de mais crescido, demonstrei talento para imitá-la quando ela falava francês. Madame achou que isso poderia ser útil, portanto, resolveu me ensinar a falar e a escrever também em francês – disse Juca e secou nas costas da mão uma lágrima solitária.

– Morávamos num belo sobrado em frente à rua do Ouvidor e fui seu secretário particular até o mês passado, quando madame pegou uma gripe terrível que acabou consumindo sua saúde. Se me permite dar a mísera opinião de um leigo no assunto, acho que ela foi muito malcuidada pelo clínico que a tratou, que não fez outra coisa além de receitar chazinhos de ervas em troca de subtrair vários contos de réis aos cofres de meu patrão.

Feito o desabafo, as mãos de Juca tremiam de indignação; em seguida, ele deu um suspiro profundo, como se precisasse reunir forças para seguir contando sua história:

– Depois que madame faleceu, meu patrão empacotou tudo que tinha, vendeu a casa e voltou para a Holanda. Partiu sem olhar para trás e me deixou aqui sozinho, sem casa, sem trabalho e nem mesmo uma carta de recomendação. Agora vejo que ele sempre teve ciúme do tratamento, especial segundo o próprio, que madame me dispensava...

– Por isso você teve que trabalhar na lavoura, debaixo desse sol inclemente e acabou caindo doente de puro cansaço – completou Charles, ao que o rapaz apenas balançou a cabeça, assentindo.

Nesse instante, Anne abriu a porta e entrou no quarto seguida por Louise, que equilibrava nas mãos uma bandeja:

– Trouxemos um prato de sopa para você, porque saco vazio não para em pé! Me chamo Anne e aquela dali é Louise! Somos as irmãs do doutor Charles – informou a menina num só fôlego.

– *Merci, madeimoselle.* Sou Juca Timbó, um seu criado...

– CHARLES! – gritou a garota, dando um susto tão grande no coitado, que por muito pouco ele não caiu da cadeira em que estava sentado. – Ele fala francês! É a primeira vez que alguém daqui entende o que eu digo! – desabafou a menina, ao que todos riram da explicação, achando graça em sua espontaneidade.

– Me diga uma coisa: essa sua cor bem pretinha tinge a água da tina quando você toma banho? – disparou a moleca, que andava se coçando de vontade de fazer essa pergunta infame desde que avistara essas pessoas de pele escura andando pelas terras brasileiras pela primeira vez.

– Anne, não fale uma coisa dessas! Não seja tão mal-educada! Assim você me mata de vergonha! – exclamou a irmã, abismada com o tamanho de seu atrevimento.

Foi então que Juca Timbó, que já tinha ouvido de um tudo na vida por ter a pele cor de azeviche, mas jamais algo tão engraçado, teve um verdadeiro acesso de riso.

– Perdoe essa tonta, *monsieur* Timbó! Ela não sabe o que diz, mas mesmo assim é incapaz de ficar com a boca fechada... – disse Louise, ficando da cor de um tomate cereja.

– Isso não é nada! Entendo perfeitamente a curiosidade da sinhazinha. É natural que a menina estranhe conhecer alguém que tem a pele tão escura quanto a minha, mas caso lhes sirva de consolo, afirmo que também nunca tinha visto alguém com madeixas cor de fogo como as suas... – respondeu Juca, apontando um dedo para o cabelo de Louise.

– Viu, viu?! Ele me entende! Eu nunca vi gente tão preta como ele, que também nunca viu gente tão vermelha como você! Estamos empatados.

Charles, que tentava a todo custo manter a seriedade a fim de não incentivar a marota, acabou sorrindo de sua perspicácia.

– Certo, sua enxerida, já entendemos seu ponto-de-vista! Agora venha comigo; vamos deixar *monsieur* Timbó jantar em paz... – ralhou Louise, pegando a menina pela mão e arrastando-a para fora do quarto.

Enquanto o rapaz fazia sua primeira refeição do dia, Charles permaneceu em silêncio na penumbra do quarto, fitando a parede de taipa de pilão caiada de branco. Sua mente recordava o dia difícil que vivera, rememorando as dificuldades que sofrera quando tentara inutilmente falar com os funcionários da Santa Casa. Seu coração latejava de orgulho ferido por não ter sido capaz de se comunicar com aquela gente.

Por outro lado, também lhe doía na alma perceber que praticamente ninguém naquela cidade contrataria um indivíduo negro para o cargo de secretário, mesmo que ele falasse francês e tivesse um excelente preparo intelectual. Estrangeiro pela primeira vez na vida, ele sentia o preconceito ardendo como brasa na própria pele, fato que o ajudava a compreender como se sentia o negro Juca Timbó, que acabara sendo obrigado pelas circunstâncias a pelejar na lavoura.

"Será que também eu, estarei fadado ao fracasso, unicamente por causa do preconceito enraizado no seio dessa sociedade primitiva?" – Esta era a dúvida que atormentava Charles enquanto ele hipnotizava a parede à sua frente, quando, de repente, uma ideia luminosa o assaltou:

– Juca... posso chamá-lo de Juca, pois não?

– Claro, doutor Lantier...

– Diga Charles, apenas Charles. Agora, somos amigos... – ao que o sorriso radioso de Juca novamente inundou o quarto.

– Veja bem, você tem seus problemas e eu também tenho os meus, justamente por isso, sugiro que unamos nossas forças e nos ajudemos! Pense comigo: sei que sou um médico competente, mas compreendi que muito dificilmente conseguirei um emprego formal porque não domino o idioma; já você, também muito impossivelmente conseguirá um emprego que esteja à altura de suas qualificações profissionais porque não possuí ninguém que as ateste. Ainda por cima, você está sofrendo de estafa, por isso, ao menos por enquanto, não poderá sequer pensar em voltar para a lida na lavoura...

– Timbó, entristecido, concordou com um aceno de cabeça.

– Estava aqui pensando sobre tudo isso, quando me lembrei de que também comecei minha carreira de médico como assistente de um renomado pesquisador francês. Por isso, imagino que, como secretário de madame *Imbercours*, você tenha conhecido algumas pessoas importantes da sociedade carioca.

Agora, Juca Timbó, fitava o amigo recém-adquirido com seus olhos cor de piche muito atentos, numa concentração de dar inveja a muito estudante com cadeira cativa na universidade.

– Assim, tive a seguinte ideia, se eu abrisse um consultório próprio, aqui em casa mesmo, você poderia vir trabalhar comigo, atuando como meu professor de português e também como tradutor e intérprete junto à clientela. A fim de encontrar possíveis clientes, nós entraríamos em contato com as pessoas que você conheceu enquanto foi secretário de madame *Imbercours*. Caso tenhamos retorno, poderíamos atender aos clientes mais refinados à domicílio e as pessoas mais simples seriam atendidas aqui em casa mesmo. Quero que você seja absolutamente sincero e que fique à vontade para recusar a oferta se ela não lhe for conveniente. Agora me diga, você acha que isso pode funcionar?

– Claro que sim! É uma ideia supimpa! Mas, doutor – e o rapaz baixou o olhar, antes tão animado, alinhando-o ao rés do chão. – Na verdade, não sei se estou à altura de realizar um trabalho tão importante, nem de poder desfrutar tão abertamente de vossa confiança. Tenho receio de que as pessoas daqui o julguem pelas deficiências de seu assistente...

– Você está falando sobre o preconceito que vive nessa gente, isso sim! Agora, pense pelo lado positivo, que dupla exótica nós somos! No mínimo iremos despertar alguma curiosidade, não acha?

De repente, Charles se levantou num pulo, colocou-se diante de seu novo secretário e ordenou:

– Agora, quero que fique alerta, aprume essa postura e se concentre em mim, olhando dentro dos meus olhos! – exigiu o médico usando um timbre de comando na voz. Por um longo momento, Charles mergulhou naqueles olhos negros e reluzentes como joias lapidadas em ônix, ao que Juca suportou com humildade e resignação a súbita invasão mental, daquele que desejava desnudar sua alma.

– Sabe o que vejo? Coragem, bondade, boa vontade e determinação. Se o futuro demonstrar o contrário, paciência; um indivíduo deve ser capaz de arcar com as escolhas que faz. Porém, baseado nas emanações magnéticas que sinto fluindo ao redor de seu corpo, considero que nossa parceria tem tudo para ser muito bem-sucedida! – disse o médico, estendendo à mão direita para firmar uma aliança.

– Que Deus nos ajude e abençoe. Fico muito grato pela oportunidade, *monsieur* Lantier – respondeu com humildade o rapaz, que, ao ver a desaprovação surgir no rosto do outro à menção cerimoniosa de seu sobrenome, imediatamente corrigiu:

– Charles – disse e apertou a mão do outro com firmeza e alegria, selando a parceria que mudaria para sempre a vida de ambos.

2
A CLÍNICA

Agosto de 1896.

Na manhã seguinte, Louise acordou logo ao raiar do dia, despertada pela algazarra que a passarada fazia nas árvores do pomar. Levantou-se de bom humor, trocou de roupa com cuidado para não acordar a irmãzinha e foi preparar o café da manhã. Porém, seu entusiasmo não suportou a contemplação da despensa praticamente vazia. Mesmo para quem, como ela, estava acostumada a viver com pouco, aquela situação de quase penúria era um golpe no estômago, literalmente. Louise arrumou a mesa com capricho, depois reuniu seus tesouros, uma derradeira porção de chá preto e um pedaço de pão de centeio amanhecido e os serviu, apesar do aperto no coração.

Enquanto Louise sorvia uma xícara de chá ralo à guisa de refeição matutina, Juca Timbó entrou pela porta, assoviando uma animada marchinha de carnaval.

– Olhe só, sinhazinha! Quanta coisa boa eu encontrei quase estragando lá fora! – só então, Louise reparou que ele trazia uma cesta cheia de 'coisas'.

– Vocês têm um pomar excelente! Minha mãe sempre dizia que quem tem um pomar variado só passa fome por capricho – disse o rapaz, como se tivesse lido seus pensamentos.

– Você quer dizer que tudo isso aí, se pode comer? Eu pensei que fossem frutas silvestres, que servissem apenas aos pássaros... – respondeu a moça, desconfiada, girando uma carambola entre os dedos.

– Não, *mademoiselle*! A passarada gosta, claro, que eles não são bobos nem nada! A gente também pode comer todas aquelas frutas que estão lá fora. Basta ir até o pomar, escolher o que já madurou e pegar. Isso aqui é um verdadeiro jardim do Éden, como diria meu amigo padre Escobar, da igrejinha da praia.

– Veja o que eu apanhei, um belo mamão papaia, mais este melão madurinho, alguns caquis e estas deliciosas mangas! Está tudo maduro!

A francesinha fitava as frutas desconhecidas sem muito entusiasmo, enquanto Juca tratou de pegar uma vasilha para lavá-las, descascá-las e servi-las, intuindo que nenhuma falação substituiria a necessidade de uma boa degustação.

Quando Charles finalmente chegou até a cozinha, Louise e Anne, já estavam seduzidas e devidamente lambuzadas com a comida milagrosa que Juca tinha encontrado no quintal.

– Experimente isto, Charles! Chama-se manga e o sabor é incrível! Garanto que você nunca provou nada igual... – aconselhou a pequena Ane com a vivacidade de um colibri.

– Ainda temos espaço para plantar uma horta e lá atrás, ao lado daquele quartinho de despejo, ainda há espaço para fazermos um pequeno roçado que pode ser de milho, feijão ou arroz – informou Juca ao dono da casa.

– Puxa, é doce como mel! – elogiou Charles ao provar um suculento naco de manga. – Mas, de que quartinho você está falando?

Surpreso, Juca olhou para seu novo patrão, depois cocou a cabeça, num jeito próprio de demonstrar sua hesitação:

– O senhor ainda não viu o quarto de despejo que há nos fundos da propriedade, onde estão guardadas algumas ferramentas e outras velharias?

– O senhor está nos céus... – respondeu Charles, fazendo com que as garotas rissem com a gracinha. – Ainda não vi, Juca. Confesso que, com tantas coisas na cabeça, acabei esquecendo de vistoriar o quintal inteiro. Nós chegamos aqui outro dia e eu... – mas, então, o rapaz parou a frase no meio e passou a fitar o 'nada', como se uma força da natureza o tivesse congelado em pleno ar.

– Charles? Sinceramente, essa sua mania de parar de falar de repente me deixa nervosa! – reclamou Louise, interrompendo os pensamentos do irmão.

– É que essa informação me deu uma ótima ideia! Passei a noite inteira pensando que Juca devia ficar alojado aqui em casa para que pudéssemos trabalhar mais à vontade. Porém, fiquei preocupado com o problema da falta de espaço e de privacidade, enfim... Mas, se temos esse quarto adicional, o problema do alojamento também fica resolvido!

Animado com a boa notícia, Charles se voltou para o amigo e disse:

— Juca, eu não sei onde você está morando, mas se achar que aquele quarto lá do fundo pode ser arrumado para lhe servir de abrigo, sinta-se à vontade para vir morar conosco!

Ao ouvir aquele convite, o rapaz, que fora recentemente deixado pela única pessoa que o estimava e atualmente vivia num alojamento improvisado na chácara em que dava o sangue em troca de um naco de pão, sentiu que os anjos do céu, finalmente, tinham ouvido suas preces.

— Eu não sei como agradecer, patrão...

— Ótimo! Não me agradeça! Quero que vá agora mesmo buscar seus pertences. Enquanto isso, eu e as meninas faremos uma bela limpeza naquele cômodo para que vire um abrigo digno de sua pessoa. Mãos à obra, pessoal! Temos muito trabalho pela frente.

— Nesse caso, já vou! Quando saí da residência de madame deixei minhas coisas na casa de dona Eufrásia, a ex-governanta de madame, que fez a gentileza de guardá-las por algum tempo. *Au revoir*!

Para desespero de Anne e cansaço de Louise, a família *Feuille* trabalhou como nunca naquele cálido dia de inverno, mas, quando o sol do poente finalmente surgiu no horizonte, o velho e insalubre quarto de despejo havia se transformado no agradável lar de Juca Timbó.

Depois de passar por um longo período padecendo com mil atribulações, Juca sentia-se feliz como nunca, como o peregrino que, perdido num deserto, finalmente encontrasse um oásis. Quando Charles veio chamá-lo para jantar, encontrou-o a cantarolar um famoso samba de roda enquanto arrumava seus livros numa prateleira.

O médico ficou duplamente impressionado; primeiro, porque jamais supôs que uma pessoa tão modesta gostasse tanto de livros e, em segundo, pela grande quantidade que havia ali, já que Juca possuía mais volumes do que ele próprio.

"Agora é você que está sendo preconceituoso, ao supor que uma pessoa humilde não possa ser também uma pessoa culta. Isso é preconceito intelectual, doutor Lantier" – pensou o médico enquanto observava os vários títulos que formavam a robusta biblioteca de seu novo amigo.

— Pertenciam à madame *Imbercours*. Antes de falecer, ela os deu para mim. Trata-se de minha pequena herança – disse o rapaz ao perceber o interesse do médico.

– É uma pena que estejam todos em português... – lamentou Charles, desapontado.

– O que será muito bom para nossos estudos! Que acha de começarmos nossas lições ainda hoje? – Juca tirou um exemplar da prateleira e perguntou:

– Que tal começar por este aqui? – em seguida Juca leu em voz alta o título do livro que tinha nas mãos:

– *A escravidão no Brasil e as medidas que convém tomar para extingui-la sem dano à nação.* Foi escrito por um grande homem, sobretudo, interessado nos rumos desta imensa nação, *monsieur* Bezerra de Menezes.[1]

– Excelente! Presumo que esse escritor tenha trabalhado ativamente pela causa abolicionista no país.

– Sim! Tenho certeza de que você gostaria de conhecê-lo pessoalmente, porque, além de escritor, político e ativista de causas sociais, esse senhor também é um renomado médico.

Charles deu um assovio baixo para demostrar sua admiração.

– Ele era amigo de madame *Imbercours* e frequentador das reuniões abolicionistas que ela promovia no solar. Aliás, tenho convicção de que, se madame tivesse sido tratada por ele, ainda estaria viva e não no mundo do além... – Juca Timbó fez o sinal-da-cruz, benzendo-se, num gesto automático em menção à alma da patroa falecida.

– Ao contrário de seu marido, madame *Imbercours* sempre simpatizou com a causa da abolição da escravatura. Apesar de sua alta posição social, ela nunca se conformou com a situação de desigualdade que permeia a sociedade brasileira. Era dona de uma personalidade forte e destemida, e também muito independente, para desgosto do marido que nunca esteve à altura de seu brilho pessoal. Por isso, madame fez muitos amigos entre os abolicionistas, entre eles, Bezerra de Menezes, mas também havia um outro, um renomado jornalista... – Juca parou de falar por um momento e quedou-se pensativo; matutando, à procura do nome que lhe escapava à memória.

– Quintino Bocaiúva![2] – por fim, lembrou.

– Veja, este periódico é dele... – disse Juca, pegando um jornal de uma pequena pilha que jazia numa caixa, aguardando pela próxima etapa da arrumação. Charles pegou o jornal e olhou-o de cima a baixo, sem entender patavina do que via. Juca apontou um dedo comprido para o cabeçalho no alto da página amarelecida onde leu, *O Paiz*, e, em seguida, traduziu em voz alta, '*Le Pays*'.

– Quer dizer que esse jornal é editado por um amigo de madame *Imbercours*. Olhe que isso me deu uma ótima ideia: que acha de irmos à redação para você me apresentar à *monsieur* Quintino Bocaiúva? – Charles perguntou, bastante animado com a possibilidade de fazer um primeiro contato.

– Grande ideia! Quem sabe, não possamos colocar um anúncio no jornal oferecendo seus serviços médicos?

– Calma, Timbó! Uma coisa de cada vez! Por enquanto, vamos torcer para cairmos nas graças desse tal... – e o francês parou de falar, constrangido pela dificuldade de pronunciar um nome tão exótico.

– Bocaiúva. Isso será fácil. Garanto-lhe que *monsieur* Quintino Bocaiúva é uma pessoa excelente.

Logo bem cedo, no dia seguinte, Charles e Juca tomaram o rumo da cidade, mais especificamente à redação do jornal *O Paiz*, com a missão de conseguir uma entrevista com o editor.

Depois de levarem um chá de cadeira de mais de hora, eles foram finalmente conduzidos à presença do eminente abolicionista, político republicano e jornalista. Ao contrário do que Charles esperava, Bocaiúva prontamente se lembrou de Juca Timbó, o secretário de sua caríssima amiga, madame *Imbercours*, tratando-os com simpatia e respeito. Pessoa afável e de extrema cultura, muito educado e gentil, conquistou o coração de Charles Lantier entre um café e um dedo de prosa. Depois de apenas meia hora de conversa, os dois se tratavam como velhos camaradas.

O editor do jornal ficou muito impressionado ao saber que Charles havia sido assistente do coronel de Rochas e que também era um estudioso da ciência do magnetismo. Assim, quando Juca contou sobre sua pretensão de clinicar na capital, Bocaiúva disse que fazia questão de indicá-lo aos seus amigos e ainda se ofereceu para redigir pessoalmente um pequeno anúncio para ser publicado no jornal.

Ainda naquele dia, como que para provar que os bons ventos da sorte estavam mesmo soprando para os lados da família Lantier Feuille, uma galinha fugida de algum galinheiro vizinho pulou a cerca que separava os quintais, indo ciscar no terreiro alheio.

– Galinha achada não é roubada! – sentenciou Juca e, antes que alguém pudesse contestar esse ponto de vista, ele rapidamente agarrou a bichinha e lhe torceu o pescoço.

– Hoje é dia de comemoração! Por isso, vou fazer uma galinha ao molho pardo para o jantar! – Juca foi logo avisando, sorridente como sempre.

Nos dias que se seguiram, Juca Timbó usava as manhãs para ensinar português para qualquer francês que cruzasse o seu caminho e as tardes, para capinar e plantar o terreno no fundo do quintal, a fim de fazer uma horta que pudesse suprir as necessidades da família. À noite, depois do jantar, ele escrevia as cartas que recomendavam o médico francês e estudioso da magnetização Charles Lantier, aos amigos de madame *Imbercours,* que, no dia seguinte bem cedo, Louise e Anne se encarregariam de colocar no correio.

Dos três, era a pequena Anne quem aprendia o português com mais rapidez e facilidade. Por isso, Juca, que ela apelidara de *'professeur souriant'*, que em bom português quer dizer 'professor sorridente', sempre tratava de instruí-la com antecedência, antes que as garotas saíssem para fazer qualquer coisa.

Charles morria de rir com essas 'reproduções da realidade', verdadeiras dramatizações que ele chamava de 'adestramento em português'. Funcionava mais ou menos assim: Juca criava os diálogos que Anne provavelmente travaria com o atendente da venda, com o funcionário do correio e até mesmo com o pároco da igreja.

– Não esqueça de pedir a bênção – Juca dizia em português, Anne repetia com seu rebuscado sotaque francês e Charles quase rolava no chão de tanto rir, ao que o professor sorridente replicava:

– Ignore. É inveja...

Assim, os dias passaram céleres no calendário e, quando finalmente o primeiro cliente surgiu, atendendo à uma recomendação feita por Quintino Bocaiúva, o doutor Charles Lantier já era capaz de falar algumas palavras em português e de entender muitas outras mais.

Logo, as amizades de Juca Timbó no círculo social de madame *Imbercours* e o anúncio no jornal de Bocaiúva começaram a render seus frutos. Antes que a estação fria terminasse, a dupla 'Charles e Juca' ocupava seus dias visitando clientes nos bairros mais refinados da cidade, reduto da elite carioca. Dessa forma, o que a princípio tinha sido um empecilho, acabara se transformando num diferencial, porque os clientes mais abastados achavam que era excitante consultar um médico que, além de francês, também era estudioso da técnica *du magnétisme*. Isso sem falar que ele se fazia acompanhar por um assistente negro que falava perfeitamente o francês porque, segundo fuxicavam as alcoviteiras de plantão, fora um escravo de madame educado em Paris.

Folclores à parte, depois de um longo inverno, as consultas particulares começaram a render um bom dinheiro e Louise, que fora encarregada de cuidar das finanças, acabou descobrindo um raro talento para a contabilidade e, na opinião de Anne, também um certo pendor para a sovinice.

– Quando vamos à venda, ela não me deixa comprar nem um pirulito! É uma mão de vaca, isso sim! – reclamava a menina, com certa razão.

Em setembro, quando a primavera despontou, brindando a natureza com uma explosão de cores e perfumes de exuberância tropical, a pequena família de Charles Lantier sentiu que a vida no Brasil parecia estar no rumo certo.

Num belo dia, Juca entrou esbaforido pela cozinha e disse à família, que estava reunida em volta da mesa para o almoço:

– Vocês viram que o velho dom Manuel colocou a casa da esquina para alugar? – Charles ergueu uma sobrancelha indagadora, como a perguntar sobre que raio de coisa ele estava falando.

– Aquela casinha na esquina, que fica no próximo quarteirão. Vejam, o espaço é perfeito para abrir uma clínica particular! A área social, ampla e arejada, serviria muito bem como sala de atendimento e de espera. Já os três quartos podem funcionar como consultório, escritório e enfermaria. O aluguel não está alto, pois a casa precisa de alguns reparos, mas nada que uma boa mão de tinta não resolva e...

– Parece que você já pensou em tudo, pois não? – interrompeu o médico, entre surpreso e brincalhão.

– Desculpe a empolgação, Charles. É só que ultimamente não temos dado conta de atender todos os nossos pacientes aqui em casa e muitos tiveram que ser dispensados. Por isso, achei que uma mudança para um lugar maior poderia ser uma boa ideia... – disse Juca, meio sem graça.

– É fato que, se ampliarmos as instalações, poderemos atender mais pessoas e também ganhar mais dinheiro. Mas é preciso saber quanto custa o aluguel e que outras despesas ainda podem surgir... – ponderou Louise, falando como se a empreitada fosse viável do ponto de vista financeiro.

– Eu vou ser a secretária! – avisou Anne, apesar de ter a boca cheia de arroz com feijão.

– Parece que sou voto vencido! Abra o caixa e conte os nossos tostões, Louise! Se tivermos a quantia necessária, talvez possamos nos arriscar na empreitada de abrir nossa própria clínica! – respondeu o médico.

Em outubro, o médico francês e renomado magnetizador Charles Lantier inaugurou sua modesta clínica no bairro da Glória. Entretanto, passados apenas dois meses, o médico tinha firmado uma boa reputação e atraído para a clínica uma grande clientela, graças a sua reconhecida competência e a enorme simpatia com que sua família tratava de seus pacientes.

Depois de muita luta, parecia que finalmente os preconceitos tinham sido vencidos, graças à excelência do trabalho do médico estrangeiro e à dedicação e a simpatia ímpar de seu secretário. A dupla tornou-se uma espécie de lenda urbana, criaturas exóticas que a sociedade carioca, fosse a elite ou nem tanto, enfim, todos os que podiam pagar por uma consulta, tinham curiosidade de conhecer e experimentar.

Assim, aqueles que tinham condições tratavam de chamar o magnetizador e seu fiel escudeiro às suas elegantes mansões na cidade alta. E quem não podia se dar ao luxo de exigir uma visita à domicílio, marcava uma hora na agenda lotada e esperava chegar o dia da consulta na Clínica do Outeiro. A fama que tinham conquistado ao longo daqueles exaustivos meses de trabalho devia-se a uma expressiva taxa de sucesso na cura de seus pacientes. Sobretudo, se comparada à da concorrência, sendo que Charles creditava todos os êxitos na conta da magnetização:

– Pois é só o que faço de diferente dos outros médicos... – ele explicou ao Juca, quando foi perguntado sobre a excelência desses resultados.

Nessa época, Charles e Juca trabalhavam feito loucos para dar conta de tantos compromissos. Em suas raras horas de folga, Charles aproveitava para ler os livros e os jornais do acervo de Juca, para aprimorar seu conhecimento da língua portuguesa. O médico gostava sobretudo das edições de *O Paiz*, jornal de grande circulação, reconhecido pelo jargão "o mais lido do Brasil", que Juca tinha colecionado ao longo dos últimos anos. Charles apreciava, sobretudo, a série de "Estudos Filosóficos" sob o título "O Espiritismo", e lamentava o fato de que seu articulista favorito preferia permanecer incógnito e assinava seus artigos usando o pseudônimo de Max.

NOTAS:

[1] *Adolfo Bezerra de Menezes Cavalcanti* (1831 – 1900), brasileiro, foi médico, militar, escritor, jornalista, político, filantropo e expoente da doutrina espírita. Em 1851, veio para o Rio de Janeiro onde estudou medicina, formando-se em 1856. Concluído o curso, dedicou-se às atividades cirúrgicas no Hospital da Santa Casa da Misericórdia. Conquistou a estima e a consideração do sábio professor de clínica cirúrgica, o conselheiro dr. Manuel Feliciano Pereira de Carvalho. Tendo o governo imperial reformado o Corpo de Saúde do Exército, o professor Feliciano de Carvalho foi nomeado cirurgião-mor e levou Bezerra de Menezes para integrar o quadro de médicos-operadores do exército brasileiro no posto de cirurgião-tenente. Alcançou renome pelo êxito de suas intervenções e isso lhe valeu o ingresso como membro titular da Academia Imperial de Medicina, empossado em 1857, após defender tese: 'Algumas considerações sobre o cancro, encarado pelo lado do seu tratamento'.

Bezerra de Menezes

Tornou-se, por três anos, redator dos anais daquela sociedade. Bezerra de Menezes, contudo, não permaneceu por muito tempo no exército, porque, convocado por amigos e admiradores da freguesia de São Cristóvão, onde residia e clinicava, ingressou na política em 1860, como vereador, chegando em 1867 a deputado; em 1878, a líder do Partido Liberal e, por último, de 1878 a 1880, a presidente da Câmara Municipal, cargo que acumulava a função de administrador da cidade do Rio de Janeiro. Já fora do Exército e alheio à política, Bezerra de Menezes intensificou seu trabalho como médico humanista, socorrendo a enfermos, indigentes e necessitados. Em 16 de agosto de 1886, declara, publicamente, a sua adesão ao espiritismo e se filia à Federação Espírita Brasileira. Pouco tempo depois, com o objetivo de divulgar a doutrina e defendê-la de seus detratores, passou a escrever artigos no jornal *O País*, sob o pseudônimo de Max. Foram publicados de setembro de 1887 a dezembro de 1894, reunidos em três volumes e editados sob o título de *Estudos filosóficos*. Em 1895, eclodiu uma séria crise na Federação Espírita Brasileira, tendo sido Bezerra de Menezes convocado para o trabalho missionário de harmonização, dispondo de ampla liberdade para introduzir profunda reformulação no espiritismo brasileiro, de modo a enquadrá-lo como o verdadeiro Consolador.

[2] *Quintino Antônio Ferreira de Sousa Bocaiúva*, (1836 – 1912) foi jornalista e político brasileiro, mais conhecido por sua atuação no processo da Proclamação da República. Em 1850,

mudou-se para a cidade de São Paulo, iniciando a vida profissional como tipógrafo e revisor. Nesta fase, colaborou no jornal *Acaiaba* quando adotou o nome Bocaiuva (nome comum a duas espécies nativas de palmeira), para afirmar o nativismo. Defensor ardoroso das ideias republicanas, de volta à cidade do Rio de Janeiro trabalhou no jornal *Diário do Rio de Janeiro* (1854) e *Correio Mercantil* (1860-1864), vindo a ser o redator do "Manifesto Republicano", que veio a público na 1ª. edição do *A República* (03/12/1870), e em cujas páginas escreveu até o encerramento (1874). quando fundou o jornal *O Globo* (1874-1883). Em 1884, fundou *O Paiz*, que exerceu grande influência na campanha republicana. Maçom, era contrário às ideias positivistas. Polemista de discurso agressivo e lógico, no Congresso Republicano prevaleceu a tese de uma campanha doutrinária pela imprensa para o advento gradual da República. A aproximação de personalidades civis e militares descontentes com o regime monárquico (Benjamin Constant e marechal Deodoro da Fonseca) foi decisiva nos acontecimentos que levaram à deposição do imperador e à proclamação da República

Quintino Bocaiúva

Brasileira (15/11/1889). Com esta, participou do governo provisório, assumindo a pasta das Relações Exteriores. Bocaiú   va deixou-a para continuar como senador pelo Rio de Janeiro na Assembleia Nacional Constituinte. Permaneceu no cargo até à votação da nova constituição (24/02/1891), renunciando ao mandato para retornar ao jornalismo, à frente de *O Paiz*. Em 1899, foi reeleito senador, sendo subsequentemente escolhido para o governo do Rio de Janeiro (1900-1903). Em 1909, retornou ao senado, tendo exercido o cargo de vice-presidente de 1909 a 1912. Nesta função apoiou a candidatura do marechal Hermes da Fonseca à presidência da República (1910) e, neste mesmo ano, ocupou a presidência do Partido Republicano Conservador, do caudilho gaúcho José Gomes Pinheiro Machado.

3
O SÁBIO

Setembro de 1896.

Num certo domingo de primavera, numa das oportunidades em que os amigos liam e estudavam juntos, Juca contou para Charles que Max era o codinome espírita de Bezerra de Menezes e que seus artigos haviam marcado a época de ouro da propaganda espírita no Brasil. Ele havia escrito ininterruptamente, de novembro de 1886 a dezembro de 1893, artigos ardentes e contundentes, que deram o que falar na sociedade fluminense.

– Foram esses artigos que me levaram a colecionar o jornal e que me converteram num grande admirador do médico espírita Bezerra de Menezes. Além de espírita atuante, ele é o atual presidente da Federação Espírita Brasileira, cargo que agora desempenha pela segunda vez e que, imagino, lhe tenha fornecido a maior parte dos fios encanecidos que ostenta sobre a nobre cabeça...

– Por favor, fale mais sobre *monsieur* Bezerra de Menezes – pediu o médico.

– O que sei, como direi, foi de orelhada, de ouvir as conversas dos amigos espíritas que frequentavam os saraus que madame *Imbercours* adorava organizar em seu casarão. Eu ficava lá, sentadinho no meu canto e, ouvindo uma coisa aqui, outra acolá, fui costurando minha própria colcha de retalhos sobre o assunto.

"Imagino que a maior controvérsia entre os diferentes agrupamentos espíritas que existiam à época começou anos atrás. Se não me falha a memória, foi em fevereiro de 1889 que surgiu a primeira pendenga, ocasionada por uma comunicação transmitida pelo espírito do venerado Allan Kardec, através de um médium conhecido por Frederico Júnior. Parece que, nessa aventada comunicação, grosso modo, o mestre lionês passava uma bela descompostura na caboclada espiritista que, de separatismo em separatismo, de equívoco em equívoco, estava se distanciando dos postulados do verdadeiro espiritismo apostólico e evangélico, como deveria ser. O ilustre falecido chamava os espíritas de volta às suas excelsas responsabilidades, falando sem rodeios e exigindo que retomassem imediatamente o espírito da verdadeira FRATERNIDADE, dito assim mesmo, em letras graúdas. Sobretudo, o líder espiritual Kardec queria lembrar aos seus discípulos brasilianos que deviam honrar a missão a que se obrigaram antes de nascer, cuja missão o evangelizador Ismael, responsável pelas terras de Vera Cruz, definira sob a bandeira Deus, Cristo e Caridade. "Onde estiver esta bandeira, aí estarei eu" – teria dito o excelso Ismael.

– Que grande celeuma! E por causa do que os espíritas divergiam tanto? – perguntou o médico, entretido com a histórica luta partidária.

– Cada diferente grupo queria exercer a supremacia sobre os demais. Grosso modo, havia duas vertentes principais, os chamados 'científicos', que reconheciam apenas os postulados da obra *O livro dos espíritos*, e que baseados nisso desejavam excluir tudo o que escapasse da premissa 'científica' da doutrina, contra os 'místicos', assim chamados porque usavam todos os livros da codificação, inclusive, *O evangelho segundo o espiritismo*, privilegiando o caráter religioso e evangelizador no movimento espírita. Já à essa época, Bezerra que era considerado 'místico', foi percebido como sendo a pessoa ideal para aglutinar as divisões dentro do movimento.

"Assim, ele foi convidado para ser o vice-presidente da Federação Espírita Brasileira, que reuniria todos os outros dissidentes num único grupo, pela primeira vez. Nesse período, de 1890 a 1891, Bezerra iniciou o estudo sistemático de *O livro dos espíritos* nas reuniões públicas das sextas-feiras e passou a redigir o *Reformador*, jornal de divulgação espírita; também foi a época em que ele traduziu o livro *Obras póstumas*, de Allan Kardec, que foi publicado em 1892.

"Entretanto, foi a Primeira República quem desferiu o golpe mais duro sobre a cabeça do movimento espírita, quando ainda em 1890, o governo provisório decidiu incluir no novo Código Penal a condenação das práticas espíritas."

– Nesse caso, a prática do espiritismo está fora da lei vigente no Brasil? – alarmou-se o médico.

– Positivo. Aliás, foram eles, os positivistas, que primeiro promoveram a queda do império ao instituir a república, e depois se ocuparam a perseguir seus desafetos sociais, principalmente o movimento espírita, por não suportarem as comparações que se faziam entre ambos. O Código Penal nos artigos, 156,157 e 158 tratou de criminalizar a prática do espiritismo, enquadrando seus praticantes nos crimes contra a tranquilidade pública e contra a saúde pública.

Nesse instante, como se lembrasse de algo inadiável, Juca saltou de sua cadeira para mergulhar entre as pilhas dos exemplares do jornal *O Paiz*, organizados que estavam por ano e data. Pegou um exemplar de uma pilha e, para deleite de seu curioso ouvinte e interlocutor, avisou que faria sua leitura:

– Com relação a tamanho descalabro, ouça o que escreveu nosso caro Bezerra de Menezes, no artigo: '*Max, o lutador*'.

> Embora estivesse classificado pelo autor do código penal da República do Brasil na ordem dos feiticeiros, Max não deporá a pena, senão quando o mandarem para a celular.

– Celular? – estranhou o médico.
– É como eles chamam a cadeia, uma unidade celular ou cela... – Juca esclareceu e retomou a leitura:

> É verdade que estes estudos não têm mais para Max o sabor que o deleitava, visto que esses estudos, por fim, demonstram que os maiores vultos da humanidade, em todos os tempos, têm professado as ideias, fundamentais do Espiritismo, e sangra-lhe o coração de brasileiro ser obrigado a confessar que os maiores vultos de sua pátria, como devem ser considerados os que dirigem a nau do estado, condenam aquelas ideias por feitiçaria.
>
> Que difícil posição!
>
> O crente possui o mais jubiloso prazer, por ver suas convicções abraçadas e sustentadas pelos sábios, o patriota se sente humilhado, por ver os sábios de seu país lavrarem, com uma dúzia de penadas, a sentença de ignominiosa condenação para sua Terra e para sua gente.
>
> Haverá, no mundo, algum homem tão insensato que, no conflito de opiniões sobre a nova Ciência, entre o autor do código e os Crookes, os Wallace, os Zoellner, os Ulrice, os Sardou, os Flammarion,

os Gibier, os Victor Hugo, os Bismark, os Gladstones, os Lincoln, e inúmeros outros, que não é possível designar num trabalho destes?

Haverá um homem sensato, que, em semelhante conflito, tome, na mais ligeira consideração, o juízo do autor do código brasileiro?

Mas o juízo deste pobre homem, que não pensou no que escreveu, e escreveu sobre matéria que lhe é completamente desconhecida, infelizmente não mancha, pelo ridículo, exclusivamente, o seu autor.

Uma vez que sua obra foi aceita pelo governo, ela exprime o pensamento da nação.

Um cético expõe, ou deve concretizar as ideias correntes da sociedade.

Conseguintemente, o ridículo que resulta do nosso art. 158 afeta o governo e também a sociedade brasileira.

Se algum Swift lesse o código brasileiro, se julgaria habilitado a descrever-nos, assim, pelo modelo dos Hans, ou dos Lilipute, que tanta fama deram ao ilustrado filho da Grã-Bretanha.

Pobre Brasil, que, mais uma vez, se confirmou por obras o que dele disse alguém: "País onde tudo é grande, menos o homem!"

E agora, cada vulto que apresentarmos, como sustentador dos princípios e das práticas espíritas, será um escárnio atirado às faces da nossa querida pátria!

Não importa! Cada um tem o que merece; é a Verdade acima e antes de tudo.

Saibam os grandes homens da Ciência, hoje, geralmente, ocupados com o estudo dos fenômenos espíritas, que, no Brasil, nem todos são dignos das zombarias e da piedade, que o famoso código provocador de seus desprezos não exprime o sentimento geral da nação, que, se uns tantos o aceitam, muita gente o repele com dolorosa indignação.

Max dará disto testemunho e, um dia, quando o Espiritismo não mais fizer rir os levianos, como acontece a tudo que se firma na Verdade, experimentalmente provada, como o sistema de Galileu, como a invenção de Fulton, como a descoberta de Hahnemann, veremos o que sobrenadará no conceito dos homens criteriosos de nossa Terra: se o código ou as práticas espíritas que ele condena; se o autor daquela vergonha nacional ou se o pobre Max, que protesta em nome da honra nacional.

Antes de continuarmos nossa tarefa, manda a caridade que procuremos dar luz ao cego, autor do código.

Sabemos que S. Sa. tinha na mente certos espíritas quando escreveu aquele artigo, que será sempre o documento de sua fraqueza moral e de seu atraso intelectual.

Condenar uma classe, para ferir um ou dois indivíduos!

Expor sua pátria ao escárnio dos sábios do mundo para satisfazer a indisposições pessoais!

Não importa! O passado é passado. O que cumpre é prevenir o futuro.

S. Sa. pensa, deveras, que o Espiritismo é magia?

Julgue sua consciência, e procure os fundamentos de semelhante juízo.

Reflita sobre os fatos de haver milhares de jornais espíritas espalhados por todas as nações civilizadas; de já poderem os espíritas reunir um Congresso na capital do mundo moderno, Congresso que toda a grande imprensa de Paris qualificou de um dos mais notáveis que o mundo tem visto; de se ocuparem com os estudos experimentais dos fenômenos espíritas os maiores sábios de todas as nações civilizadas.

Reflita S. Sa. sobre estes fatos notórios e notabilíssimos, e diga, em sã consciência, se podem eles ter por fim o objetivo que S. Sa. qualificou de magia e feitiçaria?

Se o bom senso não se desertou de seu espírito, o ilustre advogado tem de confessar, forçosamente, que procedeu com a mais lastimável leviandade, sobrepondo-se aos mais notáveis homens da Ciência.

O que lhe cumpre agora fazer?

Em vez de proceder como os parvos, que sustentam o mais ridículo absurdo, ou porque não o podem reconhecer, ou porque entendem que é vergonhoso confessá-lo, em vez disto, cumpre-lhe fazer penitência para resgatar sua enorme falta.

Max, mais complacente que os padres, vai impor-lhe uma penitência, que é leve, que aproveitará à sua alma o cultivo de sua inteligência.

Estude a Doutrina Espírita por seus fundamentos e procure verificar, experimentalmente, mas de boa vontade, seriamente, conscienciosamente, os princípios que lhe servem de base.

Faça isto com o empenho sincero que todo homem deve ter pela descoberta da Verdade, ainda mesmo que ela choque suas mais íntimas convicções e, no fim, veremos, se dirá ou não o seu poenitel – se, ainda, chamará feitiçarias às práticas espíritas.

– É um discurso bastante corajoso! – elogiou Charles, assim que o amigo terminou a leitura. – Será que ele acabou sendo preso por isso?

– Não foi porque tem muito prestigio político e social, mas continuou heroicamente escrevendo no jornal e também no *Reformador*. Só nos últimos sete anos, pessoas de vulto como Bezerra de Menezes e o senador Pinheiro Guedes, encaminharam ao presidente Deodoro da Fonseca uma verdadeira enxurrada de cartas solicitando que se retirasse do Código os artigos que penalizaram a doutrina espírita. Tudo em vão.

"Nessas conversas de pé de ouvido, a que eu prestava uma atenção quase religiosa, dizia-se que o advogado que redigira o infame Código, um talzinho chamado Batista Pereira, era inimigo declarado de Bezerra de Menezes, desde a época do império em que pertencera ao Partido Liberal e onde ocupara diversos cargos importantes na administração pública. O boato que corria era que esse advogado havia criminalizado o espiritismo como forma de atingir seu antigo desafeto político. Um ato de puro revanchismo, apoiado pelos grandes da igreja católica romana, que estavam muito preocupados com a ascensão do espiritismo no Brasil."

– Faz sentido. Agora compreendo alguns dos comentários feitos por Max naquele artigo que você leu há pouco...

– Existem muitos outros! Inclusive, devo ter em algum lugar nessas pilhas de jornais velhos, alguns exemplares do *Jornal do Commercio*, que publicou vários artigos defendendo a criminalização do espiritismo, e também alguns do jornal católico *O Apóstolo*, que apoiava entusiasticamente a iniciativa. Vou separá-los para você ler, assim estará praticando a língua com um assunto que seja de seu interesse.

– Excelente ideia! Mas, voltando ao argumento anterior, você disse que o espiritismo foi criminalizado, mas o que aconteceu depois disso?

– Como você pode imaginar, num primeiro momento, a criminalização ocasionou um pavor geral nos espíritas e seus simpatizantes. Até mesmo os pequenos saraus intelectuais, como os que eram promovidos por madame

Imbercours, acabaram sob a mira da patrulha ideológica da república. Os espíritas ditos 'científicos', que se reuniam mais pelo espetáculo dos fenômenos, fecharam suas portas. Os 'místicos' continuaram a trabalhar, mas escondidos em seus redutos, aliás, como faziam os primeiros cristãos. O *Reformador* aparecia com atraso e um texto comedido, mas, mesmo assim, acabou tendo sua publicação interrompida em fins de 1891.

"Em 1892, a coisa ficou pior do que já estava, quando a Federação, que ora pendia para o espiritismo místico, ora para o espiritismo científico, resolveu definir-se por este último. O próprio Bezerra de Menezes, que no curto espaço de ano e meio havia perdido três de seus amados filhos, recolheu-se em sofrimento, dedicando-se apenas ao trabalho no Grupo Ismael, a que pertencia desde sempre. Apesar de todos os revezes porque passara, Bezerra continuou escrevendo sua coluna dominical em *O Paiz* e os artigos para o *Reformador*, porém, evitava as aparições públicas. E, já em 1893, a Federação reconheceu publicamente que o espiritismo era uma ciência, pondo um ponto final em qualquer tentativa de união com os místicos. Em setembro, o *Reformador* não circulava mais, nem qualquer sociedade espírita dava qualquer sinal de vida. Somente Max, o cavaleiro solitário, continuou escrevendo até dezembro, quando encerrou sua coluna 'Estudos Filosóficos', em *O Paiz*, ao escrever uma tocante homenagem a Jesus. Também posso me gabar de possuir esse exemplar histórico!"

– É um verdadeiro contrassenso que um governo que se pretende progressista legisle para perseguir uma agremiação só porque ela segue alguma linha filosófica... – comentou Charles.

– Sem dúvida. Porém, no início de 1894, uma lufada de ar fresco começou a dissipar as nuvens mais tenebrosas da perseguição política, com seus representantes se ocupando em atormentar outras tribos tupiniquins. Nesse ínterim, alguns eminentes espíritas se reuniram com o objetivo urgente de restaurar a Federação Espírita e de reeditar sua principal peça de propaganda, justamente o jornal *Reformador*.

"Reza a lenda que seus dirigentes saíram à campo para arrecadar verba que sustentasse uma ampliação do programa da Federação. Também recrutaram novos e velhos elementos para iniciar essa nova fase, onde esperavam conquistar a tão desejada união da família espírita. Esse ambiente consistia em criar-se um meio termo filosófico, livre de sectarismos e dissidências, que acolhesse tanto 'científicos' quanto 'místicos' que, ligados pela tolerância mútua, finalmente pudessem compor a tão almejada 'fraternidade'. Foi assim que, em 1895, a bússola da Federação começou a apontar para a ala dos 'místicos' e seus dirigentes resolveram que o novo presidente deveria ser 'místico' e, preferencialmente, pertencer ao Grupo Ismael, seu reduto mais tradicional.

"Diante disso, apresentaram a candidatura de Bezerra de Menezes, à revelia do próprio, por ser uma personalidade respeitável, cujo valor moral e intelectual era indiscutível. Entretanto, a diretoria sabia que a presidência naquele momento atribulado era um verdadeiro presente de grego. Obviamente, o dr. Bezerra desculpou-se e declinou do convite alegando a reconhecida dificuldade, senão a verdadeira impossibilidade, de acomodar 'místicos' e 'científicos' sob uma mesma bandeira. A diretoria não se deu por vencida e, apelando para seu bom coração, alegou que somente ele seria capaz de realizar tamanha façanha, já que todos confiavam em seu espírito tolerante e conciliador. Afirmaram que sabiam que ele faria o possível e também o impossível para harmonizar a família espírita dentro dos princípios fundamentais da doutrina. Prometeram ao dr. Bezerra que ele teria carta branca e plenos poderes para fazer o que quisesse para executar um projeto pessoal de organização e administração na 'nova' Federação.

"Apesar do cerco que lhe faziam, o dr. Bezerra hesitava; terminou pedindo um prazo para responder ao convite, alegando que, antes de aceitar um tal compromisso, precisaria primeiro ouvir a opinião de seu guia espiritual. Sem mais delongas, tomou o rumo do Grupo Ismael, à procura de seu diligente guia espiritual, Agostinho, principal fundador do espiritismo na França e um dos mais estimados guias do Grupo Ismael. Feita a pergunta, Bezerra ouviu de um médium:

"– Aceita o convite. É um chamado. Já te dissemos mais de uma vez que a união dos espíritas e a sua orientação te foram confiadas. Não duvides, nem te preocupes com as dificuldades. Faze o trabalho do homem, sem cuja boa vontade nada podemos. Cumpre o teu dever e cumpriremos o nosso.

"– Neste caso, aceitarei e espero não me faltem o amparo de Jesus, a proteção de nossos guias, assim como o concurso de todos os companheiros de Grupo.

"– Iremos todos contigo! – prometeu Agostinho."[3]

Então, como para valorizar o final de sua longa exposição, Juca fez uma pequena pausa dramática, para continuar logo em seguida:

— Foi assim que, em agosto de 1895, Bezerra foi finalmente eleito presidente da Federação, sendo que, nesta última gestão, ele está implementando o estudo semanal de *O evangelho segundo o espiritismo*, já anunciou que abrirá a primeira livraria espírita no país e está promovendo ainda a vinculação da instituição ao Grupo Ismael e à assistência aos necessitados, donde se conclui que não foi pequeno o abacaxi que ele herdou e que está descascando com grande competência até hoje!" – Juca brincou, encerrando a história.

— Bezerra de Menezes. Aí está um brasileiro que eu gostaria de conhecer... – comentou Charles, pousando o olhar na coluna de Max no antigo jornal.

— Não há de faltar oportunidade, amigo... – prometeu Juca, ao que o outro respondeu:

— Parece que estou ouvindo, trazido de um lugar remoto de minhas memórias, a voz de certo alguém que me fez uma promessa parecida... – Charles estava pensando no dia longínquo em que o coronel de Rochas prometera que o apresentaria ao famoso pesquisador Hector Durville.

De súbito, aquela recordação provocou uma verdadeira tempestade de sentimentos conflitantes na mente do médico.

"Por Deus, parece que as lutas diárias pela sobrevivência da família 'Lantier Feuille' me absorveram de tal forma que acabei esquecendo completamente de tudo e de todos os que deixei na França! Sequer escrevi uma carta ao coronel para dar notícias! Ele deve estar pensando que sou um ingrato, ou talvez, muito pior do que isso, que sou culpado pelo assassinato de Marcelle! – pensava Charles, enquanto a voz de Juca vagava pelo quarto, qual errático fantasma, cujo discurso produzido noutra esfera não lhe alcançasse os sentidos.

— Desculpe interromper nossa conversa, amigo. Mas, acabo de lembrar que preciso escrever uma carta. É um compromisso que não posso mais adiar...

— Se quiser ditá-la, eu posso anotar a tradução simultaneamente... – insistiu o secretário, prontamente reassumindo seu posto.

— Não será necessário, Juca. Essa carta eu preciso escrever de próprio punho e em francês... – e, assim dizendo, Charles pegou um maço de papel e começou a trabalhar:

Rio de Janeiro, 02 de dezembro de 1896.

Caríssimo coronel Albert de Rochas,

Espero que o senhor esteja gozando de muito boa saúde e que, finalmente, tenha recebido minhas cartas anteriores, fato que tornaria mais simples a hercúlea tarefa de esclarecê-lo sobre os últimos acontecimentos de minha epopeia pessoal.

Primeiramente, peço que me desculpe pelo imperdoável atraso desta missiva. Não sei se meus argumentos serão suficientes para convencê-lo, mas a verdade é que minha vida virou de cabeça para baixo tão repentinamente que precisei de um tempo considerável para recolocá-la no prumo.

Porém, apesar de todas as atribulações e injustiças por que tenho passado nos últimos tempos, não posso dizer que me arrependo das decisões que tomei. Justamente porque essas decisões envolveram a vida de pessoas inocentes que estavam sob minha tutela e que, agora posso afirmar, se tornaram minha verdadeira família.

Estou falando de Louise e da pequena Anne, que partiram comigo quando tive de fugir às pressas, na calada da noite, para não ser injustamente responsabilizado e preso pelo assassinato da duquesa Marcelle Roylott.

Sabemos que essa era uma tragédia anunciada, sendo que eu, infelizmente, ao falhar como arauto das denúncias que dariam os nomes dos verdadeiros culpados, acabei sendo acusado pelo crime que outros cometeram. Espero que o senhor tenha imaginado a situação como ela realmente aconteceu, mas, na dúvida, faço questão de esclarecer que foi Gerárd quem assassinou Marcelle, sufocando-a com um travesseiro. Em seguida, ele foi detido por ordem do barão Lundgreen, que decidiu maquiar a cena do crime para furtar-se à responsabilidade de abrigar um criminoso perigoso.

De qualquer modo, a história que eles contaram deve ter sido a de que Marcelle, que era minha paciente e estava sob minha responsabilidade, sofreu um surto psicótico e que por ordem minha foi levada para aquela malfadada 'banheira de tratamento', onde acabou se afogando por culpa de minha incompetência.

Tenho confiança de que o senhor sabe que eu jamais utilizaria um pseudotratamento, que reproduz uma tortura inquisitorial, a qualquer paciente meu. Ressalto ainda que Marcelle não tinha nenhuma patologia física ou mental; era apenas uma pessoa que teve a infelicidade de se casar com um ditador inescrupuloso. Que Deus conserve sua alma gentil num bom lugar!

Imagino que a esta altura dos acontecimentos, eu ainda seja considerado um foragido da justiça francesa, apesar de minha inocência. Desculpe se não tive coragem de enfrentar esse julgamento sozinho, mas o senhor há de convir que tudo e todos estavam contra mim e que os prognósticos eram péssimos. A probabilidade de que eu conseguisse provar minha inocência era praticamente nula. Por isso, sentindo-me sozinho, com medo e acuado pelas circunstâncias, não vi outra alternativa que não fosse fugir da França.

Isso posto, quero crer que ao menos o senhor tenha acreditado desde sempre em minha inocência. De qualquer forma, de agora em diante, minha vida e também a das meninas será construída aqui no Brasil, mais especificamente na cidade do Rio de Janeiro.

Por tudo isso, estou orgulhoso de poder contar que nossa família está muitíssimo bem e que, graças à maravilhosa amizade de uma personalidade ímpar que tive a sorte de conhecer por aqui, consegui me estabelecer como médico em terras brasileiras. Inclusive, já temos nossa própria clínica, onde tenho trabalhado como médico e, sobretudo, como magnetizador.

Não sei se ainda tenho esse direito, mas espero poder continuar a contar com sua compreensão e amizade. Entretanto, garanto que minha felicidade só será completa se eu puder ter a honra de receber notícias suas e de seu trabalho e, principalmente, seu insubstituível aconselhamento.

Assim sendo, com respeito e afeto, despeço-me.
Charles Lantier
P.S.: Imagino que seja desnecessário pedir que mantenha nosso paradeiro sob o mais absoluto sigilo, mas, fugitivo que sou, assim o farei a fim de apaziguar meu espírito.

NOTAS:

[1] História recontada a partir da biografia de Bezerra de Menezes, escrita por Canuto de Abreu. (ver ref. bibliográficas).

4
A MISSÃO

Janeiro de 1897

— Acorde, Anne! Desse jeito iremos nos atrasar para a missa! — chamou Louise pela terceira vez, até que a menina, sonolenta, venceu a modorra e finalmente saiu da cama, andando às cegas pelo quarto qual se fosse um zumbi.

— Aqui! Vista esse vestido e vá ao *toilette*! Estarei te aguardando na cozinha. Se demorar além da conta, irei sozinha! — avisou a irmã mais velha, já perdendo a paciência.

— Pois vá, que não me importo coisíssima nenhuma... — respondeu a pequena mal-educada assim que ouviu a porta do quarto sendo fechada.

Continuou com seus resmungos inteligíveis durante o café da manhã e também durante a longa subida morro acima, que levava à igreja do Outeiro da Glória.

— Viu? Já começou! — cochichou Louise, ralhando no ouvido da irmã, assim que cruzaram a porta e deram com a missa em andamento.

Quase todos os dias era isso; elas se atrasavam por conta da preguiça matutina de Anne, chegavam esbaforidas à igreja e depois tinham que suportar os olhares de indignação das beatas, que as fuzilavam sem nenhuma piedade cristã por causa da audácia do atraso.

"Que tanto ela tem que vir fazer na igreja? Se nem pecados ela tem para confessar ao padre..." — ruminava Anne com seus botões, fitando sem ver o teto abobadado da igreja, completamente abstraída da falação do padre, que, conforme mandava a bendita tradição católica, rezava a missa em latim.

Em absoluta oposição à insatisfação da irmã, Louise fazia questão de começar seus dias naquela igrejinha, onde, paradoxalmente, sentia-se acolhida e resguardada como em nenhum outro lugar do mundo. Desde a primeira vez que ali pisara os pés, a francesinha sentira uma familiaridade e uma simpatia que jamais percebera em outras paragens.

Num certo dia, jogando conversa fora com uma das beatas mais velhas que faziam da igreja sua verdadeira casa, Louise descobriu que havia naquele lugar uma coincidência que lhe causou espanto. Estufada de orgulho, a beata contou que, quando a família real portuguesa chegou ao Rio de Janeiro, em 1808, tomou-se de amores pela igrejinha da Glória. Foi justamente ali que, em 1819, realizou-se o batismo da primeira filha de dom Pedro I e dona Leopoldina, a princesa Maria da Glória, futura rainha dona Maria II de Portugal. Depois disso, todos os membros da família imperial foram batizados na igreja da Glória, incluindo dom Pedro II e a princesa Isabel. Em 1839, dom Pedro II outorgou o título de imperial à irmandade, a qual se tornou conhecida como Imperial Irmandade da Nossa Senhora da Glória do Outeiro. Estranhamente, Louise não gostou de ouvir essa parte da história; em seu íntimo, sentiu um enorme desgosto ao ouvir o nome daquele rei e de sua princesa, agora, praticamente esquecidos no passado monárquico, que fora descartado pelo povo daquela terra.

No entanto, enquanto ficava sentada, na fileira de assentos mais perto da porta, porque ela e a irmã sempre chegavam atrasadas para a missa, Louise quedava-se na contemplação dos magníficos vitrais que retratavam a vida e a morte de Jesus, sentindo em seu coração a nítida impressão de que reconhecia aquele lugar. Recordações fugazes emergiam de sua mente como pirilampos; de repente, surgia das brumas de sua memória um rosto familiar, o retinir de uma gargalhada infantil, o sutil farfalhar das longas saias se roçando e o ruído dos leques sendo abanados freneticamente por causa do calor. Seriam lembranças perdidas, emergindo de algum lugar de sua mente? Ou pertenciam a um passado distante?

"Mas, como isso pode ser possível, se nunca estive aqui antes? Ou será que estive?" – se perguntava a jovem, confusa. Era como se sua alma escondesse um segredo, à revelia de sua vontade.

"Hei de desvendar esse mistério" – Louise prometeu a si mesma, depois tentou se concentrar na missa que ia ao meio. Assim que o serviço religioso terminou, Louise agarrou a irmã pela mão e seguiu arrastando-a para fora:

– Venha rápido, Anne! Temos que chegar mais cedo na clínica porque a agenda de consultas está lotada!

— Até amanhã... – despediu-se a menina.

Louise olhou rapidamente para trás a fim de ver com quem ela falava, mas não viu ninguém. – De quem você se despediu? – perguntou.

— Do frade! – disse a menina. Louise fez menção de olhar por sobre o ombro, mas foi interrompida pelo aviso da irmã que disse:

— Agora não adianta. Ele se foi...

Louise continuava firme no propósito de desvendar o mistério do estranho fluxo de recordações que a assaltava sempre que pisava na igreja da Glória. Por isso, à noite, depois que Juca e Anne já tinham se recolhido aos seus quartos, ela caminhou pé-ante-pé até o quarto de Charles e bateu à porta.

— Será que podemos conversar um minutinho? – ela perguntou, quase num sussurro.

Recebeu autorização para entrar e fechou a porta atrás de si com muito cuidado, justamente para não fazer nenhum ruído que despertasse a pequena lebre curiosa chamada Anne. Então, rapidamente para não perder a coragem, Louise narrou ao magnetizador o fato que a estava atormentando e o apanhado de impressões estranhas que a assaltavam quando ela adentrava a igreja do outeiro. Sentindo as emanações de aflição que partiam da irmã, Charles foi direto ao ponto:

— Antes de continuarmos esta conversa, quero que seja absolutamente sincera, porque para ajudá-la preciso da mais absoluta verdade – ao que Louise abanou a cabeça com vigor, num movimento afirmativo.

— Naquela oportunidade em que você foi magnetizada pelo coronel de Rochas, me lembro de que, antes de trazê-la de volta do transe, ele disse que você podia escolher se desejava ou não reter aquelas memórias... O que foi que você escolheu?

Por um longo momento Louise quedou-se ensimesmada, pois nunca havia pensado na infeliz experiência nesses termos. Lembrava-se de que não tinha gostado nem um pouco de como as coisas haviam se passado; de que se sentira invadida e humilhada, triste e muito brava, mas imaginava que tinha sido pela experiência em si e não por seu conteúdo específico. Enquanto Louise titubeava, Charles colocou-a sentada numa poltrona, olhou bem dentro de seus olhos cor de violeta e, usando a voz de comando que provavelmente daria início a um processo hipnótico, ordenou:

– Puxe pela memória daquele dia e me diga exatamente do que se lembra.

Obediente, ela respondeu:

– Lembro que vi um enorme navio parado no cais do porto, onde uma imensa fila de pessoas ia sendo lentamente tragada para o interior dessa gigantesca embarcação...

Só então, Louise percebeu que se lembrava perfeitamente da revolta que sentiu ao ser obrigada pelo próprio pai a subir naquele maldito navio, recheado com os desertores da pátria e seu rei covarde; das agruras que sofrera no decorrer da desventurada viagem até as terras aborígenes; da doença, da febre, da dor e, finalmente, da paz reinante na escuridão salvadora...

– Agora, quero que pense bem e depois responda 'sim' ou 'não'. Você deseja que eu a leve de volta para o tempo em que essas supostas lembranças se passaram?

– Sim – a jovem respondeu sem vacilar.

Assim que Louise confirmou sua intenção de reviver aquela experiência, Charles saiu pelo quarto abrindo portas e revirando gavetas, até que finalmente encontrou o que procurava: o caderno de anotações da época em que fora o assistente do coronel de Rochas. Leu rapidamente as anotações que se referiam ao experimento em questão e depois disse:

– Certo. Agora, quero que faça exatamente o que eu mandar. Feche os olhos, respire profunda e pausadamente, mantendo a tranquilidade. Não pense em nada, concentre-se apenas no som da minha voz. Você está sentindo muito sono.... Eu a autorizo a dormir, porém, não quero que reviva esse evento já passado; quero apenas que você se lembre do que aconteceu depois que o navio chegou ao seu destino. Repito: não quero que você reviva a experiência, mas que encontre as lembranças decorrentes desse passado. Entendeu a diferença? – perguntou o magnetizador, ao que Louise respondeu que 'sim', apenas balançando sua cabeça ruiva. – Nesse caso, peço que durma!

Depois desta última instrução, Charles pôs-se a magnetizar Louise, exatamente como havia observado o coronel fazer na ocasião em que ela fora *sujet* no experimento magnético. Aplicou-lhe uma série de passes longitudinais, uma, duas, incontáveis vezes, até que, de repente, o magnetizador parou e disse:

— Seu nome era Maria Amélia Mattos Ferreira, você tinha dezessete anos quando partiu de Portugal, na companhia de toda a corte de dom João VI, com destino ao Brasil. Agora, conte-me o que se passou contigo depois que a realeza portuguesa desembarcou em terras brasileiras – pediu o magnetizador.

— Lembro que fiquei muito doente durante a viagem e, infelizmente, não havia médicos a bordo para atender a todos os que precisavam de tratamento... – Em seguida, devagar, numa voz cansada e entrecortada por acessos de tosse, Amélia começou a narrar sua desdita:

"Quando finalmente chegamos ao Brasil, muitos palacianos além de mim estavam gravemente enfermos e não havia leitos de hospital na cidade para todos os doentes. Por isso, algumas crianças e jovens, como eu, foram levadas para um convento que pertencia à diocese da igreja de Nossa Senhora da Glória.

"Lembro que, quando estávamos todas reunidas na enfermaria, as freiras contavam as histórias do passado da vila e da igreja para nos distrair. A irmã de quem eu mais gostava e que cuidava de mim se chamava Altamira. Ela era uma excelente contadora de histórias, todas verdadeiras, segunda à própria. Irmã Altamira nos contou que a devoção a Nossa Senhora naquela localidade era muito antiga e que havia surgido no início do século XVII, alguns anos após a fundação da cidade, quando, em 1608, um certo Ayres colocou uma pequena imagem da Virgem numa gruta natural que existia no morro. Mas as origens históricas da igreja remontavam a 1671, quando um ermitão de nome Antonio Caminha, natural do Aveiro, esculpiu a imagem da Virgem em madeira e ergueu uma pequena capela no alto do morro do Leripe, como era chamado o outeiro àquela época, para venerar a imagem. Somente em 1714, seriam iniciadas as obras da magnífica igreja do Outeiro, que substituiu a igrejinha original.

"As irmãs sempre tiveram o maior orgulho de sua igreja, da qual cuidavam com verdadeiro desvelo. Por isso, quando uma paciente melhorava um pouquinho que fosse, elas davam um jeito de levar a doente até lá, para que pudesse desfrutar da harmonia, da paz e da beleza de seu templo sagrado.

"Foi assim que me lembrei da última vez em que lá estive; amparada pela querida irmã Altamira, rezei ao pé do grande altar talhado em madeira maciça, pedindo ao Pai que me concedesse a saúde ou a libertação de meus intermináveis sofrimentos."

Assim dizendo, Louise começou a chorar lágrimas sentidas, que rolavam por seu rosto de porcelana. Percebendo seu sofrimento, Charles decidiu que era hora de encerrar a experiência. Por isso, aplicou uma nova rodada de passes magnéticos sobre seu corpo e, em seguida, exigiu que acordasse.

– Penso que, com essas novas elucidações, nós finalmente entendemos a razão dessa sua estranha relação de afeto com aquela antiga igreja... – comentou o médico.

– Entendemos? Só se for você, porque eu continuo tão confusa quanto antes... – disse a jovem, enxugando o rosto na barra do avental.

– Cara irmã, até onde vejo, você é a prova cabal de que a vida não é um evento único, que começa e termina apenas uma única vez, sem nenhum compromisso de continuidade... – Louise olhou-o como se ele fosse um saci recém-saído de um palmiteiro.

– Na ocasião de sua primeira magnetização, tanto eu como o coronel de Rochas percebemos que algo de realmente excepcional tinha acontecido, que tínhamos batido com nossa pá magnética nalgum tesouro psíquico invulgar e que estávamos diante de um fenômeno ainda inexplorado pela ciência tradicional...

"Bem que senti as pás dos piratas invasores me cutucando..." – pensou Louise, lembrando-se de suas impressões daquele dia.

– Mas o ineditismo da descoberta não mudava o fato de que foi um episódio absolutamente real. Observe aqui, nas minhas anotações daquela sessão – disse Charles, que pegou o caderno, abriu na página certa e apontou um dedo comprido para mostrar o que dizia:

– Está anotado bem aqui, veja: em primeiro lugar, o magnetizador pergunta se você consegue ver seu próprio fantasma, ao que você confirma dizendo que "vê uma cópia de si mesma, que se prende ao seu corpo por um laço luminoso". Apesar de banal, essa informação é importante, mais à frente, iremos retomá-la e você entenderá a razão. Depois de um novo influxo magnético, sua personalidade aparentemente vai regredindo no tempo pelos eventos de sua vida atual; passa pela infância, aos sete anos você está na escola aprendendo o alfabeto e aos três anos você chora a perda de sua mãe. Nova série de passes, você se comporta de maneira estranha e, quando questionada, dá uma descrição que condiz com o estado de um feto que ainda está dentro do útero materno.

– Novo influxo, desta vez com a sugestão do magnetizador que pede para que você recue um pouco mais para trás. Então, ei-la solta no espaço, totalmente liberta de seu corpo de Louise Garnier... Leia, a descrição completa está bem aqui... – e, assim dizendo, Charles lhe oferece o caderno para que ela possa ver com seus próprios olhos cor de violeta.

Louise lê com sofreguidão os registros do assistente de magnetizador e, quando termina, há uma luz de súbita compreensão brilhando em seu olhar.

– Pelo que está escrito aqui, podemos supor que eu tive uma vida anterior a esta, em que fui essa jovem palaciana, Maria Amélia, que viveu na época em que o rei português fugiu para o Brasil, lugar aonde cheguei muito doente e onde acabei morrendo pouco tempo depois...

– Sim. No entanto, a meu ver, a parte crucial dessa questão é a sua simpatia pela igreja da Glória em sua vida atual! Justamente porque esse sentimento nasceu numa vida anterior, na vida em que você foi a jovem Maria Amélia, que chegou moribunda ao Rio de Janeiro e que foi tratada com desvelo pelas irmãs do convento ligado à igreja da Glória!

– Meu Deus! Será que isso é possível?

– Veja, essa nova magnetização demonstrou claramente que esse sentimento de simpatia e gratidão que você tem pela igreja das irmãs nasceu por causa do sofrimento de Maria Amélia numa vida anterior a esta! Esses sentimentos transcenderam à morte do corpo de Maria Amélia, mas permaneceram gravados na memória de seu espírito imortal, reacendendo em seu coração assim que você tornou a vê-la! Percebe como isso é incrível?

"Estamos diante de uma prova do fenômeno que os espíritas e espiritualistas chamam de reencarnação!" – o cientista que havia em Charles, se animava mais e mais à medida que ele ia tecendo suas conclusões em voz alta. Louise o fitava, aparvalhada e sem saber o que pensar, até que timidamente perguntou:

– O que é reencarnação?

– Isso! Esse fluxo de informações compartilhadas entre seu fantasma, que também podemos chamar de espírito, Maria Amélia e Louise! – Agora, Charles passeava pela sala, andando e falando como se estivesse dando uma palestra que mudaria os rumos da ciência mundial:

— Acompanhe o meu raciocínio: a ideia da reencarnação pressupõe que aceitemos duas premissas iniciais: primeiro, a existência do espírito e, segundo, sua sobrevivência ao que se convencionou chamar de morte. Confesso que, por um longo tempo, mesmo estudando e ponderando muito, eu vinha relutando em aceitar tais pressupostos. No entanto, quanto mais leio e observo, mais chego à conclusão de que os espíritas é que estão certos quando afirmam que o indivíduo é um ser espiritual que vive muitas vidas e não apenas uma e o corpo físico é apenas um instrumento, essencial para a aventura do espírito na Terra, que esse espírito imortal toma para viver sua vida e que, depois de gasto, pela velhice ou pela doença, ele abandona ao rés do chão, elevando-se novamente para o lugar de onde veio. Esse fenômeno, comum a todos nós, é o que eles chamam de reencarnação. Não pense que é uma ideia nova, pois Sócrates[1] já defendia seus postulados!

— Porém, você, minha doce Louise, é a evidência viva de que esse raciocínio está correto! — disse o cientista que, tomado por um arroubo de emoção, deu um afetuoso abraço na jovem.

Atônita, Louise fitava o irmão sem dizer nada. Mas, em seu íntimo, ela sabia que Charles estava certo, porque sentia que aquelas lembranças não eram fruto de sua imaginação, tampouco devaneios de uma mente desequilibrada. Eram recordações reais, do tempo em que vivera na pele de Maria Amélia, que morrera precocemente no Brasil. Sua relação de amor e gratidão para com a igreja do Outeiro da Glória era a prova viva disso! Justamente porque foi ali que a pobre Maria Amélia rezou pela última vez naquela vida, que pediu por misericórdia e que foi atendida. Seu espírito imortal sabia que isso era verdade.

— E o fantasma? É o espírito entre as vidas, não é? Quando está no céu ou não sei onde, enfim, quando está sem corpo?

— Pode-se dizer que sim. Os espíritas chamam esse corpo espiritual de 'perispírito' e afirmam que ele é o corpo que veste o espírito e, durante a vida na terra, está ligado por um laço fluídico ao corpo material. Quando o corpo físico se extingue, seu espírito se liberta dos despojos carnais e segue com sua vida no mundo espiritual, na busca perpétua pela evolução.

"Quero que você leia este livro, escrito por Allan Kardec. Ele explica em detalhes todos esses assuntos de que falei, esclarecendo todo tipo de dúvidas. Depois que o fizer, retomaremos esta conversa."

Louise pegou o exemplar de *O livro dos espíritos* que o irmão lhe estendia e assentiu.

– Boa noite, querido. Obrigada por me fazer entender o que sinto.

– Boa noite, minha querida. E não me agradeça! Imagine que somos uma dupla de pesquisadores a serviço da ciência psíquica, labutando humildemente para iluminar com explicações plausíveis os mistérios da vida!

Charles sorriu e Louise achou que nunca o vira tão feliz em toda a vida. Era como se houvesse um novo brilho em seu olhar. Decerto, era a luz de uma nova compreensão.

Louise estava trabalhando na recepção da clínica quando ouviu a voz de Charles chamando-a:

– Louise! – o médico estava atendendo em seu consultório e, normalmente, ele não admitia ser interrompido enquanto o paciente ainda estivesse lá.

– Ajude aqui! – pediu o médico assim que ela entrou na sala. Louise correu para segurar o homem que estava passando mal e por pouco não caíra da poltrona onde estava sentado. – Vamos levá-lo até aquela maca – instruiu o médico.

Por sorte, o cliente era um senhor idoso e bem franzino, do contrário, eles não teriam conseguido carregá-lo tão facilmente.

– Pronto! Louise, por gentileza, vá chamar o Juca enquanto eu o examino melhor. Obrigado... – porém, enquanto Charles falava, a jovem distraíra-se na contemplação do corpo inerte do doente.

– Louise? – chamou o médico, estranhando aquele comportamento atípico.

– Desculpe! Chamar o Juca, claro! Ele deve estar lá fora... – ela respondeu e deixou a sala às pressas.

Bem mais tarde, quando o último cliente do dia já tinha saído, Charles e Juca fecharam a porta do consultório e foram para a recepção.

– Por hoje encerramos! Vamos para casa? Acho que merecemos algum descanso depois de um dia tão estafante! – comentou o médico, pegando do mancebo um chapéu preto de feltro e passando um outro, cinza-chumbo, às mãos de Juca.

— Charles? Não quero parecer intrometida, mas, é que fiquei curiosa... Qual é o problema com aquele senhor que passou mal hoje à tarde? – Louise perguntou, meio sem jeito, pois não era do seu feitio, normalmente muito discreto, fazer perguntas ou comentários sobre os clientes.

— Acontece que o diagnóstico de um paciente é uma informação confidencial, então... – começou a dizer o médico, mas foi interrompido por uma nova pergunta:

— Você acha que o caso dele é grave? – mas, antes mesmo que Charles pudesse responder, ela completou:

— É que vi uma enorme mancha negra pairando sobre a barriga dele, ao mesmo tempo que ouvi uma voz dizendo que ele tem um tumor no fígado e que sua doença é de natureza maligna, donde não há cura possível com os recursos da medicina atual...

— Você disse que viu uma mancha pairando sobre a barriga dele? Mostre-me em que altura... – pediu o doutor.

— Bem aqui – disse a moça, apontando para a própria barriga, na altura do fígado.

Surpreso com aquela revelação, Charles olhou-a com certa consternação. Depois esclareceu:

— Ele sofre de cancro no fígado. E você está certa, o caso dele não tem cura. Estou tratando-o com transmissões de cargas magnéticas positivas que, infelizmente, funcionam apenas como um paliativo para atenuar a dor. Mas como você conseguiu saber disso tudo só de botar os olhos nele?

— Eu não sei! Foi aquela mancha negra pairando sobre ele que me chamou a atenção. Eu pensei: "Que raio de coisa é essa?", então, ouvi uma voz falando dentro da minha cabeça...

— Eu sei quem foi que falou com você! – gritou Anne, surgindo do recanto onde se escondera o tempo todo, a fim de poder ouvir a conversa dos mais velhos.

— Sua menina mal-educada! Fica por aí, de ouvido colado às paredes só para ouvir o que não te interessa! – ralhou Louise, irritada com a mania que a menina tinha de ouvir por detrás das portas.

— Espere um momento, Louise. Quem você acha que falou com ela? – perguntou Charles, mais interessado em solucionar o mistério do que em educar a irmã caçula.

— Aposto uma sobremesa que foi o frade... — arriscou a menina.

— Que frade?! — perguntaram os três, praticamente a uma só voz, repleta de espanto.

— Aquele que está sempre perto de Louise! A primeira vez que o vi foi lá na igreja, dei um adeusinho e ele retribuiu. Depois disso, já o vi várias vezes. Quase sempre ele está parado ao lado dela, cochichando coisas que eu não consigo ouvir.

— Supondo que você esteja certa... — Charles começou a dizer, mas foi subitamente interrompido por Louise, que se apressou em perguntar:

— Anne, o frade está aqui agora? — então, Anne balançou a cabeleira loira, confirmando que estava.

— Ótimo! Pergunte o que ele quer de mim! — ao que a menina ergueu o olhar para o lado direito de Louise, exatamente como se houvesse alguém parado ali. Depois de um longo minuto Anne respondeu:

— Ele disse que veio chamá-la para realizar um trabalho! Que vocês três têm uma missão de caridade a realizar aqui no Brasil.

— Vocês três? Quem são esses três? — quis saber o médico, interrompendo a conversa.

— Você, ela e o frade, ora bolas! — zangou-se a menina, começando a achar que estava falando grego.

— Desculpe interromper, mas é que estou me sentindo um tanto confuso. Onde está o frade com quem você está falando?! — intrometeu-se o pobre Juca, cujos olhos esbugalhados e negros como duas jabuticabas, por pouco não lhe caíam da cara, tamanho era o assombramento que sentia com aquela conversa estapafúrdia.

— Está bem ali, parado ao lado de Louise. Vocês não estão vendo? É um senhor alto e magro, que usa um camisolão rústico que parece feito de saco de aniagem, arrematado por um grosso cordão de algodão trançado. Também usa um bonito crucifixo de madeira entalhada num cordão atado ao pescoço.

— Deixa ver se eu entendi: a menina Anne está conversando com o fantasma de um frade morto que veio assombrar a sinhá Louise? — perguntou Juca, a voz resumida a um sussurro medroso.

— Não! — protestou a menina. — Ele não é um fantasma, *professeur*! É um espírito de luz, que por minha vontade chamaria de anjo, mas ele não gosta desse tratamento. Ele disse que seu nome é Francisco.

"Depois que o monstrengo Deplessis me obrigou a fazer a leitura das cartas, é que passei a ouvir sua voz falando dentro da minha cabeça. Acho que é porque eu morria de medo de dizer alguma bobagem, que atrapalhasse a vida de alguém. Todos os dias eu rezava assim: "Senhor Jesus, me ajuda a dar a essa gente um bom conselho!"

– Mas, de um tempo para cá, ele resolveu se mostrar também e toda vez que o vejo ele está perto da Louise. Francisco disse que está aguardando para começar um trabalho importante na companhia de vocês dois – disse a garota, apontando um dedinho acusador primeiro para Louise e depois para Charles.

Ao ouvir tão bizarra explicação, Juca Timbó quedou-se taciturno; encolheu-se num canto da sala e lá ficou, acinzentado de medo, duro e mudo feito um pedaço de pau.

– *Mon dieu...* – murmurou Louise. Então, a jovem sentiu uma súbita vertigem e teve que sentar para não desabar ali mesmo. Anne correu até ela e cochichou em seu ouvido:

– Se você quiser, ele mesmo pode explicar tudo falando por sua boca... – Louise assentiu com a cabeça e fechou os olhos porque a vertigem dava a impressão de que o chão ia desaparecer de debaixo de seus pés a qualquer momento. Porém, quando Louise voltou a falar, a voz que se ouviu não era a dela:

– Caríssimos amigos. Que bom é poder reencontrá-los nesta noite tão especial! Que o Senhor Jesus nos ampare e ilumine! O que tenho para vós é um convite da espiritualidade superior para realizarmos no tempo presente uma missão de caridade com os nossos irmãozinhos necessitados, que vagam doentes e solitários por essas terras brasileiras. Que fique bem claro que este nosso encontro foi combinado há muito tempo, quando nos comprometemos a realizar essa tarefa em benefício do nosso próximo e em nosso próprio benefício também, na medida em que, quando ajudamos o outro, estamos ajudando a nós mesmos, no longo caminho que ainda temos a percorrer para alcançar a evolução espiritual.

"Na verdade, nossa tarefa é bastante simples. O Pai Maior espera que utilizemos nossos dons e talentos em prol dos mais necessitados. Dessa forma, Louise terá sua mediunidade potencializada e reestruturada pelo Altíssimo, para ajudar na detecção dos males físicos e também espirituais, que porventura estejam maculando nossos irmãos adoentados do corpo e do espírito. O caro amigo médico utilizará sua competência e estudo terrestre aliado ao seu magnífico potencial magnético para ampliar o alcance vibratório de seus pacientes. Dessa forma, trabalhando juntos, poderemos realizar verdadeiros prodígios de amor e caridade e alcançar êxitos maravilhosos no tratamento dos pacientes, toda vez que o Altíssimo assim permitir.

"Não estaremos sozinhos nessa empreitada, é claro. Além de vocês, trabalharão conosco dois excelsos irmãos que a espiritualidade superior colocou no nosso caminho: os eminentes doutores especialistas, Elói e Amaral. De minha parte, serei o humilde responsável pelo maravilhoso intercâmbio entre os planos material e espiritual. A semente foi lançada. O convite está feito. Aceitá-lo ou não, será uma decisão unicamente de vossa responsabilidade. Fiquem com Deus."

Em seguida, Louise se calou e, quando voltou a abrir seus belos olhos cor de violeta, deu com uma pequena plateia que, entre aparvalhada e aflita, apenas aguardava.

– Ele já foi? – Louise perguntou olhando para Anne.

– Foi – respondeu a garota, depois de olhar em torno com cuidado, como um periscópio de carne e osso.

– Graças a Deus! Vamos aproveitar e correr pra casa que eu estou varado de fome – arriscou-se a dizer Juca Timbó, redescobrindo a língua em favor do estômago e dispensando a solução dos mistérios metafísicos.

NOTAS:

[1] *Sócrates,* (469 a.C. – 399 a.C.), filósofo ateniense do período clássico da Grécia Antiga. Creditado como um dos fundadores da filosofia ocidental, é até hoje uma figura enigmática, conhecida principalmente através dos relatos em obras de escritores que viveram mais tarde, especialmente dois de seus alunos seus alunos, Platão e Xenofonte, bem como pelas peças teatrais de seu contemporâneo Aristófanes. Muitos defendem que os diálogos de Platão seriam o relato mais abrangente de Sócrates

Detalhe da pintura de David em que Sócrates fala aos seus discípulos pela última vez.

a ter perdurado da Antiguidade aos dias de hoje. O método socrático consiste em uma técnica de investigação filosófica, que faz uso de perguntas simples e quase ingênuas que têm por objetivo, em primeiro lugar, revelar as contradições presentes na atual forma de pensar do aluno, normalmente baseadas em valores e preconceitos da sociedade, e auxiliá-lo assim a redefinir tais valores, aprendendo a pensar por si mesmo. Foi Sócrates por meio de Platão, quem fez contribuições importantes e duradouras ao estudo da epistemologia e da lógica, e a influência de suas ideias e de seu método continuam a ser importantes alicerces para boa parte dos filósofos ocidentais que se seguiram.

4
A MISSÃO

Fevereiro de 1897

O pomar de sua casa era o lugar preferido de Charles. Aos domingos, ele gostava de ficar sentado debaixo da grande mangueira, observando o ir e vir dos pássaros de diferentes espécies que vinham bicar as frutas maduras. Contrariando qualquer prognóstico, o médico se encantava com os trinados da passarada. Ele gostava, sobretudo, da algazarra de sons e cores com que sabiás, periquitos, bem-te-vis, pardais, canários e rolinhas, entre tantos outros, faziam por ali.

"Se o coronel pudesse me ver agora, decerto que ficaria orgulhoso ao comprovar a força de sua ação terapêutica..." – pensava Charles, lembrando-se do pavor que o chilreio dos pássaros lhe causara outrora.

Ele também gostava de pensar que o amor pelos pássaros poderia reaproximá-lo da memória do pai. Porém, ao contrário dele, sua observação seria muito menos invasiva e agressiva, já que seu observatório sem gaiolas era absolutamente natural, o que o levava a pensar, saudoso: "Como seria bom se ele estivesse aqui".

– Talvez esteja... – respondeu Louise, como que pegando no ar os pensamentos que adejavam como passarinhos ao redor da cabeça de seu irmão avulso.

– Não vi você chegar! E pare de ler meus pensamentos que isso não é um comportamento adequado para uma senhorita elegante! – Charles brincou.

– Só vim avisá-lo de que o almoço está pronto. Não quis atrapalhar... – disse a moça, sem jeito.

– Você nunca me atrapalha – ele respondeu, brindando-a com um cativante sorriso.

Então, Louise pegou a vara que Juca usava para derrubar as frutas mais altas e com destreza invulgar empurrou uma manga, que se soltou do galho, vindo a cair bem no colo de Charles.

– *Touché!* – ele brincou novamente. Os dois riram muito com aquilo. De repente, Louise ficou séria e perguntou à queima-roupa:

– Já faz vários dias que o frade falou conosco, mas, até agora, nós ainda não conversamos sobre isso. Que acha, irmão, devemos ou não aceitar esse convite?

Por vários minutos, o médico brincou de rolar a fruta vermelha e cheirosa entre os dedos, até que finalmente respondeu:

– Tenho pensado muito sobre isso também e a conclusão a que cheguei é a de que nós ainda não estamos prontos para realizar uma empreitada tão ambiciosa como essa... – ele respondeu, cauteloso.

– Você não confia no que disse o frade? Ou não confia em nossa capacidade de ajudar?

– Um pouco dos dois. Pense comigo: primeiro, nós não temos certeza das boas intenções desse espírito, fantasma ou coisa que o valha. Temos que considerar a hipótese, aventada pelos espíritas, de que ele possa ser algum tipo de espírito 'brincalhão' ou 'zombeteiro', que deseje exercer controle sobre as almas bem-intencionadas, porém, desavisadas. A verdade é que, quando não se pode ver ou ouvir seu interlocutor, fica bem mais difícil decidir o que é certo.

"Além do mais, mesmo que nos decidíssemos a confiar nele, acredito que nós ainda não estamos preparados para realizar um trabalho que requer tanta responsabilidade, um trabalho que envolve a vida, as esperanças e ilusões de pessoas doentes e carentes. Pelo menos, eu não me sinto preparado para essa hercúlea empreitada. E você, está?"

Louise pensou por um minuto, entretida em prender o cabelo ruivo num coque no alto da cabeça, como sempre fazia quando estava distraída.

– Na verdade, também não me sinto pronta. Porém, se o frade estiver certo, e minha intuição me diz que ele está, e tivermos essa missão em nosso destino, então, devemos nos preparar para ela, porque deixar para lá só servirá para protelar o que precisará ser realizado de qualquer jeito em algum momento. Compromisso é compromisso.

Charles ficou surpreso com a maturidade da jovem, porque jamais imaginou que ela estivesse levando aquela história tão a sério.

– Também estive pensando naquilo que você falou sobre a reencarnação... Veja, quando fui Maria Amélia, fui obrigada a vir para o Brasil e me rebelei; tenho a nítida impressão de que, naquela ocasião, por orgulho ferido e mimada obstinação, decidi que não cuidaria de minha própria saúde e acabei morrendo mais cedo do que deveria. As irmãs fizeram tudo o que podiam para me salvar, se desvelaram em cuidados e afeto, mas a verdade é que eu não queria viver aqui.

"Agora, nesta vida como Louise, tudo ficou tão ruim que tive que fugir outra vez, e adivinhe para onde o destino me trouxe? De volta às desprezadas praias do Atlântico. Além disso tudo, tenho de lidar com essa mediunidade destrambelhada, uma herança familiar que até hoje só me trouxe dor e preocupação. O frade disse que devíamos usar nossos talentos para ajudar os necessitados... Quem sabe, um bom uso para esse talento não seja justamente o de ajudar os doentes desabonados da sorte?... Dessa forma, eu também estaria retribuindo a ajuda que um dia recebi das irmãs do convento da Glória e que, na época, não valorizei como devia. Seria algo como quitar uma velha dívida, sabe?"

Charles deu um longo assovio, que foi imediatamente respondido pelo trinado das várias espécies emplumadas que residiam no grande pomar.

– Vejo que você pensou mesmo sobre o assunto! Olhe, entendo seu ponto de vista. E, agorinha mesmo, enquanto você falava, tive uma ideia sobre como poderemos resolver esse impasse. É o seguinte, amanhã mesmo pedirei ao Juca que vá à procura de seu famoso amigo, *monsieur* Bezerra de Menezes. Além de médico, ele é um espírita catedrático, desses que escrevem no jornal sobre o assunto. Tenho certeza de que ele poderá nos ajudar a decidir o que fazer!

– Excelente ideia, irmão! Bem se vê porque você é o cérebro desta família.

– E você é o coração, *mon cher*. Agora, por favor, *mademoiselle*, será que podemos ir almoçar? Como diria o Juca, estou varado de fome.

Bem cedo, no dia seguinte, Juca saiu de casa com a missão de convidar o dr. Adolfo Bezerra de Menezes para conhecer a clínica do Outeiro.

Quando ele finalmente voltou, já à hora do almoço, Charles e Louise quase arrebatavam de expectativa:

— E ele vem? – Louise perguntou, mal Juca cruzou a soleira da porta.

— Vem, claro que vem! O dr. Bezerra é um cavalheiro muito ocupado, mas também muito solícito e gentil. Acontece que o doutor mora num bairro retirado, para os lados da floresta da Tijuca, por isso, quando ele vem à cidade, procura marcar todos os seus compromissos para o mesmo dia a fim de aproveitar a viagem. Portanto, como o doutor já tinha agendado uma reunião para a próxima sexta-feira no Catete, que fica cá perto, marquei nosso encontro com ele para as cinco da tarde, aqui mesmo na clínica.

— Excelente arranjo, Juca! Aguardaremos com prazer a visita do eminente doutor – disse Charles; já Louise nada disse, mas pensou que a data estava muito longe para o gosto de sua agonia.

Como medida paliativa para aplacar a ansiedade gerada pela espera, Juca arrumou um exemplar do *Reformador* e o trouxe para casa a fim de que Charles pudesse começar sua leitura logo depois do jantar.

Porém, tantos eram os afazeres a ocupar a atenção do trio de trabalhadores que os dias passaram voando e, num instante, a tão aguardada sexta-feira chegou. Como preparativo para receber o convidado ilustre, Anne foi para a cozinha e fez um cheiroso bolo de aipim, mas, quando Louise a repreendeu, afirmando que não se tratava de uma visita social, a praga respondeu botando a língua para fora.

— Pode ir tirando seu cavalinho da chuva, que não há lugar para criança nessa reunião! – decretou Louise, mas foi firmemente contestada pela outra, que revidou:

— Primeira coisa, eu não sou mais criança porque já fiz treze anos; agora, a segunda e mais importante coisa, como você espera saber se o frade estará presente à reunião se eu sou a única por aqui que é capaz de vê-lo?

Embasbacada com a resposta, por um longo momento Louise apenas fitou a menina loira e franzina que estava parada à sua frente, mãos na cintura, arrotando certezas sobre tantas coisas. Apesar de ser pequena na estatura, do tipo delicadamente *mignon*, a verdade é que Anne havia crescido moral e intelectualmente e, decididamente, já não era uma criança. Sobretudo, a praga tinha razão sobre a enigmática presença do frei Francisco.

Além disso, por que Anne deveria ser excluída de algo em que estivera metida o tempo todo, desde a França, quando a ciganinha tirara sua sorte nas cartas, prevendo que sua vida mudaria em breve e que faria uma grande viagem? Quem falava com Anne, soprando o destino futuro em seus ouvidos? Decerto que já era o tal frade quem respondia às suas perguntas. Agora mesmo, enquanto sua mediunidade se alterava novamente a olhos vistos, transformando-se em algo que só Deus poderia saber o que seria, quem estava lá para ajudá-la a decifrar esse novo mistério? E quem, dentre todos, era a única que poderia vislumbrar a face luminosa do frade?

– Anne – respondeu Louise, falando consigo em voz alta, para concluir o raciocínio em seguida –, você também é médium!

– Como assim? – perguntou a garota, confusa com o novo rumo que a discussão tinha tomado.

– Você está certa, *chérie*! Você viu meu destino nas cartas! E lembre-se que também acertava muitas das coisas que dizia, quando fazia a leitura para os clientes do circo. Imagino que isso tudo foi obra do espírito do frade que te inspirava, soprando as respostas em seus ouvidos! Se antes você podia apenas ouvi-lo, agora, você pode vê-lo, por isso, imagino que a sua mediunidade também está em transformação. Nós não somos um trio como imaginamos à princípio, somos um quarteto!

– Você, Charles, o frade e eu! – gritou a menina, mal contendo a animação.

– Vem cá me dar um abraço... – pediu a irmã mais velha, visivelmente emocionada.

Quando Juca entrou na sala, as garotas se separaram e Anne saiu correndo para arrumar uma farta bandeja com bule de café, xícaras e fatias do bolo de aipim servidos em pratinhos de sobremesa.

– Anne! Não se esqueça de que teremos uma reunião de trabalho, não um convescote! – ralhou Louise, só para não perder o hábito.

Alguns minutos depois, chegava Juca Timbó acompanhado pelo eminente doutor:

– Muito prazer, *monsieur* Bezerra de Menezes! Seja bem-vindo e obrigada por atender ao nosso convite! Meu nome é Louise – a jovem agradeceu, num português impecável.

– O prazer é todo meu, minha cara. Eu jamais poderia deixar de atender ao pedido de um amigo tão querido como o Juca!

– Sente-se, por gentileza. O Juca foi chamar meu irmão que está lá dentro, no consultório. Aquela garota ali em pé perto da porta é nossa irmãzinha, Anne.

– Decerto que uma família com meninas tão bonitas é abençoada por Deus! Muito prazer, *mademoiselle* Anne – cumprimentou o médico.

– *Merci, monsieur*, perdão, quis dizer, obrigada – Anne se atrapalhou, misturou as línguas todas e, envergonhada, saiu correndo da sala.

A dupla riu diante de seu comportamento intempestivo:

– Desculpe essa menina, *monsieur* Menezes, ela é um pouco espevitada, mas também é um amor!

– Bem sei como as meninas podem ser tímidas e imprevisíveis! Tenho várias em casa, a mais nova ainda é praticamente um bebê, com um ano e alguns meses! Chama-se Consuelo e parece um anjo de candura... – derreteu-se ele, falando da filha caçula.

No momento seguinte, Anne estava de volta, compenetrada em dirigir pela sala seu carrinho de chá. Enquanto Louise servia o café fumegante e perfumado, a menina sentou-se num canto da sala e, tímida pela primeira vez em sua vida, tratou de observar de rabo de olho o nobre convidado. Seu porte era garboso e, apesar da idade algo avançada, seu rosto simpático e corado vibrava saúde e vigor; os olhos eram meigos e inteligentes, o sorriso bondoso ficava meio escondido pela barba branca, mas os gestos elegantes e a voz harmônica não deixavam a menor dúvida, *monsieur* Bezerra de Menezes era um autêntico cavalheiro à moda antiga.

No momento seguinte, Charles e Juca chegaram à sala e, depois de uma nova rodada de apresentações e rapapés, o saboroso café foi servido e a reunião pôde finalmente começar.

– Antes de mais nada, doutor, gostaria que contasse aos nossos amigos franceses como foi que o senhor acabou virando espírita... – pediu Juca, que conhecia o sabor de uma boa história.

Dr. Bezerra terminou de sorver o último gole de café de sua xícara, para em seguida, contar como se convertera ao espiritismo:[1]

"Nasci e me criei até os dezoito anos, no seio de uma família tradicionalmente católica, que levava a sua crença até a aceitação de um absurdo, por mais repugnante que fosse, imposto à fé passiva dos crentes, pela igreja romana.

"Aprendi aquela doutrina e acostumei-me às suas práticas, mas empiricamente, sem procurar a razão da minha crença. Dois pontos, entretanto, me apareciam luminosos no meio daquela névoa; eram a existência da alma, responsável por suas obras, e a de Deus, criador da alma e de tudo o que existe. Ao demais, eu considerava sagrado tudo o que meus pais me ensinavam a crer e a praticar: a religião católica, apostólica, romana.

"Aos dezenove anos, e naquela disposição de espírito, deixei a casa paterna, para vir fazer meus estudos na capital do império, onde vivi, mesmo ao tempo de estudante, por mim mesmo, sem ter a quem prestar obediência. Continuei na crença e práticas religiosas, que eu trouxe do berço; mas na convivência com os moços, meus colegas, em sua maior parte livres-pensadores – ateus –, comecei batendo-me com eles, e acabei concorde com eles, parecendo-me excelso não ter a gente que prestar contas de seus atos.

"Não foi difícil esta mudança, pela razão de não ser firmada em fé raciocinada a minha crença católica; mas, apesar disto, a mudança não foi radical, porque nunca pude banir de todo a crença em Deus e na alma.

"Houve em mim uma perturbação, de que nasceu a dúvida. Fiquei mais cético do que cristão – e cristão somente por aqueles dois pontos. Em todo caso, deixei de ser católico – e via os meus dois pontos luminosos por entre as nuvens.

"Mais tarde, casei-me com uma moça católica, a quem amava de coração e sempre respeitei suas crenças, guardando nos seios da minha alma a descrença. No fim de quatro anos, fui subitamente batido pelo tufão da maior adversidade que me podia sobrevir: minha mulher me foi roubada pela morte, em vinte horas, deixando-me dois filhinhos, um de três anos e outro de um."

Nesse ponto da narrativa, as meninas se entreolharam, aflitas, deixando escapar um rumoroso suspiro, numa evidente demonstração de pesar.

"Aquele fato produziu-me um abalo físico e moral, de prostrar-me. As glórias mundanas, que havia conquistado mais por ela do que por mim, tornaram-se-me aborrecidas, sendo odiosas e, como nelas, coisas da terra, eu não via nada, nada encontrei que me fosse de lenitivo a tamanha dor.

"Sempre gostei de escrever, mas inutilmente tentava fazê-lo, porque no fim de poucas linhas tédio mortal se apoderava de mim. A leitura foi sempre a minha distração predileta, mas dava-se a este respeito o mesmo que a respeito de escrever; abria um, outro, outro livro sobre ciência, sobre literatura, sobre o que quer que fosse, mas não tolerava a leitura de uma página sequer.

"Um dia, meu companheiro de consultório trouxe da rua um exemplar da Bíblia do padre Pereira de Figueiredo, entressachado de estampas finíssimas. Tomei o livro, não para ler, que já não tentava semelhante exercício; mas para ver as estampas, com verdadeira curiosidade infantil.

"Passei todas em revista; mas, no fim, senti desejos de ler aquele livro que encerrava minhas perdidas crenças, e era uma vergonha para um homem de letras dizer que nunca o lera. Comecei, pois, e esqueci-me a ler o belo livro, até perder a condução para minha casa; e depois que estive nesta, sentia prazer em pensar que voltaria a lê-lo! Eu mesmo fiquei surpreendido com o que se passava em mim!

"Li toda a Bíblia e, quanto mais lia, mais vontade tinha de continuar, sentindo doce consolação com aquela leitura. Quando acabei, eu sentia a necessidade de crer, não dessa crença imposta pela fé, mas da crença firmada na razão e na consciência. Onde descobrir-lhe a fonte?

"Atirei-me à leitura dos livros sagrados, com ardor, com sede; mas sempre havia uma falha ao que meu espírito reclamava. Começaram a aparecer as primeiras notas espíritas no Rio de Janeiro; mas eu repelia semelhante doutrina sem conhecê-la nem de leve! Somente porque temia que ela perturbasse a tal ou qual paz que me trouxera ao espírito a minha volta à religião de meus maiores, embora com restrições.

"Foi por causa de Joaquim Carlos Travassos, um meu colega, que tendo traduzido *O livro dos espíritos*, de Allan Kardec, fez-me presente de um exemplar, que aceitei, por cortesia. Deu-mo na cidade, e eu morava na Tijuca, a uma hora de viagem de bonde. Embarquei com o livro e, não tendo distração para a longa e fastidiosa viagem, disse comigo: '*Ora, adeus! Não hei de ir para inferno por ler isto*' e, depois, é ridículo confessar-me ignorante de uma filosofia, quando tenho estudado todas as escolas filosóficas.

"Pensando assim, abri o livro e prendi-me a ele, como já me acontecera com a Bíblia, antes. Lia, mas não encontrava nada que fosse novo para meu espírito e, entretanto, tudo aquilo era novo para mim!

"Dava-se em mim o que acontece muitas vezes a quem muito lê, e que um dia encontra uma obra onde depara com ideias, que já leu, mas não sabe em que autor. Eu já tinha lido ou ouvido tudo o que se acha em *O livro dos espíritos*, mas com certeza nunca tinha lido obra alguma espírita e, portanto, me era impossível descobrir onde e quando me fora dado o conhecimento de semelhantes ideias!

"Preocupei-me seriamente com este fato que me era maravilhoso e a mim mesmo dizia: parece que eu era espírita inconsciente, ou, como se diz vulgarmente, de nascença, e que todas essas vacilações que sentia meu espírito eram marchas e contramarchas que ele fazia, por descobrir o que lhe era conhecido e, porventura, obrigado a isto. Eis o que fui e em que crença vivi, até que fui espírita."

– Por coincidência, eu também comecei meu estudo do espiritismo lendo um livro que ganhei de um amigo. O senhor acha que essa leitura foi o suficiente para firmar sua crença no espiritismo? – perguntou Charles, aproveitando a pausa que o convidado fizera.

– Apesar de convencido da verdade do espiritismo, eu nunca tinha assistido, nem por mim tentado, a qualquer trabalho experimental, confirmativo sequer da comunicação dos espíritos. Tendo sido atacado de dispepsia, que me reduziu a um estado desesperador, sem que me tivesse proporcionado o menor alívio a medicina oficial, apesar de ter recorrido aos primeiros médicos desta capital, resolvi, depois de um tratamento de cinco anos, recorrer a um médium receitista, em quem muito se falava, o sr. João Gonçalves do Nascimento.

Charles, Louise, Juca e Anne se entreolharam discretamente. Parecia que, naturalmente a conversa se encaminhava para o assunto que constituía sua preocupação principal.

– Eu não acreditava nem deixava de acreditar na medicina medianímica, e confesso que propendia mais para a crença de que o tal médium era um especulador. Em desespero de causa, porém, eu recorreria a ele, mesmo que soubesse ser um curandeiro. Tentava um recurso desesperado, e fazia uma experiência sobre a mediunidade receitista.

"Era preciso, porém, visto que se tratava de uma experiência, que eu tomasse todas as cautelas, para que ela me pudesse dar uma convicção fundada. Combinei com o dr. Maia de Lacerda, completamente desconhecido do tal médium, ser ele que fizesse pessoalmente a consulta, recomendando-lhe que assistisse ao trabalho do médium enquanto este escrevesse, e pedisse-lhe o papel, logo que acabasse de escrever; porque bem podia ter ele um médico hábil, por detrás do reposteiro, que lhe arranjasse aquelas pegas.

"É verdade que o suposto médico, não sabendo de quem se tratava, visto que só se dava ao médium o nome de batismo e a idade dos consulentes, não podia adivinhar-lhes os sofrimentos, mas, em todo caso, eu queria ter a certeza de que era exclusivamente do médium, homem completamente ignorante de medicina, um trabalho sobre medicina.

"O dr. Lacerda fez como lhe recomendei, e trouxe-me o que, a meu respeito, escreveu o médium, que não podia reconhecer-me por meu nome próprio, Adolfo, não só porque há muitas pessoas com este nome, mas também porque sou conhecido geralmente por Bezerra de Menezes, e bem poucos dos que não entretêm relações íntimas comigo sabem que me chamo Adolfo. Tomei o papel que dizia:

"'*O teu órgão, meu amigo (era o espirito que falava ao médium), não é suficiente para satisfazer este consulente, atenta às circunstâncias de sua elevada posição social (eu era membro da Câmara dos Deputados), e principalmente de sua proficiência médica (...). Entretanto, como não dispomos de outro, faremos com ele o mais que pudermos (...). Vejo no organismo do consulente (...)*';
– seguia-se uma descrição minuciosa de meus sofrimentos e suas causas determinantes, tão exatos aqueles, quanto perfeitamente fisiológicas estas.

"Não posso descrever o abalo que me produziu este fato estupendo! Segui o tratamento espírita, e o que os mestres da ciência não conseguiram em cinco anos, Nascimento obteve em três meses. Em três meses, eu não estava completamente curado; mas estava forte, comia e dormia perfeitamente bem, era um homem válido, em vez de um valetudinário. Continuei, com toda a confiança aquele tratamento e, em menos de um ano, achei-me bem."

– Doutor, por favor, conte aos nossos amigos a história relativa à dona Cândida... – pediu Juca.

"Logo após este fato, deu-se o de ser minha segunda mulher condenada como tuberculosa em segundo para terceiro grau, por importantes médicos, e disse Nascimento, a quem consultei, com as precisas cautelas, para ele não saber de quem se tratava:

"'*Enganam-se os médicos que diagnosticaram tuberculose (quem lhe disse que os médicos haviam feito tal diagnóstico?). Esta doente não tem tubérculo algum. Seu sofrimento é puramente uterino, e, se for convenientemente tratada, será curada (...). Se os médicos soubessem a relação que existe entre o útero, o coração e o pulmão esquerdo não cometeriam erros como este.*'

"Sujeitei a minha doente, que já tinha febres, suores e todos os sinais da tísica em grau avançado, ao tratamento espírita, e em poucos meses tudo aquilo desapareceu, e já se passaram mais de dez anos, durante os quais ela tem tido e criado quatro filhos, sem mais sentir nenhum incômodo nos pulmões.

"Como resistir à evidência de fatos tais? Depois deles comecei as investigações experimentais sobre os vários pontos de doutrina, e posso afirmar, daqui, que tenho verificado quanto é permitido ao homem alcançar, em certeza, a perfeita exatidão de todos os princípios fundamentais do espiritismo.

"Não cabe numa conversa referir o resultado experimental alcançado sobre cada um, e por isto me limito a dizer: o espiritismo é para mim uma ciência, cujos postulados são demonstrados tão perfeitamente como se demonstra o peso de um corpo."

Charles remexeu-se em sua cadeira, incomodado com a afirmação do colega que peremptoriamente relacionava ciência com espiritismo, fato de que ainda não se convencera.

– O senhor considera que esses fatos constituam evidências suficientes para comprovar que essas 'adivinhações' sejam verdadeiras a ponto de que possam ser dadas como autênticas evidências científicas? – questionou o médico, sentindo-se desconfortável.

– Nada me impressionou mais do que ver um homem, sem conhecimentos médicos e até sem instrução regular, discorrer sobre moléstias, com proficiência anatômica e fisiológica, sem claudicar, como bem poucos médicos o podem fazer. Mais do que isto, porém, é para impressionar ver dizer de um indivíduo, que não se conhece, que não se examina, de quem não se sabe senão que ele se chama Pedro ou Paulo e tem tantos anos de idade – dizer, em tais condições, que sofre de tais moléstias, com tais e tais complicações, por tais e tais causas, e confirmar o diagnóstico pelo resultado eficaz do tratamento aplicado naquele sentido.

"Tive, porém, de minha experiência pessoal, um fato que muito me impressionou. Eu estava em tratamento com o médium receitista Gonçalves do Nascimento, e este costumava mandar-me os vidros, logo que eu acabava uma prescrição, por um primo meu, estudante de preparatórios, que morava em minha casa, na Tijuca, a uma hora de viagem da cidade. Meu primo costumava, sempre que me trazia os remédios (homeopáticos) da casa do Nascimento, entregar-me os vidros em mão, e nunca, durante três meses que já durava meu tratamento, me trouxe do médium recado por escrito, senão simplesmente os vidros de remédio, tendo no rótulo a indicação do modo como devia ser tomado.

"Um dia, deixei de ir à Câmara dos Deputados, de que fazia parte, e, pelas duas horas da tarde, passeava, na varanda, lendo uma obra que me tinha chegado de novo, quando me apareceu um vizinho, o sr. Alfredo Pinheiro, filho do presidente da Relação de Lisboa, e moço de inteligência bem cultivada.

"O sr. Pinheiro não conhecia o espiritismo, senão de conversa, e como eu fazia experiência em mim, ele aproveitava a minha experiência, para fazer juízo sobre a verdade ou falsidade da nova doutrina. Depois dos primeiros cumprimentos, perguntou-me como ia eu com o tratamento espírita. Respondi-lhe nestas palavras: *'estou bom; sinto apenas uma dorzinha nos quadris e uma fraqueza nas coxas, como quem está cansado de andar muito'*.

"Conversamos sobre o fato de minha cura em três meses, quando nada alcancei com a medicina oficial, em cinco anos, e passamos a outros assuntos, até que, uma hora, pouco mais ou menos depois, entrou meu primo com os vidros de remédios e com um bilhete, escrito a lápis, que me mandava Nascimento, e que dizia: *'Não, meu amigo, não estás bom como pensas. Esta dor nos quadris, que acusas, esta fraqueza das coxas são a prova de que a moléstia não está de todo debelada. És médico e sabes que muitas vezes elas parecem combatidas, mas fazem erupções, porventura perigosas. Tua vida é necessária; continua teu tratamento.'*

"É fácil compreender a surpresa, a admiração, o abalo profundo que produziu na minha alma um fato tão fora de tudo o que tinha visto em minha vida. Repetiram-me, da cidade, textualmente, as minhas palavras, como só poderia fazer quem estivesse ao alcance de ouvi-las! Efetivamente, calculado o tempo que leva o bonde da casa de Nascimento a minha, reconhecemos, eu e Pinheiro, que aquela resposta me fora dada na cidade, precisamente a hora em que eu respondia, na Tijuca, à interpelação do meu visitante.

"Pode haver fatos mais importantes no domínio do espiritismo; eu, porém, não tive ainda nenhum que me impressionasse como este, e, atendendo-se ao tempo em que ele se deu – quando eu estava sujeitando à prova experimental a nova doutrina –, compreende-se que impressão poderia causar-me.

"Creio que, se eu fosse ainda um incrédulo, desses que fecham os olhos para não ver, ainda assim não poderia resistir a impressão que me causou semelhante fato. Saulo não teve, mais do que eu teria, razão para fazer-se Paulo."

O médico mais jovem limitou-se a fazer um muxoxo incompreensível que Louise interpretou como um pedido por mais café e imediatamente tornou a encher sua xícara.

– O senhor considera que passar por essas estranhas experiências tenha mudado sua forma de sentir e de pensar? – perguntou Louise, na verdade, pensando em si mesma, e em como suas recordações de um passado distante estavam afetando sua vida no tempo presente.

– Influência física, nenhuma senti; porém, moralmente sou outro homem. Minha alma encontrou finalmente onde pousar, tendo deixado os espaços agitados pelo vendaval da descrença, da dúvida, do ceticismo, que devasta, que esteriliza, que calcina, se assim me posso exprimir, recordando as torturas de quem sente a necessidade de crer, mas não encontra onde assentar sua crença. E não encontrava onde assentar minha crença, porque o ensino de Jesus – que uma força intrínseca, uma disposição psíquica me levara a procurar, como o nauta perdido na vastidão dos mares procura o norte – me era oferecido sob um aspecto impossível de acomodar-se com um sentimento íntimo, instrutivo, exato, que me desse a razão e a consciência de ali estar a verdade; mas a verdade não é aquilo. Minha alma encontrou finalmente onde pousar! Posso dizer o 'meu' credo espírita, com aplauso de minha consciência, e não por força de uma autoridade que se arroga o direito de impor a fé. Nestas condições, tendo encontrado a linfa que me saciou a sede de crer, posso ser mais o que era antes?

"A moral cristã, iluminada pelos inefáveis princípios do espiritismo, não pode deixar de modificar, para melhor, quem a cultiva não somente por dever, mas também e principalmente por nela ter encontrado a paz do espírito! Não sou, por minha fraqueza, o que ela deve fazer do coração humano, não me posso julgar, sem incorrer em orgulho ou falsa modéstia; mas posso assegurar que já compreendo os meus deveres para com Deus, para com os meus semelhantes, de um modo diverso, acentuadamente mais elevado, que antes de ser espirita.

"Julgo, pois, que me é lícito dizer que as novas opiniões acarretaram para mim sensível modificação moral. E, para confirmá-lo, basta consignar este fato: antes de ser espírita só de pensar em perder um filho fazia-me mentalmente blasfemar, punha-me louco. Depois de ser espírita, tendo perdido quatro filhos adorados, e depois de criados, louvava e agradecia ao Pai de amor, provando, por aquele modo, minha obediência a seus sacrossantos decretos."

Um silêncio respeitoso tomou o ambiente, como se as pessoas ali presentes precisassem de algum tempo para assimilar a sabedoria e a humildade que ressoavam em suas palavras.

– Por tudo isso é que o senhor faz questão de atender o público mais carente e despossuído? – perguntou Anne, que, finalmente, encontrava uma oportunidade para falar.

– O médico verdadeiro é isto: não tem o direito de acabar a refeição, escolher a hora, de inquirir se é longe ou perto... O que não acode por estar com visitas, por ter trabalhado muito e achar-se fatigado, ou por ser alta noite, mau o caminho ou o tempo, ficar longe, ou no morro; o que sobretudo pede um carro a quem não tem com que pagar a receita, ou diz a quem lhe chora à porta que procure outro – esse não é médico, é negociante de medicina, que trabalha para recolher capital e juros dos gastos da formatura. Esse é um desgraçado, que manda para outro o anjo da caridade, que lhe veio fazer uma visita e lhe trazia a única espórtula que podia saciar a sede de riqueza do seu espírito, a única que jamais se perderá nos vaivéns da vida.

– O problema é que, na maioria das vezes, não há nenhum cliente pagante... – cochichou Juca aos demais, como se contasse um inconveniente segredo. O bom doutor fez um gesto evasivo com a mão, dizendo sem palavras que aquilo não era importante.

– Espero que o Juca tenha lhe adiantado a razão de termos pedido este encontro com o doutor... – começou a dizer Charles, que foi secundado pelo aceno afirmativo que o conselheiro fez com a cabeça encanecida.

– Pois bem, depois que recebemos o convite feito pelo espírito do frade, para começarmos uma missão de atendimento fraterno aos mais necessitados, ficamos paralisados, porque, na verdade, não sabemos como proceder... Não nos sentimos aptos a realizar um trabalho tão importante e tão difícil, tampouco achamos que sejamos capazes de realizá-lo a contento... – explicou Charles.

– Compreendo que não se sintam prontos, porém, duvido muito de que não sejam capazes, porque, nesse caso, vocês não teriam sido chamados a realizá-lo! Esse convite deve ser considerado com seriedade. Também compreendo suas dúvidas, porque sei que é um cientista, um positivista acostumado a seguir determinada metodologia para obter um fim específico. Meu conselho é para que vocês se prepararem adequadamente, até adquirir a confiança necessária para que possam começar o trabalho.

"Como início, Charles e Juca podem frequentar as reuniões na Federação Espírita. Simultaneamente, vocês poderão compartilhar esses estudos em vossa casa, a fim de também instruir suas irmãs. Assim, todos seguirão estudando até que, num futuro próximo, estarão prontos para executar com êxito a missão que abraçaram junto à espiritualidade superior. E, desde já, me coloco à vossa inteira disposição para ajudá-los no que for possível."

– O frade Francisco envia seus cumprimentos ao venerável colaborador da seara espírita e diz que também é um profundo admirador de seu caridoso trabalho – anunciou a pequena Anne, indicando com o dedinho ossudo o espaço vazio ao lado de Louise.

– Fico muito agradecido, pequenina! Que Deus nos abençoe e proteja, caros amigos!

NOTAS:

[1] Depoimento dado por Bezerra de Menezes ao *Reformador*, órgão de divulgação da Federação Espírita Brasileira, e que foi publicado em 15 de outubro de 1892, em que ele fala sobre suas convicções religiosas e sua conversão ao espiritismo.

6
O TRABALHO

Maio de 1898

O tempo passou a galope, com os integrantes da família *Lantier Feuille* mergulhados até o pescoço no estudo do espiritismo. Charles e Juca frequentavam as sessões semanais na FEB e, aos domingos, repassavam o que tinham aprendido às duas jovens. Assim, a cada nova reunião dedicada aos estudos, mais se alargavam os horizontes mentais dos dedicados estudantes. Graças aos métodos científicos que Charles empregava na prática do estudo continuado, discutindo e debatendo incansavelmente as ideias espíritas até que não restassem quaisquer dúvidas sobre o tomo analisado, o progresso do grupo saltava à vista.

Também com o transcorrer dos meses, Charles observou que a mediunidade de Louise passava por um acelerado processo de modificação. A fim de verificar sua extensão, o magnetizador achou por bem realizar algumas experiências, com o objetivo de verificar como essa mediunidade em ebulição poderia ser aplicada à prática médica.

Por isso, algumas vezes, depois de ter atendido um paciente e de já ter formulado seu próprio diagnóstico, Charles o magnetizava, aplicando sobre o doente uma série de passes terapêuticos e depois chamava Louise ao consultório.

A dupla havia combinado que a médium deveria observar o corpo do paciente com toda a atenção, procurando por qualquer indício ou marca que remetesse à doença. A princípio, Louise sentia apenas uma intuição sobre uma parte do corpo que via mais escurecida, o que sugeria a ideia de que o foco da doença poderia estar ali. Porém, à medida que essa experiência foi sendo repetida muitas vezes, a performance da médium foi melhorando consideravelmente.

Depois que o paciente ia embora, o médico e a médium comparavam suas impressões, que, quase sempre, confirmavam o diagnóstico inicial ou o ampliavam. Logo, a médium desenvolveu a capacidade de olhar para o corpo do doente e afirmar com muita firmeza qual era o órgão doente, justamente porque via a parte afetada como uma forma negra e pulsante. Passado algum tempo, Louise desenvolveu a capacidade de ouvir os comentários que o frade Francisco fazia sobre a doença e qual seria o respectivo tratamento para o paciente analisado.

– Ele disse que eu preciso aprender sobre as ervas brasileiras e você sobre a homeopatia... – comunicou Louise, chocada com a dificuldade contida naquelas instruções.

– Ele mandou você ir falar com o 'doutor' – ela disse a Charles, depois de um dia particularmente produtivo no consultório. Doutor era o modo respeitoso como aquele pequeno grupo de trabalhadores chamava seu padrinho e benfeitor, dr. Bezerra de Menezes.

– Fique tranquila. Aproveitarei o dia da próxima reunião para falar com ele – foi a resposta do médico.

Porém, ainda naquela semana, um fato inédito iria alterar esse planejamento. O dr. Charles recebeu um chamado urgente para atender uma jovem que fora diagnosticada como histérica e que estava em pleno surto psicótico.

O médico e seu fiel escudeiro partiram imediatamente para o Catete e, em pouco tempo, chegavam ao belo palacete onde residia a família Coelho Lisboa.

Como temia, Charles encontrou a paciente em péssimas condições, pois que fora amarrada de forma desumana à própria cama, encontrando-se exausta e praticamente desacordada de tanto se debater em vão.

Desesperados, os pais contaram que, como primeira providência para ajudar a filha doente, haviam chamado um médico, que a tachara de histérica, possuída por uma grave 'perversão dinâmica', recomendando que ela fosse internada no hospício, coisa que eles não admitiam de jeito nenhum. Sem saber o que fazer para conter a violência dos acessos de fúria que a acometiam, eles chamaram o padre da família, que afirmou que a jovem estava endemoninhada e que só poderia melhorar se fosse submetida a uma sequência completa de exorcismo. Enquanto eles discutiam o que fazer, a pobre Victória definhava a olhos vistos, tomada por acessos de loucura cada vez mais graves.

Em meio a uma nova crise, um antigo amigo da família contou que ouvira falar maravilhas sobre um médico francês que também era um excelente magnetizador. Assim, desesperados, os pais resolveram procurar o médico famoso, como se ele fosse a última esperança de salvar a filha da loucura.

– Tivemos que amarrá-la para que a pobrezinha não se machucasse ainda mais... – desculpou-se o pai ao ver a desaprovação estampada na fisionomia do médico que viera examinar Victória.

Antes de mais nada, o magnetizador tratou de acalmar a paciente tresloucada usando a técnica de aplicar passes longitudinais sobre o seu corpo, obtendo como resultado imediato um estado letárgico que minimizava o problema, porém, não o resolvia. Para fazê-lo, Charles teria que conversar com a paciente em estado de lucidez, examiná-la detalhadamente e, sobretudo, observá-la por algum espaço de tempo a fim de fazer um diagnóstico e determinar o tratamento mais adequado para o caso.

– *Monsieur* Barbosa, para obter um resultado durável, terei que levar *mademoiselle* Victória para ser tratada em minha clínica – informou o médico aos pais aflitos. O casal se entreolhou por um momento, talvez considerando em silêncio o sofrimento por que a filha passara. Contemplando-a naquele raro instante de calmaria, que só a atuação do médico magnetizador fora capaz de provocar, decidiram aceitar a proposta na mesma hora.

Juca, solícito como sempre, ajudou Charles a acomodar a jovem semiadormecida no banco traseiro da caleça e, sem demora, os três partiram em direção à clínica na Glória. Os pais iriam vê-la mais tarde, levando as roupas e objetos de uso pessoal da filha.

– Quem é essa moça, Juca? – perguntou Anne, assim que o assistente saiu do quarto onde Charles e Louise estavam acomodando sua paciente.

– É uma nova paciente, *mademoiselle* Victória. Seu irmão determinou que ela deverá ficar internada aqui para restabelecer suas forças – informou o assistente.

Decerto que aquilo era uma grande novidade, pois que nunca antes daquele dia Charles trouxera alguém para ficar internado na clínica, apesar de haver quartos disponíveis para essa finalidade.

Louise terminou de esticar um lençol sobre a jovem adormecida e, por um instante, quedou-se a contemplá-la: "Pobrezinha, tão bonita e tão vulnerável..." – pensava ela, quando, de súbito, viu um vulto negro projetando-se sobre o corpo da jovem indefesa. Louise teve que levar a mão a boca para conter o grito de pavor que brotou em sua garganta. Em pânico, ela saiu correndo do quarto, tomando a direção do consultório de Charles; entrou e imediatamente fechou a porta atrás de si, com medo de que a sombra estivesse em seu encalço.

– Pois bem, diga-me, já conseguiu saber o que há de errado com ela? – perguntou o médico, assim que Louise entrou.

– Você não vai acreditar! Tem 'alguém' pregado na pobrezinha! Bem aqui, na altura do pescoço, parece que há uma espécie de corda ou laço enegrecido, prendendo-a fortemente a uma forma escura e malcheirosa, mas não consegui ver suas feições, porque a sombra usa um longo manto com capuz sobre a cabeça.

– Não, você não brincaria com algo tão sério – disse o médico, ao que Louise apenas abanou a cabeça afirmativamente. Ela estava visivelmente apavorada.

– Onde está o frade? Desta vez, você não conseguiu ouvi-lo?

– Não! Fiquei com tanto medo que nem lembrei de sua existência! Só queria sair o mais rápido possível dali! E agora, o que faremos?

– Na verdade, nem imagino... – dizia o médico, quando Anne entrou na sala, interrompendo-o abruptamente:

– Louise! O que está havendo? O frade Francisco está reclamando que não consegue lhe falar! Ele disse que você precisa se acalmar! – ralhou a pequena, munida de uma autoridade que não lhe pertencia.

– Ele está aqui, agora? – ao que Anne respondeu com um abano afirmativo da cabeça loira.

– Ora, então, pergunte logo o que devemos fazer! – disse Louise num fio de voz, sentindo-se incapaz de restabelecer o próprio autocontrole.

– Ele disse que vocês devem procurar o doutor. Ele sabe o que está acontecendo e o que deve ser feito para ajudar essa mocinha... – disse a porta-voz da autoridade espiritual presente ao recinto.

– Mas somente amanhã, porque hoje está muito tarde. Por hoje, ele está mandando a gente rezar e vigiar! Já vou logo avisando que não fico de guarda por nada deste mundo! – resmungou a menina.

Apesar da gravidade da situação, Charles foi obrigado a sorrir. "Que rebelde mais encantadora..." – pensou o irmão coruja, aproveitando para lhe desarranjar o penteado impecável.

Assim, logo cedo, no dia seguinte, Charles e Juca, o valoroso cavaleiro e seu leal escudeiro, tomaram o rumo da casa do dr. Bezerra de Menezes porque precisavam de ajuda com o caso da jovem histérica.

Obviamente, eles estavam envergonhados por surgirem assim de repente, sem prévio aviso ou hora marcada, mas confiavam que o doutor entenderia a gravidade da situação. Solícito como sempre, o dr. Bezerra os recebeu imediatamente.

– Caro amigo, você já tinha mencionado numa conversa anterior o fato de que a mediunidade de *mademoiselle* Louise está em franco desenvolvimento. Se não me engano, também mencionou que ela é uma médium de efeitos físicos...

– Pensei que fosse por causa da aparição da noiva naquela sessão pública em que Louise desfaleceu no instante em que um repórter cético e inescrupuloso agarrou o tal fantasma – confirmou Charles, se referindo a uma conversa que eles haviam tido noutra oportunidade, num de seus vários encontros na Federação.

– Provavelmente, ela sofreu um violento choque. Mas estou tentando compreender o que está acontecendo agora. Será que, mesmo sem querer, Louise promoveu alguma materialização de ordem espiritual enquanto estava cuidando da jovem enferma?

Charles pensou por um instante, relembrando o que Louise contara. Em seguida, disse:

– Pelo que entendi, doutor, desta vez, foi bem diferente. Primeiro, porque Louise não estava em transe mediúnico ou coisa que o valha, quando viu a tal aparição. Ela estava completamente lúcida quando entrou no meu gabinete, mas apavorada como nunca a vi antes. Ela disse que 'alguém' estava colado à paciente e que parecia haver uma espécie de laço enegrecido unindo-as pelo pescoço. Ela estava tão nervosa e amedrontada que não foi capaz de ouvir os conselhos do frade que normalmente a acompanha nessas ocasiões. Quem teve que fazer isso foi a pequena Anne, que também é médium, só que vidente – Charles parecia muito desconfortável ao narrar fatos tão estranhos, porque, no íntimo, receava que o eminente doutor achasse que ele e sua família estavam vivenciando um surto de histeria coletiva.

– Decerto que o caro amigo já ouviu falar de Crookes[1]... – tornou o bom doutor, como se fosse capaz de ler seus pensamentos como num livro aberto.

– Claro! É um eminente cientista e pesquisador.

– Neste caso, também deve ter tomado conhecimento do imenso cabedal de conhecimento que ele produziu com suas experiências metafísicas e psíquicas. Também ele duvidou, quando viu pela primeira vez a manifestação tangível do espírito de Katie King, que usava como veículo de comunicação a mediunidade da senhorita Cook. Ele chegou a anotar as diferenças que havia entre uma e outra, detalhes como o pescoço de Katie, cuja pele era macia ao tato, enquanto Cook tinha uma cicatriz bem visível, que tornava sua pele áspera. Observou que a cor de Katie era clara, enquanto Cook era morena. Afirmou também que haviam sensíveis diferenças nos modos das duas, até quando se exprimiam. Ou seja, seriam as provas da aparição do espírito de Katie, tão minuciosa, escrupulosa e cientificamente colhidas, pura ilusão do respeitável sábio?[2]

– Não, imagino que não... – respondeu Charles, meio sem jeito diante da veemência do raciocínio do ancião.

– Além de que todas as suas experiências foram feitas em presença de pessoas tão respeitáveis quão competentes, aí vem sua última carta desfazer qualquer vacilação. Crookes conseguiu, por indicação de Katie, e em presença de todos, que tirassem fotografias do espírito e da médium, juntas. Durante esse trabalho, os assistentes tiveram ocasião de ver, bem distintos, o espírito de Katie e sua médium, Cook. É preciso admitir que Crookes e seu respeitável auditório foram tomados, ao mesmo tempo, de insânia, ou que homens da maior responsabilidade se combinaram para dar por verdade uma mentira, miserável embuste, para ter-se o pensamento de que o médium e o espírito são a mesma pessoa.

"Seriam as experiências insubsistentes, sem o rigor das observações científicas? A resposta está na obra de Crookes. Por mais que choquem as crenças gerais, os fatos atestados por Crookes, o nome e a alta competência do observador se impõem aos mais refratários. E, como os fenômenos observados por Crookes dão testemunho irrecusável de um espírito sob a forma corporal, e que a tomava e deixava, instantaneamente, à vista de todos, pode-se dizer, materialmente provado, que há espíritos, que o espírito é imortal e que o ser humano, cuja essência é o espírito, não acaba na morte, conservando sempre a consciência de sua individualidade.

"Isso tudo já está positivamente claro para você, ou ainda resta alguma dúvida a ser esclarecida?"

De súbito, Charles sentiu-se novamente na pele do estudante cabeçudo que, por vezes, com sua insolência e ceticismo, conseguia tirar do sério seus pobres professores, mesmo os mais calmos e pacientes.

– Está claro, doutor. Desculpe, se dei a impressão contrária... – respondeu o médico, sentindo no tom do mentor uma sombra da fina ironia com que o antigo Max costumava afligir seus adversários.

Como expectador do caloroso debate, Juca Timbó, que sentado à um canto sem dar um pio ouvia e registrava tudo para a posteridade graças à sua excepcional memória, não conseguiu conter o entusiasmo e deu seu famoso sorriso, que lhe tomava a face, de orelha a orelha. Charles suportou calado, mas lhe infligiu um olhar tão carregado com sua imperiosa energia que o pobre rapaz chegou a sentir uma pontada no estômago.

– Excelente. Desculpe se me prendo nestas reiterações, mas, para que possamos seguir com o fio deste raciocínio, temos de estar de acordo com relação a esses pressupostos básicos.

Charles balançou a cabeça afirmativamente, humilde e obediente como um bom aluno da escola primária.

– Agora, pelo pouco que você me contou, parece-me que a mediunidade de Louise identificou um espírito obsessor em franca atividade, atado à sua vítima por uma espécie de laço fluídico de ódio. Essa moça, senhorita Victória, que está sob o ataque dessa entidade inferior, provavelmente estava sendo tratada como histérica ou como endemoninhada, dependendo da opinião de quem a atendeu primeiro.

Charles continuou balançando a cabeça, abismado com a capacidade de compreensão daquele experiente professor.

– Pois bem. Já concordamos que os espíritos existem e que podem se manifestar entre os vivos. Da mesma forma, devemos saber que eles podem ser bons ou maus, do exato jeito que eram quando estavam caminhando entre nós. Ou seja, nossos amigos ou inimigos podem continuar em relação conosco, mesmo depois de já terem falecido. Portanto, parece que essa moça tem um inimigo tenazmente disposto a atormentá-la.

Dessa vez, Juca sentiu um pouco de pena do pobre Charles, porque sua cabeça pendera para o lado esquerdo e suas dúvidas eram tantas que os pontos de interrogação pareciam brotar como piolhos entre os anéis de seu cabelo castanho-claro.

– Vamos, pois, tratar dos meios de reconhecermos a loucura procedente de lesão cerebral e a diferenciarmos da que nos pode dar o conhecimento da obsessão ou loucura produzida por ação fluídica de espíritos. É esta, porventura, a parte mais difícil do empenho que tomamos, porque as manifestações apreciáveis das duas espécies são as mesmas. Desde que, tanto numa como noutra, o fenômeno natural da transmissão do pensamento é perturbado pelo mesmo modo sensível, embora por causas diferentes, compreende-se que dificílimo deve ser o diagnóstico diferencial – disse o dr. Bezerra, retomando sua conferência particular.

"Quem vê um louco vê um obsidiado, tanto que até hoje se tem confundido um com o outro. O mesmo olhar desvairado, a mesma apatia fisionômica, ora a excitação até a fúria, ora a prostração até ao indiferentismo, sempre a incoerência das ideias. Se um tem momentos lúcidos, o outro igualmente os tem; se um pode cair no idiotismo, o outro também.

"Efetivamente, Hahnemann[3] disse, e nós temos observado, que a obsessão desprezada determina lesão orgânica do cérebro, donde a coexistência das duas causas da perturbação mental. Infelizmente temos experiência feita com o maior interesse sobre este ponto da magna questão. Um de nossos filhos, moço de grande inteligência e de coração bem formado, foi subitamente tomado de alienação mental."

Pela primeira vez, desde que aquela verdadeira aula começara, os olhos de seus alunos se encontraram. Aquela, sim, era uma informação valiosa, porque baseada numa experiência pessoal. "Antonio, seu filho, foi dado como louco?" – pensava Juca, sem conseguir conter o galope dos próprios pensamentos, enquanto o dr. Bezerra seguia ensinando:

– Os mais notáveis médicos do Rio de Janeiro fizeram o diagnóstico: loucura; e como loucura o trataram sem que obtivessem o mínimo resultado. Notávamos nós um singular fenômeno: quando o doente, passado o acesso e entrado no período lúcido, ficava calmo, manifestava perfeita consciência, memória completa e razão clara, de conversar criteriosamente sobre qualquer assunto, mesmo literário ou científico, pois estudava medicina, quando foi assaltado. Mais de uma vez, afirmou-nos que bem conhecia estar praticando mal, durante os acessos, mas que era arrastado por uma força superior à sua vontade, a que em vão tentava resistir. Apesar de não podermos explicar como, continuando o cérebro lesado, se dava aquele fenômeno de perfeita clarividência ou de nítida transmissão dos pensamentos, acompanhamos o juízo dos médicos, nossos colegas, de ser o caso verdadeira loucura. Desanimados, por falharem todos os meios empregados, disseram-nos aqueles colegas que era inconveniente e perigoso conservar o doente em casa, e que urgia mandá-lo para o hospício.

"O mesmo conselho que o casal Coelho Lisboa ouviu a respeito de sua filha, a atormentada Victória" – pensou Charles.

– Foi ante esta dolorosa contingência de uma separação mais dolorosa que a da morte, que resolvemos atender a um amigo que havia muito nos instava para que recorrêssemos ao espiritismo.

"'Obsessão', respondeu-nos o espírito que veio à nossa evocação; acrescentando: além do tratamento terapêutico, que deve ser rígido sobre o baço, que, no homem – como o útero, na mulher –, é a porta às obsessões, sempre ligadas a uma lesão orgânica, é indispensável evocar o obsessor e alcançar dele que desista da perseguição.

"Foi marcado o dia para a aconselhada evocação, a primeira a que assistimos. Veio o espírito inimigo, que se dirigiu exclusivamente à nossa pessoa, de quem, principalmente, queria tirar vingança, por mal que lhe havíamos feito em passada existência. 'Não posso fazer-te o que, a ele faço, – disse bramindo, – porque és mais adiantado; mas castigo-te indiretamente na pessoa de teu filho amado, que também concorreu para meu mal.'

"Não foi possível acalmar-lhe a sanha, que refervia à medida que se lhe falava em paz, amor e perdão. Saímos abatidos e confusos por tudo o que vimos e ouvimos, principalmente porque o espírito se referiu a um pensamento nosso, a ninguém revelado. A este trabalho, sem nenhum resultado, seguiram-se outros, parecendo às vezes que o inimigo se abrandava, esperança que em breve se dissipava, vindo ele, noutro dia, mais cheio de ódio e sedento de vingança.

"Neste ínterim, um amigo nosso, tão distinto por sua ilustração como pelo seu caráter, nos comunicou e nos esclareceu sobre aquele ódio intransigente: Orava ele, à hora de deitar-se, e à sua prece do costume ajuntou uma especial em favor do espírito nosso perseguidor, para que tivesse a luz e reconhecesse o mal que a si próprio estava fazendo. Ouviu então uma voz que lhe disse: 'Vê'; e olhando na direção da voz, viu aquele amigo uma masmorra imunda e tenebrosa, onde um homem, acorrentado e agrilhoado, gemia suas misérias e as de sua mulher e filhinhos, privados de todo apoio.

"'Queres que perdoe a quem me reduziu a este estado, e o pior reduziu os entes que mais amei na vida?' – perguntou a voz que vinha do prisioneiro. Travou-se entre os dois uma discussão, que não vem a propósito contar aqui. O que é essencial saber é que a justiça de Deus se cumpria no fato que tão dolorosamente nos fazia sangrar o coração.

"O moço era vítima de seus abusos noutra existência, continuou a sofrer a perseguição, e por tanto tempo a sofreu que seu cérebro se ressentiu, de forma que, quando o obsessor, afinal arrependido, o deixou, ele ficou calmo, sem mais ter acessos, porém não recuperou a vivacidade de sua inteligência. O instrumento jamais se restabeleceu. Dir-se-á: a loucura também se cura, e os doentes curados dela também ficam assim, porque o instrumento se ressente por muito tempo do mal que o afetou. É verdade; mas a loucura vence-se pelo tratamento terapêutico, e o nosso doente, desde que tivemos certeza de ser o mal obra de um espírito, nunca mais tomou remédios, senão os morais, em trabalhos espíritas, por cerca de três anos.

"Vê-se, portanto, quanto importa, diante de um caso de loucura, fazer de pronto o diagnóstico diferencial, para que, se for obsessão, não chegue esta a desorganizar o cérebro, que é o órgão atacado pelo obsessor. Ora, não tendo a ciência meio seguro de fazer aquele diagnóstico, mesmo porque só existe para ela a loucura, é óbvio que devemos procurar recursos para verificarmos se existe a obsessão, no espiritismo científico.

"O médico materialista só vê desarranjos mentais, e, pois, só aplica o tratamento apropriado à loucura. Quando não colhe resultado (e nunca o poderá colher nos casos de obsessão), nem de leve suspeita que sua é a falta; o que julga, com toda a suficiência, é que o mal é incurável. E assim acabam infelizes vítimas da ciência. Dissemos antes que, se obtivéssemos o sonambulismo ou o hipnotismo (que são a mesma coisa)[4] do louco propriamente dito, teríamos necessariamente a lucidez de seu espírito, prova de que a alma conserva intacta sua faculdade pensante, mesmo que não possa manifestá-la pelo instrumento especial, o cérebro. Este fato não se dá sempre, por não ser sempre possível hipnotizar, em razão de haver pessoas refratárias, como o declara Charcot. Nos casos de obsessão, temos naturalmente a mesma dificuldade, mas, e quando for possível?

"Em resumo. Pelos meios espíritas, que nos dão a ciência da loucura por obsessão, é que podemos fazer, com segurança, o diagnóstico diferencial desta espécie, ainda desconhecida da medicina, que a confunde com a loucura por lesão cerebral. E, uma vez feito aquele diagnóstico, cumpre aplicar-se à obsessão um tratamento especial, como é de lógica rigorosa. Esse tratamento é misto, isto é, moral e terapêutico, principalmente moral. No princípio, enquanto os fluidos maléficos do obsessor não têm produzido lesão cerebral, deve-se procurar elevar os sentimentos do obsidiado, incutindo-lhe na alma a paciência, a resignação e o perdão para seu perseguidor, e o desejo humilde de obtê-lo, se em outra existência foi ele o ofensor. Alcançado este desiderato, pela evocação do espírito encarnado, deve-se evocar o do obsessor, e trabalhar com ele no sentido de removê-lo da perseguição, fazendo-o conhecer a lei pela qual terá de pagar, em dores, todas as que tem feito sua vítima sofrer, sem o que jamais poderá tomar a via que conduz às regiões da felicidade. Como vimos, só uma vez em vinte e tantos casos foi malogrado nosso esforço nesse sentido. Em todos os demais, alcançamos a cura completa dos obsidiados e a regeneração de seus obsessores. Quando, porém, a ação fluídica do obsessor tem castigado por muito tempo o aparelho material da vítima, produzindo lesões orgânicas em uma ou mais vísceras, o tratamento deve compreender a moralização acima prescrita, quer do obsidiado, quer do obsessor, e, conjuntamente, as aplicações terapêuticas para a cura das lesões orgânicas. Em geral, esta parte da cura, mesmo quando o perseguidor tem abandonado sua vítima, é longa, porque se tem de reconstituir quase todo o organismo. Perseverança e fé vencerão todas as dificuldades, como acontece sempre que combatemos uma enfermidade inveterada por longo abandono. O que mais sobressai nestes casos de obsessão cuja causa já foi removida, é a depressão cerebral, que leva o indivíduo a uma indiferença desesperadora. Perseverança e fé, e tudo cederá, e a reação, embora lenta, coroará nossos esforços."

– Infelizmente, em 2 de abril de 1887, meu amado filho Antonio, cuja saúde nunca mais foi a mesma depois de sofrer tamanho processo obsessivo, finalmente sucumbiu a um acesso de gripe tifoide.

Mesmo já conhecendo o final trágico daquela história, Juca foi tomado pela emoção, sendo obrigado a discretamente enxugar uma lágrima na manga da camisa, em memória à partida precoce de Antonio Bezerra de Menezes.

— Sinto muitíssimo, doutor! — lamentou Charles, solidário. Mas, em seguida ao minuto de pesar que a situação exigia, o médico voltou à realidade de suas próprias preocupações e perguntou:

— Quer dizer que é desse tipo de coisa terrível que teremos que ajudar Victória a se desvencilhar?

— Precisamente. Não será uma tarefa fácil. Parece que a vossa missão já começa a se explicitar diante de vossos olhos. Minha recomendação é para que se inicie o quanto antes um tratamento magnético; mas, assim que a paciente estiver melhor, deverá ser levada à Federação, onde será submetida a um efetivo tratamento de desobsessão. O caminho será longo e árduo, mas, se for da vontade de Deus, conseguiremos apartar essa irmãzinha desse inimigo impiedoso, ajudando a ambos.

— Será que o cérebro da jovem já foi lesionado, doutor?

— Isso, meu caro, só o tempo dirá. Esperemos que não. De resto, ouçam os conselhos do frade, que imagino seja o guia espiritual de Louise e o mentor de seus trabalhos. Siga suas orientações e não tema, pois saiba que temos Jesus e suas hostes ao nosso lado.

— Uma última coisa, doutor. O senhor citou Hahnemann, e o frade disse que eu devia aprender a lidar com o receituário homeopático para melhor atender aos necessitados. Para Louise, ele recomendou o aprendizado das ervas, que no Brasil são muitas. O que o senhor acha dessa orientação?

— O frade está corretíssimo. Os remédios naturais, feitos de ervas, são mais fáceis de se conseguir, por isso favorecem aos mais pobres, que podem até mesmo plantá-las no quintal de suas casas. Quanto à homeopatia, pode ser uma grande aliada na terapêutica dos passes magnéticos. Fique tranquilo que irei ensiná-lo pessoalmente... — prometeu o bom doutor.

Naquele dia, enquanto a dupla voltava para casa, chacoalhando na caleça pelas ruas esburacadas da cidade fluminense, Charles cismava sobre o tamanho da empreitada que estava à sua espera. Agora, finalmente, havia compreendido qual era a missão e a extensão do trabalho que teriam a realizar. Porém, antes mesmo que estivesse preparado para empreendê-la, já era surpreendido pela necessidade premente de passar à ação.

"Afinal de contas, mademoiselle Victória precisa de nós" – murmurou o médico, entre conformado e esperançoso.

NOTAS:

[1] *William Crookes* (1832 – 1919) foi um químico e físico inglês. Frequentou o *Royal College of Chemistry* em Londres, trabalhando em espectroscopia. Em 1861, descobriu o elemento químico denominado tálio, de número atômico 81. Também identificou a primeira amostra conhecida de hélio, em 1895. Foi o inventor do radiômetro de Crookes e desenvolveu os tubos de Crookes, investigando os raios catódicos. Foi pioneiro na construção e no uso de tubos de vácuo para estudar fenômenos físicos. Foi, por conseguinte, um dos primeiros cientistas a investigar o que é atualmente chamado de plasmas. Também criou um dos primeiros instrumentos para estudar a radioatividade nuclear, o espintariscópio. Entre 1871 e 1874, *sir* William Crookes lançou-se à investigação dos fenômenos produzidos por médiuns europeus e norte-americanos. Florence Cook, que à época tinha apenas quinze anos de idade, materializou o espírito de Katie King na casa do cientista,

Retrato de William Crookes

onde caminhou, conversou, permitiu ser pesada e medida, e ainda segurou em seus braços o bebê da família. As sessões eram feitas no escuro, pois assim as materializações apresentavam-se melhor, apesar de ocasionalmente ter sido usada luz vermelha para obtenção de fotografias. Como frequentemente constatado em fenômenos desta natureza, o peso e a altura do espírito materializado variavam. Entretanto, Katie sempre parecia ser diferente da médium Florence Cook. De acordo com testemunhas, ambas eram visíveis no mesmo momento, assim Florence não poderia ter assumido o papel do espírito. O relatório de Crookes, que foi publicado em 1874, afirmava que Florence Cook, bem como os médiuns Kate Fox e Daniel D. Home, produziam genuínos fenômenos espirituais. A publicação causou grande alvoroço e o seu testemunho sobre Katie King foi considerado o ponto mais polêmico no relatório. Crookes quase perdeu sua posição de membro da Royal Society e, a partir da controvérsia que provocou, optou por não se envolver em novas investigações espíritas. Nos anos seguintes, inumeráveis honrarias científicas foram conferidas a Crookes, que acabou sendo eleito presidente da Royal Society. A alegação de que Crookes desistiu de convencer seus companheiros cientistas parece real, todavia, ele jamais voltou atrás ou modificou publicamente as convicções que adquirira em 1874.

Foto de Katie King materializada

[2] As explicações de Bezerra de Menezes são trechos de sua própria autoria, que foram retirados de seu livro *A loucura sob novo prisma*, publicado pela primeira vez em 1921, pela tipografia Bohemias.

[3] *Christian Friedrich Samuel Hahnemann* (1755 – 1843), médico alemão, considerado o fundador da homeopatia. Hahnemann estudou medicina em Leipzig, considerada em meados de 1775 a capital intelectual da Saxônia. Apesar da fama dessa universidade, a faculdade de medicina contemplava apenas disciplinas de ensino teórico, negligenciando a prática médica. Durante a estadia em Leipzig, Samuel Hahnemann fez muitas traduções de obras no domínio da medicina e química, o que permitiu estudar em pormenor estes campos. Em 1777, Hahnemann dirige-se para Viena, onde frequentará a nova escola médica de van Swieten, que tomava como importante a observação e o estudo clínico do doente. Durante mais de seis meses, Hahnemann acompanhou e observou as visitas do dr. Joseph Quarin ao hospital onde era médico responsável. Este médico melhorou as condições de diversos hospitais e aperfeiçoou a clínica médica. Em 1779, vai para Erlangen, onde defende a sua tese de doutorado em medicina, seguindo depois para Dessau, onde conhece o farmacêutico Haeseler e a sua filha Henriette, com quem casa. Na farmácia do sogro ele inicia suas experiências químicas, enquanto mantém a atividade médica. Continuou o trabalho das traduções, às quais sempre acrescentou anotações pessoais, que o ajudaram a ficar conhecido na Alemanha. A partir de 1796, Hahnemann investe mais tempo nessas traduções, apurando suas teorias e publicando diversos artigos em jornais de medicina prática, onde expõe os absurdos e erros da medicina ortodoxa, a que chamava alopatia. Juntaram-se a ele diversos médicos, entusiastas da prática em conjunto, e testaram várias drogas com todos os cuidados possíveis para eliminar erros. Esses testes foram meticulosamente relatados, formando o núcleo da matéria médica homeopática, e compilados no clássico *Matéria médica pura*. Durante anos o médico estudou diferentes drogas, seus efeitos e aplicações, obtendo uma profunda compreensão da patogenesia de substâncias poderosas, passando a utilizá-las como remédios. Nesta base, construiu a arte da prática homeopática. Em 1810, Hahnemann publicou a primeira edição do famoso *Organon da medicina racional*, que foi uma ampliação do trabalho *A medicina da experiência*. Em vida, publicou mais quatro edições, corrigidas e aumentadas em função das modificações de sua teoria, segundo a atualização de sua experiência, passando a chamar-se *Organon, a arte de curar*.

Samuel Hahnemann

[4] Nota da editora: O princípio de ação do hipnotismo é o mesmo do magnetismo. As experiências do coronel de Rochas, no entanto, nos demonstram que a técnica do magnetismo permite acessar diferentes e mais profundos estágios, inacessíveis no processo do hipnotismo.

7
A SINA DO SÁBIO

Junho de 1898

Vivendo no Brasil, o espírito científico de Charles, passou a cultivar um grande interesse pela fauna e a flora brasileiras. Ele gostava principalmente de observar os pássaros, cuja imensa variedade encantava sua imaginação. Não demorou para que também passasse a desenhá-los, justo ele que se julgava sem o menor pendor artístico. Entretanto, acabou se agarrando ao *hobby* como uma forma de homenagear e de manter viva a memória do pai falecido há tanto tempo. Assim que soube do interesse de Charles e Juca pelas aves brasileiras, o dr. Bezerra de Menezes, também um grande amante da natureza e provavelmente um dos precursores do movimento ecológico nacional, logo recomendou:

– Se vocês gostam de passarinhos, têm que ir à floresta da Tijuca! Lá é o melhor lugar do mundo para observar a bicharada que vive na mata Atlântica! Basta ir uma vez para ficar freguês!

Por conta dessa entusiástica indicação, numa ensolarada manhã de domingo, Charles e Juca pediram a Louise que lhes providenciasse um farnel, pegaram seus binóculos e tocaram para a mata da Tijuca. Claro que o bom doutor estava coberto de razão e por lá esses novos aventureiros avistaram incontáveis avezinhas. Tinha matracão, tiê-galo, pavó, joão-velho, araponga, pica-pau, tesourinha-da-mata, martim-pescador, joão-bobo, tovacuçu, arapaçu-de-bico-torto e muitas outras espécies que Charles desenhou para somente mais tarde, já em casa, lhes descobrir os nomes científicos e respectivas peculiaridades. O que importava no fugaz instante em que eram avistados era prestar atenção à imagem, gravando-a na retina apenas pelo tempo suficiente para transpô-la no papel. Em meio ao emaranhado de árvores, eles também avistaram bichos maiores, principalmente micos, bugios e bichos-preguiça.

Enquanto Charles está por ali, aninhado na sombra de uma castanheira centenária, seu coração pulsa de verdadeira felicidade; esquecido de si mesmo em meio àquele éden tropical, sente-se um autêntico discípulo de Darwin, e desenha sem parar, tomado pela volúpia de replicar tamanha perfeição de formas e de cores.

– Estão uma verdadeira belezura esses desenhos! – Juca elogiou o trabalho do amigo, embevecido.

– São apenas singelos esboços. Se você tivesse visto os desenhos que meu pai fazia para ilustrar as enciclopédias do mundo afora, compreenderia que os meus não passam de simples arremedos... – Juca apenas abanou a cabeça, discordando em silêncio.

Deixaram-se ficar por ali durante horas a fio, ouvindo a sinfonia da vida que resplandecia na mata; nos sons da passarada cantando e voejando entre o arvoredo, no murmurejar de um riacho próximo, na brisa soprando sobre seus corpos suados.

Depois desse primeiro encontro com a natureza, todos os domingos de sol seriam devotados à contemplação do éden, como Charles gostava de dizer. No futuro, seria assim que eles passariam seu dia de folga, único luxo a que se permitiam, depois de uma semana inteira devotada unicamente ao trabalho. Enquanto as meninas aproveitavam as manhãs dos domingos para assistir à missa da igreja da Glória. Depois, quase sempre desciam a escadaria que acompanhava a encosta da montanha para passear na beira da praia, onde suspendiam a barra de suas saias compridas para molhar as canelas na água salgada do mar. Somente à tardinha, eles se reuniam todos na sala de casa para jogar conversa fora:

– Não quero nem saber! Domingo que vem quero ir com vocês à floresta da Tijuca! Quero ir caçar bugio! Já chega de tanto rezar que eu não quero ser freira nem nada! – reclamava Anne, a plenos pulmões.

– Floresta não é lugar para meninas! – decretou o irmão, sério. – Diga, se você se perder por aquelas bandas, como farei para encontrá-la?

– É fácil. Você manda chamar um bandeirante! – respondeu a peste.

– Falando assim é que você não vai de jeito nenhum, sua tonta! Melhor faria se prometesse ficar quieta e mansa como uma monja! – zombou Louise, rindo-se da ingenuidade da irmã, que se achava muito esperta. Apesar dos seus protestos, não houve meio de Anne driblar a excessiva proteção de seu irmão.

Mesmo assim, ela encontrou um jeito particular para participar daquelas interessantíssimas expedições à floresta: começou a catalogar os desenhos que o irmão fazia numa grande pasta-arquivo. Cheia de admiração e zelo, Anne se encarregava de fazer a pesquisa necessária para descobrir o nome do pássaro, o vulgar e também o científico, que anotava diligentemente numa etiqueta que pregava ao lado do bicho retratado.

– Que pretende fazer com isso tudo? – perguntou Charles, na ocasião em que reparou que a pasta andava gorda de tantos desenhos.

– Um dia, hei de publicar esses desenhos num lindo livro de capa dura!

Com algum pesar no coração, Charles novamente se lembrou das enciclopédias que seu pai ilustrava com especial talento. Porém, dessa vez guardou silêncio, porque não queria contrariar os sonhos da menina que ele amava.

Além das consultas a domicílio, do trabalho na clínica e das palestras na Federação, Charles prosseguia com as aulas de homeopatia com o dr. Bezerra de Menezes. Juca sempre acompanhava o médico nesses encontros, onde eles podiam trocar experiências sobre a prática médica e a terapêutica magnética. Eles também discutiam abertamente sobre assuntos que fossem relevantes ao progresso da sociedade; falavam de política, de ciência e, sobretudo, de espiritismo.

– Folgo em informar que *mademoiselle* Victória está muito bem de saúde, doutor. O espírito obsessor deu muito trabalho, mas, graças à vontade do Pai Maior, a espiritualidade superior conseguiu afastá-lo de seu jovem organismo que, assim liberto, pôde iniciar sua plena recuperação. O processo de evangelização pelo que Victória passou provocou mudanças profundas em seu psiquismo e foram de crucial ajuda para promover essa libertação. Eu soube que ela tem ajudado como voluntária nas obras da assistência aos necessitados da Federação.

"Também me informaram que a família Coelho Lisboa tem sido muito generosa com suas doações pecuniárias, porém, o mais importante é que a jovem Victória tem se envolvido pessoalmente em várias tarefas junto às crianças carentes. Esse serviço cristão de ajuda ao próximo certamente contribuirá para manter os espíritos obsessores longe de sua exacerbada sensibilidade."

Naqueles dias de estudo e trabalho conjunto, Charles acompanhou de perto a verdadeira obra de caridade empreendida pelo dr. Bezerra de Menezes junto às pessoas necessitadas que, por seus préstimos, acabou conhecido como o 'médico dos pobres'.

Enquanto isso, na clínica do Outeiro, a dupla francesa se dedicava a replicar esse exemplo, atendendo gratuitamente à comunidade carente durante o período vespertino. Não demorou muito para que os comentários sobre o alto nível de sucesso da terapêutica magnética empregada pelo dr. Lantier e sua assistente Louise começassem a despertar a atenção das pessoas. Essa fama inesperada acabou atraindo uma verdadeira fila de pessoas para a clínica, que se viu na inusitada condição de ter que distribuir senhas para tentar atender ao crescente número de pessoas que se aglomerava diante da casa da esquina.

Mesmo com essa súbita confusão, eles tentam manter a rotina inalterada, apesar de todas as dificuldades. Pela manhã o médico e seu assessor atendem a domicílio os refinados clientes da sociedade carioca e, à tarde, Charles e Louise atendem aos mais necessitados na clínica do Outeiro. O médico e magnetizador seguia tratando seus pacientes da maneira tradicional, mas usava a clarividência da médium para descobrir em qual órgão do corpo a doença se escondia, o que contribuía para a confirmação de seu próprio diagnóstico. Em seguida, o frade Francisco dizia a Louise qual era o melhor remédio natural, da imensa flora brasileira que devia ser utilizado; quer fosse um chá feito de alguma erva específica, um elixir ou unguento, o que dependeria da necessidade do paciente. Ela mesma, com a ajuda sempre providencial de Juca, preparava esses medicamentos e, depois, Anne os entregava aos necessitados, tudo feito gratuitamente. Seus pacientes eram as pessoas paupérrimas, moradores de cortiços e morros da cidade, que não tinham condição de pagar por nenhuma espécie de atendimento médico.

– Juca, por que temos tanta gente batendo à nossa porta? – perguntou Louise, na ocasião em que a fila andara dobrando o quarteirão pelo dia inteiro.

– Porque esse povo humilde não tem ninguém que zele por ele, sinhá. A Santa Casa vive abarrotada e não dispõe de médicos para atender a todos.

Nesta semana tivemos uma nova onda de maleita e muita gente caiu doente. Parece que a boa fama da nossa clínica acabou ganhando o mundo e, por isso, eles vêm para cá...

– Alguém me pediu que a benzesse... Eu não soube o que dizer... – confessou Louise, encabulada.

Juca lhe presenteou com um largo sorriso:

– Eles acham que estão pisando numa casa de rezadeira! Pensam que a sinhá é uma benzedeira ou uma curandeira, igual a essas que chovem em penca por aí! É normal essa confusão, eles não estão acostumados a receber qualquer tipo de atendimento médico e, ainda por cima, gratuito. Devem achar que estamos relacionados com alguma crença ou culto popular, ainda mais porque também usamos remédios naturais.

– A verdade, querida, é que existem muitos charlatães atuando pela cidade. Que vendem elixires milagrosos que servem para curar tudo, de espinhela caída a cancro no estômago, em troca de uma moeda de dois tostões. Fazem uma encenação ritual, recitam orações num dialeto africano qualquer e, *voilà*, juram de pés juntos que você foi curada! Enganam o povo humilde e ignorante, em troca de lhes tomar o pouco que ainda têm – disse Charles, que havia chegado na sala bem a tempo de participar da conversa.

– Decerto que há todo tipo de espertalhão, sim, mas eles estão de olho nos mais ricos também! Ainda outro dia, vi um anúncio no *Jornal do Commercio*, dizendo: "Sonâmbula dá consultas todos os dias pelo preço de 15 contos de réis". Aliás, cá para nós, essa quantia é uma verdadeira extorsão! Ouvi dizer que consultar-se com essas 'sonâmbulas' é a última moda entre as damas da alta sociedade carioca. Elas atendem em endereços luxuosos, cercadas de rapapés e gabolices – contou Juca, agregando seu próprio 'causo' à discussão.

– Isso é um verdadeiro absurdo, Charles! Como essa gente desqualificada se atreve a cobrar tanto para retribuir com tão pouco? Você é um médico formado numa universidade francesa, com especialização na ciência da magnetização! É por causa de sua vasta competência que seus pacientes recuperam a saúde! Alguém precisa explicar a diferença para essa gente! – contrapôs Louise, literalmente indignada.

– Competência que se amplia muito graças a sua ajuda e a do frade Francisco. Mas você tem razão, querida. Nós não queremos ser confundidos com esse tipo de escória desqualificada que tenta levar vantagem sobre o próximo. Tive uma ideia: vamos fazer uns folhetos para explicar ao público nosso método de trabalho – disse o médico.

– Excelente ideia, caro irmão – concordou Louise, mas foi interrompida pelo sutil pigarrear de Juca.

– Dr. Charles, *mademoiselle*, se me permitem um palpite, serei obrigado a discordar... – Juca reagiu candidamente, ao que Charles ergueu uma hercúlea sobrancelha castanha, exigindo um esclarecimento.

– Vejam bem, esses folhetos irão se espalhar por aí e acabarão funcionando como uma propaganda involuntária do vosso trabalho. Se as filas já estão dobrando o quarteirão agora, imagine como ficarão depois que esse palavrório todo ganhar a cidade...

– Céus! Você está certo! Nem pensar em atrair mais gente para nossa porta! Vamos fazer assim, deixaremos a Anne de plantão na recepção e ela terá a função de esclarecer o público sobre nosso método científico de trabalho. Que acha?

– Penso que assim será melhor, mas a sinhazinha Anne não vai gostar nada dessa ideia.

– Deixe a onça comigo – sugeriu Charles, e os dois sorriram, confiantes na verdadeira habilidade 'magnética' do hábil adestrador de feras.

Cerca de uma semana depois dessa conversa, Charles e Juca chegavam à clínica para o atendimento do período vespertino quando encontraram Anne sentada na soleira da porta, chorando como se não houvesse amanhã.

– O que houve, pequenina? – perguntou o irmão aflito, enquanto abraçava a garota, cujos soluços incontidos sacolejavam seu corpo frágil com torturados arrancos de desespero.

– Aquele brutamontes de uniforme levou Louise! – ela finalmente conseguiu informar.

– Quem a levou? – Charles e Juca perguntaram numa só voz.

– A polícia! Um homem de uniforme disse que recebeu uma denúncia anônima afirmando que Louise é uma curandeira fora da lei... – abruptamente, um novo acesso de lágrimas interrompeu sua fala.

Entretanto, Charles não precisava ouvir mais nada para compreender o que tinha acontecido em sua ausência.

– Sabe para onde a levaram? – ele perguntou.

– Ele disse algo sobre a delegacia do Catete...

– Querida, agora, quero que vá lá para dentro e feche a porta. Daqui a pouco nós a traremos de volta para casa e tudo ficará bem – prometeu o irmão.

A toda pressa, Charles e Juca pegaram a caleça e trotaram para a delegacia do bairro vizinho. Lá chegando, o médico se recusou a esperar na recepção, invadiu a sala do delegado e começou seu protesto:

– Eu exijo que Louise Garnet seja solta imediatamente! Vocês não podem invadir uma propriedade privada e prender uma pessoa inocente! – bradou Charles, enfurecido como uma tempestade tropical.

– Acho melhor o senhor se acalmar, do contrário, vou prendê-lo por desacato à minha autoridade – disse o delegado, também elevando o tom. – Ela é acusada de praticar curandeirismo e de receitar remédios homeopáticos, infringindo os artigos 156, 157 e 158 do Código Penal. Ela será julgada e, se for condenada, irá à prisão celular por um a seis meses e, ainda terá que pagar uma multa que varia entre 200$ a 500$000, a depender do juiz. Caso algum tipo de prescrição que ela tenha feito venha a causar a morte de alguém, a pena será de prisão celular por seis a vinte e quatro anos.

– O senhor está redondamente enganado. Em primeiro lugar, Louise não é a responsável pelo atendimento médico da clínica. Me chamo Charles Lantier e como o senhor pode ver nestes documentos, sou o médico responsável. Louise é minha irmã de criação e me ajuda no atendimento ao público. Até onde eu sei, nada disso é crime – respondeu Charles, esquadrinhando o delegado com um penetrante olhar de alto calibre.

Muito a contragosto, o delegado verificou os documentos que estavam à sua frente, certificando-se que o médico dizia a verdade.

– O senhor tem o direito de chamar um advogado – foi a resposta do delegado mal-encarado, cuja aparência desleixada e a fisionomia infame davam ideia da natureza de seu caráter.

– Juca, por favor, vá imediatamente à redação do jornal *O Paiz* e peça para o dr. Quintino Bocaíuva fazer a gentileza de vir até aqui. Depois, vá à casa do nosso dileto amigo, o dr. Bezerra de Menezes, e traga-o também. Diga que a autoridade aqui presente pretende encarcerar *mademoiselle* Louise, alegando que ela é uma criminosa que está colocando em perigo a sociedade civil. Aliás, esse absurdo dará uma bela manchete de jornal...

Ao ouvi-lo, o delegado arregalou tanto seus olhos estrábicos que o monóculo que usava saltou de sua cara feia, ficando dependurado no cordão de ouro que o prendia à lapela de seu paletó.

– Quer dizer que o doutor é amigo do ilustre dr. Bezerra de Menezes e do excelentíssimo dr. Quintino Bocaiúva? – perguntou o delegado, no tom jocoso de quem duvida.

– Sem dúvida nenhuma – informou Charles, fixando o delegado com o olhar em brasa.

Num átimo, o delegado identificou no rebrilhar daquele olhar de foice algo que poderia ser uma verdadeira ameaça a sua detestável pessoa. Aquele médico francês engomadinho não parecia possuir senso de humor, tampouco criatividade para inventar recomendações tão poderosas e influentes quanto às que invocara contra ele.

– Alto, lá! Não sejamos precipitados. Vamos conversar um pouco mais sobre isso... – disse ele, usando um tom bem mais conciliador para interceptar Juca, que já ia saindo pela porta afora.

– O doutor pode me dar a sua palavra de honra de que a essa jovem não é uma curandeira? – perguntou o homem vil, cofiando os longos bigodes na face desagradável, que lembrava uma fuinha.

– Eu já disse que ela é apenas uma assistente na minha clínica. Eu sou o médico responsável pelas consultas e também pelo receituário. Na clínica do Outeiro, nós realizamos um trabalho de caridade, totalmente gratuito, voltado aos pacientes carentes da região. Porém, tenho uma vasta clientela que também pode atestar a seriedade de meu trabalho e, caso precise de referências sobre a minha pessoa, o senhor pode começar inquirindo o comendador Coelho Lisboa.

Ao ouvir essas palavras, o delegado soltou um lento e muito audível suspiro de agonia. A verdade é que se equivocara a respeito da suposta facilidade da empreitada a que se lançara. Aquele sujeito tinha uma coleção tão grande de nomes ilustres a lhe saltar pela boca que ele já estava ficando com raiva de ter dados ouvidos à denúncia anônima contra a tal gringa francesa. A princípio, ele tinha imaginado que poderia ganhar um dinheiro fácil ao prender uma estrangeira acusada de curandeirismo. De outras vezes, tinha funcionado bem: ele prendia a suposta acusada, que depois era obrigada a negociar uma gorda fiança para ser solta. Porém, aquele francês era um osso duro de roer! Não dera sequer uma brecha para que surgisse uma possível negociação! De cara, saíra atirando para todo lado, clamando por justiça junto aos dragões da independência, capitaneada por um dono de jornal e um emérito político da velha guarda!

A qualquer momento, aquela inofensiva negociata poderia sair de seu controle, transformando-se numa tempestade de grandes proporções, cujos desdobramentos seriam impossíveis de prever. A última coisa que aquele degenerado desejava era se indispor com gente graúda na sociedade carioca.

– Não será necessário incomodar mais ninguém, dr. Lantier. Já verifiquei e seus documentos estão em ordem, por isso, de bom grado aceitarei a sua palavra – em seguida, ele olhou de soslaio para o soldado que fazia as vezes de seu ajudante de ordens e disse:

– Essa prisão foi um grande equívoco! Traga a moça que delegacia não é lugar para uma dama! Aceite minhas desculpas, dr. Lantier. Alguém deve ter se enganado ao denunciar sua irmã.

Em resposta, Charles apenas abanou a cabeça lentamente, aceitando aquela tardia suposição de inocência por parte da autoridade à sua frente. Em seguida, tirou o relógio do bolso do colete e tentou ocupar sua mente com a meticulosa contemplação da passagem dos minutos, no evidente recurso psicológico de exercer o autocontrole cujo único objetivo era manter a própria boca fechada, porque se ele dissesse tudo o que estava entalado em sua garganta, decerto que acabaria fazendo companhia a Louise atrás das grades.

– Essas leis, doutor, não são para serem usadas com gente da sua estirpe! A verdade é que elas foram feitas para deter essa pretaiada que aí está! A República não gosta dessas 'casas de pretos', essas 'casas de caboclos', esses terreiros e 'canjerês' onde o povaréu se reúne com os *jeje-nagô* para gritar mandingas, lançar feitiços, dançar e tocar seus atabaques. Essa lei não é para ser usada com médico diplomado, gente da ciência como o senhor! Trabalhe com tranquilidade, que essa confusão não vai mais se repetir aqui na minha delegacia – prometeu o demagogo.

Num instante, mas que para Charles durou uma eternidade, Louise foi trazida à sala do delegado, escoltada pelo mesmo soldado que a prendera.

Sem dizer palavra, o médico lhe deu o braço e, juntos, eles deixaram a delegacia sem sequer olhar para trás.

– Que maçada! Escapei por pouco de uma encrenca fenomenal! Deus me livre de me meter com esses gringos entojados! Se nem cobrar do povo eles cobram! Imagine só, trabalhar de graça pra esse bando de miseráveis?! Esses iluministas desmiolados... Já pensou se essa moda pega?! Estamos todos perdidos! – resmungou o delegado, cofiando suas suíças negras enquanto falava com as paredes.

Naquela noite, depois que Anne e Juca já tinham ido dormir, Charles chamou Louise em seu escritório para terem um dedo de prosa. Ele achou que a irmã, apesar de abatida, parecia bem, mas mesmo assim decidiu consolá-la.

– Querida, imagino que esse infeliz episódio tenha sido muito difícil para você...

Louise fitou o irmão adotivo por um longo momento. Na verdade, ela sempre gostou de observá-lo: mantinha-se atenta aos primeiros sinais da calvície precoce que o assolava; à densidade da barba castanha, que cortada rente ao rosto anguloso lhe caía bem, apesar de envelhecê-lo um pouco; gostava do modo como ele gesticulava enquanto falava, com as mãos esguias e firmes de magnetizador agitando-se no ar; para finalmente encontrar o olhar, quase sempre calmo e apaziguador, com que ele a brindava.

"Que seria de mim, se não fosse ele?" – pensava a jovem enquanto admirava aquele valoroso cavalheiro que a chamava candidamente de querida, de irmã.

– Louise?

– Desculpe! Minha cabeça estava longe feito um balão atado à mão de uma criança caprichosa. Confesso que fiquei morta de medo naquela cela, mas tinha certeza de que você me tiraria de lá o quanto antes. Você é o meu dom Quixote! – disse ela, sorrindo com meiguice.

– Quem me dera! Imagino que estou mais para uma antiga versão gaulesa do Sancho Pança. Decerto que tirá-la daquela pocilga foi mais fácil do que eu esperava, porém, não me saí tão bem como gostaria.

Louise apenas esperou que ele prosseguisse, concentrando seu amoroso olhar cor de violeta na nobre figura de seu heroico salvador.

– Para falar a verdade, acho mesmo que me acovardei na presença daquela vil autoridade, porque evitei deliberadamente usar qualquer palavra que remetesse à mediunidade ou à magnetização. Disse que somos uma clínica que atende aos necessitados da forma tradicional e nada mais. Sinto-me como um traidor da causa, que vendi o apreço de meus mestres e minha ciência em troca de nossa liberdade; que neguei nossa crença, o espiritismo, com medo do preço que teríamos que pagar por exercê-la.

Louise continuou muda, mas abaixou a cabeça para o lado, como sempre fazia quando tentava ouvir o que seu guia espiritual estava soprando em seu ouvido.

– O frade Francisco está dizendo que, se todos os cristãos dos primeiros tempos tivessem sido devorados pelas feras do circo romano, não teria sobrado ninguém para propagar a Boa Nova! Jesus e sua moral evangélica teriam sido vencidos pela brutalidade e pela selvageria dos governantes daquela época! Também, agora, é necessário que os paladinos se protejam, e às vezes até se escondam, para que não sejam atingidos pelo açoite de leis injustas e desnecessárias, cujo único objetivo é deter o progresso do cristianismo redivivo na sociedade moderna. Você é um bravo guerreiro, lutando por uma causa justa e não deve se sentir diminuído por usar as artimanhas que possui. O espiritismo não precisa de novos mártires, mas, sim, de trabalhadores diligentes e ativos como nós! Salve a esperança de uma nova era!

Então, meio assustada com o próprio entusiasmo, a médium informou:
– Estou apenas repetindo o que ele diz...
– Salve, Francisco! Não está mais aqui quem reclamou! Obrigado por suas sábias palavras, que muito me confortam o espírito aflito.

O mês de junho passou voando para todos, como sempre, assoberbado de trabalho e estudo.

De repente, lá pelo meio-dia, Juca entrou apressado clínica adentro, procurando por suas sinhás, como ele carinhosamente gostava de chamá-las.

– Que foi que houve, Juca! Você está vindo de onde com essa cara de enterro? – perguntou Anne, zombeteira como um saci.

Juca continuou calado junto a porta, torcendo nas mãos o chapéu feito de feltro, de olhos baixos, postos no chão. Era como se a notícia trazida pelo mensageiro fosse tão terrível que ele vacilava na hora de passá-la adiante. Por fim, criou coragem e disse:

— Acontece que a pequenina Consuelo... a filha caçula do doutor, sua flor ainda em botão, feneceu!

— Ela morreu? — murmurou Louise, num fio de voz.

— Aquele seu coração fraquinho, sempre doente, parou de bater hoje pela manhã.

— Gente! Que tristeza! Tão novinha, não tinha nem três anos completos! Tão bonita! Um verdadeiro anjo de candura... — lamentou-se Anne, seus grandes olhos verdes vertendo lágrimas sentidas.

— Pobre dr. Bezerra de Menezes, que carrega sobre os ombros a pesada cruz da perda!

— Como assim, Juca? — perguntou Louise que havia abraçado a irmã e, ao alisar sua cabeça loira, tentava consolá-la com seu carinho.

— Ao longo da vida, nosso bom doutor já sofreu a perda de vários de seus entes queridos, todos ceifados pela doença, apesar de ele ser um médico tão competente! Primeiro, se não me falha a memória, foi em 1863 que ele perdeu a primeira esposa, dona Maria Cândida. Depois, em 1865, foi a vez do filho Adolfo partir precocemente e, só no ano de 1887, ele perdeu mais dois de seus filhos adorados, Antonio e Maria Cândida. Passados mais dois anos, em 1889, foi a vez de Christiana partir. Alguns anos mais tarde, em 1892, a morte ceifou a bela Carolina. Agora, foi a vez da pequenina Consuelo ser chamada de volta à casa do Pai Maior — enumerou Juca, valendo-se de sua fenomenal memória de enciclopedista.

Só então Juca reparou que suas prestimosas informações haviam lançado as jovens que ele amava como sua única família num abismo de tristeza e desconsolo. Arrependido, ele disse:

— Não chorem, minhas queridas! O doutor não gostaria de vê-las assim, entregues à desesperança. Deus sabe o que faz e não dá uma cruz maior do que a força de nossas costas para carregá-la. Pensem que o doutor teve a honra de trazer ao mundo esses espíritos tão queridos e de zelar pelo bem-estar de suas vidas, até que o Criador ordenou que eles retornassem ao seu regaço. Devemos respeitar sua vontade, mesmo quando não compreendemos seus desígnios.

— Tem razão, Juca. Deus sabe o que faz. Vamos procurar pelo Charles para dar a triste notícia. Faço questão de ir ao cemitério, dar adeus à pequena Consuelo e um abraço no nosso querido doutor – respondeu Louise, retomando seu autocontrole.

Naquela mesma tarde, os quatro amigos do dr. Bezerra de Menezes juntaram-se à multidão de pessoas que se reuniram no cemitério São Francisco Xavier para prestar uma última homenagem ao venerável mentor e sua bem-amada filha. Em breve, o *Reformador* diria em suas páginas que o mestre fora o retrato da resignação, austera e verdadeira. Também traria a carta que o espírito de Consuelo enviou aos seus queridos pais e irmãos, onde daria o exemplo da fala de um espírito evoluído, cuja grandeza e sabedoria certamente já podiam prescindir do mundo terrestre.

Ainda na última semana daquele intransigente e desagradável mês de junho, Louise sofreria outra grande decepção com a classe dos seres humanos. Como faziam em quase todos os domingos, Louise e Anne foram à igrejinha do Outeiro da Glória para assistir à missa e rezar pela alma de Consuelo e por sua família.

Louise perdia-se na contemplação da nave da igreja e dos seus vitrais preferidos, naquele cenário místico que era tão caro ao seu coração, quando uma voz desagradável começou a importuná-la. Quando ela desceu de sua nuvem e começou a prestar atenção ao que estava sendo dito, percebeu que era a voz do velho padre Ernestino que, postado no púlpito, trombeteava um agressivo sermão. Ele bradava, a plenos pulmões:

– É preciso que tomemos muito cuidado, caríssimos filhos desta congregação, porque os tempos são chegados! Temos que lutar contra o demônio insidioso que insiste em se imiscuir no rebanho do Senhor! Estou falando do espiritismo! Esse verdadeiro flagelo que tem se abatido sobre as almas desvalidas! Não se enganem com suas palavras de falso consolo e suas supostas obras de caridade! O demônio tudo é capaz de fazer para atrair as almas ingênuas ao seu regaço infernal! Não se deixem iludir por esses filhos das trevas, alcunhados 'espíritas'! São lobos em pele de cordeiro que, cedo ou tarde, levarão vossas pobres almas à perdição! Eu os repudio a todos e exijo que vós, membros desta honrada congregação, façais o mesmo!

Indignada, Louise ouvia o discurso do padre que, rubro de raiva, conclamava seus fiéis a rechaçar os espíritas e seus simpatizantes, sob pena de perderem sua alma imortal para o príncipe das trevas! Com o coração aos sobressaltos, Louise pegou Anne pela mão e arrastou-a dali o mais rápido que suas pernas permitiam.

    Enquanto abandonava intempestivamente a igreja que fora o abrigo de sua fé e um refúgio para seu alquebrado coração, Louise intimamente se despedia. Jurou que jamais colocaria os pés naquele lugar enquanto vivesse. Agora, a luz da fé e da esperança brilhavam, firme e forte, em seu caminho. Sua fé não precisava mais de um templo que a abrigasse, justamente porque vivia em cada fímbria de seu espírito imortal.

8
O CIENTISTA FRANCÊS

Março de 1899

Apesar de já ser fim de verão, o calor continuava insuportável. Charles gostaria de poder imitar o extinto imperador dom Pedro II,[1] que, nos bons tempos, pegava a família real e seguia para a serra fluminense, onde, Juca jurava de pés juntos, o ar era bem mais fresco e a temperatura era amena e agradável. Devia ser mesmo verdade, porque a antiga Imperial Fazenda da Concórdia, residência de verão do imperador, acabaria tendo uma cidade inteira construída à sua volta, que seria batizada de Petrópolis. Também grande parte da corte se movia para a cidade do rei, certamente fugindo do calor e dos surtos de febre amarela.

Juca, sempre ele, contara que dom Pedro II, um grande amante da ciência e da arte, havia governado o Brasil por quarenta e nove anos, sendo que, por quarenta verões, o imperador e sua família tinham se refugiado em seus domínios serranos, para aproveitar os ares bem menos insalubres de Petrópolis.

Mais tarde, nos tempos bicudos em que a Primeira República apeou dom Pedro II de seu trono tupiniquim, o imperador quedou-se cabisbaixo e taciturno, vivendo em hotéis modestos e decrépitos em Paris, enquanto por aqui seus herdeiros eram peremptoriamente defenestrados de seus antigos palácios, mesmo aqueles onde a cidade em torno conservou o seu nome.

"Como pode ser triste o destino dos homens, apesar de seu valor intrínseco. Quem me dera, poder vagar em paz por Charlópolis" – divagava o médico, que, na verdade, pensava em Voiron.

Apesar do mau humor que o calor lhe causava, Charles continuava trabalhando em seu habitual ritmo acelerado. Sobretudo no verão, ele preferia levantar-se da cama antes do cantar do galo para melhor aproveitar a refrescância

299

das primeiras horas da manhã. Estava justamente colocando em dia sua volumosa correspondência, quando encontrou, perdida numa pilha de papéis em sua secretária, uma carta que vinha de longe, justamente, de Voiron, na França.

Seu coração começou a bater descompassado, mal ele botou os olhos sobre a letra angulosa e bem-feita, reconhecendo o remetente: Albert de Rochas.

Voiron, 05 de janeiro de 1899

Caríssimo Charles,

Antes de mais nada, preciso pedir que me perdoe pelo excessivo atraso desta resposta, algo em torno de dois anos, depois de ter recebido sua última missiva.

Reconheço que a repercussão de sua fuga de Lyon sob a acusação de assassinato foi verdadeiramente nefasta para sua reputação, principalmente porque o dr. Lundgreen fez absoluta questão de enterrar seu nome debaixo de uma verdadeira pá de cal, repleta de mentiras e indignidades. Você tinha razão em ser pessimista quanto ao julgamento que lhes fariam seus pares. Por muito tempo, senti-me de pés e mãos atados, por não encontrar meios para defendê-lo e ainda ter que suportá-los a denegrir sua reputação, mesmo sabendo-o inocente de todas as acusações que lhe imputavam. Minha palavra de honra e testemunho pessoal sobre seu caráter de quase nada valeram diante do peso do título, da larga influência política e da fortuna do barão Lundgreen.

Por muito tempo senti-me culpado, primeiro por tê-lo colocado ao alcance daquele facínora, depois por não estar acessível para ajudá-lo enquanto ainda havia tempo. O resto é uma verdadeira história de horror, cujo enredo você conhece melhor do que eu.

Confesso que, por conta desse sentimento de inutilidade, por algum tempo tentei me convencer de que o seu infeliz destino já estava traçado e que não havia nada que eu pudesse fazer para reabilitar sua honra diante da lei e da comunidade científica da França.

No entanto, comecei a ter um sonho recorrente, em que você surgia em meu gabinete para afirmar com veemência que eu era a única pessoa na face da Terra que poderia provar sua inocência. Refleti nesse sonho por inúmeras noites insones, até que finalmente tive uma ideia para ajudá-lo e concebi um plano para poder refutar sua culpa no assassinato da duquesa.

Imediatamente parti para Grenoble com destino ao hospício judiciário, a fim de ter uma breve entrevista com seu detento mais famoso, August Gerárd.

Assim que ficamos a sós, eu o magnetizei e o coloquei em transe hipnótico; depois, ordenei que ele levasse sua mente à época em que estivera hospedado na clínica Lundgreen. Em seguida, quando ele confirmou que já estava lá, perguntei se havia conhecido alguma jovem mulher que o tivesse encantado. Sem titubear, Gerárd respondeu que sim. Então, ordenei que a desenhasse, o que ele fez imediatamente. Na sequência, ordenei que ele desenhasse o que tinha acontecido em seu último encontro com essa jovem. Obtive uma série apavorante de ilustrações, ao estilo daquelas que você bem conhece, que demonstraram com perfeição o modo como ele atacou a mulher indefesa e depois a sufocou com seu próprio travesseiro. É óbvio que os desenhos comprovam que Gerárd reteve em sua memória, a autoria do assassinado que praticou contra uma paciente enquanto esteve na clínica Lundgreen. Infeliz Gerárd, cujo enorme talento também é a causa de sua perdição.

Porém, para fechar esse quebra-cabeça, ainda faltava descobrir exatamente quem era a pessoa retratada naqueles horríveis desenhos. A fim de elucidar o mistério, segui para Lyon, onde procurei pela enfermeira Margaret, que agora está aposentada e residindo no campo. Então, mostrei os desenhos que Gerárd fez em sua regressão de memória e ela me garantiu que, sem sombra de dúvida, a mulher ali retratada era Marcelle Roylott.

No entanto, ainda precisávamos obter uma prova definitiva, por isso, empreendemos uma busca à condessa Toulouse, que também mora em Lyon e que foi tia e madrinha de Marcelle. A boa notícia é que, além de reconhecer a afilhada nos desenhos feitos por Gerárd, a condessa nos mostrou um retrato da própria para que os comparássemos. Claro que se tratava da mesma pessoa, a duquesa Marcelle de Roylott!

Você estava certo, meu amigo, quando me visitou em sonho para afirmar que eu conseguiria ajudá-lo, caso tentasse! Portanto, consegui as provas de que precisamos para mostrar aos seus detratores que você é inocente da acusação do assassinato da duquesa, que, aliás, era paciente da clínica de Lundgreen e estava sob sua responsabilidade! Antes de cometer o desatino de escrever para dar boas-novas que não pudessem repercutir na realidade, conversei longamente com vários advogados e todos eles me afiançaram que, com essas novas evidências a seu favor, você tem condições efetivas de provar no tribunal de justiça que não assassinou ninguém. E que, muito ao contrário do que afirmou a acusação, você foi vítima de uma ardilosa armadilha, engendrada por Lundgreen e seus *cúmplices, e que só fugiu do país porque todas as evidências estavam contra você naquelas terríveis circunstâncias.*

No entanto, ainda não acabei de lhe dar as boas-novas, sendo que deixei para o final a melhor parte! Por conta de um golpe de sorte desses que só o destino explica, tive a grata satisfação de encontrar um antigo amigo seu, monsieur Jacques Prieur, que me colocou em contato com o sujeito que era enfermeiro-chefe da clínica Lundgreen na época em que Marcele foi assassinada.

Em nossa conversa, descobri que ele guarda um grande ressentimento contra seu antigo patrão, que o jogou na sarjeta, ao demiti-lo sumariamente, logo após a sua partida. Pois bem, em troca de uma módica contribuição pecuniária, esse cavalheiro está disposto a contar a verdade sobre o que aconteceu naquele dia nefasto diante do tribunal de justiça. Afinal de contas, ele não tem mais nada a perder além da reputação que já não possuí e ainda poderá ganhar uns trocados.

Agora, por gentileza, acompanhe meu raciocínio, temos as provas iconográficas de sua inocência produzidas pelo verdadeiro assassino da vítima, Gerárd; temos o retrato que comprova que os desenhos da paciente assassinada reproduzem uma mesma pessoa, que é a duquesa Marcelle de Roylott; temos os testemunhos das pessoas presentes à cena do crime, a enfermeira-chefe Margaret e o enfermeiro responsável pelos doentes, Bóris, que alegam que você não foi o agressor da paciente e que sequer esteve na cena do crime. Portanto, os advogados que consultei foram unânimes em afirmar que temos todas as condições necessárias para ganhar essa causa e, no dizer de suas próprias palavras, de forma inapelável!

De volta ao princípio, peço novamente o vosso perdão, mas, como evidenciei através dos fatos relatados, fiz o possível para ajudá-lo, muito embora seja obrigado a reconhecer que demorei muito tempo para compreender como fazê-lo. Porém, nunca é tarde para que se faça a justiça! E você não merece nada menos do que isso! Que a sociedade francesa seja obrigada a reconhecer sua inocência e, com isso, restitua sua dignidade, restabeleça sua hombridade e seus direitos de cidadão!

Por tudo isso, em nome de nossa amizade, peço que retorne à França o quanto antes! Que volte ao lugar de onde nunca deveria ter saído e que venha lutar por seus direitos! Desta vez, prometo-lhe que mil vozes se erguerão em sua defesa!

Por outro lado, tenho consciência de que muita água já passou por baixo da ponte de sua vida; que você construiu toda uma nova história no Brasil, onde é bem-sucedido, além de também ser responsável por uma nova família. Portanto, serei obrigado a compreender se você preferir continuar a sua plantação em solo brasileiro, invés de vir travar uma batalha definitiva na França.

Considere com vagar tudo que lhe contei. Vou aguardar sua resposta, desejando que seja positiva, mas igualmente compreendendo seus motivos, caso não seja. De minha parte, além de trabalhar para provar sua inocência, voltei a procurar por um novo sujet, de preferência alguém que seja tão talentosa quanto mademoiselle Louise, porque pretendo retomar as experiências com as diferenças de percepção da mente nos diversos estágios da memória.

Respeitosamente, seu sincero amigo e defensor irredutível,
Albert de Rochas

Terminada a leitura daquela carta admirável, Charles sentiu a cabeça latejar, passou a mão sobre a própria testa, sabendo-se febril. Mesmo assim, quedou-se prostrado por várias horas, olhos perdidos no nada, pensando nas ironias da vida.

"Esse rocambolesco desfecho na elucidação do assassinato de Marcelle, levado à cabo pelo coronel de Rochas, não fica devendo nada ao romance policial *Um estudo em vermelho*, protagonizado pelo inigualável detetive Sherlock Holmes" – considerou o médico, que era grande admirador do autor inglês Arthur Conan Doyle.[2]

Segundo a lógica implacável usada pelo eminente cientista francês, a comprovação de sua inocência era coisa certa. Seria realmente fantástico poder ver a cara de seus acusadores ao serem obrigados a reconhecer sua inocência; mais ainda, ele adoraria ver o próprio dr. Lundgreen ser recolhido à celular, como cúmplice de Gerárd no assassinato da pobre duquesa Marcelle. Tomado por uma verdadeira tempestade mental, Charles imaginava como seria incrível poder voltar para a França depois de tudo pelo que passara!

Finalmente, poder rever a velha pátria, retomar o trabalho junto ao coronel de Rochas, seu grande mestre magnetizador! Novamente, estar no centro do mundo científico, cenário onde aconteciam as mais formidáveis descobertas! Poder rever seus antigos amigos da universidade, encontrar seus ex-professores! Novamente sentir a brisa do Sena batendo em seu rosto; outra vez, ver a neve escorrendo pelos beirais dos telhados! Ir a Paris! Participar do Congresso Espírita Internacional, que já se aproximava!

Esses devaneios o engolfavam como um maremoto, onde o médico se afogava entre tantas possibilidades. Porém, como seu falecido pai gostava de dizer, sempre que surgia uma oportunidade, "todo ganho, gera uma perda"! Era preciso ponderar com cuidado quais seriam essas perdas, caso ele decidisse aceitar o conselho do coronel para voltar à França.

Primeiro, obviamente, ele perderia o Brasil. A exuberância tropical que vivia em seus pássaros e animais, em suas flores e frutos, no calor exasperante que gerava vida aos borbotões pelos rincões tupiniquins! Perderia também o convívio com os bons amigos que fizera em terras brasileiras, seus alunos nos cursos que ministrava na Federação, além de sua excepcional clientela! Também deixaria para trás a convivência com o insubstituível mestre, dr. Bezerra de Menezes! Teria que abdicar da obra de caridade que realizava junto aos pacientes pobres da cidade! Isso tudo, sem falar nas meninas! Será que Louise e Anne gostariam de voltar? Nunca antes eles haviam sequer cogitado dessa possibilidade, nem mesmo como se fosse um sonho distante. E o nobre Juca Timbó, estaria disposto a deixar sua vida aqui para mudar-se para a França distante? Talvez, mas, caso contrário, poderia sua pequena família prescindir da presença de Juca em suas vidas? Decerto que não.

Depois de tanta reflexão, sua cabeça latejava com dores lancinantes e seu espírito alquebrado sofria diante de tantas considerações e possibilidades. Mal ele terminava de responder a algumas dessas dúvidas, uma nova enxurrada surgia para engolfá-lo. Pensava agora no que faria se os esforços do coronel se revelassem infrutíferos? Que faria se a influência do barão Lundgreen comprasse a boa e velha justiça francesa? Estariam seus tribunais fora do alcance da corrupção exercida pelo poder político e econômico? Que aconteceria se as testemunhas, Margaret e Bóris, fossem pressionadas a mudar de ideia, negando-se a depor em seu favor?

Eram considerações sem respostas efetivas, pois que pertenciam ao tempo futuro. Porém, a circunstância que mais o incomodava era saber que, apesar de todas as provas e testemunhos disponíveis, sempre haveria um confronto de classes em ação. Tratava-se da palavra de um barão contra a de seus subalternos. Será que a república trouxera em sua esteira uma evolução real à questão da luta de classes na França? Seria a justiça francesa assim tão adiantada, a ponto de dar ganho de causa a um médico, à época recém-formado, secundado por dois enfermeiros, contra um barão, cuja família era parceira ancestral de Napoleão Bonaparte?

Porém, a dúvida mais eloquente era a que exigia saber se a justiça francesa estaria moderna a ponto de aceitar como prova, num tribunal, desenhos que tivessem sido obtidos por meio de uma sessão de hipnose? E, mesmo que tais desenhos fossem aceitos como prova, o próprio dr. Lundgreen, psiquiatra e também hipnotizador, poderia inventar mil argumentos e objeções que inviabilizassem o seu uso. E se ele perdesse a causa e fosse preso injustamente, que seria feito de sua família? Quem protegeria Louise e Anne do alcance das mãos amaldiçoadas dos 'Deplessis' e dos 'Lundgreens' nesse vasto mundo?

A fim de tentar apaziguar o maremoto de dúvidas que ameaçava sua sanidade, Charles refugiou seu espírito nas memórias da paz que desfrutava quando estava imerso na floresta da Tijuca; na satisfação que sentia, ao assistir às palestras que o dr. Bezerra de Menezes ministrava com verve inigualável na Federação; na urgência que sentia em ajudar os pobres doentes que buscavam auxílio na clínica do Outeiro; no riso brejeiro da pequena Anne, correndo feliz pelas areias da praia do Flamengo.

Depois de ouvir todos esses sons, de rever com os olhos da memória todas essas paisagens em cores vívidas; de ouvir os aconselhamentos de sua própria alma, Charles pegou a carta e devolveu-a ao envelope, guardando-a na gaveta secreta de sua escrivaninha, que era fechada a chave. Já havia tomado sua decisão. Não mostraria aquela carta a ninguém.

Escreveria ao grande amigo Albert de Rochas, agradecendo pelo enorme trabalho que tivera para ajudá-lo. Diria que, talvez, se a sinfonia da vida tivesse tocado noutra toada, se já não tivesse passado tanto tempo depois de sua partida, então, ele poderia voltar à França a fim de lutar para reencontrar a vida a que tinha direito. Porém, depois de viver tanto tempo em terras brasileiras, conhecendo e convivendo com novas pessoas, se envolvendo com suas vidas e suas filosofias, era praticamente impossível abandonar tudo aqui para voltar a perseguir o passado. Seu destino estava selado. Seu lugar no mundo estava no Brasil.

Abril de 1900

Durante anos, Charles daria prosseguimento a sua amizade com o coronel Albert de Rochas, mas seria apenas através da troca de cartas e livros. Charles lia tudo que o magnetizador e cientista publicava, inclusive os inúmeros artigos científicos, que viriam a ser publicados na revista *La Nature* ao longo de vários anos. Em 1900, houve o congresso espírita e espiritualista internacional em Paris, sendo que o médico ficou com a impressão de que todo mundo que interessava no cenário científico estava lá, exceto ele. Segundo relato do próprio coronel, também esteve presente o admirável Alphonse Bouvier, que vinha realizando pesquisas na companhia de Léon Denis,[4] de Gabriel Delanne,[5] além do professor Charles Richet. Nesse congresso, Bouvier apresentou provas bem documentadas sobre a questão da polaridade, teceu amplas considerações sobre a diferença entre o hipnotismo e o magnetismo e também sobre o papel dos espíritos na economia humana.

Na verdade, Charles se ressentia por não estar participando desse congresso e desfrutando da companhia desses ilustres cientistas e pesquisadores. No íntimo, ele desejava poder compartilhar publicamente suas próprias descobertas na esfera da ciência do magnetismo.

Num estudo meticulosamente documentado, ele havia informado ao coronel de Rochas as evidências que obtivera com o caso de Louise, que trazia manifesta comprovação ao fenômeno da reencarnação. Narrou em detalhes seu reconhecimento da igreja do Outeiro da Glória, que ligava sua história de vida atual à da portuguesa Maria Amélia, palaciana que outrora havia fugido de Portugal para o Brasil. Concluiu relatando que essa velha história voltaria a se repetir de forma estranhamente calculada, com a fuga de Louise tanto tempo depois, novamente para o Brasil.

Sobre o estudo de Charles, o coronel de Rochas não disse absolutamente nada, com exceção de reiterar o comentário de que ainda estava à procura de um *sujet* que estivesse à altura da competência de Louise. O sábio francês também evitou opinar sobre seu novo método de exercer a medicina e o magnetismo. Quando o médico contou sobre a ajuda imprescindível que recebia da espiritualidade superior em seus tratamentos, que lhe apontava doenças e receitava remédios, o sábio francês continuou mudo. Por tudo isso, um hipotético observador que pudesse ter acesso à profícua correspondência que os distintos pesquisadores trocavam, imaginaria que eles tratavam de assuntos diametralmente opostos. Enquanto Charles apontava experiências e costurava hipóteses, a maioria delas relacionada com a ciência espírita, o coronel de Rochas defendia teses complicadas, pautadas sobre agentes magnéticos colhidos alhures no éter ou no fluido universal. Era uma autêntica conversa entre surdos, mas sem a vantagem do uso das libras. Mesmo assim, o médico jamais desistiria desse intercâmbio, apesar da evidente falta de sincronismo e compreensão, porque ele representava sua hipotética permanência num universo científico que Charles tanto prezava.

Numa manhã ensolarada e perfumada pelas flores que eclodiam nos jardins daquele mesmo abril, Juca entrou esbaforido pela recepção da clínica, deixando Louise e Anne intrigadas com aquele atípico comportamento intempestivo.

– Que bicho será que o mordeu? – disse Louise.

– Pelo jeito, deve ter sido alguma espécie de vespa venenosa! Veja, ele foi direto e reto à procura do médico! – gracejou Anne, se referindo ao fato de que Juca havia entrado no consultório de Charles e fechado a porta. Porém, não demorou para que o mistério se elucidasse, com os dois homens voltando rapidamente à recepção, vazia àquela hora porque o atendimento público só começaria a tarde.

– Meninas, Juca trouxe uma notícia verdadeiramente lamentável. Nosso querido doutor sofreu um mal súbito e está acamado. Eu e o Juca estamos indo para sua casa agora mesmo! Rezem por ele porque seu estado é grave!

A semana se arrastou entre aflições e preces, sendo que Charles visitou o doente por várias vezes, mas nunca trazia boas notícias. Segundo o médico que o atendeu, o dr. Bezerra de Menezes havia sofrido um tal de 'insulto congestivo'. Na verdade, tratava-se de uma brutal arteriosclerose, que o abateria de forma irremediável dali a poucos dias.

Em 11 de abril, uma quarta-feira, numa semana santa, como se tivesse recebido um mal presságio, Juca Timbó saiu de casa à procura da banca de jornal mais próxima. Distraído, sem pensar no que fazia, ele pegou de uma pilha um exemplar de *A Cidade do Rio* e, atônito, viu a notícia em primeira mão:

> Depois de longos e cruéis padecimentos, faleceu hoje o dr. Adolfo Bezerra de Menezes, antigo e estimado clínico desta capital... Para

isso, concorria grandemente seu espírito de caridade, pois que era médico dos pobres, delicado e afetuoso e o seu caráter franco e afável tornava-o acessível e de todos estimado.

No dia seguinte, vários outros jornais também lamentariam sua morte e fariam homenagens a sua contribuição cívica e social. Juca comprou um de cada para adicioná-los à sua coleção, como o verdadeiro tributo que a sociedade fluminense prestava ao homem público, mas, principalmente, ao grande benfeitor dos mais pobres, um verdadeiro apóstolo da caridade. Como não poderia deixar de ser, o dr. Bezerra de Menezes foi justamente homenageado numa grande matéria pelo *O Paiz*, pelo *Jornal do Brasil* e também pela *Gazeta de Notícias*.

Assim, em 12 de abril, uma quinta-feira santa, o féretro do dr. Bezerra de Menezes seguiu para o cemitério São Francisco Xavier, onde foi sepultado debaixo dos aplausos de uma verdadeira multidão, composta por parentes, agregados, confrades, amigos, seguidores, alunos, leitores e admiradores. Todos entristecidos com a súbita partida de seu benfeitor e mentor aos sessenta e nove anos de idade. Ainda no mesmo dia de seu sepultamento, o espírito de Bezerra de Menezes enviou através do médium Frederico Pereira Júnior uma bela comunicação, justamente na reunião semanal de seu grupo de medianeiros, para consolá-los e também para exortá-los a prosseguir no trabalho contínuo e incansável junto à seara do Mestre Jesus.[5]

Apesar de sua crença no espiritismo, a perda do amigo e confidente, do sábio professor da filosofia espírita, do magnetismo e da homeopatia, criou um vazio profundo na alma de Charles.

Logo no dia seguinte ao enterro do amigo, o médico sequer conseguiu sair da cama, logo ele, que era sempre o primeiro da casa a estar de pé pela manhã; quando Anne veio chamá-lo pela segunda vez, ouviu um veemente pedido para ser deixado em paz.

– Mas, Charles, não é minha culpa! É o Juca que me manda vir incomodá-lo! Ele disse que precisa saber o que fazer com as consultas marcadas para hoje?!

– Diga ao Juca que dê um jeito de avisar os clientes que hoje não tem atendimento. Também sou filho de Deus! Como cristão, devo ter direito a um dia de indisposição nesta vida... – ele protestou com voz cansada.

Assim, Charles permaneceu trancado em seu quarto, pensando em como a súbita partida de seu mestre o abatera. Porém, no íntimo, ele sabia o real motivo de seu desconsolo; com o falecimento do bom doutor, seu manancial de conhecimento secara. Aquele homem era a universidade onde sua insaciável sede de saber ia beber sempre que podia. De uma forma muito realista, a presença do doutor em sua vida fora o principal motivo que o fizera permanecer no Brasil. Sua benigna influência fora sua principal motivação para ficar, mas, de repente, ele havia perdido tudo.

"E agora, o que devo fazer, caro doutor?" – perguntava Charles, falando com o éter, apesar de seu coração ansiar por uma resposta imediata.

Tivesse Charles compartilhado da mensagem que o dr. Bezerra havia dado aos seus fraternos companheiros do grupo espírita, saberia que o médico recomendaria que continuasse com seu trabalho e que o incentivaria com a promessa de sua contínua presença espiritual, agora que a física já não era mais possível. Talvez, se tivesse uma mediunidade voltada para a audiência e a vidência, Charles pudesse vê-lo naquele mesmo instante e ouviria de viva voz seus sábios conselhos. Porém, a tristeza imensa que sentia e que acabrunhava sua mente formava um espesso véu a separá-lo de qualquer possível influência do espírito de seu amigo e mentor.

Na hora do almoço, Louise entrou no quarto equilibrando uma bandeja onde ajeitara um suculento prato de sopa de mandioca e uma grossa fatia de pão.

– Nem adianta reclamar. Não saio daqui enquanto você não limpar esse prato. Além do mais, trago um recado do frade que, imagino, seja de seu interesse... – o irmão rapidamente captou a mensagem subliminar: sem almoço, nada de recado do além.

Descobriu-se com apetite, apesar da má disposição anterior e liquidou a sopa saborosa com satisfação.

– Bom menino! – elogiou a irmã. – Agora podemos retomar nossa conversa. Parece que você tirou o dia para reclamar com os céus, fazendo uma pequena revolução íntima que acabou repercutindo no mundo espiritual...

Charles continuou mudo, mas pousou em Louise um olhar desolado, que ela jamais havia visto pousar na fisionomia do irmão.

– O doutor falou com o frade a seu respeito; ele disse que compreende muito bem o seu acabrunhamento, porque teve que passar por isso muitas vezes em sua última vida, e sabe por experiência própria o quanto é duro perder aqueles que nos são caros ao coração. Mesmo assim, devemos humildemente nos conformar e aceitar que o tempo de Deus é diferente do nosso e suas razões também. Isso posto, o doutor entende que a sua tristeza é natural e que passará após um justo período de luto. Porém, o que é antinatural é que você confunda a presença dele em sua vida com a sua missão em particular. Ele afirma categoricamente que a sua instrução estava concluída! Diz que, a partir de agora, você deverá seguir em frente, adicionando conhecimentos aos que já recebeu e encontrando novos discípulos que sejam seus continuadores, a começar por nosso próprio núcleo familiar. O trabalho é que não pode parar!

– De que jeito? Eu sou médico, não sou professor! – Charles contrapôs, evidentemente contrariado.

Louise pendeu a cabeça de leve para o lado, por um momento, só escutando. Depois de um momento de concentração, ela prosseguiu, mas dessa vez sua voz suave assumiu um tom monocórdico, com a médium repetindo maquinalmente a mensagem que o frade ditava por sua boca:

– O doutor mandou você colocar sua experiência num livro, que terá como missão disseminar todo o conhecimento que já adquiriu até agora. Ele afirma que o conhecimento só é importante na medida em que pode ser compartilhado. Guardado na mente de um só indivíduo, ele facilmente se perderá.

– Ele está dizendo para eu escrever um livro? – o médico repetiu, incrédulo.

– Exatamente. Com os seus cumprimentos. E mandou você voltar ao trabalho a partir de amanhã. Ele também acha que todo cristão merece um dia de trégua em sua lida... – ao ouvir este último comentário, Charles sorriu.

"Um livro! Esse doutor me saí com cada uma!" – pensou Charles, porém, a ideia claramente encontrou eco em sua mente ágil, que, na mesma hora, começou a pensar de que maneira isso poderia ser feito.

Aliviada, Louise recolheu a bandeja, mas, antes de deixar o quarto, deu uma boa olhada no irmão; ficou feliz ao perceber que a mensagem do bom doutor havia renovado a disposição de seu discípulo.

"Bendito seja o intercâmbio entre os mundos" – agradeceu Louise, em pensamento.

NOTAS:

[1] *Pedro II* (1825 – 1891) foi o segundo e último imperador do Brasil durante cinquenta e oito anos, de 1831 até sua deposição, em 1889. Nascido no Rio de Janeiro, foi o filho mais novo do imperador Pedro I do Brasil e da imperatriz dona Maria Leopoldina de Áustria e, portanto, membro do ramo brasileiro da casa de Bragança. Dom Pedro II assumiu o trono do país após a partida de seu pai para Portugal. Na época, tinha apenas seis anos e, até de fato assumir o poder, ficou sob a tutela de José Bonifácio de Andrade e Silva e, depois, do marquês de Itanhaém, Manuel Inácio de Andrade Souto Maior. Teve uma infância e adolescência tristes e solitárias. Suas experiências com intrigas palacianas e disputas políticas durante este período tiveram grande impacto na formação de seu caráter. Pedro II cresceu para se tornar um homem com forte senso de dever e devoção ao seu país e seu povo. Aos quinze anos, foi declarado maior de idade e acabou coroado como imperador do Brasil no dia 18 de julho de 1841, no Rio de Janeiro. Dois anos depois, casou-se com Teresa Cristina Maria de Bourbon. Eles tiveram quatro filhos, mas apenas Isabel e Leopoldina

Retrato de dom Pedro II

sobreviveram. Herdando um império no limiar da desintegração, Pedro II transformou o Brasil numa potência emergente na arena internacional. No poder, o governante precisou controlar diversas revoltas, como a dos Liberais (1842), a Guerra dos Farrapos (1845) e a Insurreição Praieira (1848). Também durante o seu governo, o país esteve envolvido na guerra contra o Paraguai, entre 1864 e 1870. Um dos destaques do seu reinado foi o fim do tráfico negreiro, a Lei do Ventre Livre (1871), a libertação dos escravos sexagenários e a lei Áurea, (1888), assinada pela princesa Isabel. Erudito, o imperador estabeleceu uma reputação como um vigoroso patrocinador do conhecimento, cultura e ciências. Ganhou o respeito e admiração de estudiosos como Graham Bell, Charles Darwin, Victor Hugo e Friedrich Nietzsche, e foi amigo de Richard Wagner, Louis Pasteur, Jean-Martin Charcot, Henry Wadsworth Longfellow, dentre outros. O imperador foi retirado do poder num súbito golpe de estado promovido por um pequeno grupo de líderes militares que decidiram que já era hora de se proclamar a República, o que foi feito no dia 15 de novembro de 1889. Os republicanos exigiram que Pedro II e a família imperial partissem imediatamente do Brasil. O ex-monarca não permitiu qualquer medida contra sua remoção e não apoiou qualquer tentativa de restauração da monarquia, passando os seus últimos dois anos de vida no exílio na Europa. No dia 5 de dezembro de 1891, morreu no exílio, em Paris, o último imperador do Brasil. Vitimado por uma pneumonia, ele faleceu aos sessenta e seis anos. Seus restos mortais só voltariam ao Brasil em 1920, depois do fim oficial do banimento da família imperial. Desde então, os restos de dom Pedro II estão sepultados no Mausoléu Imperial, dentro da catedral de Petrópolis, na região serrana fluminense.

[2] *Arthur Conan Doyle* (1859-1930) foi um médico e romancista escocês que se tornou famoso através de seu personagem, o genial e excêntrico investigador Sherlock Holmes. Escreveu inúmeros romances e contos que popularizaram o gênero policial. Graças a sua enorme versatilidade literária, Conan Doyle teve o mesmo sucesso com seus romances históricos. Atuou durante a guerra dos Bôeres como médico militar e, de regresso a Inglaterra, escreveu *A guerra dos Bôeres* (1900) e *A guerra na África do Sul* (1902), justificando a participação de

Sir Arthur Conan Doyle

seu país. Por estas obras, foi premiado pela rainha da Inglaterra com o título de cavaleiro. Em 1887, Conan Doyle travou seu primeiro contato com o espiritismo, sendo iniciado nas sessões mediúnicas que o fizeram rever seus conceitos. Após as mortes de sua esposa Louisa (1906), do seu filho Kingsley, do seu irmão Innes, de seus dois cunhados e de seus dois netos, logo após a Primeira Guerra Mundial, Conan Doyle mergulhou em profundo estado de depressão. Encontrou consolação no espiritismo e esse envolvimento levou-o a escrever sobre o assunto, tornando-se um de seus maiores divulgadores e defensores. No auge da fama, em 1918, enfrenta todos os céticos e publica *A nova revelação*, obra em que manifesta a sua convicção na explicação espírita para as manifestações paranormais estudadas durante o século XIX, e inicia uma série de outras, em meio a palestras sobre o tema. Entusiasmado, ele passa a pregar os fundamentos espíritas em inúmeras viagens pelo país. Anos mais tarde, tornou-se presidente da London Spiritualist Alliance, (Aliança espiritualista de Londres), do College of Psychic Science (Colégio de ciências psíquicas) e da Spiritualist Community (Sociedade Espiritualista). Escreveu inúmeros livros sobre o tema, entre os quais: *The vital message*, (A mensagem vital), *The edge of the unknown* (A beira do desconhecido) e *The history of modern spiritualism* (A história do espiritualismo moderno), onde Conan Doyle falou também sobre a participação dos médiuns de fenômenos físicos e sobre as materializações espirituais produzidas por Eusapia Palladino. O assunto foi retomado em *The land of mist* (A terra da bruma), de 1926, romance de natureza ficcional, com o personagem professor Challenger. Doyle morreu no dia 7 de julho de 1930, aos setenta e um anos, de um ataque cardíaco, em Crowborough (Inglaterra).

[3] *Léon Denis,* (1846 – 1927), foi filósofo e pensador espírita, médium e um dos principais continuadores do espiritismo após a morte de Allan Kardec, ao lado de Gabriel Delanne e Camille Flammarion. Fez conferências por toda a Europa em congressos internacionais espíritas e espiritualistas, defendendo ativamente a ideia da sobrevivência da alma e suas consequências no campo da ética nas relações humanas. É conhecido como o 'consolidador do espiritismo' em toda a Europa, bem como 'apóstolo do espiritismo', dadas as suas qualidades intrínsecas de estudioso da doutrina. Autodidata, tendo mostrado inclinações literárias e filosóficas, aos 18 anos travou contato com 'O Livro dos Espíritos' e tornou-se adepto da doutrina espírita. Desempenhou importante papel na sua divulgação, enfrentando as críticas do positivismo materialista, do ateísmo e a reação do catolicismo. Foi ainda membro atuante da Maçonaria. Em 1900 participou do II Congresso Espírita Internacional. Também participou do Congresso Espírita de Liège (1905) e de Bruxelas (1910), ambos na Bélgica. Em 1925 foi aclamado presidente do Congresso Espírita Internacional em Paris, no qual foi formada a Federação Espírita Internacional. Neste congresso quiseram tirar o aspecto religioso do espiritismo mas Denis a isso se opôs

Léon Denis

com tenacidade. Ele trabalhava em seu novo livro, *O gênio celta e o mundo invisível*, quando foi acometido por pneumonia, mas, com a ajuda de duas secretárias, conseguiu concluir a obra. Faleceu em 12 de abril de 1927. Sua grande produção na literatura espírita, bem como o seu caráter afável e abnegado, valeram-lhe a alcunha de Apóstolo do Espiritismo. Ao longo de sua vida manteve estreita ligação com a Federação Espírita Brasileira, tendo sido aprovada por unanimidade a sua indicação para sócio distinto e presidente honorário da instituição (1901). As principais obras de sua autoriasão: *Cristianismo e espiritismo, provas experimentais da sobrevivência* (FEB); *Depois da morte* (FEB); *Espíritos e médiuns* (CELD); *Joana d'Arc, médium* (FEB); *No invisível* (FEB); *O além e a sobrevivência do ser* (FEB); *O espiritismo e o clero católico* (CELD); *O espiritismo na arte* (Lachâtre); *Giovana* (romance, Lachâtre); *O gênio céltico e o mundo invisível* (CELD); *O grande enigma* (FEB); *O mundo invisível e a guerra* (CELD); *O porquê da vida* (FEB); *O problema do ser, do destino e da dor* (FEB); *O progresso* (CELD); *Socialismo e espiritismo* (O Clarim).

Gabriel Delanne

[4] *François-Marie Gabriel Delanne* (1857 – 1926), francês, foi engenheiro de formação, além de notório escritor e pesquisador espírita. Seu pai, Alexandre Delanne, era espírita e amigo íntimo de Allan Kardec, e sua mãe foi uma das médiuns que colaborou na codificação espírita. Fundou a União Espírita Francesa, em 1882, e o jornal *Le Spiritisme*, no mesmo ano. Ao lado do filósofo Léon Denis, foi um importante divulgador das ideias espíritas nessa época. Fez conferências por toda a Europa, inclusive na abertura do I Congresso Espírita e Espiritualista, que ocorreu em 1890. Compreendendo que o perispírito estava no centro dos fenômenos espíritas, procurou distinguir mediunismo de animismo. Auxiliou Charles Robert Richet, criador da metapsíquica, em suas pesquisas com a médium Marthe Béraud. Em 1896, fundou a *Revista Científica e Moral de Espiritismo*, que por muitos anos levou a público artigos científicos e filosóficos sobre a temática espírita. Faleceu em 1926, aos sessenta e nove anos de idade, sendo sepultado no cemitério Père-Lachaise. Suas principais obras são: *O espiritismo perante a ciência*, (1885); *O eenômeno espírita*, (1893); *A evolução anímica*, (1895); *A alma é imortal*, (1897); *Pesquisas sobre a mediunidade*, (1898); *Compte rendu du Congrès Spirite et Spiritualiste Internacional*, (1900); *Societé Française d'Étude des Phénomènes Psychiques*, (1902); *Les apparitions matérialisés des vivants et des mort*, tome I, (1909); *Les apparitions matérialisés des vivants et des mort*, tome II, (1911); *Documents pour servir à l'étude de la réincarnation*, (1927).

[5] As citações de jornais e suas referências foram retiradas da obra *Os Bezerra de Menezes e o espiritismo*, de autoria de Jorge Damas Martins, que também contêm a íntegra da comunicação dada pelo espírito de Bezerra de Menezes no dia de seu sepultamento (ver ref. bibliográficas).

9
NO SOPRO DO TEMPO

Fevereiro de 1901

Como sempre fazia antes da hora do almoço, Anne foi ao pomar colher as frutas maduras antes que elas despencassem do pé. O problema era que, por ser baixinha, ela sempre acabava precisando da ajuda de alguém para concluir essa tarefa. Mesmo assim, ninguém ganhava dela na capacidade de visualizar as frutas nas árvores. Bastou uma espiadela para que seu olhar treinado detectasse alguns abacates e caquis prontos para serem colhidos, mas refugiados nas alturas dos galhos mais inacessíveis. Também foi nessa altitude que ela entreviu uma forma grande e colorida se agitando entre as folhas. Imaginando que se tratasse de algum pássaro ainda desconhecido, ela assobiou do modo como Juca fazia na mata a fim de atrair os bichinhos e esperou.

— Essa daí é arisca! Ela não vem fácil assim não... — murmurou uma voz desconhecida, bem às suas costas. Assustada, Anne deu um pulo, tropeçou nos próprios pés e teria caído estatelada no terreno se não fosse amparada por alguém com mãos fortes.

— Quem é você? O que está fazendo aqui? Saiba que está numa propriedade privada! Você não pode ir invadindo como se fosse a casa da mãe Joana... — reclamou a jovem, virando-se para enfrentar seu salvador.

— Não me agradeça por impedi-la de cair no chão que nem uma jaca madura, senhorita... — disse um rapaz, interrompendo-a.

— Anne Feuille.

— Pois me chamo Fernando da Fonseca, um seu criado. Acabo de me mudar para a propriedade que faz fundos com o seu pomar. Meu pai é o dono do armazém de secos e molhados que abriu logo ali na esquina... —

informou o rapaz de pele morena e cabelo preto, alto e bem constituído que a amparara segundos antes que ela se estabacasse no chão.

– E antes que você pergunte outra vez porque invadi sua propriedade, já lhe adianto que ando à procura de meu bicho de estimação. Aliás, olha a bandida logo ali, balançando no alto do abacateiro!

No mesmo instante, Anne olhou para a direção que o rapaz apontava. Então, ele fez um som esquisito com a boca, uma espécie de arrulho, que atraiu o grande pássaro para um galho mais baixo.

Numa súbita arrancada, ele projetou o corpo para a frente e com grande habilidade agarrou o cordão que pendia do pé da grande arara vermelha.

– Te peguei, bandida! – comemorou o moço.

Por um instante de encantamento, Anne apenas observou enquanto o jovem arrulhava, afagando a cabecinha rubra do belo e exótico pássaro, que lhe respondia de volta. Parecia que estavam conversando!

– Espere aqui! Não se atreva a sair enquanto eu não voltar, senhor Fernando da Fonseca! – ordenou a mandona e saiu correndo para dentro da casa.

– Charles! Venha ver a maravilha que encontrei no pomar – disse Ane, esbaforida, entrando no escritório do médico como um furacão. Sem esperar por resposta, ela arrastou o irmão até o pomar onde o jovem Fernando obedientemente a aguardava.

– De que espécie é essa belezura emplumada?! – perguntou o médico, que fora imediatamente seduzido pela exuberância do grande pássaro tropical.

– É uma arara vermelha! Meu pai a comprou quando era apenas um filhote, das mãos de um bugre que vinha da Amazônia. Seu nome é Imperatriz. Dê cá o pé, sinhazinha! – pediu o moço, ao que a ave obedientemente ergueu o pezinho na direção do dono.

– Por Deus! Além de linda, é amestrada! Decerto que essa ave é um tesouro, senhor... – elogiou o médico, pela primeira vez prestando alguma atenção ao rapaz.

– Fernando da Fonseca, como o marechal. Sou seu novo vizinho. Eu e meu pai somos os donos do novo armazém. Muito prazer – informou o jovem e esticou a mão para formalizar o cumprimento.

– Charles Lantier Feuille, médico.

Mal Charles se apresentou, já mudou o foco de sua atenção. – Anne, vá lá dentro chamar Louise e também o Juca! Eles têm que conhecer essa belezura... E nosso novo vizinho! – disse ele, remendando a frase para evitar uma grosseria.

Foi assim que Charles encontrou um novo e extraordinário espécime da passarada brasileira, uma arara-vermelha, por quem imediatamente caiu de amores. Também o jovem Fernando da Fonseca pela primeira vez na vida conheceu uma bela dama que tinha cabelo vermelho, mas se apaixonou foi pela irmã, que, além de loira e linda, também era bem mais mandona.

Novembro de 1901

Desde que recebera o conselho do dr. Bezerra, Charles vinha matutando sobre como seria o livro que pretendia escrever. Porém, por vezes sem conta, ele ficara paralisado diante da página em branco, caneta em punho, imaginando o que queria dizer.

"Decerto que parece mais fácil falar do que fazer" – pensava ele, pousando a caneta tinteiro e desistindo antes mesmo de começar.

Certo dia, ele aproveitou que fora visitar um cliente que morava no centro da cidade para ir a uma grande livraria, situada na rua do Ouvidor, famosa por vender livros estrangeiros. Seu objetivo estava traçado, porque procurava pelas obras de certo austríaco, um médico e neurologista chamado Sigmund Freud,[1] que há tempos fora recomendado pelo próprio coronel, mas que somente agora tinha publicado suas teorias.

Afinal, se a modernidade na ciência psíquica estava sendo ditada por autores como Freud, então Charles também precisava saber o que ele dizia. Comprou de uma só vez *A interpretação dos sonhos*, tomos I e II, *Sobre a psicopatologia da vida cotidiana* e também *Um caso de histeria*.

"Espero conseguir desenferrujar o meu alemão!" – pensou o médico, na posse de seus tesouros. Em seguida, reconsiderando a confiança que tinha na própria memória, resolveu levar também um dicionário de franco-alemão.

Charles lembrava que o coronel havia dito que Freud, por influência de Charcot e Breuer, também começara sua carreira usando a hipnose de forma terapêutica. Porém, ao longo do tempo o psiquiatra austríaco passara a desenvolver uma técnica própria, que vinha suscitando uma grande controvérsia no meio científico europeu. Parece que seu método era bastante simples: ele instruía o paciente a se deitar confortavelmente num sofá e depois o encorajava a dizer o que lhe viesse à cabeça, sem tentar reter pensamentos ou memórias que parecessem desagradáveis, triviais ou ridículas. Freud chamou essa técnica de 'livre associação', através da qual conexões inesperadas de pensamentos íntimos começariam a fluir e a se revelar. Depois de um tempo mais ou menos longo desse exercício, Freud reparou que os pacientes frequentemente informavam, além dos fragmentos aparentemente inúteis da vida cotidiana, algo de seus pensamentos mais secretos e desejos mais íntimos. Freud criou o termo 'psicanálise' para designar esse método de investigar os processos inconscientes do psiquismo humano, que quase sempre permaneciam inacessíveis ao escrutínio do médico. Assim Freud criara a metodologia da psicanálise: a cura pela fala, aliada à interpretação de sonhos e da livre associação, como vias de acesso ao inconsciente do indivíduo.

O médico voltou para casa e devorou aquela imensidão de letras e ideias. Concordou com algumas teorias e discordou de outras quase na mesma proporção. Porém, concluiu que teria que estudar muito mais e adicionar muitos outros 'casos' de pacientes a sua própria experiência, antes de se atrever a escrever o próprio livro, porque, de seu ponto de vista, era muito difícil de encontrar respostas para todos os problemas do indivíduo considerando-se apenas a vida presente. A reencarnação, sempre ela, vinha cobrar seu lugar numa equação que doutra forma não podia ser resolvida com todas as suas variáveis.

Como um bom exemplo, Charles considerou o caso de Antonio Bezerra de Menezes, filho do doutor. Sem admitir a reencarnação, como seriam explicadas as obsessões de espíritos que incessantemente acusavam suas vítimas por crimes e injúrias que, em sua maioria, haviam ocorrido nalguma outra vida, anterior a atual? As dores emocionais, as doenças misteriosas, os traumas injustificáveis, enfim, como esclarecer todos esses males que surgiam subitamente na vida das pessoas, sem que houvessem motivos que os explicasse no âmbito de seu atual cotidiano?

Eram muitas perguntas, sendo que quase todas Charles só conseguia responder satisfatoriamente quando apelava para os postulados do espiritismo. Doutra forma, sempre ficava uma lacuna, uma questão sem resposta, uma consideração não atendida. Mesmo em oposição a sua visão cartesiana,

Charles tinha que admitir para si mesmo que a ciência só faria sentido se compreendesse o ser humano de uma forma muito mais ampla do que a que estava acostumada a considerar. O indivíduo era formado por corpo e alma, ou seja, matéria e espírito.

Agora, faltava convencer seus confrades cientistas, que, a exemplo do próprio coronel de Rochas, evitavam distinguir fenômenos espirituais que já haviam sido demostrados à exaustão, mas que ainda não eram reconhecidos pela magnânima sabedoria científica. Com essa ideia em vista, Charles se empenhou ainda mais no trabalho na Federação, atuando na resolução de problemas nos diferentes tipos de problemática espiritual. Acompanhava de perto os casos de obsessão, de possessão, de loucura temporária e de mediunidade desequilibrada, sempre contribuindo com a argúcia de sua mente privilegiada e seu raro talento para a magnetização dos pacientes.

Foi dessa forma comedida que, devagar e sempre, o médico e pesquisador começou a rascunhar seu próprio livro, escrevendo em seu diário suas parcimoniosas anotações:

> Cada paciente é um caso específico, diferente, pessoal, único. Diferem também suas reações, tanto quanto suas motivações, ainda que sintomas mentais e somáticos se assemelhem. Em toda essa complexa problemática, porém, há umas constantes estruturas solidamente apoiadas naquilo que chamarei de realidade espiritual.
>
> *Ponto pacífico: todo indivíduo é* um espírito imortal, preexistente e sobrevivente. As raízes de suas mazelas estão realmente no seu passado mais recente ou remotíssimo, mas *de alguma forma ficam registradas de forma perpétua em sua memória integral. Com um pouco de paciência e criatividade, elas serão localizadas.* É tolice estacar obstinadamente no *círculo de giz da infância* [aqui Charles espetava Freud, para quem tudo acontecia na fase da primeira infância], *quando além daquele risco arbitrário estende-se a vastidão dos arquivos indeléveis da alma.*
>
> O fenômeno da reencarnação arrasta consigo todo um sistema de ideias, projeta consequências e suscita implicações tais como a preexistência do ser, a causa e efeito de nossos atos, o intercâmbio entre vivos e mortos, o fenômeno da obsessão, da possessão e outros fenômenos paralelos.[2]

Janeiro de 1902

– Não vá esquecer de pegar o chapéu, sinhá, que o sol ainda está forte o bastante para escaldar essa sua brancurinha... – avisou Juca, sempre solícito.

Pela milionésima vez, Louise abriu a boca para pedir ao amigo que não a chamasse de sinhá, mas desistiu porque sabia que seria uma providência inútil. Ele a olharia com aquele seu semblante meigo de eterno menino, piscaria repetidas vezes seus olhos negros como contas e diria:

– *Eu gosto, sinhá...* – com o passar do tempo, Louise acabaria se conformando com um tratamento onde não havia qualquer resquício de servilismo, mas, sim, uma amorosa dedicação.

– Vou pegar! Juca, faça a gentileza de chamar o Charles que ainda está enfiado naquele escritório! Desse jeito, iremos nos atrasar para a cerimônia. Eu vou buscar a Anne! – avisou ela.

Louise abriu a porta do quarto da irmã e estacou, perturbada com a visão de tamanha beleza. À sensibilidade exacerbada da sensitiva, Anne resplandecia de felicidade, que parecia lhe escapar pelos poros como filigranas prateadas, que irradiavam uma aura iluminada ao redor de seu corpo esguio.

– Ah! Como você está linda! Parece uma pintura de Rembrandt! – disse Louise, aproveitando para lhe arrumar a grinalda que caía como uma cascata de renda branca por suas costas.

– Obrigada, irmã! Só não me deixe esquecer do buquê! – pediu Anne.

– Fique tranquila! Chapéu e buquê. Não vou esquecer de nada. Hoje tudo tem que sair perfeito! – prometeu Louise, aproveitando a proximidade para dar um beijo estalado na bochecha da noiva, que, apesar dos dezenove anos completos, parecia uma menina indo fazer a primeira comunhão.

Naquele que seria o dia mais feliz na vida da família Lantier Feuille, Charles tinha alugado uma grande carruagem, que pudesse levá-los até a famosa igrejinha da praia, como era conhecida a igreja de São Cristóvão onde o padre Escobar realizaria seu último casamento, depois de uma longa carreira eclesiástica dedicada à paróquia de São Cristóvão.

Desde o início, o casamento de Anne e Fernando havia gerado uma grande polêmica religiosa, justamente porque Charles, Louise e Anne eram espíritas, portanto, consideravam que bastava o casamento civil para consumar a união do jovem casal. Entretanto, a família de Fernando era católica e seus pais faziam questão de que houvesse uma celebração religiosa. Estava criado um impasse, sendo que cada família defendia seu próprio ponto de vista. A primeira sugestão de Fernando foi que o casamento se realizasse na igreja do Outeiro da Glória, justamente por ser a paróquia mais próxima da casa de ambos.

Quando Louise imaginou sua irmãzinha querida entrando gloriosamente linda pela nave da igreja que ela havia venerado por tanto tempo, seu coração tremeu de emoção. Porém, no instante seguinte, ela reviu com os olhos da memória o padre Ernestino, o mesmo que gostava de caluniar os espíritas, todos filhos do capeta, segundo sua pregação dominical.

– Só se for por cima do meu cadáver! – jurou a irmã mais velha, encerrando a questão.

Foi então que Juca, sempre ele, se lembrou da igrejinha da praia, que ficava no bairro de São Cristóvão e que por anos fora frequentada pelo bom doutor. Lá, Bezerra de Menezes tinha se casado com as bênçãos do nobre padre Escobar, que mais tarde também batizaria vários de seus filhos.

Juca sempre fora um grande admirador do padre Escobar, um homem de amplos horizontes e ideias tolerantes, um abolicionista da primeira hora, além de um religioso do tipo ecumênico e um homem respeitador das diferenças, inclusive, das religiosas.

"Somos todos cristãos" – teria dito o nobre sacerdote aos amigos mais próximos, à época remota em que Bezerra de Menezes comunicara publicamente sua conversão ao espiritismo.

Esse verdadeiro buquê de agradáveis referências e bem-quereres, obviamente conquistou a simpatia das duas famílias que se apaixonaram na primeira visita, pela beleza singela e aconchegante da igrejinha da praia e, apesar da distância, resolveram que aquele seria o palco ideal para o enlace de seus amados.

Assim, às quatro horas de uma tarde quente de verão, Anne e Fernando trocaram alianças e foram abençoados pelo padre Escobar, diante dos olhares de inúmeros amigos, parentes e também clientes do médico e do comerciante. À companhia de amigos famosos e clientes poderosos, todos pertencentes à elite carioca, se juntava uma gente muito humilde, que aproveitava a ocasião do casamento de Anne para retribuir o carinho que haviam recebido ao longo de vários anos da pequena família do médico francês.

À cerimônia seguiu-se a festança que o pai de Fernando fizera questão de promover em sua própria casa. Depois de horas de muita comilança e de alegre confraternização, os noivos se despediram de seus convidados e seguiram para a tão esperada viagem de lua-de-mel. Já era noite quando a festa finalmente se encerrou e todos retornaram para suas casas.

– Agora somos só nós dois. Nossa pequena folha dourada voou para longe, soprada pelos ventos do matrimônio... – resmungou Louise, servindo ao irmão uma reconfortante xícara de chá de camomila.

– Querida, não seja melodramática. Nossa pequena Anne irá morar a apenas um quarteirão daqui! Pense em como ela se divertirá nessa viagem a Petrópolis. Decerto que terão mil novidades para contar quando estiverem de volta em poucos dias!

– Meu Deus! – de repente, Louise quase gritou. O chá pulou para fora de sua xícara, respingando em seu belo vestido de seda creme adamascada. – Charles! E se ela ganhar um bebê?!

– Como médico, eu diria que há uma grande possibilidade de isso acontecer... – respondeu Charles, considerando o comportamento de Louise absolutamente surreal.

– Nesse caso, o que nós seremos desse bebê?

– Imagino que serei um compenetrado tio e você uma tia muito bonita e charmosa – brincou ele.

– Só tia? – Louise replicou. – É pouco! Quero mais! Se eu sou praticamente a mãe dessa menina! Tenho que ser no mínimo avó do filho dela... – considerou a ruiva, soltando a fivela que prendia seus longos cabelos no coque habitual.

– Seja feita a sua vontade. Vossa senhoria será uma tia-avó, então... – Charles falou e sorriu, sabendo de antemão que ela não gostaria nem um pouco de ser chamada assim. Louise respondeu simplesmente pondo a língua de fora.

– E será uma tia-avó muito da mal-educada...

Os irmãos fraternos sorriram e se abraçaram, felizes com a convicção de que a família humana é construída, sobretudo, com amor.

Junho de 1904

Numa tarde excepcionalmente fria, Juca foi à porta atender o carteiro em mangas de camisa e voltou tiritando, com a correspondência aconchegada debaixo do braço.

– Coloque um casaco, homem! Vou fazer um chá de erva-cidreira para te aquecer – prometeu Louise, enquanto Juca levava o calhamaço de envelopes e jornais até o gabinete de Charles.

– Obrigado, Juca. Deixe tudo sobre a mesa, por favor. Parece que isso nunca para de chegar! – disse o médico, tomando posse da sua papelada. Entre jornais, anúncios e contas, Charles se surpreendeu ao encontrar uma carta remetida pelo coronel de Rochas, que há tempos não dava notícias.

Obviamente, a carta do coronel tinha precedência sobre todas as outras. Com sua leitura, Charles descobriu que de Rochas finalmente tinha encontrado uma nova sensitiva. O cientista traçou seu perfil em poucas linhas, dizendo que se tratava de uma jovem de dezoito anos, chamada Joséphine, e dotada de uma inteligência medíocre, na descrição nada lisonjeira do pesquisador. Que ela estava empregada como doméstica na casa de um alfaiate de Voiron, sendo que seus patrões a consideravam um tanto astuta, fato que não era propriamente um elogio.

O magnetizador contou que adormeceu o *sujet* como de hábito, por meio de passes longitudinais, sem nenhum propósito específico em mente; apenas, segundo o próprio, "para saber que fenômenos ela apresentaria". Em seguida, de Rochas dizia que teve a grata surpresa de verificar que, sem nenhuma sugestão específica, fez o *sujet* recapitular o curso de sua vida atual, exatamente como eles haviam feito com Louise, tantos anos antes. Enfim, ele estava exultante por ter encontrado um *sujet* com o mesmo talento de Louise, o que finalmente lhe permitiria voltar ao interessantíssimo estudo da regressão de memória.

As experiências com Joséphine continuaram em outras oportunidades, nas quais o magnetizador procurou prepará-la melhor, a fim de reduzir o tempo necessário para levá-la ao estado da primeira infância. Ao cabo de algumas sessões, teve a ideia de continuar com os passes longitudinais. Então, o coronel contou que:

Interrogada, Joséphine respondeu por meio de sinais às minhas perguntas; e foi assim que ela me fez entender, pouco a pouco, em diferentes sessões, que não havia ainda nascido e que o corpo no qual deveria encarnar-se encontrava-se dentro do corpo de sua mãe, em torno de quem ela permanecia, mas cujas sensações exerciam sobre ela pouca influência.

Novo aprofundamento do sono determinou a manifestação de uma personagem sobre a qual tive, de início, alguma dificuldade em determinar a natureza. Ela não queria dizer quem era, nem onde estava. Respondia-me em tom ríspido e com voz de homem que estava ali mesmo, pois me falava; aliás, não via nada porque 'estava no escuro'. Tornando-se o sono ainda mais profundo, foi um velho recolhido ao seu leito e doente há muito tempo que respondia às minhas perguntas, após muita tergiversação; um camponês ardiloso que temia comprometer-se e desejava saber por que estava sendo interrogado.

– Não vejo onde está a grande novidade! Se esse é exatamente o mesmo fenômeno que se passou com Louise! – desabafou Charles, falando com as paredes de seu gabinete, para em seguida mergulhar novamente na leitura da carta:

Encontrava-se, assim, envolvido numa ordem de pesquisa que estava longe de suspeitar, e para me situar nela foram necessárias muitas sessões, durante as quais, trazendo ao presente, envelhecendo ou rejuvenescendo alternadamente a paciente nas suas existências anteriores por meio de passes apropriados, eu coordenava e completava ensinamentos que eram frequentemente obscuros para mim, dado que não tinha dúvida alguma, de início, para onde ela desejava conduzir-me. Compreendia com dificuldade os nomes próprios de regiões e de pessoas desconhecidas. Foi somente à força de pesquisas em mapas e dicionários que consegui determinar exatamente os nomes e obter sobre eles informações das quais falarei mais tarde.

– Sim! Exatamente o que aconteceu quando chegamos ao Brasil e Louise encontrou a igreja e a ordem das freiras que haviam cuidado dela quando aqui viveu como Maria Amélia, a palaciana portuguesa de sua vida anterior. Essa nova descoberta apenas replica o fenômeno já verificado com Louise! – resmungou Charles, cada vez mais exaltado.

No fundo, ele se irritava porque o colega pesquisador só parecia considerar como válidos os fenômenos em que estava trabalhando pessoalmente. Era como se a experiência com Louise fosse menos válida por não ter sido acompanhada por ele até o fim, já que fora Charles que concluíra a pesquisa no Brasil, aliás, onde haviam sido encontradas as evidências que fechavam o caso em definitivo.

– Joséphine é o segundo caso verificado, Louise foi o primeiro! – porém, apesar de sua irritação, Charles sabia que os pesquisadores estavam novamente diante daquele tesouro, em cuja arca suas pás psíquicas haviam batido tanto tempo atrás. Se o fenômeno da verificação das vidas sucessivas se repetia com outra médium, mas, preservando as mesmas características, significava que estava atrelado a uma mesma ordem positiva de fatores, que remetiam à conclusão que os espíritas já haviam chegado desde que Kardec organizara a comunicação entre os mundos!

A tarde passou na janela daquele sábado invernal, enquanto Charles prosseguia na leitura do verdadeiro estudo de caso que o pesquisador francês lhe enviara, fazendo suas próprias anotações num caderno para depois poder discuti-las com o cientista.

> De Rochas explicou que costumava vencer às resistências que o *sujet* em transe oferece às sugestões e ao questionário do pesquisador, não pela imposição ou pelo comando, mas por um artifício que descobriu ser infalível: se o *sujet* se recusava a responder ele ameaçava 'envelhecê-lo', ou seja, dar-lhe passes transversais, que o projetavam no sentido do futuro, e, quando as instruções eram cumpridas obedientemente, ele os 'rejuvenescia', dando-lhes passes que os levavam no sentido do passado: "...dessa maneira", – escreve ele, – "ao fim de algum tempo, o *sujet* me tomava por um grande feiticeiro a quem era preciso obedecer.
>
> De Rochas ia, assim, aprofundando-se mais e mais naquelas verdadeiras 'camadas geológicas' da memória integral de sua nova sensitiva. Em Joséphine encontrou, imediatamente abaixo da própria, o velho camponês mal-humorado. Aos poucos conseguiu persuadi-lo a

contar sua história, aliás, bastante singela. Chamava-se Jean-Claude Bourdon e nascera em 1812, num lugarejo por nome Champvent, na comunidade de Polliat. Ele próprio informou ao coronel que havia dois lugares com o nome de Champvent, mas que o 'dele' ficava nas vizinhanças de Mézériat, e que ele ia frequentemente a St-Julien sur Reyssouse, que também ficava por ali, no departamento de Ain.

Jean-Claude frequentara a escola até os dezoito anos, mas não aprendera grande coisa, mesmo porque só ia as aulas durante o inverno, ainda assim, fazendo muita gazeta. Cumpriu seus deveres militares no 7º Regimento de Artilharia, em Besançon, e lá deveria ter permanecido durante sete anos, mas a morte de seu pai fez com que retornasse depois de apenas quatro.

Joséphine, ainda falando como Jean-Claude, afirmou que retornou do serviço militar muito mais sabido das coisas do mundo. Percebeu que não era preciso "desposar as mulheres para servir-se delas" e, por isso, fez da boa amiga Jeannette sua concubina. Quando de Rochas o adverte de que poderá engravidá-la, ele responde:

"– E daí? Não será a primeira, nem a última..."

Com o passar do tempo Jean-Claude se torna um velho solitário, vivendo de sopas que ele mesmo prepara e de salsichas. Tem um irmão casado e sobrinhos, mas se queixa de que não ligam para ele. E assim termina, aos setenta anos, após longa enfermidade, aquela vida vazia e sem horizontes.

Para saber de suas crenças, de Rochas lhe pergunta se ele não pensa em chamar o padre, ao que Jean-Claude responde:

"– Você está brincando comigo! Você acredita mesmo em todas as besteiras que ele conta? Que nada! Quando a gente morre, é para sempre."

Ao morrer, sente-se sair do corpo, ao qual ainda fica preso por algum tempo. Acompanhou seu próprio enterro, flutuando acima do caixão. Ouvia comentários do gênero: "– Que alivio!"

Na igreja observou que quando o padre deu uma volta em torno do caixão, formou-se "...uma espécie de parede algo luminosa que o punha a salvo dos maus espíritos que desejavam precipitar-se sobre ele". As preces do padre também o acalmaram, mas tudo aquilo durou pouco. No cemitério continuou preso ao cadáver que se decompunha, o que lhe causava tremendo mal-estar. Seu corpo fluídico [períspirito, subscreveu Charles] adensou-se e ele passou a viver numa obscuridade muito penosa, mas não sofria tanto, porque pelo menos não matou ninguém, nem roubou. Às vezes ele sentia vontade de beber um traguinho, como fora de seu hábito em vida. Reconhece que a morte, afinal de contas, não era o que ele pensava, ou seja, o fim de tudo.

Quando o coronel de Rochas, o 'superfeiticeiro', promete fazê-lo reviver, ele respira aliviado e manifesta sua gratidão antecipada, pois não está entendendo, ao certo, porque está naquela situação. Se soubesse o que era aquilo, não teria zombado tanto do senhor padre. Às vezes percebe vagos clarões nas trevas que o envolvem e, um dia, tem a inspiração de renascer em corpo feminino, porque as mulheres sofrem mais do que os homens, e ele "...tinha que expiar as faltas que havia cometido ao prejudicar as moças". Nesse ponto aproxima-se daquela que deveria ser sua mãe e parece envolvê-la até que a criança nasce; durante cerca de sete anos "...havia em torno do corpo uma espécie de neblina flutuante, na qual ele distinguia muitas coisas que nunca mais viu depois disso".

Prosseguindo com os passes longitudinais, de Rochas leva Jean-Claude à infância e, em seguida, revela-se uma nova personalidade. Desta vez é uma velha que se contorce em dores, curvada sobre uma cadeira. Está envolvida em trevas e cercada por espíritos malignos, de aparência hedionda, que a atormentam. Responde com voz pausada e sentida às perguntas. Chama-se Philomène Charpigny. Seu avô era um certo Pierre Machon e vivia em Ozan. Casou-se em 1732, em Chevroux, adotando o nome Carteron, do marido. Tiveram dois filhos, que morreram. É analfabeta e não tem sentido religioso, nem frequenta igrejas. Antes daquela vida, fora uma menina que morrera muito jovem, anteriormente fora um homem de maus bofes, verdadeiro bandido, que matara e roubara. Por isso, sofrera nas trevas, mesmo após a vida como a menina, que morrera cedo e não tivera tempo de praticar grandes patifarias.

Parece que a essa altura, a sessão já durava mais de duas horas e o sujet estava esgotado, por isso, o pesquisador decidiu parar, trazendo Joséphine de volta ao viço de seus dezoito anos.

Baseado em tudo que tinha lido até ali, Charles pegou papel, reabasteceu sua caneta tinteiro e começou a rascunhar suas próprias considerações sobre o tema, com a finalidade de escrever uma carta-resposta para contra-argumentar com o eminente pesquisador francês:

Como fica claro no caso 'Joséphine', foram várias existências obscuras e sofridas, vividas na ignorância, no crime, sempre seguidas por um período de angústias e aturdimento no mundo espiritual. Essas existências encaixavam-se umas nas outras com certa lógica: ali estava demonstrada a doutrina da responsabilidade pessoal pelos erros, a tendência ao progresso moral, ainda que mínimo, lento e penoso, as reencarnações quase compulsórias ou, pelo menos, dirigidas – pelas figuras luminosas que o espírito entrevia naquela escura neblina em que vivia – a confirmação de que o processo da reencarnação somente se completa e consolida aos sete anos, e tantos outros ensinamentos semelhantes.

Vemos, por exemplo, que depois de uma existência como Jean-Claude, em que abusou das mulheres com fria indiferença e desrespeito, esse indivíduo/espírito tem consciência das razões pelas quais assume uma encarnação feminina e renasce como Joséphine.

Pelas mesmas razões é difícil supor que aquelas possíveis 'fantasias' e 'alucinações' – como muitos supõem – de uma pobre moça ignorante pudessem conter, por mero acaso, conceitos bem fundamentados de uma verdade transcendente: imortalidade, sobrevivência, reencarnação, responsabilidade pessoal, perispírito, a continuidade, enfim, ininterrupta da vida consciente, alternadamente na carne e no mundo espiritual, segundo as condições de procedimento do ser.

Charles concluiu sua carta pedindo ao coronel que se esforçasse na obtenção de evidências que pudessem validar algumas das muitas informações dadas por Joséphine, relativas às suas vidas anteriores. Também aproveitou para lembrar ao nobre colega pesquisador que, com Louise, as evidências haviam sido efetivamente comprovadas e registradas em seu estudo de caso.

Somente em setembro, o correio trouxe uma nova correspondência vinda de Voiron, na França. Nessa carta, o coronel de Rochas informava que, atendendo ao pedido do venerável colega para que coletasse provas – Charles, por seu turno, preferia a palavra evidência – da veracidade do testemunho de Joséphine, ele havia empreendido uma rigorosa pesquisa nos arquivos militares do 7° Regimento de Artilharia, que ficava em Besançon. Baseado nessas descobertas, de Rochas afirmava que:

> *Os elementos de autenticação do caso 'Joséphine' são muitos e estão, precisamente, nos pormenores, aparentemente irrelevantes, como por exemplo, a informação de Jean-Claude de haver servido ao 7° Regimento, em Besançon; um dado que conferi pessoalmente e que Joséphine não tinha como saber. Sendo que, recentemente, numa nova sessão, Jean-Claude mencionou que as comemorações militares não aconteciam em 14 de julho, mas sim, em 1° de maio. Isso é verdadeiro, pois, segundo apurei junto aos órgãos militares, a data de 1° de maio foi comemorada entre os anos de 1830 e 1848, mas que posteriormente foi modificada para 14 de julho. Esse é um dado muito específico que Joséphine, sendo uma humilde empregada doméstica semialfabetizada, dificilmente poderia conhecer.*[3]

Em seguida, o coronel encerrava a comunicação se despedindo cordialmente. Charles não pode deixar de reparar que, apesar do pesquisador ter se empenhado em encontrar as evidências que davam credibilidade ao caso 'Joséphine', ele não escrevera uma palavra sequer sobre as considerações espíritas que ele havia feito em sua missiva anterior. Novamente, o cientista francês se absteve de comentar os fenômenos que estudava sob a perspectiva do espiritismo, criando um desvão filosófico que impedia o diálogo e a natural troca de ideias entre ambos.

Irritado, Charles imediatamente pegou papel e, sacando de sua indefectível caneta tinteiro, se preparou para escrever uma longa resposta ao colega pesquisador, algo que o coronel dificilmente poderia ignorar:

> *Caro amigo, coronel de Rochas,*
> *Se concluirmos que o 'caso Joséphine' trata de um relato reencarnacionista, há que ver as informações que traz e como tais informações se inserem no contexto das experiências do sensitivo. Não é tão difícil assim verificar seus encaixes na vida atual do sensitivo – suas preferências e aversões, certas 'coincidên-*

cias' inexplicáveis, seu grau de cultura, inteligência ou moral, suas tendências religiosas, filosóficas ou artísticas, seu temperamento e às vezes até traços ou marcas eminentemente físicas.

Como sempre, é o corpo perispiritual sobrevivente à desintegração do corpo físico que serve de veículo a tais evidências, bem como de vínculo entre uma vida e outra, como o fio invisível e permanente a costurar os inúmeros episódios de um rosário enorme de vidas na carne.

Vejo, portanto, nas suas pesquisas, sólidas evidências de fenômenos que nos levam a admissão dos seguintes postulados, conceitos e princípios de natureza espiritual: existência, preexistência e sobrevivência de um princípio inteligente no ser humano a que se chama de maneira mais simples espírito ou alma; o encadeamento lógico e racional de cada existência na carne no contexto das demais, tanto as que a precederam como as encarnações que se lhe sucedem; a realidade do intercâmbio com outros espíritos, encarnados ou não; a existência de um corpo sutil de natureza predominantemente energética e que constitui uma réplica do corpo físico; a evidência de um direcionamento ético no processo evolutivo do ser humano, segundo o qual desvios morais, cedo ou tarde, acabam por receber o impulso da correção; o princípio da responsabilidade pessoal; a evidência de uma capacidade praticamente ilimitada para arquivar ordenadamente a lembrança de todo e qualquer fato vivido, sentido ou pensado; a possibilidade de consulta aos arquivos da memória integral; a possibilidade de deslocamentos temporais e espaciais.

O senhor há de ter notado que usei a palavra evidência e não prova. Ainda que muitos as empreguem indiferentemente, quase como sinônimos, é preciso distingui-las nos seus matizes semânticos quando se exige melhor definição para os conceitos sob exame.

Provar, segundo o dicionário, é 'estabelecer a verdade, a realidade de; dar prova irrefutável de', enquanto evidenciar é 'tornar evidente', (ou seja, 'que não oferece dúvida, que se compreende prontamente, dispensando demonstração; claro, manifesto, patente'), 'mostrar com clareza, comprovar'. Ora, o apoio latino para evidenciar, evidente, evidência, está em videre (ver, olhar, etc.), donde 'evidentis' (visível, claro, patente, manifesto). Posso, por conseguinte, estar vendo perfeitamente algo como um fenômeno que se desdobra ante meus olhos e que, portanto, é evidente para mim, sem que isso me prove uma teoria formulada sobre ele.

Nos fenômenos de natureza psíquica que dizem respeito, portanto, às complexidades da psicologia humana, torna-se bem mais difícil dizer que evidência, onde, quando, como e por que, se converteu em prova. Podemos provar, por exemplo, que, sob certas condições especiais de laboratório, dois volumes de hidrogênio misturados a um volume de oxigênio produzem água. Podemos provar, sem grandes dificuldades operacionais, que o som se propaga a uma velocidade de 330 metros por segundo ou que a luz escurece uma placa revestida de certos sais de prata. Habituados, porém, a considerar apenas a realidade externa do mundo em que vivemos, tornamo-nos prisioneiros dos condicionamentos da matéria e dos fenômenos decorrentes dela. Aliás, tinha que ser assim, dado que, de outra forma, não teríamos sobrevivido aos primeiros estágios evolutivos das eras primitivas, quando o magno problema que dominou milênios sem conta era, precisamente, o de manter-se vivo na carne a fim de ser possível consolidarem-se as conquistas até então alcançadas. A especulação filosófica somente seria possível a partir do momento em que houvesse um mínimo de segurança e relativa tranquilidade com relação aos apoios materiais da vida.

Acho que assim se explicaria por que razão não desenvolvemos até hoje padrões adequados de estudo e comprovação de fenômenos de natureza psíquica, imaterial, espiritual. Continuamos a achar que só seria possível acreditar no espírito se pudéssemos submetê-los aos nossos rudes e primitivos testes. Dispomos hoje de microscópios, por exemplo, para penetrar na mais íntima profundidade da matéria viva ou inerte, mas que são esses aparelhos sofisticados, com toda a sua técnica suplementar – analisadores, corantes, reações químicas, e toda a parafernália de instrumentos destinados a produzirem modificações de ordem física naquilo que estamos procurando estudar? São meras extensões artificiais dos nossos cinco sentidos básicos. No fundo, o que desejamos mesmo é ver, ouvir, provar, tocar e cheirar as coisas como sempre fizemos desde que o nosso braço peludo se estendia para apanhar uma fruta silvestre que pendia das árvores nas selvas primitivas. A questão é que o espírito não dá em árvore, não tem cor nem cheiro. Não produz som nem é suficientemente sólido para que possamos tomá-lo nas mãos e preparar com o 'material' dele obtido lâminas de laboratório. E, enquanto nos fixamos nessa tola obstinação, continuamos mergulhados numa perplexidade que nos retarda o processo evolutivo, quando não o para de uma vez ou até o faz regredir.

Um grande amigo meu costumava distinguir, com muita sabedoria e não menor teor de ironia, a diferença entre burrice e burrose. Achava ele que a burrice é mal crônico de difícil erradicação, uma situação de quase desespero, enquanto que a burrose é afecção passageira, ainda que aguda, mas sempre curável. Mal acabamos de cometê-la, já estamos em condições de verificar a tolice que fizemos. A burrose pode, assim, atacar inesperadamente as criaturas mais brilhantes e cultas.

Em tempos de pesquisa psíquica, estamos, pois, mergulhados em densa e surpreendentemente longa burrose, em vista do incontestável brilho de tantas inteligências privilegiadas que a ela veem se dedicando há tanto tempo. Acontece, ainda, nesse caso particular, que a burrose ataca também amplas faixas populacionais como uma pandemia bacilar, porque, ainda que tantos pesquisadores notáveis tenham se convencido da realidade espiritual e tenham transmitido tais convicções ao público, maiorias consideráveis deixam-se contaminar pelo vírus ou pelo bacilo indesejável e recusam a evidência, exigindo a prova. Mas o que é prova em questões de natureza psíquica? Como provar que o espírito que nos fala através de um médium é aquele que se diz ser? Como provar que o espírito reencarnado em 'B' foi aquele mesmo que animou, no passado, a personalidade conhecida como 'A'? Evidentemente que não é levando o espírito amarrado e inerme para um laboratório aparelhado com instrumentos físicos, suprido de técnicas químicas e elétricas para testar coisas físicas, palpáveis, visíveis, cheiráveis, audíveis ou capazes de impressionar os nossos sentidos. Temos que sair para outro conjunto de testes menos grosseiros, ainda que não menos convincentes e desenvolvidos com o mesmo senso crítico e racional.

É isso, pois, que quero dizer quando procuro fazer a distinção entre evidência e prova. No meu entender, há evidência suficiente para me convencer de que a teoria do conhecimento espírita não é somente aceitável, mas indispensável, se é que desejamos interpretar, de maneira racional, as complexidades da psicologia humana.

Isso não quer dizer, vamos insistir bem neste ponto, que é indispensável ser espírita para entender os mecanismos da mente, em particular, e do ser consciente como um todo, ou para ajustá-los quando desafinam ou consertá-los quando se desarranjam, mas quer dizer, sim, que a familiaridade com a fenomenologia mediúnica e a teoria espírita do conhecimento são fatores decisivos na abordagem racional a esses aspectos do ser humano.

Admitindo esse quadro geral básico, estaremos em condições de prosseguir com as nossas especulações, mesmo que o senhor – se assim o desejar – resolva conservar sua postura de reserva, tomando tais conceitos apenas como um conjunto engenhoso de hipóteses de trabalho.[4]

A TERRA DA PROMESSA | 333

Em seguida, Charles se despediu cordialmente, assinou a carta e selou o envelope.

– Vamos ver se ele continuará ignorando minhas opiniões depois desta missiva! – resmungou o médico.

No entanto, foi em vão que Charles esperou por uma reposta à sua última carta.

– Quem mandou falar em burrose? Vai ver ele se ofendeu... – confidenciou Charles às samambaias, únicas testemunhas de seu desassossego intelectual.

Com o passar dos meses, a ansiedade cedeu à resignação e com a ausência de novas cartas, Charles foi obrigado a reconhecer que a amizade epistolar que havia mantido com o colega pesquisador por tanto tempo, cessara em definitivo. Outra vez, Charles sentia arder na própria pele o açoite do preconceito; agora, seria vitimado por uma nova modalidade de preconceito, o científico.

Nessa mesma ocasião, o médico, magnetizador e pesquisador psíquico, Charles Lantier anotou em seu diário: "O coronel Albert de Rochas ainda não está pronto para reconhecer a verdade, mesmo que ela esteja bem debaixo de seu vasto bigode".

NOTAS:

[1] *Sigmund Freud*, (1856-1939) foi um médico neurologista e importante psicólogo austríaco. Foi considerado o pai da psicanálise, que influiu consideravelmente sobre a psicologia social contemporânea. Sigismund Schlomo Freud nasceu em Freiberg, na Morávia, então pertencente ao império austríaco, e, aos quatro anos de idade, sua família muda-se para Viena, onde os judeus tinham melhor aceitação social e melhores perspectivas econômicas. Desde pequeno mostrou-se brilhante aluno. Aos dezessete anos, ingressou na Universidade de Viena, no curso de medicina. Durante os anos de faculdade, deixou-se fascinar pelas pesquisas realizadas no laboratório fisiológico dirigido pelo dr. E. W. von Brucke. De 1876 a 1882, trabalhou com esse especialista e depois no Instituto de Anatomia sob a orientação de H. Maynert. Concluiu o curso em 1881 e resolveu tornar-se um clínico especializado em neurologia.

Sigmund Freud

Durante vários anos trabalhou em uma clínica neurológica para crianças, onde se destacou por ter descoberto um tipo de paralisia cerebral que mais tarde passou a ser conhecida pelo seu nome. Em 1884, entrou em contato com o médico Josef Breuer que havia curado sintomas graves de histeria através do sono hipnótico, onde o paciente conseguia se recordar das circunstâncias que deram origem à sua moléstia. Chamado de "método catártico", constituíram o ponto de partida da psicanálise. Em 1885, Freud foi nomeado professor assistente de neurologia na Universidade de Viena. Nesse mesmo ano, foi para Paris a fim de fazer um curso com o neurologista francês J. M. Charcot, mas decepcionou-se por não receber o apoio esperado. De volta a Viena, continuou suas experiências com Breuer. Publicou *Estudos sobre a histeria* (1895). Em pouco tempo, Freud conseguiu dar um passo decisivo e original que abriu perspectivas para o desenvolvimento da psicanálise ao abandonar a hipnose, substituindo-a pelo método das livres associações, passando então a penetrar nas regiões mais obscuras do inconsciente, sendo o primeiro a descobrir o instrumento capaz de atingi-lo e explorá-lo em sua essência. Durante dez anos, Freud trabalhou sozinho no desenvolvimento da psicanálise. Em 1906, a ele juntou-se Adler, Jung, Jones e Stekel, que em 1908 se reuniram no primeiro Congresso Internacional de Psicanálise. Dois anos mais tarde, o grupo fundou a Associação Internacional Psicanalítica, com sucursais em vários países. Freud foi vítima de hostilidades, principalmente dos próprios cientistas, que, indignados com as novas ideias, tudo fizeram para desmoralizá-lo. O primeiro sinal de aceitação da psicanálise no meio acadêmico surgiu em 1909, quando foi convidado a dar conferências nos EUA. Seus últimos anos de vida coincidiram com a expansão do nazismo na Europa. Em 1938, quando os nazistas tomaram Viena, Freud, de origem judia, teve seus bens confiscados e sua biblioteca queimada. Foi obrigado a se refugiar em Londres, após um pagamento de resgate, onde passou os últimos dias de sua vida. Freud morreu em Londres, Inglaterra, no dia 23 de setembro de 1939.

[2] Trechos retirados do livro *A memória e o tempo*, de Hermínio Miranda, publicado pela Lachâtre.

[3] Trechos retirados do livro *As vidas sucessivas*, de Albert de Rochas, publicado pela Lachâtre.

[4] Todas as argumentações científicas de Charles nesse capítulo saíram diretamente da pena do insubstituível professor e escritor, Hermínio Miranda. Reproduzi textualmente, os comentários pertencentes ao livro *A memória e o tempo*, onde o sábio escriba discute as ideias de vários autores, cientistas e pesquisadores da ciência psíquica, inclusive usando o livro do pesquisador francês Albert de Rochas, *As vidas sucessivas*, como exemplo de suas assertivas, sempre tendo a filosofia espírita como suporte. São dois livros magníficos, que recomendo aos leitores que queiram se aprofundar no estudo das premissas científicas que foram singelamente pinceladas nesse romance. Vejam em referências bibliográficas.

10
O RETORNO

Dezembro de 1908

Naquele verão, a cidade do Rio de Janeiro estava sendo assolada por uma nova pandemia, uma espécie desconhecida de virose, que gerava uma forte desidratação, prostrava as pessoas, deixando-as fracas e abatidas. A doença era ainda mais perigosa para os bebês e as crianças pequenas que, caso não recebessem atendimento imediato, corriam até mesmo risco de morrer.

— A culpa é da falta de saneamento básico desta cidade! Dessa água podre e do esgoto correndo a céu aberto! Isso sim, é um verdadeiro criadouro de doenças! — esbravejava Charles, desabafando depois de um exaustivo dia de trabalho na clínica do Outeiro, em que haviam atendido tantas pessoas que acabavam perdendo as contas de quantas haviam sido.

— Falando nisso, acabei de me lembrar, você recomendou a Anne que fervesse a água de uso do pequeno Hermínio? — perguntou o médico à irmã. Louise balançou a cabeça afirmativamente. — Toda a água, inclusive a do banho?

— Sim, irmão! Falei exatamente o que você mandou: que fervesse a água de beber, de cozinhar e até mesmo a de se banhar! E também mandei que ela não saía de casa com o pequenino até que essa situação melhore. Afinal, a gente não tem certeza se o agente contaminante está na água ou no ar... — ela respondeu.

— O frade havia dito que a contaminação está nessa água salobra que o povo pega nas bicas. Vocês sabem que nos morros não tem água potável... — lembrou Juca, pesaroso.

— Sim, mas é melhor prevenir do que remediar. É melhor pecar pelo excesso de zelo! — afirmou Louise, encerrando a questão. — E, se vocês me dão licença, vou descansar porque estou exausta.

– Boa noite! – responderam os dois quase a uma só voz.

Uma vez tendo se recolhido ao seu quarto, Charles decidiu dar uma passada de olhos na verdadeira pilha de jornais atrasados que se aglomeravam sobre a escrivaninha, a fim de afastar a insônia que o assolara desde sempre. Escolheu o *Reformador*, porque a manchete de uma notícia saltou sobre ele. Dizia:

UMA CONFERÊNCIA DE RICHET NO RIO DE JANEIRO

A nossa capital acaba de ser honrada com a visita de mais um eminente representante da ciência; o professor Charles Richet, da Universidade de Paris.

Não é esse um nome desconhecido para os espíritas. Mestre e tratadista consumado nesse ramo da medicina que se chama fisiologia, os seus colegas brasileiros o acolheram e festejaram com o carinho e a veneração de que é merecedor, e o público em geral, o escol da nossa intelectualidade não lhe regatearam aplausos, sempre que fez ele ouvir, em festas e conferências, a palavra autorizada em mais de um assunto.

Mas para os espíritas o professor Richet oferece outro particular motivo de interesses: é ele um dos diretores da magnífica revista *Annales des Sciences Psychiques* e é também um dos cientistas contemporâneos que não têm desdenhado examinar os fenômenos espíritas, posto que a intermitência – e daí o imperfeito conhecimento do assunto – publicando desassombradamente o resultado positivo de suas investigações nesse domínio, tão singularmente perturbador, como no caso das materializações do espírito Bien-Boa, em Vila Carmem, na Argélia, em 1905.

Por isso, quando se anunciou sua conferência, na Associação dos Empregados do Comércio, a 3 de dezembro corrente, sobre o tema 'Ciências Ocultas ou Metapsíquica', demo-nos pressa em satisfazer dupla curiosidade: a de ouvi-lo na matéria que nos é familiar e a de contemplar de perto o ilustre investigador.

Não diremos que foi uma decepção essa conferência, porque há muito conhecíamos as extremas reservas do professor Richet sobre as teorias explicativas dos fenômenos espíritas, como não ignorávamos a paternidade desse neologismo 'metapsíquica', com que pretende designar todos os fatos modernamente estudados e excedentes do quadro conhecido da psicologia.

Tendo exordiado, entre outras, com a declaração de que tudo é mistério, tudo é ignoto, mas que as leis e os fatos admitidos pela ciência não serão destruídos e sim ampliados sem cessar, divide em duas ordens o tema de sua conferência; metapsíquica subjetiva e metapsíquica objetiva.

Na primeira não entra senão os fenômenos mentais: telepatia ou transmissão de pensamento, clarividência, avisos premonitórios, alucinações verídicas (segundo a denominação de Myers) etc. A segunda compreende os fenômenos de *raps*, levitação e materializações, que o orador teve a ocasião de observar pessoalmente e de que dá testemunho convicto. As casas mal-assombradas e outros fenômenos fugidos à observação científica repetida ficam excluídos, parecendo-lhe intervir aí em grande parte a superstição.

Em torno dessa dupla classificação se desdobra a preleção, que outra coisa não foi, do professor Richet, em linguagem singela, sem arroubos, como a de um cientista em sua cátedra, afirmando os fatos e os descrevendo, mas repudiando formalmente a teoria espírita.

Não nos surpreendeu – repetimos – essa atitude do orador, que já conhecíamos nos escritos do publicista. Mas observaremos que o quadro de suas experimentações é demasiado restrito. E quando se tem visto sábios, tão eminentes como ele – *Frederic Myers, Oliver Lodge, Alfred Russel Wallace, Lombroso* etc. –, ao fim de longos anos de pacientes pesquisas, concluírem pela realidade da existência e intervenção dos espíritos de além-túmulo, é o caso de fazer votos por que o professor Charles Richet, compreendendo a grandeza e o extraordinário alcance dessas constatações para o futuro da humanidade, se resolva a consagrar a essas experiências uma continuidade perseverante, de que – parece – as não tem julgado merecedoras.

Porque, se o fizer, não chegara de certo a resultado diferente do alcançado por aqueles e outros sábios, e, pondo termo às hesitações em que se debate atualmente, com a mesma honesta franqueza e imparcialidade com que hoje atesta os fatos que pôde observar, estamos certos de que virá resolutamente colocar-se ao lado dos espíritas e dizer como o professor norte-americano *Richard Hodgson:* – Creio!"[1]

Ao terminar a leitura, Charles deu um profundo suspiro. Somente agora ele compreendia a hesitação do coronel de Rochas em se posicionar favoravelmente em relação ao espiritismo, já que seu eminente colega e mentor, professor Richet, vacilava em reconhecer a natureza espiritual dos fenômenos que ele próprio havia estudado à exaustão.

– *C'est la vie...* – murmurou o pesquisador.

Foi em *O Paiz* que o médico descobriu que o célebre cientista francês Charles Robert Richet pretendia empreender uma longa viagem até a selva Amazônica a fim de observar os pássaros brasileiros. Parece que, nos últimos tempos, Richet vinha estudando e analisando inúmeros pássaros dos continentes europeu e africano, com o objetivo de fundamentar seus projetos de aeronavegação, nos quais trabalhava ao lado do engenheiro e industrial parisiense, Louis Breguet.

Mais do que tudo, foi essa viagem de estudo à Amazônia que despertou uma pontinha de inveja em Charles:

– O que eu não daria para poder ver, estudar e desenhar as maravilhas emplumadas que vivem na monumental floresta amazônica! – lamentou o cientista.

Outubro de 1911

– Sua encomenda chegou! Deixei-a lá no seu escritório – avisou Louise, assim que o irmão cruzou a porta de casa.

Ansioso, Charles abriu o pacote para encontrar o título que havia importado da França a peso de ouro:

– *Les Vies successives, documents pour l'étude de cette question*, publié par *Bibliothèque Chacornac*, en Paris.

O médico passou a noite em claro, devorando o livro como se não houvesse amanhã. Ao final, concluiu que não havia ali nenhuma novidade, além do fato de o coronel ter arregimentado novos sensitivos que, num longo estudo realizado entre 1904 até 1910, apenas evidenciaram os mesmos fenômenos que o espiritismo vinha colocando à luz do dia já há muito tempo. Além disso, o coronel continuava, como diria Juca, 'pisando em ovos', por não apresentar nenhuma conclusão efetiva sobre a natureza espiritual dos fenômenos que estudara. Resumindo, sob o seu ponto de vista, o estudo possuía inúmeras lacunas que careciam de uma explicação plausível, logo, não cumpria o objetivo de agregar um novo conhecimento à ciência. Era apenas mais uma coletânea de evidências psicofísicas, as quais faltavam uma conclusão efetiva.

A leitura só serviu para deixá-lo deprimido, já que o seu próprio livro era, em comparação àquele, muito mais abrangente e instrutivo, porque, a partir de vários fenômenos, estudados sob a ótica espírita, seu autor construía um corpo teórico completo, exemplificado a partir de fatos reais. No entanto, malgrado seus esforços, seu autor ainda não tinha recebido nenhuma resposta positiva das inúmeras tipografias consultadas.

Setembro de 1914.

Também foi através da leitura de um jornal, desta vez, francês, que Charles recebeu a trágica notícia que o infelicitaria durante um longo período. De repente, olhos postos no jornal, ele viu:

> É com imenso pesar que comunicamos o falecimento do eminente conde *Eugène-Auguste Albert de Rochas d'Aiglun*, dia 2 de setembro, na cidade de Grenoble. O coronel *Albert de Rochas*, engenheiro de formação, fez uma distintíssima carreira militar. Depois de deixar o exército, construiu uma profícua carreira científica, tornando-se um renomado cientista e pesquisador, dedicado à fenomenologia psíquica. Foi historiador, tradutor e escreveu dezoito obras de cunho científico, além de inumeráveis artigos, publicados nas mais renomadas revistas científicas do país. Também exerceu, ao longo de vários anos, o cargo de administrador na Escola Politécnica de Paris.

Na verdade, a notícia da morte do mestre e amigo pegou Charles completamente desprevenido. Subitamente deprimido, ele novamente lamentou o ocaso daquela que havia sido a mais proveitosa amizade de sua vida profissional. No íntimo, Charles sempre havia acalentado a esperança de um dia conseguir retomar essa relação com o estimado coronel. Agora, era tarde demais. Entristecido, Charles sentia que, com essa morte, seus horizontes científicos se estreitavam. Por conta disso, aquele ocaso também lhe pertencia.

"Adeus, caro amigo! Que os protetores espirituais recebam seu espírito com as devidas honras que seu caráter merece! Sentirei saudades!" – pensou Charles, dirigindo ao amigo falecido todo o carinho que animava seu coração agradecido.

Julho de 1915

Havia meses que Louise, Charles, Juca e Anne se encontravam nas tardes de sábado para fazer sua singela reunião espírita. A ideia da reunião surgiu depois que Anne se queixou à família que o marido não gostava que ela frequentasse a Federação, porque, no fundo, não aprovava sua religião.

Assim, para evitar atritos desnecessários, Charles propôs que o pequeno grupo realizasse em sua própria casa, as reuniões de estudo da doutrina, ou seja, que fizessem uma espécie de evangelho no lar, o que se tornara uma situação muito frequente no nascente movimento espírita brasileiro.

– Se, aos domingos, você pode ir à igreja com seus pais para professar sua fé na religião católica, Anne também tem o direito de professar a dela, que, como você está cansado de saber, é o espiritismo. Nem que seja apenas na companhia de sua família, portanto, é isso o que faremos aqui em casa, aos sábados! Estamos entendidos? – perguntou Charles a Fernando, atuando com a autoridade de patriarca de sua diminuta família.

Diante de uma argumentação tão contundente, Fernando acabou sem palavras e teve que se contentar em ficar em casa cuidando do pequeno Hermínio, enquanto Anne participaria da singela reunião que se realizaria em sua antiga casa.

Mesmo não sendo o objetivo dessas reuniões sabatinas, a mediunidade de Anne começou a se desenvolver rapidamente; que havia se manifestado ainda na infância sob a forma de audiência, mais tarde incluíra a vidência,

sendo que ultimamente se manifestava através do fenômeno da psicografia, que o frade a incentivara a treinar. Porém, naquele dia em especial, Anne recebeu uma instrução do mentor espiritual do grupo para que escrevesse. O frade Francisco, falando por intermédio de Louise, orientou:
– Chega de fazer exercícios. Você está pronta para receber uma comunicação completa. Tem alguém aqui conosco que deseja se manifestar por escrito e você é a médium mais apta para realizar essa tarefa, portanto, concentre-se, pegue do lápis e escreva somente o que for ditado, tentando não interferir.

Obedientemente, Anne fez o que o mentor pediu e, passado um momento de expectativa, sua mão começou a correr pelo papel:

O ano não me lembro bem. Talvez tenha sido em 1881, ou um ano depois disso, em 1882. Mas que diferença isso pode fazer agora? Decerto que nenhuma. A história é apenas uma sucessão de eventos que alguém se dá ao trabalho de registrar para a posteridade. Nesse ano, qualquer que tenha sido, começamos nossas experiências com a magnetização de pessoas através do uso do fluido nervoso, ou da energia vital, se preferir.

No início, colhemos resultados assustadores e inspiradores. Ao nosso comando as pessoas ficavam paralisadas por horas, sendo que a insensibilidade era tamanha que poderíamos lhe cortar a carne se o quiséssemos. Teve quem ousasse realizar esse experimento. Operaram pessoas hipnotizadas! Mas nós, felizmente, não chegamos a tanto. Quem sabe qual seria, então, o saldo dessa atitude criminosa se algum paciente houvesse morrido no decorrer de uma dessas experiências enlouquecidas?!

Ao longo dos anos, colhemos muitos resultados, como já disse. Porém, depois de um tempo de estudo, os experimentos deixaram de fazer sentido. Simplesmente porque não tínhamos a chave para decifrar o enigma que estava diante de nós.

Na verdade, nos recusávamos a acreditar na ligação da 'alma' com o corpo material. E sem essa conexão mágica, as explicações se perdiam, não faziam sentido. Então, fui me cansando do assunto, até abandoná-lo completamente. Perdi a fé na magnetização. Simplesmente isso, perdi a fé.

Mas não você. Você era curioso, determinado demais para retroceder. Buscou as respostas além dos pressupostos da metapsíquica e nós nos desentendemos, justamente porque eu não podia compreender a tua determinação em buscar uma explicação espiritual para os fenômenos, tampouco concordar com as respostas que encontraras no 'spiritisme'.

Pois bem, a alma, o espírito, era essa tua tese, estava ligado ao corpo físico e o magnetizador tinha acesso a ele durante o transe hipnótico. Isso eu não podia aceitar naquela ocasião. Continuaste com teus estudos solitariamente, perdeste teu mestre, porém não a tua curiosidade. Que pode ser amaldiçoada, se, na busca por respostas, o pesquisador vier a submergir no erro ou no crime. Nem tudo se pode fazer ou justificar em nome da ciência. Há que se salvaguardar da obsessão, que é o primeiro atalho da loucura. Acabei andando à margem da verdade, mas sem coragem para nela mergulhar, tornando-me seu porta-voz. Agora, considero que a classe dos cientistas carece de humildade para reconhecer a verdade. Faltava-nos, a todos nós, a fé que protege e acalenta.

Queríamos consertar o mundo! Modificar o ser humano, tentando através da hipnose gravar 'boas intenções' em quem não as tinha. Houve quem tentasse orgulhosamente corrigir criminosos incutindo em suas mentes novas 'programações'. As intenções podiam ser boas, mas os resultados tanto podiam ser inócuos, quanto absolutamente desastrosos.

Tanto trabalho inútil que, muitas vezes, acabou por atrair a ira da sociedade para a figura do magnetizador, que foi, em muitas ocasiões, considerado apenas como um infame prestidigitador. Porém, apesar dessa dura verdade, o teu trabalho me encoraja a não esmorecer, porque, graças ao teu exemplo, percebo que, se no passado fomos movidos apenas pela curiosidade científica, no presente, devemos ser impulsionados pela compreensão evangélica de que podemos usar nossos recursos magnéticos para ajudar a curar as mazelas do nosso próximo.

Hoje, eu diria que nos faltava o amor para abrilhantar tanto conhecimento científico. Esse ingrediente poderoso que, como tu já sabes, nós não poderíamos obter na Academia.

Nós, céticos cientistas, quando do lado de cá da vida, observamos desalentados nosso engodo e sofremos por um tal desengano. Somos obrigados a admitir que a ciência sozinha não resolverá nenhum dos dilemas do homem. Tu és melhor do que eu. Logo, tuas conquistas serão maiores que as minhas. Teus amigos (espirituais) são melhores e em maior número do que os meus. Mesmo assim, não o invejo. Hoje, estudo contigo. Veja como é a vida, de mestre fui rebaixado a aprendiz. E, ironia maior do destino, caí de graduação justamente por obra desse tal espiritismo, essa causa que abraçaste com todas as tuas forças. Portanto, reitero, agora, estudo contigo. Tento aprender essas lições de amor e tolerância que te fizeram avançar tanto e tão rápido!

Verifico que, quando magnetizas, já não é como antes. No lugar da curiosidade e do rigor científico, vejo uma luz insuflar o teu coração. Vibras 'amor' pelo teu próximo. Veja, o objeto de pesquisa, agora, é o teu próximo: "Ama o teu próximo como a ti mesmo" – essa é a verdade pregada pelo Nazareno. Essa é a verdade que cortejas. Essa é a máxima que pretendo aprender contigo.

O frade Francisco diz que conseguiremos. Agora, ele é o teu mestre. Penso que também eu muito tenho a aprender com ele. Só assim o futuro não será estéril e sem objetivo, porque o futuro, sem o amor a insuflá-lo, não existe. É um lugar inóspito, desprovido de felicidade, de cor e de luz.

Fica em paz na companhia de teus novos amigos. Parto feliz, confiante de que estás em boas mãos. Porém, tenha certeza de que estarei contigo ainda, pelo menos enquanto as tuas leituras, experimentações e realizações interessarem a minha ardente curiosidade.

Fica com o Pai Eterno,
Albert de Rochas

Terminada a leitura da carta, Charles percebeu que, mesmo contra sua vontade, as lágrimas rolavam por seu rosto, evidenciando toda a emoção que sentia diante do verdadeiro presente que havia recebido da espiritualidade superior.

Enfim, seu bom amigo e mentor, Albert de Rochas, reconhecia a importância de seu método de trabalho, no qual também se engajara. Era muita felicidade para ser suportada de olhos secos! Anne também chorava, tomada pela emoção do espírito comunicante e também pela sua própria, por ter sido capaz de transmitir seu pensamento sem qualquer interferência. Aquela era uma tarde memorável, que certamente entraria para o folclore daquela pequena família. Um dia feliz, em que o véu que separava os mundos havia se dilatado um tantinho para que duas almas afins, finalmente, reconstruíssem os elos de uma sólida amizade.

※

Novembro de 1915.

— Traga-me o manuscrito, dr. Charles. Prometo que o apreciarei com a atenção que ele certamente merece.

Essa foi a promessa de Alfredo Duarte da Costa, tipógrafo que se interessava por obras metafísicas e científicas que, ainda nos bons tempos, fora apresentado a Charles pelo amigo em comum, já falecido, Quintino Bocaíuva.

Naquela mesma noite, após o jantar, Charles resolveu que iria até a clínica para buscar o manuscrito do livro porque queria dar uma última revisada antes de enviá-lo ao eminente tipógrafo e livreiro.

— Você não pode deixar isso para amanhã? — perguntou Louise, contrariada, franzindo o cenho.

— Cara irmã, estou tão ansioso, com essa primeira oportunidade de avaliação de meu livro, que é quase certo que passarei a noite em claro. Portanto, é melhor aproveitar o tempo para trabalhar!

— Certo. Mas leve o Juca com você. Já não é seguro andar sozinho por esta cidade depois que a noite cai — ela aconselhou.

A luz da lua cheia iluminava a noite amena, convidando para uma caminhada. Assim, lá foram os dois camaradas, Charles e Juca, percorrendo o quarteirão de distância e depois subindo a íngreme ladeira que os levaria até a clínica que ficava no Outeiro da Glória.

Eles seguiam conversando agradavelmente até que perceberam que havia algo errado no ar, porque, ao se aproximarem do topo da ladeira, foram alcançados por uma espessa nuvem de fumaça negra, que pairava como uma praga funesta sobre a clínica.

— Charles, veja! A casa está em chamas! — murmurou Juca, num fio de voz.

Ao se deparar com aquele cenário dantesco, o médico só conseguia pensar no manuscrito de seu livro, que jazia na gaveta da escrivaninha em seu escritório! Era uma vida inteira dedicada aos estudos e às experimentações! Estavam ali todos os registros que corroboravam suas teses! Um compêndio de todos os depoimentos e evidências coletados ao longo de vários anos!

"Tenho que salvar o livro! Ainda mais agora que um tipógrafo importante está interessado em lê-lo! É preciso salvá-lo a todo custo! – pensava o médico, frenético.

Num átimo, o fogo cresceu, surgindo ainda mais forte, com suas labaredas lambendo as paredes da casa da esquina, mas, mesmo assim, Charles insistia que precisava entrar naquele inferno para resgatar o livro. Desesperado, Juca ainda tentou impedi-lo, segurando-o pelo paletó, mas Charles era maior e mais forte do que ele. Bastou um puxão para que o médico se livrasse facilmente do amigo e, em seguida, colocando um lenço contra a boca, ele adentrou pela casa em chamas.

Por um instante, Juca ficou sem saber o que fazer; diante daquele verdadeiro inferno, suas pernas se recusavam a seguir em frente. Juca chamou várias vezes pelo amigo, mas, como não obteve resposta, ele decidiu ignorar o próprio instinto de sobrevivência, seguindo em seu encalço. Em meio a fumaça negra, Juca finalmente localizou o vulto de Charles, que determinado em recuperar o manuscrito, prosseguia com dificuldade pelo corredor que levava ao escritório. De repente, a boa sorte do médico pareceu vacilar no momento em que uma enorme viga de madeira despencou do telhado, atingindo seu corpo em cheio.

– CHARLES! – o grito de desespero rasgou o peito de Juca e invadiu a noite.

– Não adianta, Juca! Fiquei preso! Saía já daqui! Vá buscar ajuda! Essa tora é muito pesada para que você consiga levantá-la sozinho! – disse o médico.

Ignorando essa avaliação, Juca só reconheceu que o amigo estava correto depois de ter exaurido as próprias forças, na tentativa de levantar a enorme viga, que não se moveu nem um centímetro.

Naquele instante de supremo desespero, os amigos trocaram um olhar cúmplice antes que Juca saísse como um cometa em meio ao cenário dantesco que lembrava um salão no inferno.

Uma vez fora da casa, Juca percebeu que suas preces haviam sido ouvidas porque os bombeiros tinham acabado de chegar ao local do incêndio.

– Acudam! O dr. Charles está preso na casa! – gritava Juca, em desespero. – Lá dentro! No corredor!

– Fique aqui! – ordenou o soldado ao Juca, segurando-o pelo tronco para impedir que ele voltasse a entrar na casa tomada pelas chamas.

Ali parado, com a alma destroçada, Juca observava as altas labaredas que, pouco a pouco, iam consumindo tudo que ardia em suas entranhas. Aos prantos, Juca rezava, pedindo a Deus que não permitisse que seu amigo fosse queimado vivo naquela maldita fornalha.

Depois de um minuto, que para Juca pareceu uma verdadeira eternidade de sofrimento e agonia indescritíveis, os bombeiros saíram dos escombros da casa, agora, apenas uma montanha enegrecida de carvão, carregando para fora o corpo inanimado do médico.

– Ele está vivo? – perguntou Juca, num fio de voz.

– Está, mas inalou muita fumaça... – respondeu um jovem soldado do fogo. Charles foi levado imediatamente para o hospital mais próximo dali que, por ironia do destino, era justamente a Santa Casa, onde foi prontamente atendido no setor de emergência.

– Vá chamar a família dele. Seus pulmões foram destruídos pela fumaça. Não sei explicar como ele ainda está respirando... – disse o médico para Juca, mal ele entrou na enfermaria.

Quando Louise, Anne e Fernando chegaram para vê-lo, Charles estava placidamente deitado num leito da enfermaria. Uma solícita enfermeira havia limpado seu rosto de qualquer resquício de fuligem, o que lhe conferia uma falsa aparência de normalidade. No entanto, o olhar grave e austero no rosto do médico que recebeu a família, indicava a gravidade de seu estado.

– Irmão... – disse Louise, beijando o rosto tão querido, que ela amava mais do que a si mesma.

Postada ao lado da cama, Anne não conseguia dizer palavra; as lágrimas corriam livremente por seu rosto de ninfa e, apesar de intuir a gravidade da hora, ela não conseguia sequer pensar na possibilidade de se despedir; ao contrário, como se fosse ainda sua menininha, ela segurava as mãos do irmão nas suas, gemendo e chorando em silêncio. Era o inenarrável retrato da desolação.

Naquele derradeiro momento de despedida, por maior que fosse a vontade de Charles de consolar suas irmãs, a realidade da limitação física se impunha à força de seu inquebrantável espírito. Em silêncio, respirando com muita dificuldade, ele abraçou num último olhar, repleto de amor e gratidão, sua pequena família terrestre.

Louise, sentindo o distanciamento da própria consciência, rende-se à afetuosa aproximação do espírito de seu mentor, o frade Francisco. Depois de um minuto, ela já estava repetindo o que o mentor soprava em seus ouvidos:

– O frade diz que agora teremos que ser fortes, porque Charles está de partida... – as lágrimas embargavam sua voz, seu corpo todo tremia, mas ela sente que precisa passar adiante a mensagem do amigo espiritual.

– Charles manda dizer que nos ama mais do que tudo na vida e que também está triste com essa súbita partida. Ele pede desculpas por ter sido tão tolo, se atirando ao risco sem pensar em mais nada que não fosse resgatar o livro tão penosamente escrito. Ele diz que jamais nos abandonará, que estará sempre conosco, inclusive na lida diária, para que o trabalho não termine por causa de sua irresponsabilidade e insensatez. Ele pede que beijemos o pequeno Hermínio por ele e que nunca permitamos que se esqueça do quanto é amado...

Nessa hora de suprema comoção, as forças de Louise finalmente a abandonam e ela desfalece ali mesmo, enlaçada ao corpo do irmão adorado.

É assim que Charles fecha os olhos pela última vez nessa vida e Anne sente que ele deixou de exercer pressão nos dedos que, instantes antes, haviam segurado sua mão com força. É em vão que ela tenta sacudi-lo, reanimá-lo, trazê-lo de volta à consciência de qualquer jeito. Nesse instante, Juca a abraça carinhosamente, dizendo:

– Não adianta, sinhazinha. Charles se foi...

A fim de manter-se firme na hora do derradeiro testemunho de sua fé, Juca começou a rezar o pai-nosso em voz alta. No íntimo, ele evocava o valoroso exemplo do estoico dr. Bezerra de Menezes, que suportara aquela mesma dor por diversas vezes, sem jamais se permitir sucumbir à ela.

"Confiemos na sabedoria do Pai Maior!" – Juca ainda se lembrava desse bom conselho.

Porém, seu rosto negro e luzidio lembrava um busto entalhado em mármore, cuja fisionomia, retesada e firme, fora trincada no esforço supremo de reter a dor que naquela hora amarga lhe estraçalhava o coração.

Depois do sepultamento de Charles, morto precocemente aos quarenta e cinco anos de idade, Louise ficou literalmente prostrada pela tristeza. Que piorou ainda mais depois que ela descobriu, graças aos comentários venenosos de uma vizinha, que o incêndio na clínica havia sido criminoso.

– Um dos bombeiros que ajudaram a apagar o fogo é o marido da minha prima, Valquíria. Ele disse que encontraram uma garrafa com querosene largada junto ao muro. Segundo ele, de propósito, alguém arremessou uma dessas garrafas previamente preparadas contra a casa e depois ateou fogo a fim de começar um incêndio.

Juca conhecia o relatório da perícia feita pelos bombeiros e tentara a todo custo ocultá-lo de Louise, por reconhecer que ela não tinha condições psicológicas de lidar com um fato tão terrível, naquele momento trágico de sua existência. Porém, quando Louise o encarou fixamente e perguntou se a notícia era verdadeira, ele não foi capaz de mentir.

De repente, um turbilhão de sentimentos ruins a assaltou; outra vez, Louise se sentia tragada pelo tempo, de volta à velha Lyon, quando fora abandonada pela tia Margot e deixada à mercê do mundo e de suas adversidades. Com a suprema diferença que, agora, Charles não estaria mais disponível para salvá-la de seu negro destino.

"Você sabe que isso não é verdade!" – bradava o frade em seus ouvidos, mas ela se recusava a ouvi-lo, justamente porque Louise queria estar certa e queria ser deixada em paz com sua tristeza; se pudesse, queria simplesmente desaparecer do mundo, mergulhada num torvelinho de dor e desespero.

No aniversário de um mês da morte de Charles, Anne e Juca decidiram que estava na hora de arrancá-la das garras da depressão cruel que a possuíra. Chegaram de mansinho, descerraram as cortinas de seu quarto para que a luz do sol entrasse, trouxeram vasos com as margaridas que tinham apanhado no jardim. Por fim, Anne chegou carregando uma bandeja com café recém-coado e pão de queijo quentinho, que acabara de retirar do forno, e, enquanto ela servia uma xícara para a irmã, Juca iniciou a conversa:

– Eu e a Anne estivemos pensando em encontrar um novo lugar para reabrirmos a nossa clínica. Você sabe, os necessitados são muitos e, apesar de tudo o que aconteceu, eles continuam batendo à nossa porta, à procura de ajuda...

– Nunca! Não há a menor condição de prosseguir com o trabalho sem Charles. Ele era o médico! Ele era o magnetizador! Sem sua presença, não sei como vocês sequer podem pensar em reabrir a clínica?! Que seremos nós? Charlatães? Curandeiros? Enganadores de almas ignorantes, como tantos que já existem por aí? – rugiu Louise, furiosa. De imediato, Juca sentiu que nada do que dissesse naquele momento poderia demovê-la.

Janeiro de 1916

Um novo ano seguiu o antigo no calendário terrestre, porém, Louise continuava prostrada, mergulhada em infinita tristeza.

– Sem ele, não tenho motivos para seguir vivendo. Cada sopro de ar é um sacrifício... – gemia Louise, sustentada pela companhia de entidades sofredoras que, com seu luto desmedido, acabou atraindo para junto de si.

Nem mesmo as gracinhas do pequeno Hermínio conseguiam animá-la para além do esboço de um sorriso. Juca continuava fielmente ao seu lado, mimando-a o tempo todo, mas nada do que ele fizesse surtia o menor efeito prático. Louise era o retrato do desalento.

Quando o sábado finalmente chegou, Anne e Juca milagrosamente conseguiram convencê-la a participar da singela reunião semanal, na qual a dupla investia a esperança de trazê-la de volta à vida. Louise acabou aceitando depois que Anne a convenceu de que eles precisavam de sua companhia para orar pelo espírito de Charles.

Todavia, o plano de Anne era outro. Depois da prece de abertura, ela se concentrou e pediu humildemente aos mentores espirituais que lhe permitissem receber alguma orientação dedicada ao consolo de sua irmã, por meio de uma psicografia. Não demorou muito para que suas preces fossem atendidas e que sua mão começasse a correr sobre o papel:

Minhas queridas Louise, Anne e meu muito estimado Juca,
Peço-vos que, apesar deste instante de suprema tristeza, tirem os olhos de si mesmos e olhem mais além para que possam compreender melhor a importância do nosso trabalho! Eu sabia que era um trabalho importante, mas, na verdade, não tinha ideia de sua verdadeira dimensão até chegar aqui. O coronel estava certo, do lado de cá da existência, vemos as coisas com muito mais clareza! Nossos objetivos finalmente nos saltam aos olhos, não há mais como se

equivocar ou distrair com pequenas quimeras. Pena que, muitas vezes, quando isso finalmente acontece, nós já perdemos o bonde da história e a oportunidade de realizar! Por isso, caríssima família, afirmo que temos que prosseguir! Agora, com entusiasmo renovado, porque estarei do lado de cá para ajudá-los! Sem as limitações físicas que a existência terrestre nos impõe, serei um trabalhador ainda mais efetivo e dedicado do que antes!

Nossos mentores espirituais (acreditem, nossa equipe espiritual é mesmo imensa e, inclusive, contamos com a ajuda e o incentivo do nobre doutor Bezerra de Menezes que nos apadrinha!) me afiançaram que o Brasil é conhecido como a 'terra da promessa'! Lugar bendito, onde os espíritos que trabalham pelo futuro espiritual deste planeta chamado Terra escolheram para lançar as sementes da imortalidade no século XX e cuidar de suas bem-aventuradas plantinhas para que cresçam e frutifiquem!

Eles me disseram que ainda estamos na fase da plantação, mas que não demora muito chegará o tempo de colher os frutos dessa bendita seara. Portanto, nós, trabalhadores, ainda não podemos largar ao solo nossa nobre enxada espiritual. O trabalho, querida Louise, precisa continuar! Saiba que tenho sofrido com uma enorme culpa, porque, desatinadamente, movido pelo orgulho ferido e despeito por não ter sido reconhecido pela comunidade científica, acabei arriscando a vida por um manuscrito e, sem querer, encerrei minha participação terrestre antes da hora previamente acertada com os mentores da espiritualidade maior!

É por isso que me vejo na condição de ter que implorar: se não pelo muito que ainda podemos fazer pelos nossos irmãos carentes, se não por si mesma, peço que o faça por mim, amada Louise! Também para me ajudar a apaziguar a consciência, querida, é que vos imploro que retome o nosso trabalho o quanto antes, porque realmente só terei paz quando puder voltar ao trabalho inconcluso!

Saiba que, do lado de cá, os trabalhadores estão a postos, à sua espera. Agora, se você parar, estará ajudando a encerrar antes da hora um projeto em que estão empenhados inúmeros obreiros da nobre seara do nosso amado mestre Jesus.

Jamais se esqueçam que sempre estarei ao vosso lado! Fiquem com Deus!
Charles Lantier Feuille

Assim que Anne terminou a leitura da carta, Louise, que a princípio tinha desatado a chorar, ficou furiosa e começou a esbravejar:

— Como Charles quer que o trabalho continue, se eu não sou médica e tampouco magnetizadora!

— É o Charles! Ele está aqui, mana! Bem aí, ao seu lado! Ele está colocando as mãos sobre a sua cabeça neste mesmíssimo instante! Entendi! Ele está te magnetizando! Você sente a energia, fluindo dele para você? – perguntou Anne, entre admirada e eufórica. Subitamente, Louise se acalmou e ficou muito quieta em sua cadeira; em seguida, como uma criança obediente, respondeu fazendo um movimento afirmativo, balançando a cabeça ruiva.

— Ele diz que não há problema algum! Você irá submeter os pacientes à magnetização, que nada mais é do que uma transferência de energias do plano espiritual para o material. E Charles garante que estará sempre conosco, ele continuará magnetizando os pacientes, só que agora será de lá para cá! O frade Francisco e toda a equipe médica, inclusive o dr. Amaral e o dr. Elói, continuarão a ditar o receituário em seus ouvidos! Tudo será como antes, com a única diferença de que Charles trabalhará ainda mais e melhor! Ele está pedindo para que você procure em sua biblioteca pessoal os livros de Deleuze, porque eles contêm todas as informações teóricas de que irá precisar para realizar a magnetização de seus pacientes. Aliás, ele diz que você deverá treinar a mim e ao Juca também. A partir de agora, seremos todos magnetizadores!

Depois de um instante de consternação diante das inseguranças do porvir, as irmãs se abraçaram, visivelmente emocionadas. O chefe daquela pequena família sempre fora o dr. Charles, que, mesmo do outro lado da vida, continuaria a sê-lo. Todos os presentes concordavam com isso e, se o médico afirmava que o trabalho tinha que prosseguir, eles o seguiriam na lida até o fim dos tempos.

Depois dessa inesquecível reunião, Juca foi incumbido de encontrar um novo endereço onde o trio pretendia inaugurar um novo núcleo de assistência aos necessitados que promovesse auxílio físico e espiritual. Mas, para tanto, Louise exigiu que o novo endereço atendesse algumas condições: primeiro, que não ficasse no bairro da Glória, porque depois do trágico destino que alguma infeliz criatura impingira à antiga clínica do Outeiro, Louise finalmente compreendeu o quanto eles haviam sido cegos, quando ignoraram o perigo que corriam naquele lugar hostil, onde o próprio padre incitava violentamente a vizinhança a repudiar o espiritismo e seus adeptos. Outra condição era que eles pudessem morar e trabalhar no mesmo lugar, que ainda não poderia ficar muito distante da casa de Anne para também favorecê-la.

Enquanto Juca corria as ruas dos bairros próximos à procura de um novo domicílio, Louise se incumbia de localizar os livros recomendados por Charles em sua própria biblioteca. Ao longo de uma exaustiva pesquisa, ela encontrou uma descrição completa das várias técnicas que o magnetizador francês Joseph Philipe François Deleuze[1] descreveu em seu livro *Instrução prática sobre o magnetismo animal*, escrito em 1819, bem antes, portanto, do surgimento do próprio espiritismo. O trabalho estava todo ali, fartamente explicado, desde a técnica da imposição de mãos, os passes longitudinais, os passes transversais e até mesmo o uso do passe perpendicular. Deleuze interessara-se muito pelas técnicas de magnetização de seus predecessores. Ele assim descreveu um passe transversal:

> (...) fareis diante do rosto e mesmo diante do peito alguns passes atravessados, numa distância de três ou quatro polegadas. Esses passes se fazem apresentando as duas mãos aproximadas e afastando-as bruscamente uma da outra, como para retirar a superabundância do fluido do qual o doente poderia estar carregado.

Sobre o passe longitudinal, Deleuze ensinava:

> Esta maneira de magnetizar pelos passes longitudinais, dirigindo o fluido da cabeça às extremidades sem se fixar sobre nenhuma parte de preferência às outras, chama-se magnetizar em grandes correntes.

Para finalizar um tratamento magnético Deleuze sugeria o uso dos passes perpendiculares:

> Existe enfim, um procedimento pelo qual é muito vantajoso terminar a sessão. Ele consiste em colocar-se ao lado do doente, que se mantém levantado, e fazer, a um pé de distância e com as duas mãos,

das quais uma está diante do corpo e a outra atrás das costas, sete ou oito passes, começando acima da cabeça e descendo até ao chão ao longo do qual se afastam as mãos. Este procedimento alivia a cabeça, restabelece o equilíbrio e dá forças.

Louise também mergulhou de corpo e alma na leitura do livro *Teorias e procedimentos do magnetismo*, de Hector Durville. Nesse esplêndido livro, o autor descreve como os principais magnetizadores dos séculos XVIII e XIX, Mesmer, Barão du Potet, Marquês de Puysegur, Charles Lafontaine, Deleuze, além do próprio Durville, tratavam seus pacientes. E, para não restar dúvidas de que o primeiro pesquisador a usar o termo 'passe' foi Deleuze, o próprio Hector Durville escreve:

> Até aqui toda a magnetização se resume no emprego do que ele [François Deleuze] chama de passes, praticados seja à distância, seja por um ligeiro contato (...).

A essa altura do estudo, a devotada médium estava absolutamente fascinada com a descoberta de que a prática dos passes era a verdadeira herança da dedicação, da pesquisa, do estudo e do trabalho de todos aqueles famosos magnetizadores. Todos eles eram veneráveis representantes da ciência do magnetismo, sendo que o dr. Charles Lantier Feuille era o mais belo retrato dependurado naquela enorme galeria de cientistas, segundo sua própria opinião, aliás, nada tendenciosa.

Também não demorou muito tempo para que Juca descobrisse uma casa localizada em Santa Teresa que atendia como uma luva à série de exigências feitas por Louise.

Foi com alguma reserva que ela visitou a nova casa, mantendo um ar de indiferença, apesar da sala grande e bem iluminada e dos três quartos arejados. Porém, quando Louise saiu no quintal dos fundos, todas as suas dúvidas se dissiparam: havia ali um grande pomar, com árvores adultas e bem cuidadas, onde inúmeros passarinhos deviam morar e cantar ao nascer do dia.

— É aqui, Juca! Aqui Charles poderá ouvir a algazarra dos pássaros nas árvores, exatamente como ele gosta! — ela decidiu, enxugando disfarçadamente as lágrimas que teimavam em correr por seu belo rosto.

O novo endereço também foi providencial para Juca, que conheceu a vizinha da casa ao lado, uma bela e generosa mulata chamada Lenita, por quem se apaixonou à primeira vista e irremediavelmente. Depois de alguns meses de namoro, eles se casariam, formando uma grande e feliz família, da qual Louise seria a eterna madrinha.

Juntos, eles fundarão um centro que prosseguirá ativo enquanto Louise tiver forças para embalar e atender seu próximo; enquanto Anne puder distribuir as comunicações vindas do além, para confortar os corações combalidos pela perda de seus entes queridos; enquanto Juca mantiver sua irredutível força de vontade para ajudá-las a tratar dos doentes e desvalidos.

Serão eles a eterna família de Louise, que jamais se casará e que viverá para a nobre causa que abraçou. Seu destino será o de trabalhar exaustivamente na bendita 'terra da promessa' e sua missão será a de ajudar a cuidar do povo humilde e sofrido que nascerá, viverá e morrerá naquelas paragens. A verdadeira nação negra, a nação miscigenada, perpetuamente relegada ao abandono pelos poderosos dirigentes da jovem República, que deveria cuidar de seu povo, em vez de oprimir aqueles que se ocupavam com as atribuições que caberia aos próprios realizar, por exigência da constituição.

Louise, Juca e Anne seguirão pela vida com o estandarte de sua causa erguido bem alto, tremulando heroicamente ao vento tropical, construindo na Terra um refúgio de amor ao próximo que servirá de referência junto à espiritualidade maior. E o espírito de Charles Lantier, médico, magnetizador e pesquisador psíquico seguirá com eles, como responsável pelo projeto a que dedicou essa proveitosa existência.

Fim

NOTAS:

[1] O artigo "Uma Conferência de Richet no Rio de Janeiro", foi publicado no *Reformador*, em dezembro de 1908, pp. 395 e 396.

[2] *Joseph Philippe François Deleuze* ou *François Deleuze* (1753 – 1853) foi naturalista, botânico, tradutor e bibliotecário do Museu Nacional de História Natural de Paris, além de um grande

expoente do estudo do magnetismo animal no século XIX. Deleuze nasceu de uma família nobre de Sisteron, sudoeste da França. Em 1772, começou a estudar matemática em Paris, preparando-se para a carreira militar. Não tendo recebido nomeação para nenhuma função militar, retornou para sua cidade natal, onde se tornou segundo-tenente de infantaria. Três anos depois, sua tropa foi dissolvida e ele decidiu dedicar-se às ciências naturais. Estudou botânica e tornou-se assistente de Antoine Laurent de Jussieu. Em 1787, voltou a Paris, onde fez amizades com o botânico L'Héritier de Brutelle, com quem estudou as práticas da botânica. Em 1795, foi nomeado naturalista assistente do Museu de História Natural de Paris, onde publicou os *Anais do Museu*, tendo o primeiro volume sido lançado em 1802 sob sua liderança. O gênero de plantas chamado '*Leuzea*' foi dedicado à Deleuze pelo botânico francês Augustin Pyrame de Candolle. Foi em 1785 que ele tomou conhecimento das curas realizadas em Buzancy por Mesmer, mas não lhes deu a menor credibilidade. Porém, tempos depois, ao saber que um amigo cientista tinha ido ver Mesmer e que, ao retornar, conseguira reproduzir o sonambulismo, Deleuze resolveu dar ao mesmerismo um voto de confiança e foi checar pessoalmente. Após vivenciar vários experimentos, Deleuze já não negligenciava nenhuma oportunidade de multiplicar e observar os fenômenos magnéticos. Transformou-se num discípulo direto de Mesmer, seguidor de seus ensinamentos; também trabalhou com o marquês de Puységur. Juntamente com o marquês, estudou a hipnose e a sugestão pós-hipnótica. Escreveu inúmeras obras literárias e também traduziu muitas outras, mas sua reputação deve-se aos escritos sobre o magnetismo animal. Morreu em Paris (31/10/1853), aos oitenta e dois anos. Algumas de suas publicações sobre o magnetismo são: *História crítica do magnetismo animal*, em dois volumes (1813); *Instruções práticas sobre o magnetismo animal* (1819); *Carta endereçada aos membros da Academia de Medicina, sobre o caminho a ser seguido para introduzir a opinião pública a respeito da realidade do magnetismo animal* (1826).

François Deleuze

Mesmer e seus discípulos, Deleuze e Puységur

POSFÁCIO
A HISTÓRIA DENTRO DA HISTÓRIA

Sempre que me perguntam porque decidi escrever um livro sobre os antigos magnetizadores sinto uma dificuldade enorme em explicar essa motivação. Na verdade, ela tem sua própria história, que começa em meados de outubro de 2005, quando, pela primeira vez nessa vida, enfrentei problemas com a leitura de um livro. Nessa época, minha mediunidade estava passando por um período de franca modificação, transformando-se, e migrando das manifestações psicofônicas para as psicográficas.

O livro rebelde que me tirava o sono era (quem adivinha?) *A memória e o tempo*, do renomado escritor espírita Herminio Miranda. Mal eu começava sua leitura e uma espécie de 'outra personalidade' se insurgia dentro de mim, como se fosse um 'alter-ego', estranho e alienígena, que possuía uma curiosidade excessivamente ativa com relação à magnetização. Eu me pegava analisando mentalmente a lista de minhas relações pessoais, pensando: 'quem eu poderia hipnotizar para me exercitar'. Inconscientemente, eu procurava por 'cobaias'. Doutra vez, num centro em que eu atuava como passista, sofri uma experiência traumatizante: enquanto eu aplicava um passe comecei a ouvir vozes que me achacavam, me chamando de 'magnetizador infame'. Nem preciso dizer que tive que me retirar da sala.

Eu recebia ajuda de meus companheiros espíritas, me reequilibrava e voltava a ser eu mesma, mas bastava retomar a leitura do livro para que aquela outra persona, 'ignaramente científica', se apoderasse de mim. Num belo dia, larguei o livro, movida pela certeza de que alguém muito próximo precisava me enviar uma mensagem. Obedeci e psicografei uma longa carta que começava assim:

Paris, 18 de dezembro de 1880.

O ano não me lembro bem. Talvez tenha sido em 1881, ou um ano depois disso, em 1882. Mas, que diferença isso pode fazer agora? Decerto que nenhuma. A história é apenas uma sucessão de eventos que alguém se dá ao trabalho de registrar para a posteridade. Nesse ano, qualquer que tenha sido, começamos nossas experiências com a magnetização de pessoas através do uso do fluído nervoso, ou da energia vital, se preferir...

Ao final da missiva havia uma assinatura: De Rochas.

Depois desse estranho episódio, outro antigo magnetizador, um que sequer reconhecia que estava morto, começou a me assediar intempestivamente. Ele surgia assim que eu começava a leitura do livro e meu mentor espiritual o obrigava a escrever, mesmo à contragosto, para que ele se convencesse de que sua vida também havia mudado. Esse outro espírito me considerava um ex-discípulo e não se conformava com o fato de eu 'estar' vivendo, agora, num corpo de mulher. Não sei se consigo transmitir a enormidade do desassossego que isso me causou. Fiquei tão inconformada com aquela situação que resolvi escrever uma carta ao próprio autor do livro, que, mesmo sem poder imaginar, havia ajudado a abrir uma brecha entre minhas vidas, por onde andavam escapando magnetizadores descontentes e cientistas inconformados. Numa longa carta, expliquei detalhadamente meu problema ao querido professor Herminio Miranda, que enviei à editora Lachâtre com o pedido de que fosse remetida para o próprio.

Foi assim que, numa terça-feira, três de janeiro de 2006, recebi o carinhoso *e-mail* que agora compartilho com vocês:

Prezada amiga e leitora:
Releve-me a involuntária demora. A despeito de ter sido escrita em 10/10/2005, noto que sua carta somente foi postada em 10/11/2005 e só chegou às minhas mãos em dezembro, trazida pessoalmente por meu editor quando de sua vinda a Caxambu, onde costumamos passar o verão.

Obrigado por suas estimulantes e generosas referências aos meus escritos, especialmente por virem de uma pessoa inteligente e culta como você. (E que escreve muito bem).

É de supor que o 'entusiasmo' pela magnetização tenha sido, de fato, (re) suscitado pela leitura de A memória e o tempo, o que, por sua vez, tenha algo a ver com seu passado.

Não conheço suficientemente a biografia do coronel de Rochas; sabe-se, porém, que foi um brilhante pesquisador, dotado de integridade pessoal e de ampla cultura.

Não sei se ele teria abandonado suas pesquisas, mas é igualmente certo que, sem 'trombar' com a Doutrina dos Espíritos, ele não se interessou por ela, declarando que disso cuidavam outros estudiosos de sua época. Por outro lado, não a contestou, pelo contrário, mesmo porque os achados que emergiam de seus estudos sobre a regressão de memória confirmaram claramente os postulados básicos do espiritismo.

Você deve ler, para melhor inteirar-se de tais aspectos, As vidas sucessivas, *que a Lachatre mandou traduzir de um raríssimo exemplar do original francês que tenho em meu poder e que foi lançado em 2002, com uma apresentação minha. Leia também, outro lançamento recente da Lachâtre – 2002 -, intitulado* Mesmer, a ciência negada e os textos escondidos, *de Paulo Henrique de Figueiredo. Trata-se de um excelente estudo, bem pesquisado e bem apresentado sobre o eminente, caluniado e esquecido dr. Anton Mesmer (1733-1815), o pioneiro do magnetismo animal, segundo sua própria terminologia. Já que estamos falando de leituras, acho que lhe seria proveitoso consultar outro livro meu intitulado* Alquimia da mente *(Lachâtre), que cuida de aspectos da realidade espiritual que, por certo, estão no cerne de sua busca.*

Você sabe que constitui problema espinhoso a identificação das entidades que subscrevem textos mediúnicos. De qualquer modo, as observações contidas na mensagem recebida por você devem ser, em princípio, levadas em conta, ainda que com as cautelas necessárias. Quanto às suas dúvidas e inquietações, não devem ser simplesmente ignoradas. Pode ser que atrás do biombo que elas representam, exista algum segredo que precise ser preservado. Para fazê-lo, temos que estar bem preparados, de modo a não 'trombar' com os nossos fantasmas e conflitos passados. Não sei, portanto, se seria recomendável uma regressão de memória. Tenho, no entanto, uma pessoa de confiança para lhe indicar.

Quanto ao mais, ore, pedindo a ajuda de seus amigos espirituais para encontrar o caminho e prosseguir no rumo certo ao encontro da verdade. Deus a abençoe. Fraternalmente, Herminio C. Miranda.

Imaginem vocês o tamanho da felicidade que esta escritora (à época, caloura) sentiu depois de ter recebido tal mensagem! Lembro que ainda tentei entrar em contato com a pessoa que o Professor havia me indicado para fazer uma regressão (a meu pedido), mas não consegui acessá-la. Essa dificuldade me levou a crer que seria melhor deixar o passado exatamente onde estava, fazendo o possível para continuar a jornada dentro dos moldes de minha atual reencarnação.

Segui vivendo, estudando e escrevendo, e aproveitei que agora tinha o contato do editor da Lachâtre, graças ao gentil Professor Herminio, para enviar o original do meu primeiro livro espírita dedicado ao público infantil, Nina e o mistério do casarão, que foi publicado em 2008. Depois disso, lá se foram vários anos, seguidos de vários livros que surgiram a partir dessa frutífera parceria. Porém, os fantasmas dos antigos magnetizadores nunca deixaram de povoar meus sonhos, pedindo seu tributo. Em 2015, finalmente, comecei a exaustiva pesquisa para honrá-los com um tributo ao seu valoroso trabalho e determinação. No entanto, somente quando já estava no fim do trabalho é que me lembrei da tal 'carta' do coronel Albert de Rochas, que jazia esquecida entre meus guardados. Abismada, percebi que ela se encaixava como uma luva à história do personagem Charles Lantier. Na dúvida, decidi consultar diretamente o querido Professor, que, novamente, veio em meu socorro. Dessa vez, ele ditou, de lá para cá, sua opinião:

É possível incluir uma carta do espírito do coronel de Rochas para Charles que será recebida por Anne, que se torna médium psicógrafa (escrevente). A carta está no caderno, é aquela que ele enviou para você. Ela é verdadeira. A história de Charles é a sua, não duvide. Por isso, era você e mais ninguém, quem a tinha que escrever.

Por isso teu antigo amor pela ciência, tua dificuldade atual em encontrar seu lugar no mundo. Tudo mudou. Teu sexo, teu talento, hoje canalizado para as artes para que pudesses dar testemunho do que já experimentastes. Tu foges das coisas que te fizeram errar no passado. És sábia. Desempenha com vigor tua nova missão nessa nova etapa e não se arrependerás. Nós, contigo estaremos, em nome de Jesus. Fica em paz. Herminio Miranda.

Por fim, aí está o livro e o porquê de fazê-lo. Trata-se de uma singela homenagem aos heroicos e incompreendidos cientistas e magnetizadores do passado.

O resto é História.

BIBLIOGRAFIA

ABREU, Canuto. *Bezerra de Menezes, subsídios para a história do espiritismo no Brasil até o ano de 1895*. São Paulo: FEESP, 1991.

AUDI, Edson. *Vida e obra de Allan Kardec (Bicentenário de nascimento)*. Niterói: Lachâtre, 2004.

DOYLE, Arthur Conan. *A terra da bruma*. Trad. Maria Luiza X. de A. Borges. Rio de Janeiro: Zahar, 2014.

_____. *A história do espiritismo, de Swedenborg ao início do século XX*. Trad. José Carlos da Silva Silveira. Brasília: FEB, 2013.

FIGUEIREDO, Paulo Henrique de. *Mesmer, a ciência negada e os textos escondidos*. São Paulo: Lachâtre, 2005.

FILHO, Luciano Klein. *Bezerra de Menezes, fatos e documentos*. Bragança Paulista: Lachâtre, 2012.

GOMES, Laurentino. *1889, como um imperador cansado, um marechal vaidoso e um professor injustiçado contribuíram para o fim da monarquia e a proclamação da república no Brasil*. São Paulo: Globo, 2013.

GRANT, Joan; Dennis Kelsey. *Nossas vidas anteriores*. Tradução de Pinheiro de Lemos. Rio de Janeiro: Record, 1967.

KARDEC, Allan. *A gênese*. Rio de Janeiro: Federação Espírita Brasileira, 2004.

_____. *O que é o espiritismo, introdução ao conhecimento do mundo invisível, pelas manifestações dos espíritos*. Brasília: Federação Espírita Brasileira, 2013.

_____. *O céu e o inferno*. Rio de Janeiro: Federação Espírita Brasileira, 2004.

_____. *O evangelho segundo o espiritismo*. Rio de Janeiro: Federação Espírita Brasileira, 2004.

_____. *O livro dos espíritos*. Rio de Janeiro: Federação Espírita Brasileira, 2004.

_____. *O livro dos médiuns*. Rio de Janeiro: Federação Espírita Brasileira, 2004.

_____. *Obras póstumas*. Rio de Janeiro: Federação Espírita Brasileira, 2006.

_____. *Revista Espírita – Jornal de estudos psicológicos*. Trad. Evandro Noleto Bezerra. Rio de Janeiro: Federação Espírita Brasileira, 2004. [Coleção completa].

MAGALHÃES, Samuel Nunes. *Charles Richet, o apóstolo da ciência e do espiritismo*. Rio de Janeiro: Federação Espírita Brasileira, 2007.

MARTINS, Jorge Damas; Stenio Monteiro de Barros. *Allan Kardec, análise de documentos bibliográficos*. Rio de Janeiro: Lachâtre, 1999.

_____. *Os Bezerra de Menezes e o espiritismo, a família, o médico, o político, o empresário e o espírita*. Rio de Janeiro: Novo Ser, 2011.

MENEZES, Adolfo Bezerra de. *A loucura sob novo prisma*. Rio de Janeiro: Federação Espírita Brasileira, 2001.

_____. *Espiritismo, estudos filosóficos, vol. II*. São Paulo: FAE, 2001.

MIRANDA, Hermínio C. *A memória e o tempo*. Niterói: Lachâtre, 1993.

_____. *Diversidade dos carismas*. Niterói: Lachâtre, 1994.

PRIORE, Mary del. *Do outro lado, a história do sobrenatural e do espiritismo*. São Paulo: Planeta, 2014.

ROCHAS, Albert de. *As vidas sucessivas*. Bragança Paulista: Lachâtre, 2012.

MONTEIRO, Rodrigo Bentes *et alii*. *Em torno de Rivail, o mundo em que viveu Allan Kardec*. Bragança Paulista: Lachâtre, 2004.

WELLS, H.G. *A máquina do tempo*. Rio de Janeiro: Objetiva, 2010.

WINTER, Alison. *Mesmerized, powers of mind in Victorian Britain*. Chicago: The University of Chicago, 1998.

http://www.press.uchicago.edu/Misc/Chicago/902196.html#copyright

SE VOCÊ GOSTOU DESTE ROMANCE, CERTAMENTE GOSTARÁ DE

O CÉTICO

ARTHUR C. DAVENPORT foi dos mais ferozes inimigos do espiritismo em seus primórdios, mobilizando inteligência e fortuna para desmascarar médiuns e pesquisadores. Apesar disso, participou do círculo de amigos íntimos de Allan Kardec, onde pôde demonstrar todo o seu ceticismo em relação às questões espirituais trazidas pela Nova Revelação.

Conheça sua história neste romance envolvente, que faz inesquecível homenagem a alguns dos primeiros trabalhadores da seara espírita, como Ermance Dufaux e Allan Kardec.

CONHEÇA A OBRA-PRIMA DE ALBERT DE ROCHAS

Esta é uma das mais importantes obras espíritas de todos os tempos. Apesar de publicada em 1910, permanece como a mais importante obra que transfere o conhecimento da reencarnação para os domínios da ciência. Não bastasse isso, este livro descreve com detalhes os procedimentos do magnetismo animal para colocar um indivíduo em estado sonambúlico e nele promover a regressão ou progressão da memória. O estado sonambúlico corresponde, na psicologia transpessoal dos dias atuais, aos estados alterados de consciência, com a larga vantagem de que o estado de lucidez sonambúlica não conseguiu ser atingido em sua plenitude por nenhum outro processo posteriormente desenvolvido.

CONHEÇA UMAS DAS MAIS IMPORTANTES OBRAS DE HERMINIO C. MIRANDA

Um mergulho apaixonante nos mistérios do tempo e de suas relações com a memória integral, utilizando a regressão de memória como técnica de pesquisa e instrumento de exploração dos arquivos indeléveis da mente.

Com argúcia e clareza, o autor discute o conceito de tempo, reavalia os ensaios pioneiros com a hipnose, no século XIX, aborda as experiências de Albert de Rochas e as teorias de Freud, até chegar às modernas técnicas de terapia das vidas passadas.

Esta edição foi impressa, em agosto de 2016, pela Art-Printer Gráfica, de São Paulo - SP, sendo tiradas três mil cópias em formato fechado 15,5 x 22,5cm, em papel Off-set 63g/m^2 para o miolo e Cartão Supremo 300g/m^2 para a capa. O texto principal foi composto em Berkeley LT 12/13,8; o título dos capítulos foi composto em Bauer Bodoni 24/28,8. A capa foi elaborada por Fernando Campos.